SPSS를 활용한

비모수통계분석 및 대응분석

NONPARAMETRIC STATISTICAL ANALYSIS AND CORRESPONDENCE ANALYSIS *using* SPSS

노형진 지음

MEDIA JIPHIL
(주)지필미디어

머/리/말

통계분석에는 많은 수법이 있는데, 그 중에서도 검정이라고 불리는 수법은 가장 사용빈도가 많고 또한 활용분야가 넓은 수법이다. 검정은 가설검정 혹은 유의성검정을 줄인 호칭으로 이 수법은 데이터를 통계적으로 처리하지 않으면 안 되는 사람은 반드시 체득해야 할 수법이다.

검정은 데이터가 정규분포 등의 특정 분포에 따르는 것을 전제로 한 모수적 검정(parametric test)과 특정 분포를 가정하지 않는 비모수적 검정(nonparametric test)이 있다. 이 책은 비모수적 검정에 초점을 맞추어 그 사용방법을 해설한 서적이다.

비모수적 검정은 데이터가 정규분포를 하지 않는 계량치, 앙케트 데이터에 대한 5단계 평가 등의 순서척도 데이터, 소량이기 때문에 분포를 가정할 수 없는 데이터를 처리하는 방법으로서 유효하다. 대응분석은 엄밀히 말하자면 비모수적 검정 수법은 아니지만 주로 분할표라든지 아이템·카테고리형 데이터 등의 분석에 적합한 수법이므로 이 책에 같이 포함시켰다. 특히 경영학, 심리학, 사회학, 의학, 간호학, 보건학 등의 분야에 있어서의 데이터 분석에 적합한 것이다.

이 책의 특장은 비모수통계분석과 대응분석의 이해와 활용에 SPSS라고 하는 통계 소프트웨어를 활용하고 있다는 점이다.

이 책은 전체 11장으로 구성되어 있다.

제1장은 기본 통계학에 대해서 해설하고 있다. 기술통계학과 추측통계학에 대해서 설명하고 통계학의 주요 용어에 대하여 해설하고 있다.

제2장은 가설검정의 개요에 대해서 해설하고 있다. 가설검정의 기본, 가설검정의 절차 등에 대해서 자세히 설명하고 있다.

제3장은 비모수적 검정의 개요에 대해서 해설하고 있다. 비모수적 검정의 특징, 비모수적 검정의 종류에 대하여 소개하고 있다.

제4장은 비모수적 검정 수법 중에서 먼저 이항검정에 대해서 해설하고 있다. 하나의 비율에 관한 검정, 이항검정과 부호검정에 대하여 소개하고 있다.

제5장은 적합도검정에 대하여 설명하고 있다. 비율의 적합도검정에 관한 카이제곱 검정과 분포의 적합도에 관한 카이제곱 검정을 소개하고 있다.

제6장은 독립표본의 비교 수법을 다룬다. 중심위치의 비교, 중위수검정의 활용 등을 소개하고 있다.

제7장은 대응표본의 비교를 다룬다. 중심위치의 비교, 비율의 비교 등에 대하여 예제 풀이를 통하여 자세히 해설하고 있다.

제8장은 관계성의 검정이라고 불리는 수법을 소개한다. 여기에서는 순위의 상관관계, 분할표의 검정 등을 소개한다.

제9장은 대응분석의 개요를 소개한다. 대응분석의 역사적 배경, 분할표에 관한 분석, 대응분석의 실제 등에 대하여 설명하고 있다.

제10장은 다중대응분석에 대해서 소개한다. 특히 아이템・카테고리형 데이터의 분석, 다중대응분석에 있어서 데이터 처리의 기능에 대하여 상세히 해설하고 있다.

제11장은 다중대응분석의 응용에 대해서 예제 풀이를 통하여 상세히 해설하고 있다. (0, 1)형 및 아이템・카테고리형 데이터의 분석, 그 밖의 여러 가지 응용예를 소개하고 있다.

이 책에서 이용한 SPSS의 버전은 22다. 이 책에서는 SPSS의 초보적인 조작방법에 대해서 필요최소한의 것밖에 설명하고 있지 않다. SPSS에 아직 익숙하지 않은 독자는 매뉴얼이나 시판되고 있는 입문서를 참고하기 바란다. 그러나 이 책에 따라서 공부하다 보면 자기도 모르게 생소하던 SPSS라는 소프트웨어에 이미 익숙해져 있는 자신을 발견할 것이다.

마지막으로 이 책의 출판에 많은 도움을 주신 지필미디어 사장님 이하 관계자 여러분의 노고에 깊은 감사의 말씀을 드린다.

2015년 8월

저자 씀

저/자/소/개

노형진

- 서울대학교 공과대학 졸업(공학사)
- 고려대학교 대학원 수료(경영학박사)
- 일본 쓰쿠바대학 대학원 수료(경영공학 박사과정)
- 일본 문부성 통계수리연구소 객원연구원
- 일본 동경대학 사회과학연구소 객원교수
- 러시아 극동대학교 한국학대학 교환교수
- 중국 중국해양대학 관리학원 객좌교수
- 국방과학연구소 연구원 역임
- 현재, 경기대학교 경상대학 경영학과 교수
  전공, 품질경영 · 기술경영 · 다변량분석(조사방법 및 통계분석)
- 중소기업청 Single-PPM 심의위원
- 대한상공회의소 심사위원·지도위원
- Single-PPM 품질경영연구회 회장
- 한중전략경영연구회 회장
- 한국제안활동협회 회장

▸ 주요저서

- EXCEL을 활용한 앙케트 조사 및 분석(학현사)
- Amos로 배우는 구조방정식모형(학현사)
- SPSS를 활용한 분할표의 분석 및 대응분석(학현사)
- SPSS/Excel을 활용한 알기쉬운 시계열분석(학현사)
- SPSS를 활용한 정성적 데이터의 통계분석(학현사)
- SPSS를 활용한 조사방법 및 통계분석(제2판)(학현사)
- SPSS를 활용한 일반선형모형 및 일반화선형혼합모형(학현사)
- EXCEL에 의한 경영과학(한올출판사)
- SPSS를 활용한 회귀분석과 일반선형모형(한올출판사)
- SPSS를 활용한 주성분분석과 요인분석(한올출판사)
- Excel 및 SPSS를 활용한 다변량분석 원리와 실천(한올출판사)

e-mail: hjno@kyonggi.ac.kr

목/차

CHAPTER

1

기본 통계학

CHAPTER 1 **기본통계학**

1.1 통계학이란 무엇인가

통계학이란 어떠한 학문인가? 통계학(statistics)이란 다수의 양적 데이터 안에 존재하는 규칙성·법칙성을 통계적 방법에 의해서 연구하는 학문이다.

통계적 방법을 이용하는 분야, 다시 말하면 데이터와의 관련을 갖는 분야는 이학(理學), 공학, 의학, 약학, 생물학, 경영학, 경제학, 교육학, 사회학, 체육학 등의 학문영역이나 기업의 마케팅 리서치, 신제품개발, 행정의 각종 통계조사, 여론조사 등, 여러 분야에 이른다.

전통적인 통계학은 **기술통계학**(descriptive statistics)과 **추측통계학**(inferential statistics)으로 크게 나누어진다. 기술통계학이란 데이터의 특징을 평균이나 산포의 정도로 간단히 정리하고 기술하는 통계학으로, 거기에는 모집단이나 표본이라고 하는 개념은 없다.

한편 추측통계학이란 전수검사에 의하지 않고 **모집단**(population)으로부터 표본(sample)을 부분적으로 추출해서 그 표본의 표본통계량(표본평균, 표본분산, 표본비율 등)을 기초로 모집단의 모수(모평균, 모분산, 모비율 등)를 검정한다거나 추정하는 학문영역이다.

이 두 종류의 통계학을 간략화하면 다음 <표 1.1>과 같다.

표 1.1 전통적인 통계학

기술통계학	추측통계학
데이터의 특징을 평균이나 산포의 정도로 간단히 정리하고 기술하는 통계학. 데이터가 나타내는 통계집단의 성질을 가능한 한 간단하고 명확히 기술표현하고, 상호 일의적인 의미전달을 가능케 하고자 하는 입장에 입각한 통계학. 최근에는 Tukey 등에 의한 탐색적 데이터 분석도 기술통계학의 범주에 포함하는 경우가 있다.	대상으로 하는 전체(모집단)로부터 부분(표본)을 추출해서, 그 표본의 데이터를 기초로 모집단에서의 값을 검정한다거나 추정하는 통계학. 실험이나 관찰에 의해서 얻어진 통계 데이터를 기초로 해서, 얻어진 데이터 그 자체보다는 그 기초로 되어 있는 모집단에 대해서 추측을 내리는 것을 목적으로 하며, 얻어진 데이터에 대해서도 다량이라는 것을 전제로 하고 있지 않다.

추측통계학의 근저(根底)에 흐르는 생각은 모집단으로부터 확률적(무작위, 랜덤)으로 추출한 표본의 규모(sample size)를 늘려서, 무한히 시행을 반복해 간다고 하면, 표본평균이나 표본비율

의 기대치(expectation, 무한 회 시행을 반복했을 때의 평균)는 모평균, 모비율과 같아진다고 하는 빈도론(頻度論)을 기초로 하고 있다. 그래서 부분(표본)이 적절히 추출되어 있으면, 부분은 전체(모집단)의 축도(縮圖)이기 때문에, 확률분포의 이론을 이용하면, 부분의 데이터로부터 이론적으로 전체를 추측할 수 있다, 라고 하는 논리다.

추측통계학에서는 대상으로 하는 통계적 현상은 모두 확률분포를 한다고 생각한다. 예를 들면, 신장에 대해서는 아버지의 신장, 본인의 연령, 발육환경 등이 동일 조건이더라도 역시 키가 큰 사람과 작은 사람이 나타나는 것은, 신장은 확률분포에 따르기 때문이라고 생각한다. 추측통계학의 방법론에 대한 중심은 가설검정(hypothesis testing)(혹은 유의성검정:significance test, 구간추정:interval estimation)이다.

본서의 주제인 **비모수적 검정**(nonparametric test)은 통계적 가설검정 중에서도 모집단 분포에 특정의 분포를 가정하지 않고 검정을 실시하는 것이나, 모집단 분포를 가정하더라도 그 모수(parameter)와 관계없는 가설의 검정을 하는 등의 총칭이다. 모집단 분포로서 특정의 분포를 가정하지 않는 사실로부터 '분포에 의하지 않는 검정(distribution-free test)'이라고 불리는 경우도 있다. 따라서 명목척도, 순서척도의 정보만을 이용하는 특징이 있다. 그러나 보통 비모수적 검정의 명칭으로 불리는 방법은 매우 여러 종류에 이르고, 그 범위를 엄격히 규정하는 정의를 내리기는 어렵다.

1.2 평균·분산·표준편차

● 평균

몇 개의 데이터가 모아지면, 그 중심적 경향을 하나의 수치로 대표할 필요가 생긴다. 중심적 경향을 나타내는 지표에는 산술평균(상가평균), 기하평균(상승평균), 조화평균 등의 평균(mean)이나 데이터의 대소의 중앙에 위치하는 중앙값(median) 혹은 중위수, 데이터 중에서 가장 출현빈도가 많은 최빈값(mode) 등이 있다. 검정이나 추정의 계산을 하려면, 수학적 논리성이 우수한 **산술평균**(算術平均)을 이용한다.

기하평균(幾何平均)은 n개의 양수 값을 모두 곱한 것의 n제곱근이다. 곱셈으로 계산하는 값에서의 평균을 계산하고자 할 때 산술평균이 아닌 기하평균을 사용한다.

조화평균(調和平均)은 주어진 수들의 역수의 산술 평균의 역수를 말한다. 평균적인 변화율을 구할 때에 주로 사용된다.

이제 n개의 데이터를 $x_1, x_2, \cdots, x_n$ 이라고 하면, 산술평균은 다음과 같이 표현된다. 이 평균을 추측통계학에서는 **표본평균**이라고 부르고 있다.

$$\bar{x} = \frac{x_1 + x_2 + \cdots + x_n}{n} = \frac{\sum_{i=1}^{n} x_i}{n}$$

참고로 기하평균과 조화평균은 각각 다음과 같이 표현한다.

$$\text{기하평균} = \sqrt[n]{x_1 x_2 \cdots x_n}$$

$$\text{조화평균}=\frac{n}{\frac{1}{x_1}+\frac{1}{x_2}+\cdots+\frac{1}{x_n}}$$

이들 세 평균 사이의 부등식을 산술기하평균 부등식이라 통칭하기도 하며 구체적으로 n개의 음수가 아닌 실수들 $x_1, x_2, \cdots, x_n$ 이 있을 때 다음이 성립한다.

$$\frac{x_1+x_2+\cdots+x_n}{n} \geq \sqrt[n]{x_1x_2\cdots x_n} \geq \frac{n}{\frac{1}{x_1}+\frac{1}{x_2}+\cdots+\frac{1}{x_n}}$$

등호는 $x_1=x_2=\cdots=x_n$ 일 때만 성립한다.

● 분산

데이터가 모아지면 전술한 중심적 경향을 나타내는 평균 외에 그 산포(흩어짐)의 정도를 알고 싶게 된다. 그 산포의 정도를 아는 지표에는 분산, 표준편차, 변동계수, 범위(range) 등이 있다. 이 중에서 검정이나 추정의 계산을 하려면 **분산**(variance)과 **표준편차**(standard deviation)를 빼놓을 수 없다.

여기에서는 분산을 설명하기 위해서 먼저 분산을 구하는 식의 분자에 해당하는 편차제곱합을 생각해 보기로 한다. 이제 n개의 데이터를 $x_1, x_2, \cdots, x_n$ 이라 하면, **편차제곱합**은 다음과 같이 표현된다.

$$S=\sum_{i=1}^{n}(x_i-\overline{x})^2$$

그런데 n개의 데이터를 $x_1, x_2, \cdots, x_n$ 이라 할 때, 그 분산, 다시 말하면 검정이나 추정에서 표현할 때의 **표본분산**은 다음과 같은 식으로 나타내진다. 이것은 편차제곱합 S를 자유도($=n-1$)로 나눈 값이 된다.

$$s^2=\frac{\sum_{i=1}^{n}(x_i-\overline{x})^2}{n-1}=\frac{S}{n-1}$$

여기에서 **자유도**(degree of freedom)란 데이터의 수 n에서 데이터를 만들어 사용한 평균치의 수를 뺀, 자유롭게 움직일 수 있는 변수의 수라고 정의할 수 있다. 즉, n개의 데이터에 대한 평균의 제약조건은 $\sum x_i=n\overline{x}$ 인데, $\overline{x}$와 $(n-1)$개의 x가 정해지면 n번째 x의 값은 자동적으로 정해지므로, 자유롭게 선택할 수 있는 데이터의 개수는 $(n-1)$이 된다. 만일 S를 데이터 수 n으로 나누면, 표본분산 s^2은 모분산 σ^2의 바람직한 추정치, 즉 **불편추정치**(unbiased estimate)로는 되지 않기 때문이다.

● 표준편차

n개의 데이터 $x_1, x_2, \cdots, x_n$ 의 표준편차는 표본분산의 제곱근으로, $s=\sqrt{s^2}$ 가 된다. 모집단으로부터 추출된 표본의 표준편차는 특히 **표본표준편차**라고 부르며, 검정이나 추정의 계산에는 빼놓을 수 없는 수치다. 표준편차는, 예를 들면 신장의 경우, 분산이 36 cm^2이 됐을 때는, 그 제곱근인

6cm가 됨으로써 대상으로 하고 있는 단위(여기에서는 cm)와 같은 차수에 맞춰서 신장의 산포에 대한 의미를 알기 쉽게 된다.

표본평균, 표본비율, 표본분산, 표본표준편차와 같이 '표본'이라고 하는 말을 앞에 붙인 것은 모집단의 모평균, 모비율, 모분산, 모표준편차와 구별하기 위해서이다. 특히 '표본'이라고 하는 말을 앞에 붙이지 않은 경우는, 통상 표본 쪽의 통계량, 즉 표본통계량을 가리킨다.

1.3 확률변수·확률분포·확률밀도함수

● 확률변수 · 확률분포

변수 X에 대해서 일정한 확률 P가 대응하고 있을 때, 이 변수 X를 **확률변수**(random variable)라고 한다. 예를 들면, 주사위를 던져서 나오는 눈금도 확률변수이다.

확률변수 X의 이론분포인 $P(X)$를 확률분포(probability distribution)라고 한다.

확률변수 X가 취하는 값이

$$P(a \leq X \leq b) = \int_a^b f(x)dx$$

로 표현될 때, X는 연속형의 확률분포를 갖는다고 한다. 연속형이란, 예를 들면, 체중을 69kg, 70kg, …으로 표시하는 것을, 측정단위를 자세하게 해서 69.1kg, 69.2kg, …등으로 얼마든지 자세하게 할 수 있는 타입의 사상(事象)을 가리킨다.

● 확률밀도함수

함수 $f(x)$를 X의 확률밀도함수(probability density function)라고 한다. 이때 모든 x에 대해서 $f(x) \geq 0$이고,

$$\int_{-\infty}^{\infty} f(x)dx = 1$$

이 된다.

이와 관련하여 확률변수 X_1과 X_2가 서로 독립으로 분포하고,

$$E(X_1) = \mu_1, \ V(X_1) = \sigma_1^2$$

$$E(X_2) = \mu_2, \ V(X_2) = \sigma_2^2$$

이라 하면, 그 합 $y = X_1 + X_2$, 그 차 $z = X_1 - X_2$의 기대치와 분산은 **오차법칙**(誤差法則)에 따라 다음과 같이 된다.

$$E(y) = \mu_1 + \mu_2, \ V(y) = \sigma_1^2 + \sigma_2^2$$
$$E(z) = \mu_1 - \mu_2, \ V(z) = \sigma_1^2 + \sigma_2^2$$

여기에서 중요한 것은 차 z의 분산 $V(z)$도 각각의 분산의 합이 된다는 것이다.

1.4 모집단·표본·기대치

● 모집단·표본

모집단(population)이란 대상으로 하는 데이터의 모든 구성단위(개인, 세대, 사업소 등)의 모임이다. 모집단에는 그 구성단위에 따라서 유한모집단과 무한모집단이 있다.

유한모집단(finite population)이란 모집단의 구성단위가 유한한 모집단으로, 예를 들면, 수도 40km 권내의 인구 등이 이것에 해당된다. **무한모집단**(infinite population)이란 시간과 장소에 관계없이 무한히 반복 가능하기 때문에 데이터가 무한히 존재한다고 생각되는 모집단이다. 예를 들면, 주사위를 던져서 나오는 눈금 등이 이것에 해당된다.

유한모집단수정이란 유한모집단으로 모집단 사이즈가 작은 경우(대략 10만 미만)에 다음의 유한모집단수정계수(<1)

$$\sqrt{\frac{N-n}{N-1}}$$

을 이용해서 표본평균 $\bar{x}$의 표준편차를 다음과 같이 보정(補正)하는 것을 가리킨다.

$$D(\bar{x}) = \sqrt{\frac{N-n}{N-1}} \times \frac{\sigma}{\sqrt{n}}$$

이것은 모집단이 작은 사이즈인 경우, 보다 정확한 표준편차로 변환하기 위한 것이다.

그리고 $\frac{n}{N}$은 모집단에 대한 표본의 추출률이다.

표본(sample)이란 모집단으로부터 추출된 데이터의 집합을 가리킨다. 모집단으로부터 확률적(무작위, random)로 추출된 **확률표본**은 모집단의 치우침 없는 축도(縮圖)로 간주되는데, 거기에서 얻어지는 표본통계량은 어느 정도의 **오차**를 수반하고, 반드시 모수와는 일치하지 않는다. 이것은 동일 모집단으로부터 일정한 규모의 표본을 몇 조나 취하더라도 그들 각 조의 평균이나 비율을 구하면, 표본 간에 그들 값에 산포가 있다는 사실로부터 알 수 있다.

그런데 추측통계학에서 모수(모집단의 값)와 표본통계량(표본의 값)이란 다음 <표 1.2>와 같이 기호로 명확히 구별하고 있다.

표 1.2 모수와 통계량

	모 수	통계량
단위의 크기	N	n
평균	모평균 : μ	표본평균 : $\bar{x}$
분산	모분산 : σ^2	표본분산 : s^2
표준편차	모표준편차 :σ	표본표준편차 : s
비율	모비율 : P	표본비율 : $p=x/n$

● 기대치

표본평균 $\bar{x}$의 **기대치**는 모평균 μ와 같다. 즉,

$$E(\bar{x}) = \mu$$

이것은 다음과 같이 증명할 수 있다.

$$\bar{x} = \frac{1}{n}(x_1 + x_2 + \cdots + x_n)$$

으로부터 $\bar{x}$ 의 기대치는

$$\begin{aligned} E(\bar{x}) &= \frac{1}{n}E(x_1 + x_2 + \cdots + x_n) \\ &= \frac{1}{n}\{E(x_1) + E(x_2) + \cdots + E(x_n)\} \end{aligned}$$

여기에서 $x_1, x_2, \cdots, x_n$ 은 동일 모집단의 변수이기 때문에,

$$E(x_1) = E(x_2) = \cdots = E(x_n) = \mu$$

따라서

$$E(\bar{x}) = \frac{1}{n}(n\mu) = \mu$$

표본평균 $\bar{x}$의 분산은 모분산 σ^2의 $1/n$과 같다. 즉,

$$V(\bar{x}) = \frac{\sigma^2}{n}$$

따라서 표준편차는

$$D(\bar{x}) = \sqrt{V(\bar{x})} = \frac{\sigma}{\sqrt{n}}$$

이 $\frac{\sigma}{\sqrt{n}}$을 표본평균의 **표준오차**(standard error)라고 한다.

대단히 중요한 성질인데, 이것은 다음과 같이 증명할 수 있다.

$$V(\bar{x}) = V\left\{\frac{1}{n}(x_1 + x_2 + \cdots + x_n)\right\}$$

여기에서 c를 상수로 한 분산은 **오차법칙**에 따라,

$$V(cx) = c^2 V(x)$$

이 되므로,

$$V(\bar{x}) = \frac{1}{n^2} V(x_1 + x_2 + \cdots + x_n)$$

그런데 변수 $x_1, x_2, \cdots, x_n$ 은 서로 독립이므로, 오차법칙 $V(x \pm y) = V(x) + V(y)$로부터,

$$V(\bar{x}) = \frac{1}{n^2}\{V(x_1) + V(x_2) + \cdots + V(x_n)\}$$

따라서,

$$V(\bar{x}) = \frac{1}{n^2}(n\sigma^2) = \frac{\sigma^2}{n}$$

표본비율 p의 기대치는 모비율 P와 같다. 즉,

$$E(\bar{p}) = E\left(\frac{x}{n}\right) = E(\bar{x}) = \mu = E(x_i) = P$$

표본비율 p의 분산은 다음과 같다.

$$V(\bar{p}) = V(\bar{x}) = \frac{V(x_i)}{n} = \frac{p(1-p)}{n}$$

따라서 표준편차는 다음과 같이 표현된다.

$$D(\bar{p}) = \sqrt{\frac{p(1-p)}{n}}$$

이 $\sqrt{\frac{p(1-p)}{n}}$ 를 표본비율의 표준오차라고 한다.

CHAPTER

2

가설검정의 개요

CHAPTER 2 가설검정의 개요

2.1 가설검정의 기본

1. 검정의 사고방식

● 모집단과 표본

검정의 필요성을 이해하는 데 있어서, 혹은 검정기법 그 자체를 이해하는 데 있어서 중요한 것은 모집단과 표본이라고 하는 개념이다. 먼저 **모집단**이란 전술한 바와 같이 연구의 대상이 되는 집단이다. 검정에서는 연구상 흥미가 있는 데이터의 집단을 가리킨다. **표본**은 모집단으로부터 추출한 데이터의 집단이다. 모집단으로부터 표본을 추출하는 행위를 **표본추출**(sampling)이라고 부르고 있다. 우리들이 추출한 데이터는 표본의 데이터이며, 모집단의 일부에 지나지 않는다. 그러나 결론은 모집단에 대해서 내리고 싶기 때문에, 추출한 표본의 데이터에 의거해서 모집단의 모습을 추측하여 결론을 내리게 된다. 이를 위한 수법으로서 가설검정이 있다.

가설검정을 실시하려면 표본이 모집단을 대표하고 있을 필요가 있고, 이를 위해서는 표본은 모집단으로부터 무작위로 뽑힐 필요가 있다.

● 검정의 역할

통계분석에 있어서의 **검정**이란 **가설검정** 혹은 **유의성검정**을 생략한 호칭으로, 통계분석 중에서 가장 빈번하게 쓰이는 수법이다. 검정의 결과는 "유의하다", "유의하지 않다"라고 하는 표현으로 결론짓는다. 검정을 실시하는 장면의 대부분은 어떠한 비교를 한 결과 차이가 생겼을 때, 이 차이가 통계적으로 의미가 있는 차인지 의미가 없는 차인지를 판정할 때에 이용하게 된다. 의미가 없는 차이란 오차의 범위 내에서 우연의 차이에 지나지 않는다고 하는 것이다.

이 사실을 앞의 모집단과 표본이라고 하는 개념으로 설명하면, 수집한 데이터로부터 얻어진 결과의 차이는, 표본의 데이터로부터 생긴 차이지 모집단에 차가 있기 때문에 생긴 것인지 어떤지는 알 수 없다. 검정이라고 하는 수법을 사용하면, 모집단에 차가 있다고 생각해야 할 것인지, 모집단에는 차가 없고 우연히 수집한 표본에 차가 나왔다고 생각해야 할 것인지의 판단에 사용할 수 있는 것이다.

● 가설의 표현

검정에서는 흥미를 가지고 있는 모수에 대해서 먼저 두 개의 가설을 설정한다. 예를 들면, 모평균 μ가 어떤 값 μ_0와 같은지 아닌지에 흥미가 있다면, 다음과 같이 두 개의 가설을 설정한다.

가설 0 : 모집단 μ는 μ_0이다
가설 1 : 모집단 μ는 μ_0가 아니다

가설0는 **귀무가설**(歸無假說)이라고 불리며 H_0라고 표기된다. 가설1은 대립가설(對立假說)이라고 불리며 H_1이라고 표기된다. 그래서 앞의 두 개의 가설은 통계적인 습관으로 표현하면 다음과 같다.

귀무가설 H_0 : $\mu = \mu_0$
대립가설 H_1 : $\mu \neq \mu_0$

그러므로 귀무가설과 대립가설은 **상호배반적**(mutually exclusive)이며 **포괄적**(exhaustive)인 특성을 지니고 있다. 상호배반적이란 것은 귀무가설과 대립가설이 동시에 사실일 수 없다는 것이며, 포괄적이란 것은 귀무가설과 대립가설 중 어느 하나는 반드시 사실이라는 것을 의미한다.

● 세 가지의 대립가설

대립가설을 세우는 방법에는 다음의 세 가지가 있다.

① 대립가설 H_1 : $\mu \neq \mu_0$
② 대립가설 H_1 : $\mu > \mu_0$
③ 대립가설 H_1 : $\mu < \mu_0$

①일 때를 **양측가설**(兩側假說), ②와 ③일 때를 **단측가설**(單側假說)이라고 부르고 있다. 같은 데이터이더라도 대립가설이 바뀌면 결론도 달라진다. 어떤 가설을 이용할지는 분석자가 무엇을 검정하고자 하는지에 따라서 정하게 된다.

일반적으로 $\mu > \mu_0$라고 하는 것은 이론적으로 $\mu < \mu_0$가 있을 수 없는 경우이든지, $\mu < \mu_0$를 검출하는 데 연구상 혹은 실용상의 의미가 없는 경우에 세워지는 대립가설이다.

● 검정의 논리

가설검정에서는 H_0가 옳다고 가정하고 이야기를 진행한다. 먼저 H_0가 옳다고 가정해 버리는 데 가설검정의 특징이 있다고 생각해도 좋을 것이다. $\mu = \mu_0$라고 가정해 놓고, 수집한 데이터로부터 구한 평균치 및 그 평균치보다도 한 쪽으로 치우친 방향의 값이, $\mu = \mu_0$라고 가정했을 때, 어느 정도의 확률로 발생하는지를 계산하는 것이다. 이 확률계산 시에 쓰이는 분포로서 정규분포, t분포, F분포, χ^2분포, 이항분포, 포아송분포 등이 있다. 그런데 계산된 확률이 작을 때, 아주 드문 일이 일어났다고는 생각하지 않고, 처음에 H_0가 옳다고 가정했던 데에 무리가 있었다고 생각해서, H_0를 기각하고 H_1가 옳다고 판정하는 것이다. 이러한 진행방법이 **가설검정의 논리**이다.

2. 검정의 용어

● p값 · 유의확률 · 유의수준

H_0가 옳다고 가정했을 때에 수집한 데이터로부터 구한 통계량보다도 한 쪽으로 치우친 방향에 큰 값이 발생할 확률을 계산하는 것인데, 이 확률을 **p값** 또는 **유의확률**이라고 부른다. 이 값이 작을 때, H_0는 기각된다. 문제가 되는 것은 p값(유의확률)이 작은지 어떤지의 판정기준이다. 통계학에서는 이 기준을 0.05로 하는 것이 습관이다. 이 0.05라고 하는 수치를 **유의수준**이라고 부르고, α로 표기하고 있다. p값이 α보다도 작을 때는 H_0를 기각하고, 클 때는 H_0를 기각하지 않는다. H_0를 기각했을 때, "유의하다"라고 하는 표현을 한다.

● 제1종의 오류 · 제2종의 오류 · 검출력

검정은 모집단 일부의 데이터를 사용해서 모집단 전체의 결론을 이끌어내는 것이기 때문에, 결론이 틀려 있을 가능성이 항상 따라다닌다. 사실은 귀무가설 H_0가 참일 때에 H_0를 기각하는 오류를 **제1종의 오류**라고 한다. 그 확률은 유의수준 α가 된다. 한편, 사실은 귀무가설 H_0가 참이 아닐 때에 H_0를 기각하지 않는 오류를 **제2종의 오류**라고 한다. 그 확률은 β라고 하는 기호로 나타낸다. 이것을 정리하면 다음 <표 2.1>과 같다.

표 2.1 검정에 있어서의 두 종류의 오류

		검정의 결과	
		H_0	H_1
사실의 상태	H_0	옳은 판단	제1종 오류
	H_1	제2종 오류	옳은 판단

한편, 사실은 귀무가설 H_0가 참이 아닐 때에 올바르게 H_0를 기각할 확률 $(1-\beta)$를 **검출력**(檢出力)이라고 부르고 있다.

● 표본의 크기

모집단을 구성하는 요소의 수를 모집단의 크기라고 부른다. 그 모집단으로부터 추출하는 표본을 구성하는 요소의 수를 **표본의 크기**(sample size)라고 부르고 n으로 나타낸다. 정확성은 부족하지만 알기 쉬운 간단한 표현을 사용하면, 검정을 실시하는 데 즈음하여 수집한 데이터의 수가 n이라고 생각하면 된다.

n을 얼마로 할 것인지는 중요한 문제이다. n이 너무 작으면, 검출하고 싶은 차(差)의 정도(精度)가 낮아 유의하게 되지 않아서, 차가 인정되지 않는다고 판정되기 쉽다. 한편, 역으로 n이 너무 크면, 연구상은 무시해도 좋은 작은 차조차도 정도가 너무 높아서 유의하게 되어, 차가 있다고 판정되기 쉽게 된다. 또한 n이 지나치게 크면 데이터 수집 비용이 증대하게 된다.

검정을 실시할 때에 필요한 최적의 데이터의 수, 즉 표본의 크기 n을 결정하려면, 검출하고 싶은 차(差), 유의수준 α, 검출력 $(1-\beta)$의 세 가지를 정하면, 전용 소프트웨어를 이용해서 n을 구할 수 있다.

일반적으로는 5-80 규칙($\alpha=0.05$, $1-\beta=0.80$) 또는 5-95 규칙($\alpha=0.05$, $1-\beta=0.95$)을 사용한다.

● 신뢰구간

검정과 병용되는 일이 많은 통계적 방법에 **구간추정**이라고 하는 수법이 있다. 검정은 모평균이 어떤 값과 같은지 다른지를 판정하는 것인데, 구간추정은 어떤 값이 얼마인지를 추정해서 나타내는 것이다. 그 결론의 신빙성은 신뢰도라고 하는 형태로 보증되고 있다. 통상은 신뢰도로서 0.95라고 하는 수치를 이용한다. 신뢰도 0.95의 **신뢰구간**을 95% 신뢰구간이라고 부르고 있다. 구간추정의 결과는 다음과 같은 형태로 표현된다.

$$76.5 \leq \mu \leq 84.5$$

신뢰도 95%라고 하는 것은, 이 구간이 모평균 μ를 포함하고 있을 확률이 95%라는 것을 의미한다.

2.2 가설검정의 절차

1. 일반적인 절차

● 가설검정의 순서

가설검정에서는 다음과 같은 순서로 검정을 실시한다.

<순서 1> 특성의 결정
무엇을 측정할 것인지를 정한다.

<순서 2> 가설의 설정
귀무가설 H_0와 대립가설 H_1를 설정한다.

<순서 3> 유의수준 α의 설정
유의수준 α를 정한다. 통상은 0.05로 설정한다.

<순서 4> 검정수법의 결정
어떠한 검정수법을 사용할지를 정한다.

<순서 5> 검정통계량의 결정
p값을 계산하는 기본이 되는 검정통계량을 정한다.

<순서 6> 표본의 크기 n의 결정
수집할 데이터의 수를 정한다.

<순서 7> 데이터의 수집
필요한 데이터를 수집한다.

<순서 8> 검정통계량과 p값의 계산

얻어진 데이터를 사용해서 검정통계량과 p값을 계산한다.

<순서 9> 유의성의 판정

귀무가설 H_0를 기각할 것인지 말 것인지를 판단한다.

위에서 <순서 4>는 데이터의 성질에 따라서 정해지게 된다. 또한 <순서 8>은 SPSS라고 하는 통계 소프트웨어를 사용함으로써 간단히 구할 수 있다.

2. 구체적인 절차

● 이항검정의 예

이항검정의 예로 가설검정의 구체적인 절차를 소개하기로 한다.

두 가지의 식품 A와 B의 어느 쪽이 좋은지에 흥미가 있다고 하자. 이때에 A와 B를 시식한 다음, 어느 쪽을 맛있다고 선택할지, 그 비율을 검토하기로 한다.

이때의 가설은 다음과 같이 설정한다.

귀무가설 H_0 : A를 선택할 확률과 B를 선택할 확률은 같다

대립가설 H_1 : A를 선택할 확률과 B를 선택할 확률은 다르다

이 귀무가설 H_0는 A가 선택될 확률과 B가 선택될 확률은 같아서, 0.5라고 가정하게 되므로 다음과 같이 가설을 바꾸어 쓸 수 있다.

귀무가설 H_0 : A를 선택할 확률$=0.5$

대립가설 H_1 : A를 선택할 확률$\neq 0.5$

그런데 30명에게 시식하게 하여 어느 쪽이 맛있다고 느꼈는지를 회답하게 했다. 그 결과 다음과 같이 되었다고 하자.

A 쪽이 맛있다 21명

B 쪽이 맛있다 9명

먼저 귀무가설 H_0가 성립한다고 가정한다. 이 가설 하에서 A를 선택하는 사람이 21명 이상, 혹은 9명 이하가 될 확률을 구한다. 이 확률이 p값(유의확률)이 된다.

확률계산을 실시하면 p값=0.043이라고 구해진다. p값이 작은지 어떤지를 판단하기 위한 유의수준을 0.05로 하면,

$$p\text{값} = 0.043 < 0.05$$

이므로 유의하다. 즉, A와 B에는 차가 있다고 판단한다.

이와 같은 검정을 이항검정 혹은 부호검정이라고 부르고 있다.

● SPSS에 의한 순서

<순서 1> 데이터의 입력

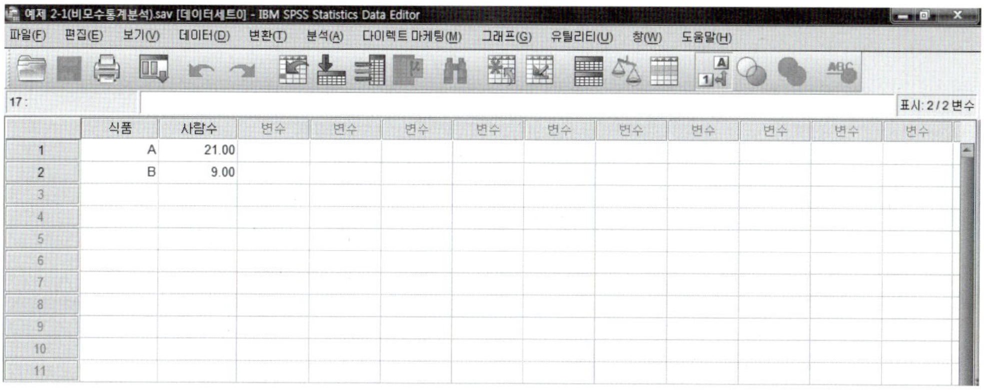

<순서 2> 빈도변수 설정

변수 '사람 수'에 대하여 다음과 같이 빈도변수 설정을 실시한다.

(1) 메뉴에서 [데이터]-[가중치 케이스]를 선택한다.

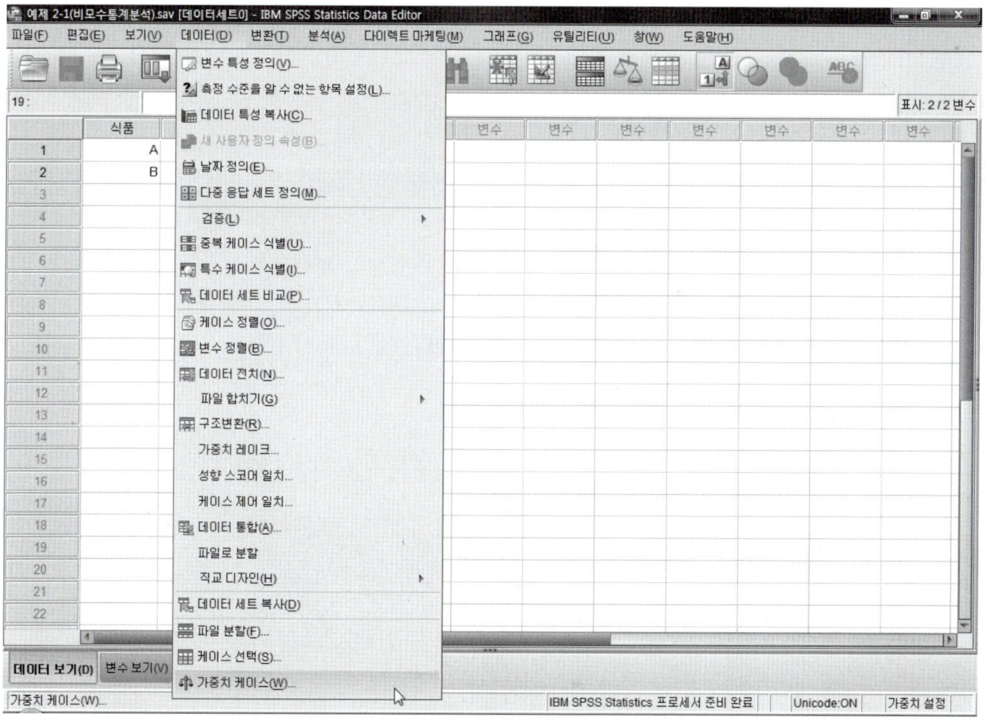

(2) [가중치 케이스] 대화상자에서 다음과 같이 '사람 수'를 [빈도변수] 난에 입력하고 [확인]을 클릭한다.

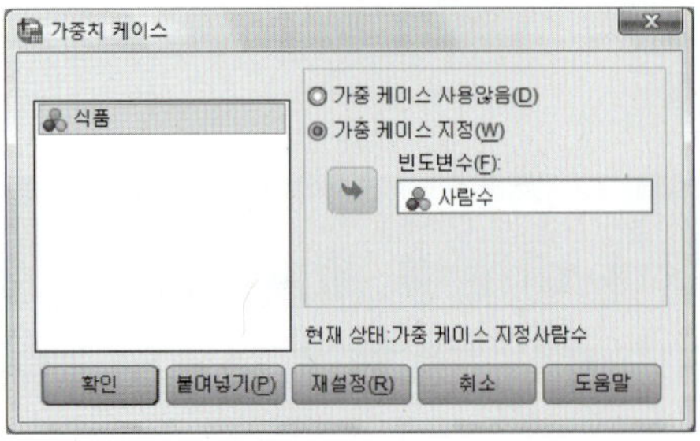

<순서 3> 메뉴에서 [분석]–[레거시 대화상자]–[이항]을 선택한다.

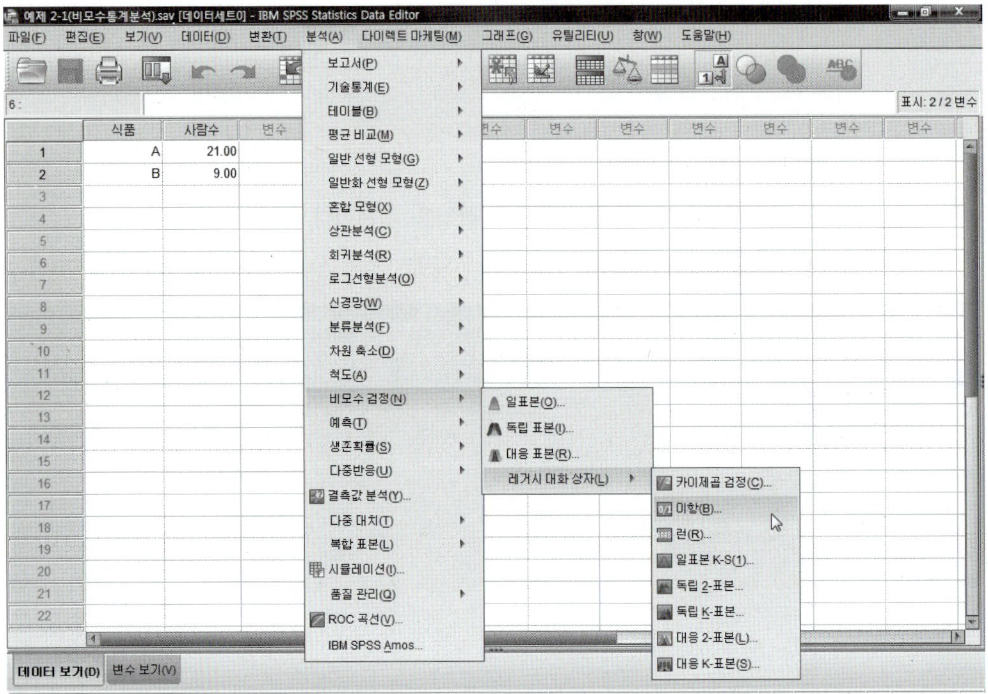

<순서 4> [이항검정] 대화상자에서 [검정변수]로 '식품'을 선택하고 [확인]을 클릭한다.

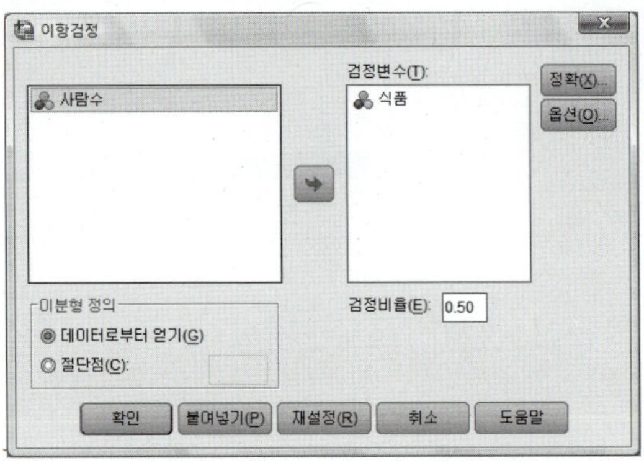

<순서 5> 분석결과의 출력

이항검정

		범주	N	관측 비율	검정 비율	정확 유의확률 (양측)
식품	집단 1	A	21	.70	.50	.043
	집단 2	B	9	.30		
	전체		30	1.00		

● 분석결과

$$p\text{값} = 0.043 < 0.05$$

이므로 유의하다. 즉, A와 B에는 차가 있다고 판단한다.

CHAPTER

3

비모수적 검정의 개요

CHAPTER 3 **비모수적 검정의 개요**

3.1 비모수적 검정의 기초지식

1. 데이터의 종류

● 연속량과 이산량

검정의 대상으로 하는 데이터는 계량치, 계수치, 순위치 등의 세 가지로 나눌 수 있다.

계량치는 측정해서 얻어지는 데이터로 측정기구의 정도(精度)에 따라서는 소숫점 이하의 수치도 얻어지므로 **연속량**(連續量)이라고 불리고 있다.

계수치는 헤아려서 얻어지는 데이터로 0 이상의 정수(整數)를 취하고, 소숫점 이하의 값으로는 되지 않는다. 따라서 0, 1, 2라고 하는 식으로 띄엄띄엄 값을 취한다는 사실로부터 **이산량**(離散量)이라고 불리고 있다.

순위치는 비교해서 얻어지는 데이터로 1위, 2위, 3위라고 하는 식으로 역시 계수치와 마찬가지로 소숫점 이하의 값으로는 되지 않는다. 또한 띄엄띄엄 값을 취한다는 사실로부터 역시 이산량이다.

가설검정에서 계량치의 경우에는 정규분포를 가정해서 이론이 구축되어 있는 방법이 많고, 계수치의 경우에는 이항분포나 포아송분포가 가정되고 있다. 정규분포를 가정한 검정과 같이 어떤 특정의 분포를 가정한 검정을 **모수적 검정**(parametric test)이라고 부르고 있다.

이것에 비해서 정규분포와 같은 특정의 분포를 가정하지 않는 검정을 **비모수적 검정**(nonparametric test)이라고 부른다.

● 측정의 척도

데이터의 종류를 측정의 척도로 나눌 수도 있다. 측정의 척도는 다음의 네 가지로 나누어진다.

1. 명목척도
2. 순서척도
3. 간격척도
4. 비율척도

명목척도의 데이터란 앙케트 조사에 있어서의 성별, 혈액형, 직업 등의 데이터로 종류를 의미하고 있는 데이터이다.

순서척도의 데이터란 앙케트 조사에 있어서 5단계의 만족도(5=대단히 만족, 4=만족, 3=어느 쪽도 아님, 2=불만, 1=대단히 불만)와 같이 종류만이 아니라 순서도 의미하는 데이터이다. 이때, 5와 4의 차(差)와 2와 1의 차가 같다고 하는 보증은 없다고 하는 것이 특징이다.

간격척도의 데이터란 온도와 같이 5℃와 4℃의 차는 2℃와 1℃의 차와 같다고 하는 관계가 성립하는 데이터이다.

간격척도 중에서 비율로 나타내는 데에도 의미가 있는 척도를 **비율척도**라고 부르고 있다. 4cm는 2cm의 2배의 길이이므로, 척도는 비율척도이다. 그러나 4℃는 2℃의 2배의 더위라고 하는 표현은 맞지 않는다. 따라서 물건의 길이나 무게는 비율척도인데, 온도는 간격척도가 된다.

그런데 통계적 방법에서는 간격척도와 비율척도의 차이는 문제가 되지 않으므로, 이 두 가지를 구별하지 않고 연속척도라고 부르고 있다. 또한 SPSS에서는 그냥 척도라고 부르고 있다.

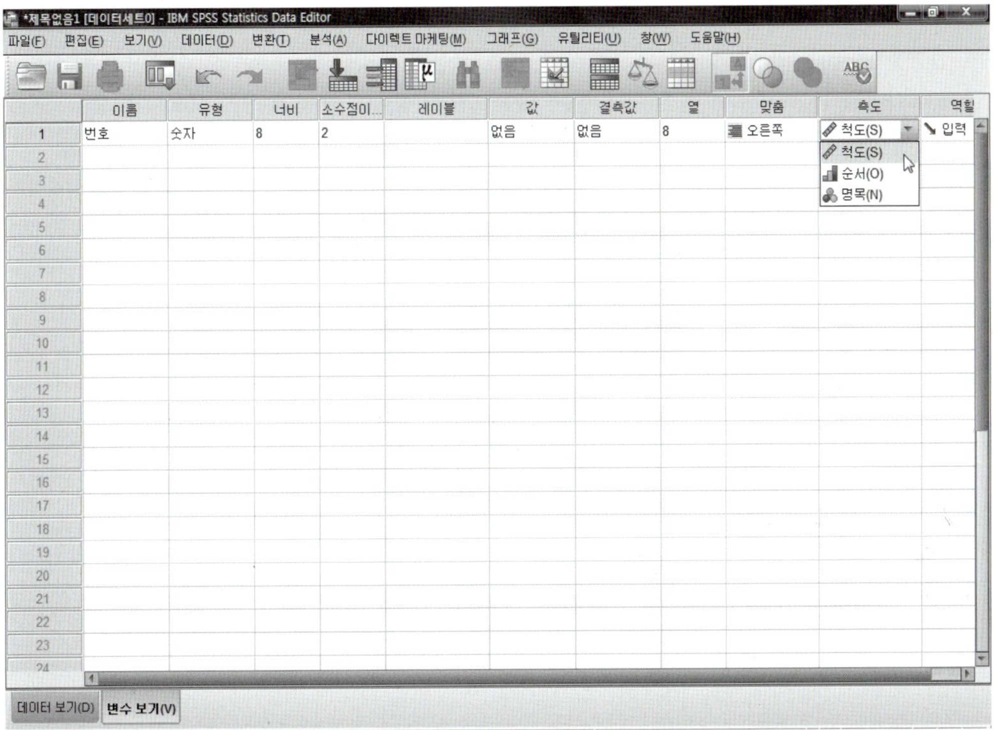

2. 비모수통계분석의 개요

● 비모수통계분석이란

통계학에서 자주 언급되고 있는 정규분포(normal distribution)는 이론적인 분포로서, 실제로 어떤 데이터가 정규모집단에서 얻어지는 경우는 없다. 다만, 모집단의 분포가 정규분포에 가까운 경우가 많을 뿐이다. 한편, 모집단의 분포가 정규분포에 수렴하는 속도가 아주 느리거나, 특히 데이터들 가운데 이상점(outlier)이 있는 경우에는 표본평균에 기초한 추정이나 검정의 효율은 급격히 떨어지게 된다. 예를 들어, 모평균에 대한 95% 신뢰구간을 구한 것이 실제로는 90%에 가까운 신뢰구간일 수도 있으며, 유의수준 5%에서 시행한 검정이 실제로 3%에서 검정한 것과 같아서 검정력이 심각하게 떨어지는 경우도 있다.

이와 같이 모집단에 대하여 구체적인 분포함수를 가정하는 것이 무리일 때에는 모집단 분포에 대한 가정을 약화하는 것이 오류의 가능성을 줄이고, 때로는 효율도 높일 수 있는 대안이 된다. 이와 같은 방법 가운데 **비모수통계분석**(nonparametric statistical analysis)과 **분포무관통계분석**(distributionfree statistical analysis)이 있다.

비모수통계분석은 모집단의 분포함수에 대하여 모수형의 가정을 하지 않는 통계적 방법을 뜻한다. 예를 들어, 비모수적 검정법은 특정 분포함수의 모수에 대한 설명이 아닌 가설을 검정하는 것이고, 비모수적 추정법은 분포함수를 특정 분포로 가정하지 않고 중앙값 등을 추정하는 것이다. 중앙값은 정규분포를 포함하는 훨씬 넓은 범위의 분포에서 정의되는 모수이며, 이와 같이 두 개 이상의 분포함수를 포함하는 분포함수의 집합에서 성립하는 방법은 비모수통계분석이 된다.

한편, 분포무관통계분석은 약간 다른 개념이다. 예를 들어, 분포무관 검정법은 귀무가설 하에서 검정통계량의 분포가 모집단의 분포와 무관한 검정법을 뜻하며, 분포무관 신뢰구간은 신뢰구간이 모집단의 분포함수로부터 영향을 받지 않는 구간추정법을 뜻한다. 일반적으로 비모수통계분석이 모두 분포무관통계분석이 되는 것은 아니다.

비모수통계분석에서 흔히 사용하는 모집단에 대한 가정은 '연속성'이며, 모형에 따라서 '대칭성'을 추가로 가정하는 경우가 많다. 전통적인 비모수통계분석에서 흔히 사용되는 도구는 관측값의 **부호**(sign)와 **순위**(rank) 또는 순위에 기초한 **점수**(score)이다.

일반적으로 관측값 대신에 관측값의 부호와 상대적인 크기인 순위만 사용한 경우에 정보의 손실이 클 것으로 예상되지만, 실제로 많은 분포에서는 그 정보의 손실이 심각하지 않다. 예를 들어, 모집단이 정규분포에 따른다는 가정 하에 얻어진 최량(best)의 절차와 비모수적 절차를 비교할 때, 정규분포 아래에서는 비모수적 절차의 효율이 정규이론에 의한 절차에 비하여 약간만 떨어지는 것이 보통이다. 그러나 모집단의 분포가 정규분포로부터 멀어지면서 꼬리가 두터운 분포에 따를 때에는 비모수적 절차의 효율이 정규이론에 의한 절차보다 훨씬 높게 되는 것이 보통이다.

그러나 비모수적 방법이 모든 문제에서 성공적인 것은 아니다. 단일표본 또는 이표본 위치문제에서는 성공적임에도 불구하고 회귀모형, 시계열모형, 실험계획 등에서는 아직도 모수적 방법과 비교할 때 많은 연구가 더 필요하다.

일반적으로 비모수통계분석의 장점과 단점을 요약하면 다음과 같다.

(1) 비모수통계분석의 장점

① 일반적으로 최소한의 가정 하에서 개발된 통계적 방법이므로, 가정이 만족되지 않음으로써 생기는 오류의 가능성이 적다.

② 데이터가 간격척도(interval scale)나 비율척도(ratio scale) 등으로 주어지지 않고 순서척도(ordinal scale)로 주어져서, 상대적인 크기로 데이터가 파악될 경우에는 순위에 기초한 비모수통계분석이 유용한 분석방법이다.

③ 통계적 의미를 직관적으로 이해하기 쉬운 경우가 많다. 따라서, 대부분의 비모수통계분석 기법들은 수리통계적 깊은 이론이 없이도 쉽게 접근할 수 있다.

④ 비모수적 방법에서 사용되는 통계량의 계산은 모수적 방법에서 사용되는 통계량의 계산

보다 단순한 경우가 많다. 따라서, 컴퓨터나 계산기에 의존하지 않고 필산을 해야 할 경우에는 계산이 쉬운 장점이 있다.

(2) 비모수통계분석의 단점

① 비모수적 추론에 사용되는 통계량의 분포는 일반적으로 복잡하며, 이론 전개에 어려움이 많다. 즉, 비모수적 추정량의 분포와 비모수적 검정통계량의 대립가설 아래에서의 분포는 일반적으로 매우 복잡하여 소표본 분포를 이용할 수 없으며, 점근분포의 성질에 의존하는 경우가 많다.

② 특정한 분포를 가정하고 얻은 모수적 절차에 비하여 그 특성 분포에서는 효율이 떨어지는 경우가 많다.

③ 비모수적 통계량의 계산이 단순하기는 하지만, 그 계산이 지루하고 단순 반복작업을 요구하는 경우가 많다.

3. 비모수통계분석 방법의 종류

● 일표본의 경우

일표본(one-sample)의 추출을 지시하고 있는 가설을 검정하기 위해서 사용할 수 있는 비모수통계적 검정이 이에 속한다. 이 검정은 그 표본이 어떤 특정한 모집단으로부터의 것인지 어떤지를 알기 위한 것이다. 이와 같은 검정은 2조(組)의 표본을 비교하여, 그 2조가 동일 모집단으로부터의 것인지 어떤지를 검정하는 2-표본 검정과는 약간 내용을 달리한다.

일표본 검정은 통상 적합도형이다. 그 전형적인 경우는 무작위 표본(random sample)이 추출될 때, 이 표본은 어떤 특정의 분포를 갖는 모집단으로부터 추출되었다고 하는 가설을 검정하는 것이다. 이리하여 일-표본 검정은 다음과 같은 질문에 답할 수 있다.

① 그 표본과 모집단 사이의 위치(중심적 경향)에 현저한 차이가 있는가?
② 관측도수와 어떤 원리에 의거한 기대도수와의 사이에 현저한 차이가 있는가?
③ 관측비율과 기대비율의 사이에 현저한 차이가 있는가?
④ 이 표본은 어떤 지정된 형식(예를 들면, 정규분포)의 모집단으로부터 추출된 것으로 믿을 만한 이유가 있는가?
⑤ 이 표본은 어떤 알려진 모집단으로부터의 무작위 표본이라고 믿을 만한 이유가 있는가?

일표본의 경우에 보통의 비모수통계분석은 관측(표본)평균과 기대치(모평균) 사이의 차이에 t검정을 적용하는 것이다. 엄밀히 말하면 t검정은 표본 내의 관측치 혹은 스코어는 정규분포를 하는 모집단으로부터의 것이라는 것을 가정하고 있다. t검정은 또한, 관측치는 적어도 간격척도로 측정되어 있을 필요가 있다.

t검정을 적용할 수 없는 각종의 데이터가 있다. 이와 같은 경우 연구자는 다음과 같은 것을 인정할 수 있다.

(a) t검정에 대한 가정 및 요건이 그의 데이터에 대해서는 비현실적이다.
(b) t검정의 가정을 피하고 결론에 대해서 보다 큰 일반성을 얻는 것이 바람직하다.

(c) 그의 연구탐색 데이터는 본래 순위의 상태에 있으므로 t정에 의한 분석에 맞지 않는다.
(d) 데이터는 단지 분류적 혹은 계수적이므로 t검정에 의한 분석에 맞지 않는다.
(e) 그는 위치에 대한 차이에만 관심이 있는 것이 아니라, 차이라고 하는 것 모든 종류를 밝히고 싶다.

일표본 검정에는 다음과 같은 것이 있다.

- 이항검정
- χ^2에 의한 1-표본 검정
- 콜모고로프-스미르노프의 1-표본 검정
- 1-표본 런 검정

2조의 대응표본의 경우

연구자가 두 개의 처리가 다른지 어떤지, 혹은 한쪽의 처리가 다른 쪽의 처리보다 좋은지 어떤지를 입증하고 싶을 때에 2-표본 통계적 검정이 이용된다. '처리(treatment)'는 약제의 주사, 훈련, 문화이입(文化移入), 선전활동, 가정으로부터의 이탈독립, 외과적(外科的) 변화, 변천하는 주택조건, 그룹 간 통합, 환경변화, 경제에 대한 새로운 요소의 도입 등의 광범위하고 다양한 조건의 여러 가지를 말한다. 각각의 경우에 있어서 처리를 받은 그룹은 처리를 받지 않은 그룹 또는 다른 처리를 받은 그룹과 비교된다.

2그룹의 이와 같은 비교에 대해서, 때로는 현저한 차이가 처리의 결과로부터가 아니라는 것을 깨닫게 되는 경우가 있다. 예를 들면, 어떤 방법에 의해서 교육을 받은 학생의 1그룹과 다른 방법에 의해서 교육을 받은 다른 그룹에 대해서, 연구자는 두 교수법의 비교를 계획할 수 있다. 그런데 만일 이 그룹의 하나가 보다 유능한 혹은 보다 의욕적인 학생을 갖고 있다면, 이 두 그룹의 성적은 그 특징적인 차이가 다른 변동성에 있기 때문에 두 교수법의 상대적 효과를 정확히는 반영할 수 없다.

그룹 간의 외생적 차이에 따르는 곤란을 극복하기 위한 한 가지 방법은 연구탐색에 있어서 2조의 대응표본(2-related samples)을 사용하는 것이다. 즉, 연구되는 2조의 표본을 '대비(match)' 하든지 그렇지 않으면 관련 짓는 것이다.

2조의 대응표본의 데이터를 분석하기 위한 통상의 비모수통계분석은 차이의 스코어에 검정을 적용하는 것이다. 차이의 스코어는 각 대비의 2성원에 대한 2스코어로부터 또는 2조건 하에서 각 피험자의 2스코어로부터 얻어진다. t검정에서는, 이와 같은 차이의 스코어는 그 표본이 추출된 모집단에 대해서 독립적으로 정규분포를 한다고 가정하며 또 그것은 적어도 간격척도로 측정되어 있는 것으로 한다.

2조의 대응표본 검정에는 다음과 같은 것이 있다.

- 변화의 현저성에 대한 맥네마(McNemar)의 검정
- 부호검정
- 윌콕슨(Wilcoxon)의 대비된 쌍의 부호순위검정
- 월쉬(Walsh)의 검정
- 대비된 쌍에 대한 확률화검정

2조의 독립표본의 경우

연구탐색계획에 있어서 2조의 대응표본을 사용하는 경우의 이점은 매우 크다고는 해도, 그렇게 하는 것이 종종 비현실적인 경우가 있다. 2조의 대응표본의 사용이 비현실적이거나 부적절할 때, 2조의 독립표본의 사용을 생각할 수 있다. 이 계획에서는, 2조의 표본은 다음 방법 중 어느 하나에 의해서 얻어진다.

(a) 각각 두 개의 모집단으로부터 랜덤하게 추출되든지, 그렇지 않으면

(b) 그 출처가 임의인 어떤 표본의 구성요소에 두 처리를 랜덤하게 할당한다.

어느 경우에도 2조의 표본은 같은 크기라고는 할 수 없다.

두 모집단으로부터의 무작위 추출의 예로서, 등록되어 있는 투표자의 가나다순 명부로부터 10명째마다의 민주당원과 공화당원의 추출을 생각한다. 이것은 명부에 의해서 커버되고 있는 투표지역으로부터의, 등록되어 있는 민주당원 및 공화당원의 무작위 표본에 기인하는 것으로 민주당원의 수와 공화당원의 수가 같아지는 것은 양당의 등록자 수가 그 지역에서 같을 때뿐이다. 또 하나의 예는 어떤 대학에 있어서의 학생 명부로부터 4학년생을 8명째마다, 1학년생을 12명째마다 추출하는 경우이다.

방법이 랜덤한 할당의 예는 같은 과정을 가르치는 두 강사의 연구에 있어서 생긴다. 수강 카드가 그 과정을 수강하는 모든 학생들로부터 모아져서, 그 카드의 절반이 랜덤하게 한쪽의 강사에게 할당되고 다른 절반이 다른 쪽의 강사에게 할당된다.

2조의 독립표본으로부터 데이터를 분석하기 위한 통상의 비모수적 방법은 두 그룹의 평균에 t검정을 적용하는 것이다. t검정은 다음 사항을 가정한다. 스코어(평균의 계산에 사용된)는 등분산의 정규분포를 하는 모집단으로부터의 독립적인 관측결과이다. 그것은 평균이나 산술적인 산법으로 달성되는 다른 통계량을 사용하기 때문에, 이 검정에서의 관측치는 적어도 간격척도로 측정되는 것이 필요하다.

주어진 연구탐색에 대해서 t검정은 여러 가지의 이유 때문에 적용 불가능한 경우가 있다. 그것은 다음과 같은 경우이다.

(a) t검정의 가정이 그 데이터에 대해서 비현실적이다.

(b) 연구자가 가정을 두는 것을 피해서, 그의 결론에 넓은 일반성을 부여하고 싶다.

(c) 그의 '스코어'는 정말로 수치적일 수 없고, t검정을 위한 측정조건에 합치되지 않는다.

이와 같은 경우에 연구자는 2조의 독립표본에 대한 비모수통계적 검정의 어느 것을 골라서 그의 데이터를 분석할 수 있다.

2조의 독립표본 검정에는 다음과 같은 것이 있다.

- 피셔(Fisher)의 직접확률검정
- 2조의 독립표본에 대한 χ^2검정
- 중위수검정
- 맨-휘트니(Mann-Whitney)의 U 검정
- 콜모고로프-스미르노프의 2-표본 검정
- 월드-월포비치(Wald-Wolfowitz)의 런 검정

- 과잉반응에 관한 모세스(Moses)의 검정
- 2조의 독립표본에 대한 확률화검정

● k조의 대응표본의 경우

$k(k \geqq 3)$조의 표본이 동일한 모집단으로부터 또는 동류(同類)의 모집단으로부터 추출된 것이라고 하는 귀무가설을 검정하기 위한 통계적 검정에 대해서 설명한다.

경우에 따라서는 두 개 이상의 표본이나 조건을 동시에 연구할 수 있는 실험을 계획할 필요가 있다. 어떤 실험에서 3 또는 그 이상의 표본이나 조건을 비교하는 경우에, 각 표본 간의 차이에 대한 유의성을 검정하기 위해서 어느 표본의 쌍을 끄집어 낼 것인가를 생각하기 전에 k조의 표본이나 조건 사이에 전체에 걸친 차이가 있는지 없는지를 나타내 보이는 통계적 검정을 사용할 필요가 있다.

예를 들면, 5그룹 간의 차이에 대한 검정을 하기 위해서 2-표본 통계적 검정을 사용하고자 한다면, 각 표본의 쌍을 비교하기 위해 10조의 통계적 검정의 계산을 할 필요가 있다(${}_5C_2 = 10$). 이러한 기법은 단조로울 뿐만 아니라 그것은 우연에 좌우되는 경향이 많아서 잘못된 결론을 이끌어내는 경우가 있을 수 있다. 즉, 유의수준을 가령 $\alpha = 0.05$로서 사용한다면 어떻게 될까? 여기에서의 가설은 $k = 5$의 표본 사이에 차이가 있다고 하는 것이다. 가령, 2-표본 검정을 사용해서 5조 표본의 각각을, 그 표본 이외의 모든 다른 표본과 비교해서 가설을 검정한다면, H_0를 기각하는 것은 1회의 기회가 아니라 10회의 기회를 주게 되는 셈이 된다. 몇 개의 표본이 동일 모집단으로부터의 것인지 어떤지의 검정을 위한 비모수적 방법은 분산분석이나 F검정이다. F검정 하에 있는 통계적 모형에 관한 가정은 다음과 같은 것이다.

(a) 스코어나 관측치는 정규분포를 하는 모집단으로부터 독립적으로 추출될 것
(b) 모집단은 모두 동일 분산을 가질 것
(c) 정규분포의 모집단 평균은 행이나 열에 의거한 '효과'의 선형결합일 것, 즉 효과는 가법적일 것
(d) F검정은 적어도 포함되는 변량에 대해서 간격척도로 측정될 것

이와 같은 가정이 데이터에 비추어 비현실적이라는 것을 알았을 경우, 혹은 스코어가 측정요건에 맞지 않는다는 것을 알았을 경우, 또 결론을 일반화하기 위해서 그 가정을 세우는 것을 피하고자 하는 경우에는 k조의 대응표본의 검정이나 k조의 독립표본의 검정을 사용하면 된다.

k그룹을 비교하기 위해서는 두 개의 기본적인 계획이 있다. 제1의 계획에서는 같은 크기의 k표본이 관측치에 영향을 미칠 수 있는 어떤 규준에 따라서 대비된다. 어떤 경우에 대비는 k개의 모든 조건 하에서 동일한 개체 혹은 경우를 비교함으로써 달성된다. 혹은 N그룹의 각각은 k개의 모든 조건 하에서 측정되는 경우도 있다. 이러한 계획에 대해서는 k개의 대응표본에 대한 통계적 검정을 사용해야 한다. 제2의 계획은 k조의 독립적인 무작위 표본을 포함하고 있으며 그 표본은 각각의 모집단으로부터 1조씩 추출되고, 반드시 같은 크기일 필요는 없다. 그 방법에 대해서는 k조의 독립표본에 대한 통계적 검정을 사용해야 한다.

k조의 대응표본 검정에는 다음과 같은 것이 있다.

- 코크란(Cochran)의 Q 검정
- 프리드만(Friedman)의 순위에 의한 이원배치 분산분석

● k조의 독립표본의 경우

연구탐색 데이터의 분석에 있어서 연구자는 여러 조의 독립표본이 동일 모집단으로부터 추출된 것으로 생각해야 할지 어떨지를 결정할 필요가 자주 있다. 표본값은 대개의 경우에 다소는 다른 것이며, 문제는 관측된 표본차가 모집단 간의 차이를 나타내고 있는지 어떤지 혹은 그와 같은 표본차가 동일 모집단으로부터의 랜덤한 표본 간에서 생각되는 단순한 우연변동인지 어떤지를 결정하는 것이다.

k조의 독립표본의 경우에는 세 개 이상의 독립적인 그룹 간 혹은 표본 간에 있어서의 유의차 검정방법을 생각한다. 즉, k조의 독립표본이 동일 모집단으로부터 혹은 k조의 같은 모집단에서 추출된 것이라고 하는 귀무가설을 검정하기 위한 통계적 방법에 대해서 설명한다.

여러 조의 독립표본이 동일 모집단으로부터 추출된 것인지 아닌지를 검정하기 위한 보통의 비모수통계분석은 일원배치 분산분석이나 F검정이다. F검정의 기초가 되는 통계적 모형에 관한 가정은, 관측치가 정규분포를 갖는 모집단으로부터 독립적으로 추출된 것이며 그 모두가 동일한 분산을 갖는다고 하는 것이다. F검정에 대한 측정요건은 연구탐색에 포함되어 있는 변량이 적어도 간격척도로 측정되어 있다고 하는 것이다.

이와 같은 가정이 데이터에 비추어서 비현실적이라는 것을 알았을 경우, 혹은 측정방법이 간격척도보다 약한 경우에 그리고 또한 F검정의 제한적인 가정을 세우는 것을 피해서 결론을 보다 일반화하고 싶은 경우에, k조의 독립표본에 대한 비모수통계적 검정의 하나를 사용하면 된다. 이와 같은 비모수적 검정은 본질적으로 분류별(分類別)로밖에 없었다든지(명목척도의 경우) 순위가 매겨져 있는(순서척도의 경우) 데이터를, 그 유의성에 대해서 검토하는 것을 가능하게 한다고 하는 점에서 가일층의 장점을 갖고 있는 것이다.

k조의 독립표본 검정에는 다음과 같은 것이 있다.

- k조의 독립표본에 대한 χ^2검정
- 중위수검정의 확장
- 크러스컬-월리스(Kruskal-Wallis)의 순위에 의한 일원배치 분산분석

● 상관의 측도와 그 유의성의 검정

행동과학의 연구탐색에 있어서 스코어의 두 집합 간에 관계가 있는지, 또 그 관계의 정도는 어느 정도인지 알고 싶은 때가 자주 있다. 두 변량 간에 상관이 존재한다는 것을 확증하는 것이 연구탐색의 궁극적인 목적의 하나인 경우가 있다. 개성의 역학, 특성군(特性群), 집단 내의 유사성 등의 연구와 같은 경우이다. 또, 그 밖에 목적이 있으며 상관을 확증하는 것은 연구 중의 하나의 절차인 경우도 있다. 얻어진 관측치의 신뢰성을 조사하기 위해서 상관의 측도를 사용하고자 하는 때이다.

상관의 측도(測度)와 그 유의성의 검정은 비모수적인 상관의 측도나 모집단 중에서 변량 간에 상관이 없다고 하는 귀무가설 하에서, 표본으로부터 관측된 상관에 대한 발생의 관련확률을 결정하는 통계적 검정을 가리킨다. 즉, 연관성의 측도를 나타냄과 동시에 관측된 연관성의 '유의성'을 결정하는 통계적 검정도 나타낸다. 스코어의 두 집합 간에 있어서의 연관성의 정도(degree)를 측정하는 문제는 어떤 모집단에서의 연관성의 존재(existence)에 대한 검정의 문제와는 성질이 전혀 다르다. 물론 주어진 피험자 그룹으로부터 얻어진 스코어의 두 집합 간 연관성의 정도에 대해서

기술할 수 있다면, 그것은 그 나름대로 흥미로운 일이다. 그러나 표본으로부터 관측된 연관성에 의해서, 연구의 대상인 변량 간에, 모집단에서 거의 확실히 연관성이 있다고 말할 수 있는지 어떤지 하는 쪽이 보다 중요하다. 상관계수 자체가 연관성의 정도를 표현한다. 그 계수의 유의성에 대한 검정에 의해서, 정해진 확률의 수준에 대하여 모집단 중에 연관성이 존재하는지 어떤지를 결정할 수 있다.

비모수적인 경우에는, 보통 상관의 정도는 피어슨(Pearson)의 상관계수 r이다. 이 통계량은 적어도 스코어가 등간격척도에서의 측정을 표현하고 있다는 것이 필요하다. 만일 r에 대한 관측치의 유의성을 검정하는 것이라면, 측정의 필요조건을 충족시킬 뿐만 아니라 스코어가 두 변량 정규분포로부터 추출된 것이라는 것을 가정하지 않으면 안 된다.

주어진 데이터의 집합이 r에 대한 측정의 필요조건에서 충족되지 않았다거나 정규성의 가정에 대해 비현실적이라면, 비모수적인 상관계수나 유의성의 검정을 사용하면 될 것이다. 상관의 비모수적인 측도는 명목 데이터나 순서 데이터 어느 쪽에도 통용될 수 있다. 그 검정은 스코어가 취해진 모집단의 형식에 관해서 어떠한 가정도 필요하지 않다. 어떤 것은 변량이 연속성에 의거하고 있다고 하는 가정이 있지만, 그 밖에는 이 가정조차 필요 없다. 더욱이 연구자는 특히 소표본의 경우, 상관의 비모수적인 측도나 유의성 검정의 계산이 피어슨의 r 계산보다 간단하다는 것을 알 수 있다.

상관의 측도와 그 유의성의 검정에는 다음과 같은 것이 있다.

- 연관계수 : C
- 스피어만(Spearman)의 순위상관계수 : r_s
- 켄달(Kendall)의 순위상관계수 : τ
- 켄달(Kendall)의 편순위상관계수 : $\tau_{XY,Z}$
- 켄달(Kendall)의 일치계수 : W

이상의 내용을 정리하면 <표 3.1>과 같다.

힌트

비모수적 검정

통계적 가설검정 중에서도 모집단 분포에 특정의 분포를 가정하는 일 없이 검정을 실시하는 것이나, 모집단 분포를 가정한다고 하더라도 그 모수(parameter)에 관해서가 아닌 가설의 검정을 하는 것 등의 총칭이다. 모집단 분포로서 특정의 분포를 가정하지 않는다는 사실로부터 '분포에 의하지 않는 검정'(distribution-free test)이라고 불리는 것이나 명목척도, 순서척도의 정보만을 이용하는 것 등이 많다.

표 3.1 비모수통계분석 방법의 종류

척도의 수준	비모수통계적 검정[1]					상관의 비모수적 측도[2]
	일표본의 경우	2-표본의 경우		k-표본의 경우		
		대응표본	독립표본	대응표본	독립표본	
명목척도	• 이항검정 • χ^2에 의한 일표본의 검정	• 변화의 현저성에 대한 맥네마의 검정	• 피셔의 직접확률검정 • 2조의 독립표본에 대한 χ^2 검정	• 코크란의 Q검정	• k조의 독립표본에 대한 χ^2 검정	• 연관계수 : C
순서척도	• 콜모고로프-스미르노프의 일표본 검정 • 일표본 런 검정	• 부호검정 • 윌콕슨의 대비된 쌍의 부호순위검정[3]	• 중위수검정 • 맨-휘트니의 U 검정 • 콜모고로프-스미르노프의 2표본 검정 • 월드-월포비치의 런 검정 • 과잉반응에 관한 모세스(Moses)의 검정	• 프리드만(Friedman)의 순위에 의한 이원배치 분산분석	• 중위수검정의 확장 • 크러스컬-월리스의 순위에 의한 일원배치 분산분석	• 스피어만의 순위상관계수 : r_s • 켄달의 순위상관계수 : τ • 켄달의 편순위상관계수 : $\tau_{xy.z}$ • 켄달의 일치계수 : W
간격척도		• 월쉬의 검정 • 대비된 쌍에 대한 확률화검정	• 2조의 독립 표본에 대한 확률화검정			

1 척도(측정법)의 주어진 수준에서 적용할 수 있는 검정이 각 열의 아래쪽으로 차례대로 기재되어 있다. 예를 들면, *k*조의 대응표본의 경우에 순서척도에 달할 수 있는 것이라면 프리드만(Friedman)의 이원배치 분산분석과 코크란(Cochran)의 *Q*검정이 적용 가능하다.

2 순위 데이터의 분석을 참조할 것.

3 윌콕슨(Wilcoxon)의 검정은 부호검정에 대해서 필요로 하는 순서척도를 쌍의 안에서만이 아니라 쌍 사이의 차이에 대해서도 또한 요구한다.

4. 비모수적 검정의 사고방식

● 비모수적 방법이란

데이터의 수가 적고 모집단의 분포를 특정할 수 없는 경우나 이상치(異常値)가 존재하고 있을 때에는 비모수적 방법이 유효하다.

비모수적 방법은 데이터에 특정의 분포를 가정하지 않는 분석방법의 총칭이며, 비모수적 방법 중에 여러 가지 수법이 있다.

비모수적 방법의 특색은 데이터를 순위치(데이터를 대소의 순으로 정렬했을 때의 순위)로 변환하고, 순위치를 분석의 대상으로 하는 데에 있다. 순위치로 변환함으로써 원래의 데이터에 대한 분포를 문제로 하지 않고 분석할 수 있도록 하고 있다.

● 비모수적 방법의 적용 장면

비모수적 방법은 다음과 같은 장면에서 적용된다.

1. 모집단의 데이터가 정규분포에 따르고 있지 않을 때
2. 이상치를 포함한 분석을 실시하고 싶을 때
3. 얻어진 데이터가 순위치일 때
4. 얻어진 데이터가 순서척도일 때

비모수적 방법은 데이터가 정규분포에 따르지 않을 때에 유효한 수법인데, 정규분포에 따르고 있는 데이터에 대해서도 적용할 수 있다. 단, 비모수적 방법은 정규분포를 가정한 수법에 비해서 검출력(사실은 차가 있는 상태를 올바르게 유의하다고 할 확률)이 저하한다고 하는 사실에 유의해서 사용할 필요가 있다.

● 순위에 의한 검정

비모수적 방법의 사고방식은 순위를 사용한다고 하는 데에 있다. 그래서 다음에 간단한 수치예로 비모수적 검정의 사고방식을 살펴보도록 한다.

예 1

여기에 12개의 치즈가 있다고 하자. 12개 중 6개는 상표 A, 나머지 6개는 상표 B라고 하자. 이 12개에 대해서 맛있는 순으로 순위를 붙여서 왼쪽에서 오른쪽으로 정렬해 놓았더니 다음과 같이 되었다고 하자.

순위	1	2	3	4	5	6	7	8	9	10	11	12
상표	A	A	A	A	B	B	A	A	B	B	B	B

A가 6위 이하의 왼쪽에 많이 모여 있고, B는 7위 이상의 오른쪽에 많이 모여 있다는 것을 알 수 있다. 이 사실로부터 A는 B보다도 평판이 좋다는 것을 알 수 있다.

그런데 한쪽에 모여 있다고 하는 것을 어떻게 수치화할 것인지 생각하기로 한다. 왼쪽에 모여 있다고 하는 것은 6위 이내의 데이터가 많다고 하는 것을 의미하고 있으므로, A와 B의 각각의 순위에 대한 합계를 구하면, A의 순위의 합계 = 25, B의 순위의 합계 = 53이 되어, A와 B에 차이가 있을 때에는 합계의 차가 커진다는 것을 상상할 수 있다.

그러면, 예를 들면, 정렬했더니 다음과 같이 되었다고 한다면 어떠할까.

순위	1	2	3	4	5	6	7	8	9	10	11	12
상표	A	B	B	A	A	B	B	A	A	B	B	A

이 경우에는 A와 B에는 큰 차는 없어 보인다. 이때, A와 B의 각각 순위에 대한 합계를 구하면, A의 순위의 합계 = 39, B의 순위의 합계=39로 되어 차가 없다는 것이 밝혀졌다.

이상과 같이 순위를 이용해서 분석을 실시하고자 하는 데에 비모수적 검정의 특색이 있다.

예 2

앞의 예와 마찬가지로 12개의 치즈가 있다고 하자. 12개 중 6개는 상표 A, 나머지 6개는 상표 B라고 한다. A와 B에서 무게의 평균치에 차가 있는지 어떤지 조사하기 위해서, 각 치즈의 무게를 측정했다.

상표	A	A	A	A	A	A	B	B	B	B	B	B
무게	5.2	6.3	7.2	8.4	9.5	9.8	5.1	6.6	7.3	8.7	9.1	9.6

A의 평균치 = 7.733, B의 평균치 = 7.733으로 평균치에 차가 없다는 것을 알 수 있다.

여기에서 무게가 가벼운 순으로 정렬해 본다.

순위	1	2	3	4	5	6	7	8	9	10	11	12
상표	B	A	A	B	A	B	A	B	B	A	B	A
무게	5.1	5.2	6.3	6.6	7.2	7.3	8.4	8.7	9.1	9.5	9.6	9.8

A와 B의 각각 순위에 대한 합계를 구하면, A의 순위의 합계 = 39, B의 순위의 합계 = 39로 되어 차가 없다는 것이 밝혀졌다.

따라서 무게를 그대로 분석하거나 순위로 변환해서 분석하거나 A와 B에 차가 없다는 사실을 이끌어낼 수 있다는 것을 이해할 수 있을 것이다.

그런데 위의 A의 무게 중에 9.8이라고 하는 수치가 있다. 이것을 19.8로 바꿔보면, A의 평균치 = 9.45, B의 평균치 = 7.733으로 하나의 이상치(19.8)가 평균치에 영향을 미친다는 것을 알 수 있다. 그러나 무게가 가벼운 순으로 정렬한 결과는 다음과 같이 되어, 이상치의 영향을 받지 않고 결과를 이끌어낼 수가 있는 것이다. 이상치가 있을 것 같은 경우에 비모수적 검정이 유효하다고 하는 것은, 이와 같은 현상을 가리킨다.

순위	1	2	3	4	5	6	7	8	9	10	11	12
상표	B	A	A	B	A	B	A	B	B	A	B	A
무게	5.1	5.2	6.3	6.6	7.2	7.3	8.4	8.7	9.1	9.5	9.6	19.8

힌트

비모수적 검정

❶ 분포에 따르지 않는 검정(distribution-free test)이라고도 한다.
❷ 정규모집단이라고 하는 대전제 없이 실시할 수 있는 우수한 검정법이다.
❸ 비모수적 검정에는 완전 완건성(頑健性, robustness)이 있으므로, 어떠한 상황 하에서도 안심하고 쓸 수 있는 검정법이다.
❹ 데이터를 순위로 치환하는 것이 특색!!

3.2 비모수적 검정의 종류

1. 비모수적 검정의 대비

● 평균치의 차에 관한 t검정의 대용

두 개의 독립적인 표본에 대한 평균치의 차에 관한 검정으로서, 비모수적 검정에는 두 개의 모평균 차의 t검정이 있다. t검정은 데이터가 정규분포에 따르고 있다고 가정할 수 있는 상황에서 이용된다. 따라서 정규분포를 가정할 수 없는 경우에는 부적절하다. 이와 같은 때에 쓰이는 검정방법이 Mann-Whitney의 검정이다. 또한 메디안 검정이라고 불리는 방법으로도 검정할 수 있다.

모수적 방법	비모수적 방법
두 개의 모평균에 대한 t검정	Mann-Whitney 검정
	중위수검정

● 대응이 있는 t검정의 대용

두 개 그룹의 데이터가 독립이 아니고, 쌍으로 되어 얻어질 때에는 데이터에 대응이 있게 되어, 이때에는 Wilcoxon의 부호순위검정을 적용한다. 또한 부호검정이라고 불리는 방법으로도 검정할 수 있다.

모수적 방법	비모수적 방법
대응이 있는 t검정	Wilcoxon의 부호순위검정
	부호검정

● 일원배치 분산분석의 대용

두 개 이상의 평균치의 차를 검정하기 위한 수법으로서 분산분석이 있다. 분산분석은 각 그룹의 데이터가 정규분포에 따르고 또한 분산이 같은 것(등분산)을 전제로 하고 있다.
정규분포라는 것을 가정할 수 없는 경우나 이상치가 존재해서, 등분산을 가정할 수 없는 경우에는, Kruskal-Wallis 검정을 적용한다.

모수적 방법	비모수적 방법
일원배치 분산분석	Kruskal-Wallis 검정
	중위수검정

● 이원배치 분산분석(난괴법 ; 반복측정 분산분석)의 대용

인자(비교하고 싶은 항목의 종류)가 두 개 있는 경우에는 이원배치 분산분석의 적용이 일반적인데, 이 수법도 정규분포와 등분산이 전제로 되어 있다. 이 전제조건이 충족되지 않을 때에는, Friedman의 검정을 적용한다. 이 수법은 대응이 있는 데이터가 2조 이상 있을 때의 평균치 차의 검정이라고 하는 견해를 가질 수 있다.

모수적 방법	비모수적 방법
이원배치 분산분석 (난괴법·반복측정)	Friedman의 검정

● 상관계수의 대용

두 변수 간의 관계의 강도를 보는 통계량으로서 상관계수가 있다. 통상의 상관계수는 Pearson의 상관계수라고 불리고 있다. 이 상관계수에 기초해서 행해지는 무상관의 검정은 두 변수의 데이터가 모두 정규분포에 따른다고 하는 것을 전제로 하고 있다. 이 전제가 성립되지 않을 때나 순위치 혹은 순서척도의 데이터에는 순위상관계수를 구하면 된다. 순위상관계수에는 Spearman의 순위상관계수와 Kendall의 순위상관계수가 있고, 계산방법이 다르기 때문에 계산결과도 일치하지 않는다.

모수적 방법	비모수적 방법
Pearson의 상관계수	Spearman의 순위상관계수
	Kendall의 순위상관계수

2. SPSS의 비모수적 검정

● 비모수적 검정의 기능

SPSS에서는 메뉴의 [분석]에서 [비모수 검정]을 선택하게 된다.

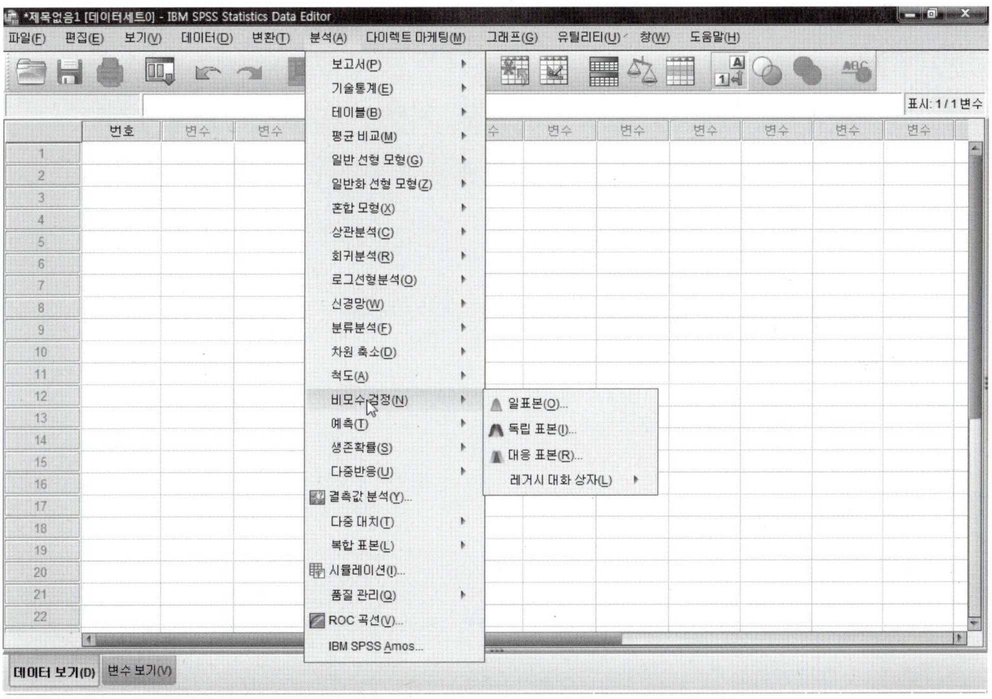

● 일표본

[일표본]에는 표본의 수가 하나일 때에 실시 가능한 비모수적 검정이 준비되어 있다.

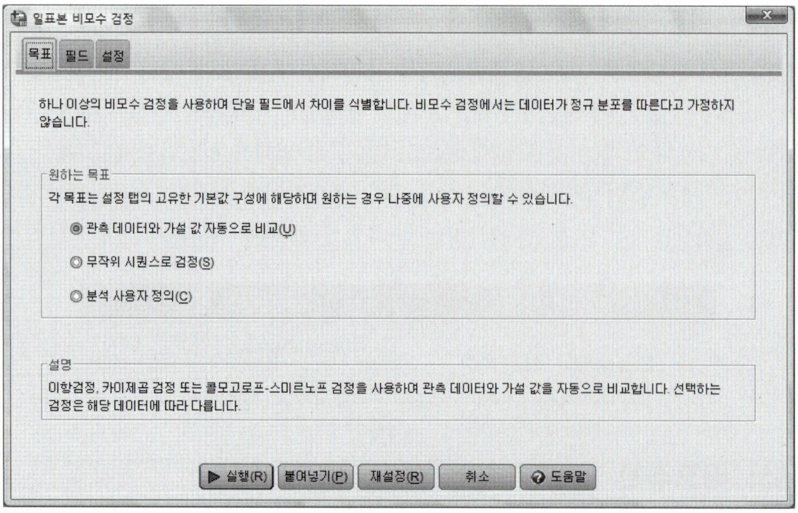

● 독립 표본

[독립 표본]에는 두 개 이상의 표본이 있고, 각 표본이 독립일 때에 실시 가능한 비모수적 검정이 준비되어 있다.

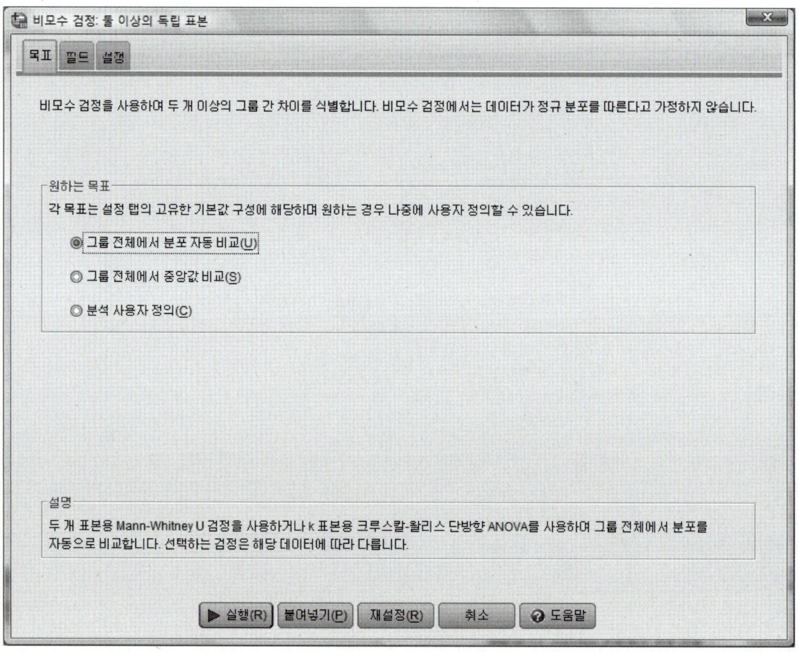

● 대응 표본

[대응 표본]에는 두 개 이상의 표본이 있고, 각 표본에 대응이 있을 때에 실시 가능한 비모수적 검정이 준비되어 있다.

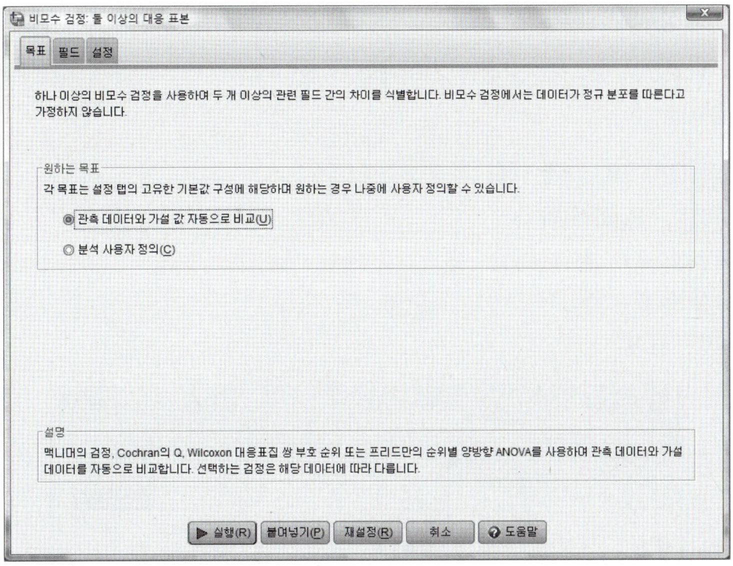

● 레거시 대화상자

SPSS의 [레거시 대화상자]에는 [카이제곱 검정]을 비롯한 다양한 메뉴가 준비되어 있다.

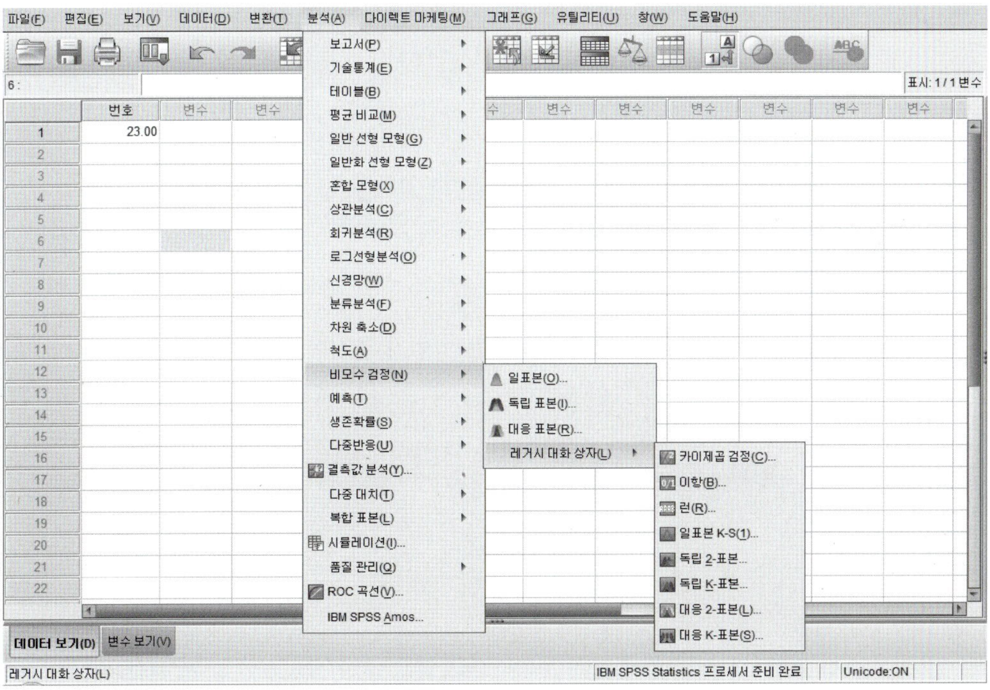

● 카이제곱 검정

검정통계량이 χ^2분포에 따르는 검정을 카이제곱 검정이라고 부르고 있다. 다음의 검정은 모두 카이제곱 검정이다.

- 두 개의 모비율의 차에 대한 검정
- 독립성검정…Pearson의 χ^2
- 적합도검정
- 동질성검정
- Bartlett의 검정

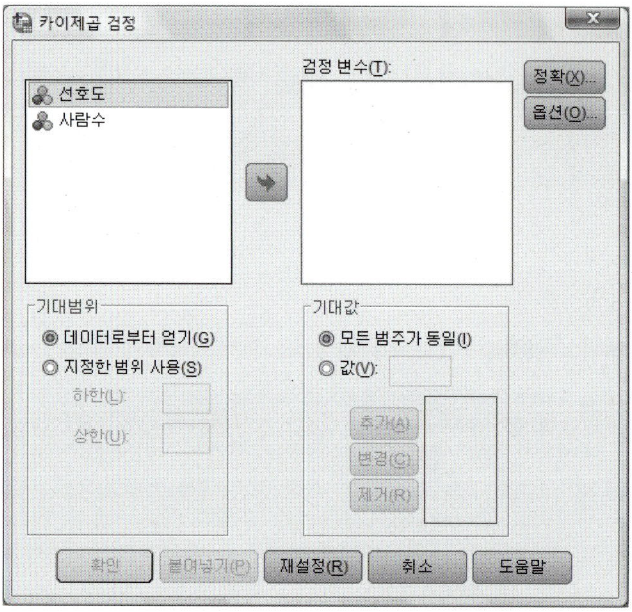

● 이항검정

이항분포에 의거해서 통계적 가설검정을 실시하는 방법의 총칭이다.

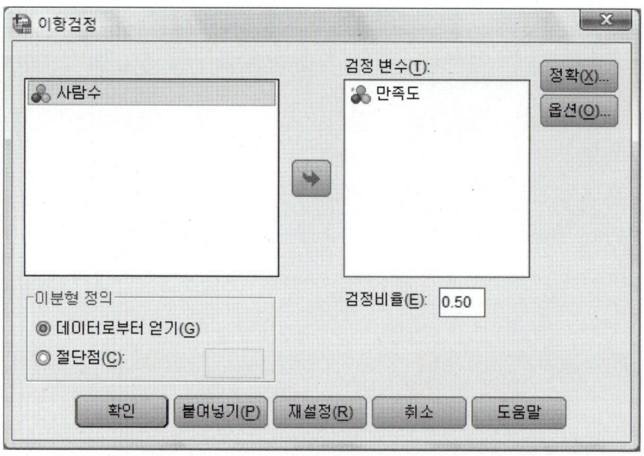

예를 들면,

$$\text{귀무가설 } H_0 : p = \frac{1}{3}$$

$$\text{대립가설 } H_1 : p \neq \frac{1}{3}$$

과 같은 검정을 이항검정(binomial test)이라고 한다.

● 런 검정

다음의 가설이 성립하는지 어떤지를 조사하기 위한 비모수적 검정을 말한다.

귀무가설 H_0: 데이터의 열은 랜덤하다

대립가설 H_1: 데이터의 열은 시간적 경과에 의존하고 있다.

런(runs)은 '연(連)'을 가리키므로 **'연의 검정'**이라고도 한다.

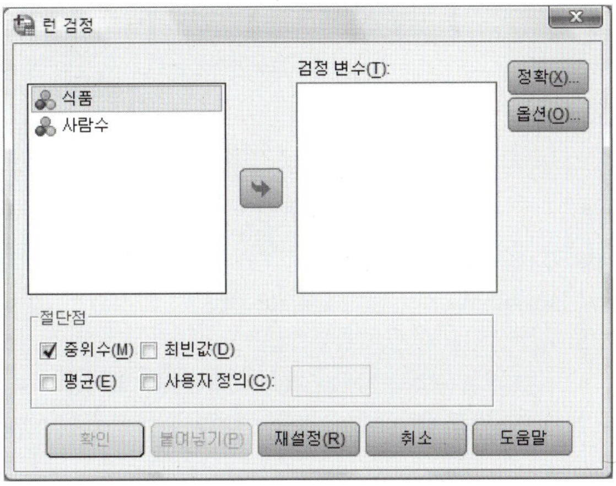

● 일표본 K-S

하나의 표본에 대한 Kolmogorov-Smirnov 검정을 가리킨다.

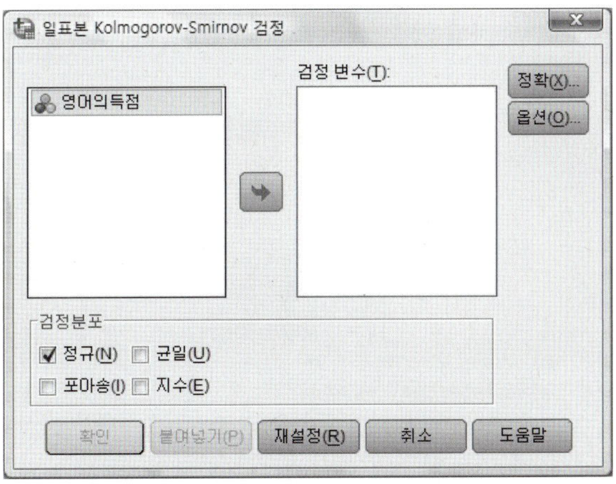

데이터의 분포가 이론치의 분포와 일치하고 있는지 어떤지를 체크하는 적합도검정의 하나이다.

귀무가설 H_0 : 데이터의 분포는 이론치의 분포와 일치하고 있다
대립가설 H_1 : 데이터의 분포는 이론치의 분포와 일치하고 있지 않다

예를 들면, 데이터의 분포에 대한 정규성에 대해서 검정할 수 있다.

● 독립 2-표본

두 개 그룹의 분포함수가 일치하고 있는지 어떤지 체크하는 검정이다.

귀무가설 H_0 : 두 개의 분포함수는 일치하고 있다
대립가설 H_1 : 두 개의 분포함수는 일치하고 있지 않다

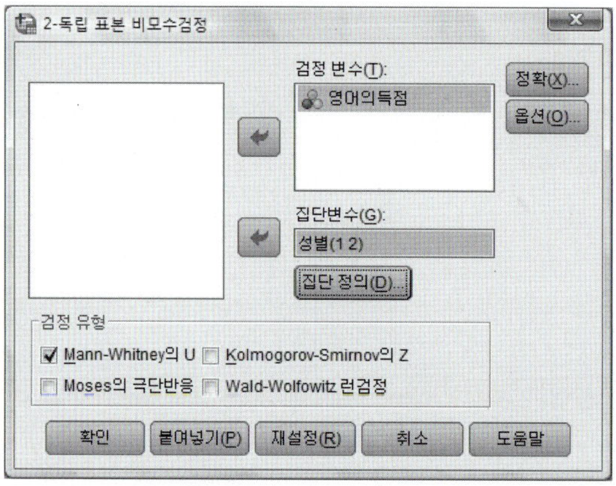

Kolmogorov-Smirnov의 Z 검정과 Mann-Whitney의 U 검정 등이 있다.

● 독립 K-표본

세 개 그룹 이상의 분포함수가 일치하고 있는지 어떤지 체크하는 검정이다.

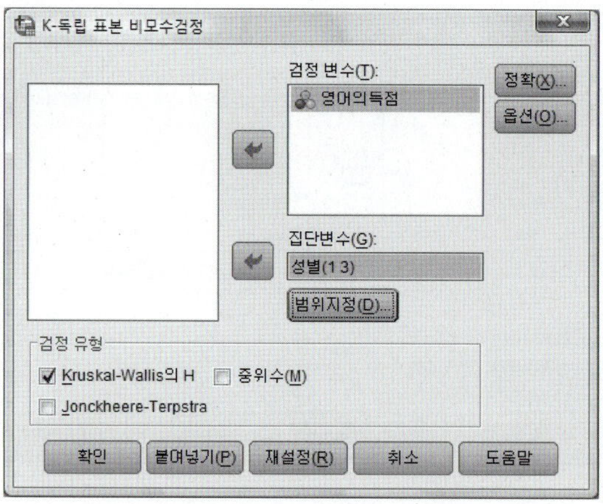

예를 들면 다음과 같은 가설을 검정한다.

귀무가설 H_0 : 세 개 그룹의 분포의 중심위치는 같다

대립가설 H_1 : 세 개 그룹의 분포의 중심위치는 같지 않다

● 대응 2-표본

동일한 표본의 두 개의 평가 데이터에 대한 검정이다. 다음과 같은 가설을 검정한다.

귀무가설 H_0 : 학생들의 중간고사와 기말고사 성적분포의 중심위치는 같다

대립가설 H_1 : 학생들의 중간고사와 기말고사 성적분포의 중심위치는 같지 않다

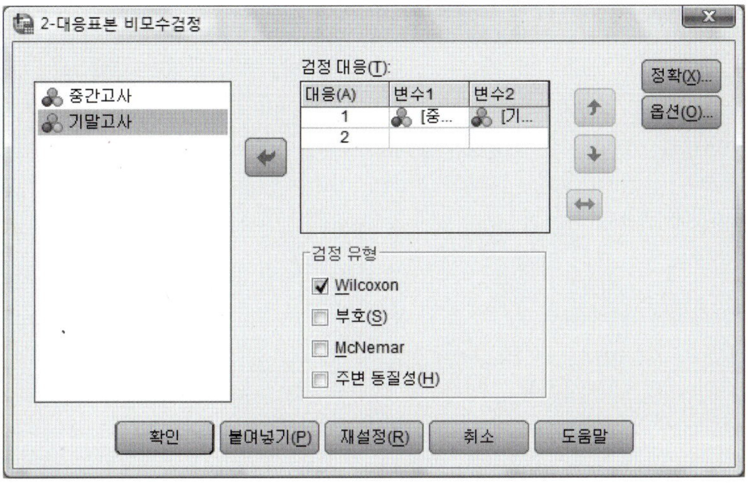

● 대응 K-표본

동일한 표본의 세 개 이상의 평가 데이터에 대한 검정이다. 다음과 같은 가설을 검정한다.

귀무가설 H_0 : 다섯 종류의 맥주에 대한 순위의 중심위치는 같다

대립가설 H_1 : 다섯 종류의 맥주에 대한 순위의 중심위치는 같지 않다

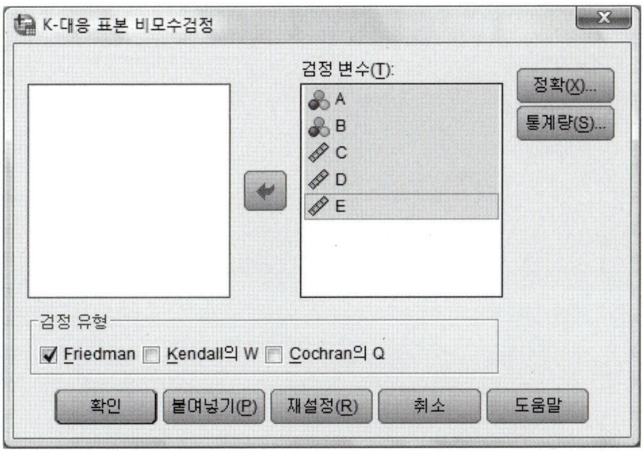

CHAPTER

4

이항검정

CHAPTER 4 **이항검정**

4.1 하나의 비율에 관한 검정

1. 기준치와의 비교

● 예제 4-1

어떤 병원에서는 치료에 대한 종합적인 만족도를 다음과 같은 양자택일의 질문으로 회답하는 형식으로 환자에게 평가하게 했다.

환자 88명의 회답을 집계했더니 다음과 같은 결과가 되었다.

불만 = 11명
만족 = 77명
불만율 = 11/88 = 0.1245 = 12.5%

이 병원에서는 환자의 불만율을 15% 미만으로 하는 것을 목표로 하고 있다. 이번의 결과로부터 목표를 달성했다고 할 수 있는지 검정하라.

● 데이터의 그래프화

수집한 데이터는 불만인지 만족인지를 나타내는 2가 데이터이기 때문에 막대 그래프와 원 그래프를 사용한 그래프를 이용하기로 한다.

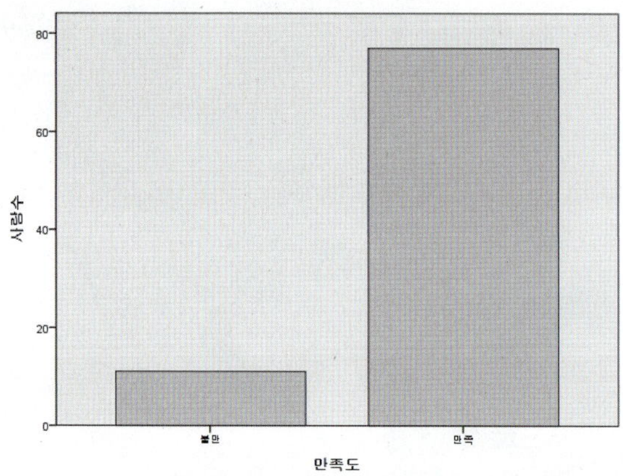

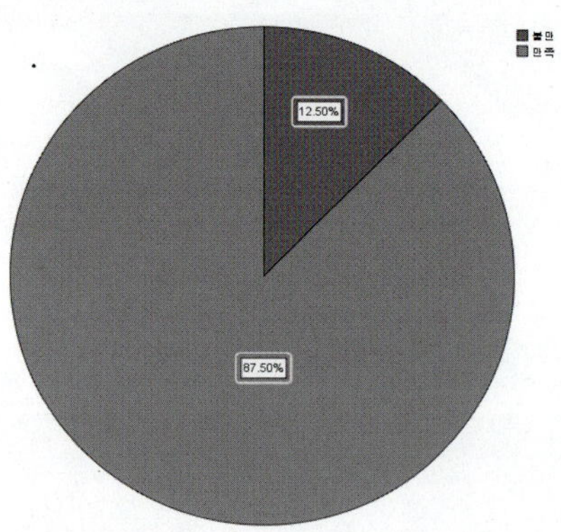

● SPSS의 순서

<순서 1> 데이터의 입력

(1) 다음과 같이 만족도 조사 결과를 입력한다. '만족도'를 나타내는 변수는 불만을 1, 만족을 2라고 입력한다.

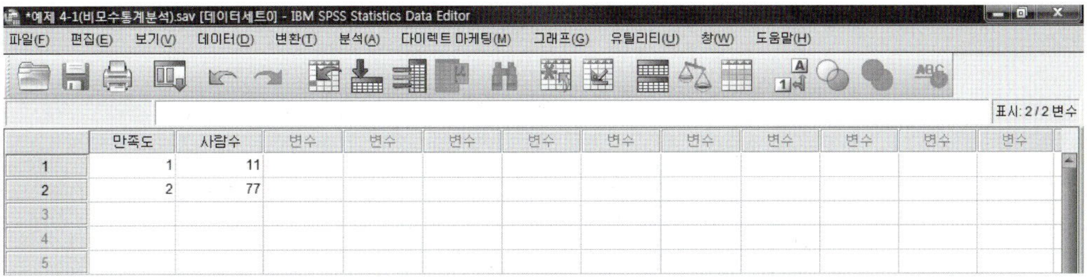

(2) [변수보기]에서 [값]의 [변수값 레이블] 대화상자에서 다음과 같이 1은 불만, 2는 만족이라고 설정한다.

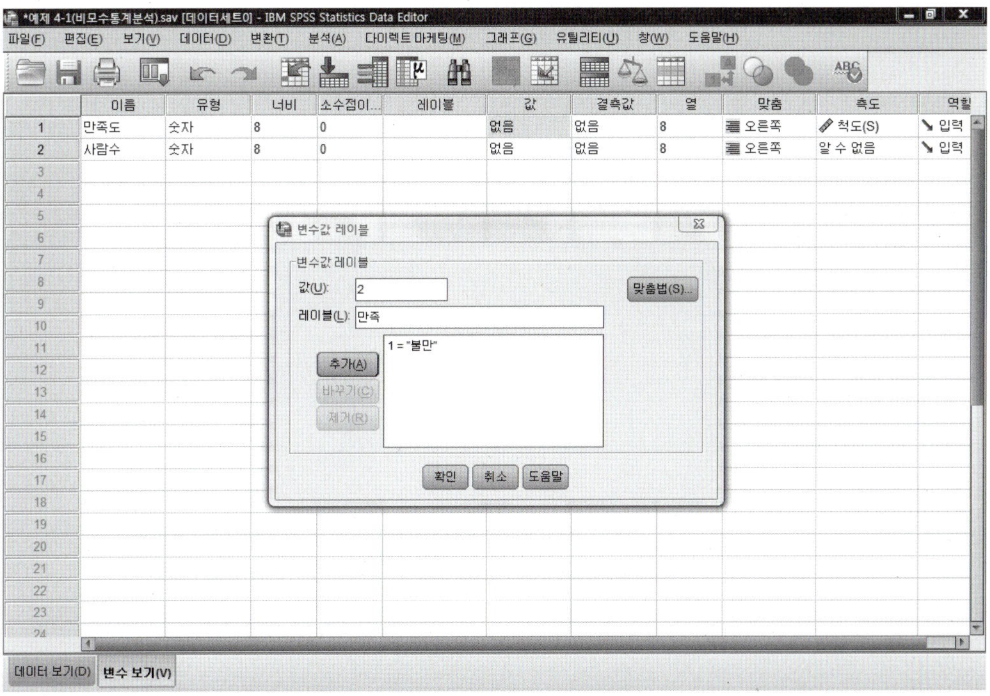

(3) [변수보기]의 [측도]에서 '만족도'는 '명목', '사람수'는 '척도'를 설정한다.

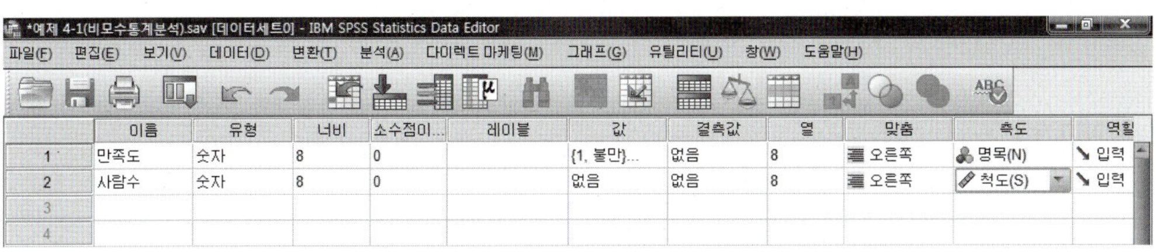

(4) 메뉴에서 [데이터]-[가중치 케이스]를 선택하고, 다음과 같이 '사람수'를 [빈도변수] 난에 입력한 다음 [확인]을 클릭한다. 이로써 '사람수'는 빈도변수 설정이 된 것이다.

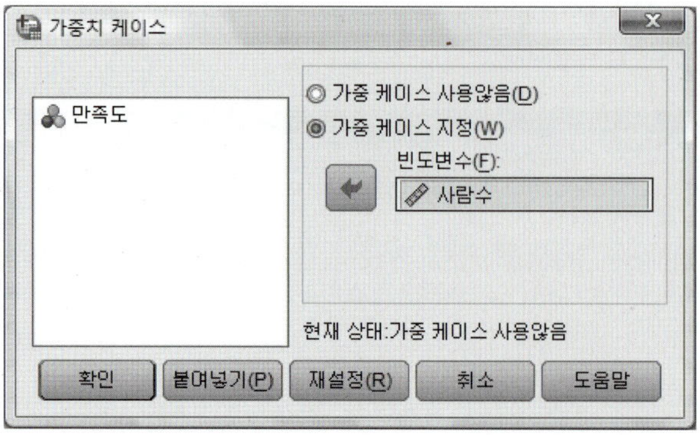

참고 **다른 입력방법**

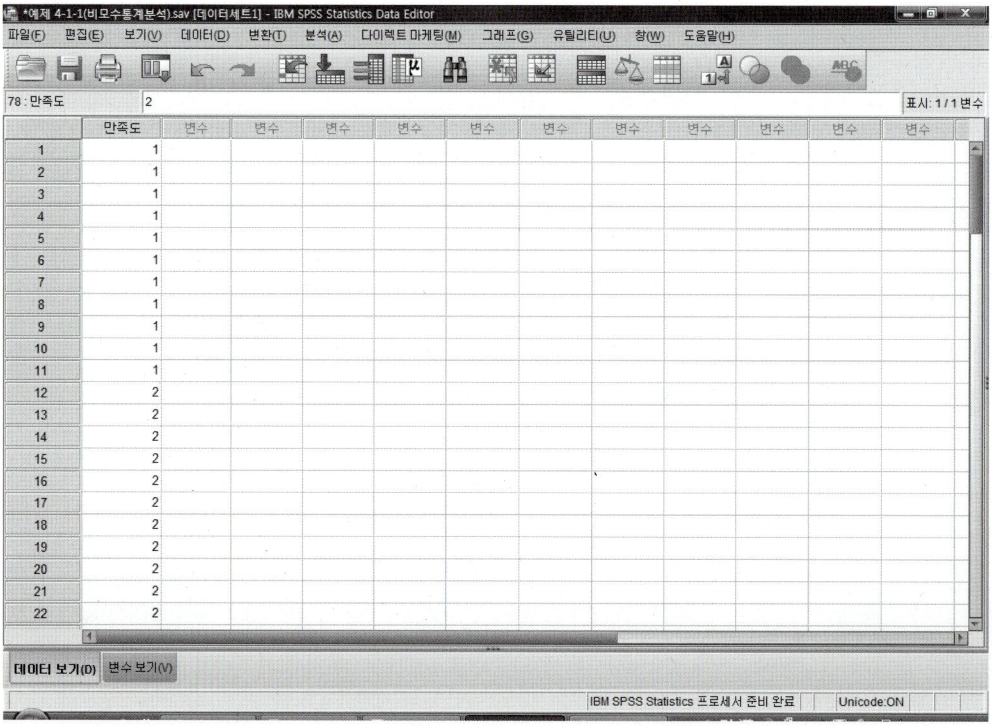

집계 데이터로서 입력하지 않고 생 데이터(raw data)로 1을 11개, 2를 77개 입력해도 무방하다. 이때는 빈도변수 설정은 필요 없다.

<순서 2> 분석수법의 선택

(1) 메뉴에서 [분석]-[비모수 검정]-[일표본]을 선택한다.

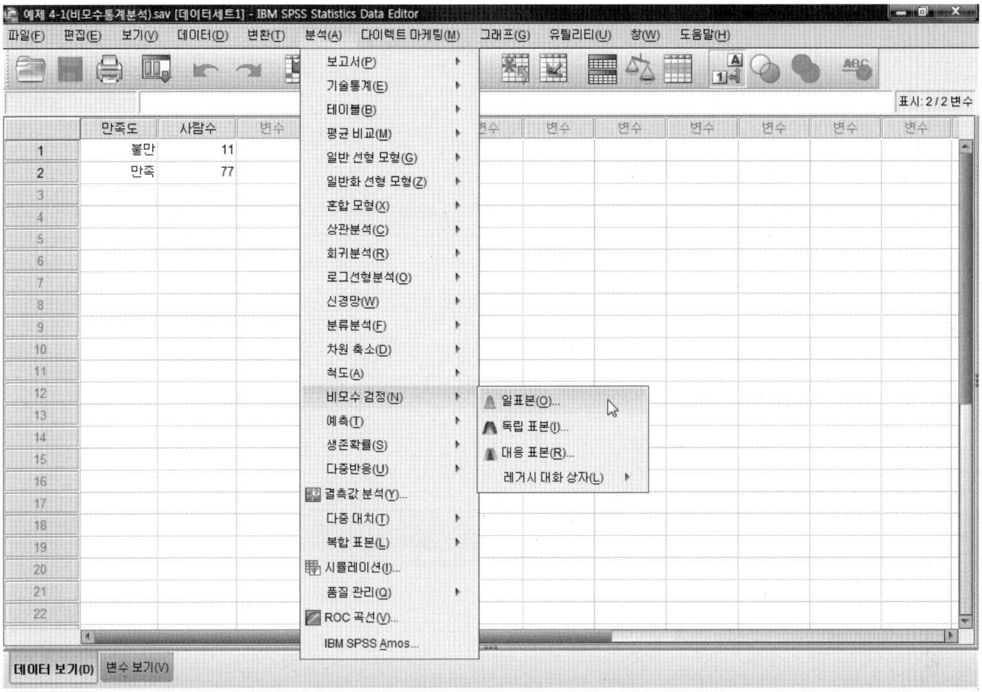

(2) 다음과 같은 대화상자가 나타난다.

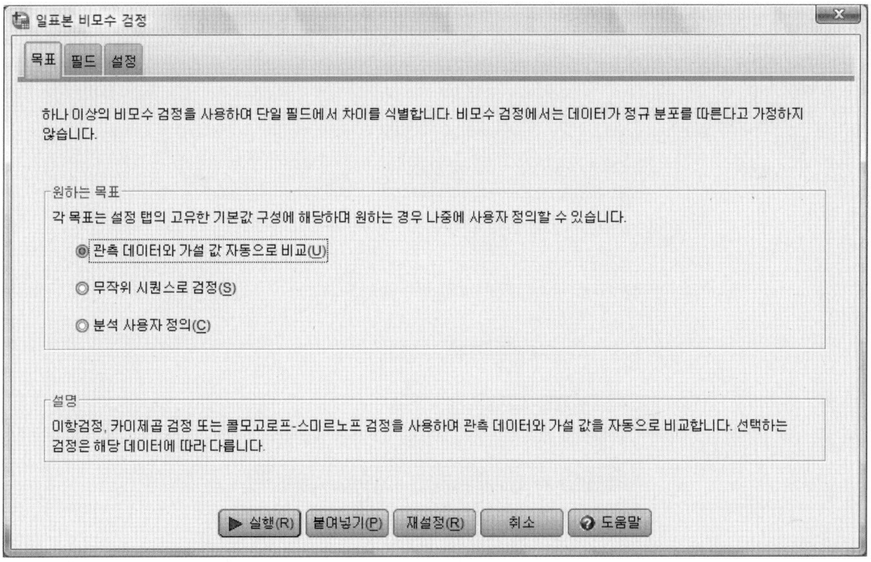

[필드]를 클릭한다.

(3) [검정 필드] 난에 '만족도'를 투입한다.

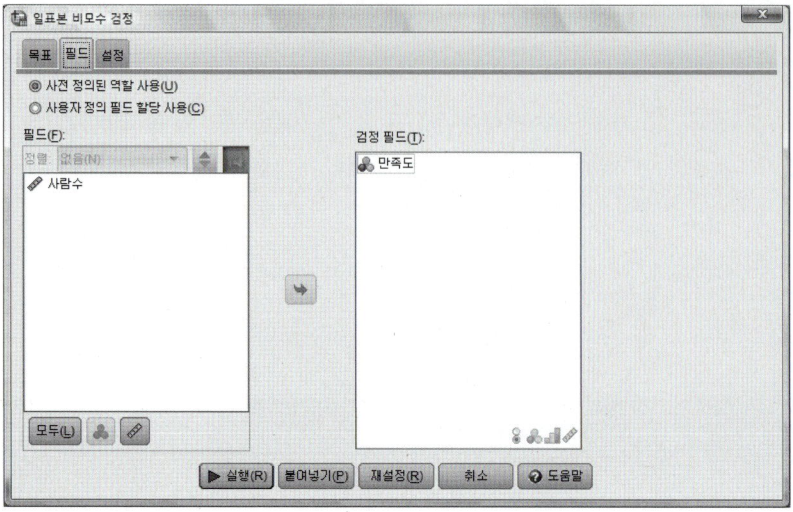

[설정]을 클릭한다.

(4) [항목 선택]에서 [검정 선택]을 선택한다. [검정 사용자 정의]에 체크하고, [관측 이분형 확률과 가설 값 비교(이항검정)]를 선택한다.

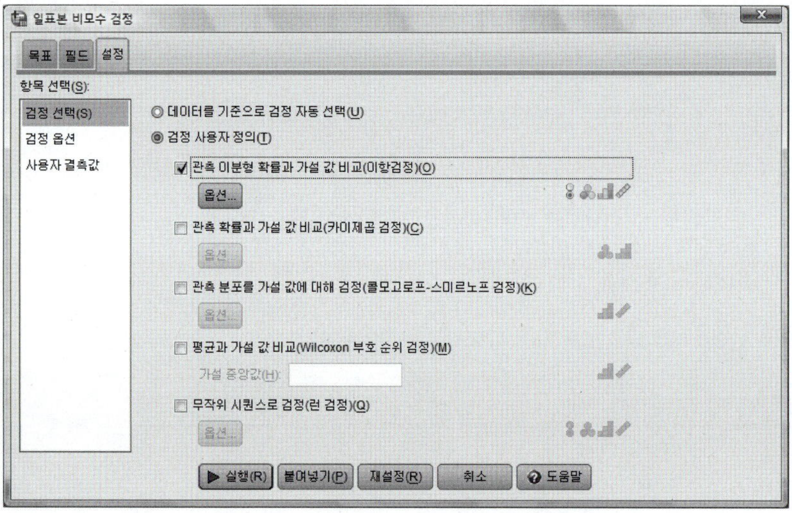

[옵션]을 클릭한다.

(5) [가설 비율]을 '0.15'로 설정한다. [확인]을 클릭한다.

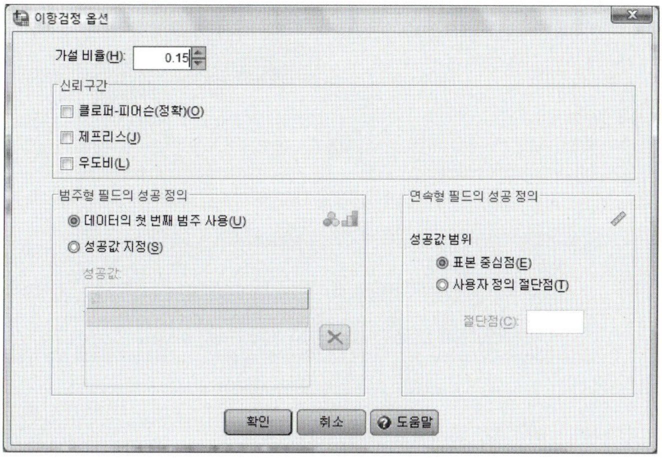

[실행]을 클릭한다.

(6) 출력결과를 더블클릭하면 상세한 결과가 표시된다.

● [레거시 대화상자]로부터의 순서

※ <순서 1>은 앞에서와 동일

<순서 2> 분석수법의 선택

(1) 메뉴에서 [분석]-[비모수 검정]-[레거시 대화상자]-[이항]을 선택한다.

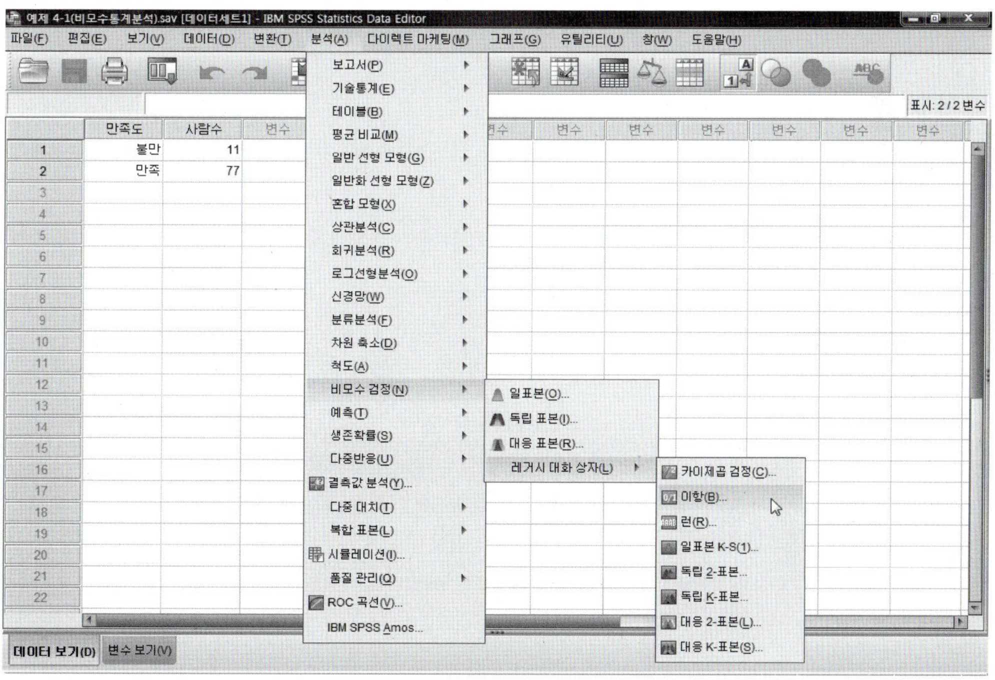

(2) 다음과 같은 대화상자가 나타난다.

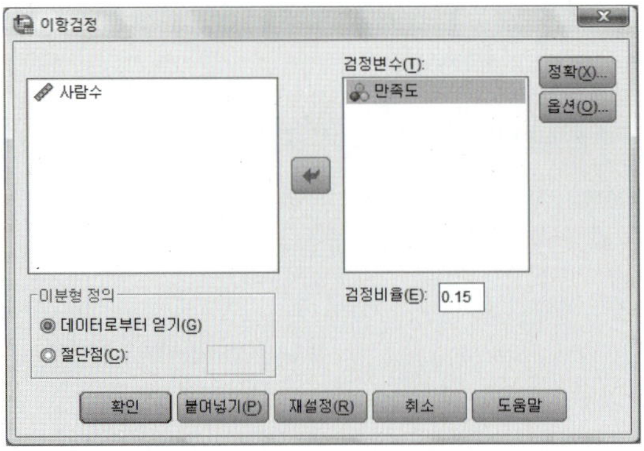

[검정변수] 난에 '만족도'를 투입한다.
[검정비율]을 '0.15'로 설정한다.
[확인]을 클릭한다.

● 가설의 설정

이 예제에 대한 가설은 다음과 같이 된다.

귀무가설 $H_0 : \pi = 0.15$ (모불만율 π는 0.15이다)
대립가설 $H_1 : \pi < 0.15$ (모불만율 π는 0.15 미만이다)

검정의 유의수준은 $\alpha = 0.05$이다.

● 적용하는 수법

모집단의 비율이 기준치(이 예에서는 0.15)와 같은지 다른지를 검정하는 데 적합한 이항검정을 이용한다.

이 예제에서는 0.15 이상이 되는 것에 흥미가 없다는 사실로부터 단측검정을 설정한다.

● 분석결과

SPSS에 의한 분석결과가 다음과 같이 얻어지고 있다.

가설검정 요약

	영가설	검정	유의확률	의사결정
1	만족도 = 불만 및 만족에서 정의된 범주가 확률 0.15 및 0.85에서 발생합니다.	일표본 이항 검정	.306	영가설을 채택합니다.

근사 유의확률이 표시됩니다. 유의수준이 .05입니다.

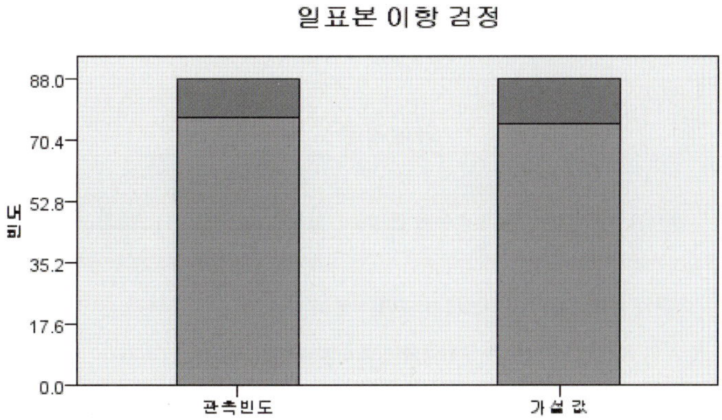

전체 N	88
검정 통계량	11.000
표준오차	3.350
표준화된 검정 통계량	-.508
근사 유의확률 (단측검정)	.306

1. 대립가설은 성공 집단의 레코드 비율이 가설 성공 확률보다 작다는 것입니다.

p값 $= 0.306 > 0.05$이므로, 귀무가설 H_0는 기각되지 않는다. 즉, 모불만율은 0.15 미만이라고는 할 수 없다.

● [레거시 대화상자]에 의한 출력결과

이항검정

		범주	N	관측 비율	검정 비율	정확 유의확률 (단측)
만족도	집단 1	불만	11	.13	.15	.315[a]
	집단 2	만족	77	.88		
	전체		88	1.00		

a. 대립가설은 처음 집단의 케이스 비율이 .15보다 작다고 선언합니다.

● 정확한 유의확률과 점근 유의확률

SPSS에서는 [레거시 대화상자]를 이용해서 이항검정을 실시하면, 정확한 유의확률이 산출된다.

한편, [일표본의 비모수 검정]을 이용한 이항검정에서는 이항분포를 정규분포로 근사해서 이용하는 점근 유의확률이 산출된다. 이 예제에서는 $n = 88$로 되어 있는데, $n \leq 25$가 되면 다음과 같이 정확한 유의확률이 산출된다.

$n \le 25$일 때

가설검정 요약

	영가설	검정	유의확률	의사결정
1	만족도 = 불만 및 만족에서 정의된 범주가 확률 0.15 및 0.85에서 발생합니다.	일표본 이항 검정	.006[1]	영가설을 기각합니다.

근사 유의확률이 표시됩니다. 유의수준이 .05입니다.

[1] 이 검정에 대한 정확 유의확률이 표시됩니다.

$n \ge 26$일 때

가설검정 요약

	영가설	검정	유의확률	의사결정
1	만족도 = 불만 및 만족에서 정의된 범주가 확률 0.15 및 0.85에서 발생합니다.	일표본 이항 검정	.000	영가설을 기각합니다.

근사 유의확률이 표시됩니다. 유의수준이 .05입니다.

● 검정에 관한 주의점

(1) 단측가설의 검정에 관한 주의

이 예제에 대한 가설은 다음과 같이 된다.

귀무가설 $H_0 : \pi = 0.15$ (모불만율 π는 0.15이다)

대립가설 $H_1 : \pi < 0.15$ (모불만율 π는 0.15 미만이다)

이때 SPSS에서는 검정의 대상으로 하고 있는 비율의 분자가 되는 카테고리(이 예에서는 불만율을 대상으로 하고 있기 때문에 불만이라고 하는 카테고리)를 먼저 입력할 필요가 있다.

	만족도	사람수	변수
1	불만	11	
2	만족	77	

이것을 다음과 같이 역으로 입력하면 만족률을 대상으로 하고 만다.

	만족도	사람수	변수
1	만족	77	
2	불만	11	

이 경우에 다음과 같은 검정결과가 된다.

가설검정 요약

	영가설	검정	유의확률	의사결정
1	만족도 = 만족 및 불만에서 정의된 범주가 확률 0.15 및 0.85에서 발생합니다.	일표본 이항 검정	.000	영가설을 기각합니다.

근사 유의확률이 표시됩니다. 유의수준이 .05입니다.

※ [레거시 대화상자]로부터 얻어진 결과

이항검정

		범주	N	관측 비율	검정 비율	정확 유의확률 (단측)
만족도	집단 1	만족	77	.88	.15	.000
	집단 2	불만	11	.13		
	전체		88	1.00		

p값 $= 0.000 < 0.05$이므로, 귀무가설 H_0가 기각되게 되어 틀린 결론을 이끌고 만다. 만족도에 주목하게 되면 [검정비율]을 '0.85'$(1-0.15)$로 설정할 필요가 있다.
이와 같이 하면 다음과 같은 결과가 얻어져서 예제의 검정결과와 일치한다.

가설검정 요약

	영가설	검정	유의확률	의사결정
1	만족도 = 만족 및 불만에서 정의된 범주가 확률 0.85 및 0.15에서 발생합니다.	일표본 이항 검정	.306	영가설을 채택합니다.

근사 유의확률이 표시됩니다. 유의수준이 .05입니다.

※ [레거시 대화상자]로부터 얻어진 결과

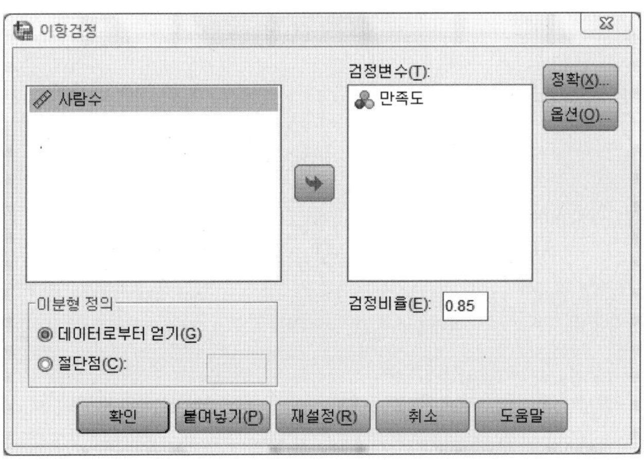

이항검정

		범주	N	관측 비율	검정 비율	정확 유의확률 (단측)
만족도	집단 1	만족	77	.88	.85	.315
	집단 2	불만	11	.13		
	전체		88	1.00		

그리고 SPSS에서는

(관측비율) < (검정비율 π_0)일 때는 대립가설 $H_1 : \pi < \pi_0$

(관측비율) > (검정비율 π_0)일 때는 대립가설 $H_1 : \pi > \pi_0$

로 해서 검정을 실시하고 있다.

따라서,

(관측비율) > (검정비율 π_0)일 때에 대립가설 $H_1 : \pi < \pi_0$에 대한 검정결과는 검정할 것까지도 없고 유의하지 않다고 하는 결론이 된다. 검정을 실행하면 다음과 같은 결과가 되어, 잘못된 결론을 이끌어낼 가능성이 있으므로 주의할 필요가 있다.

이항검정

		범주	N	관측 비율	검정 비율	정확 유의확률 (단측)
만족도	집단 1	만족	35	.31	.15	.000
	집단 2	불만	77	.69		
	전체		112	1.00		

(2) 양측가설의 검정에 관한 주의

귀무가설 $H_0 : \pi = 0.15$ (모불만율 π는 0.15이다)

대립가설 $H_1 : \pi \neq 0.15$ (모불만율 π는 0.15이 아니다)

라고 하는 양측가설을 검정할 때에는 얻어진 유의확률의 값을 2배한 것을 p값으로서 생각할 필요가 있다.

2. 비율에 관한 구간추정

● 신뢰구간

예제 4-1에 있어서 모불만율의 95% 신뢰구간을 구하면 다음과 같은 결과가 얻어진다.

신뢰구간 요약

신뢰구간 유형	모수	추정	95% 신뢰구간	
			하한	상한
일표본 이항 성공률(Clopper-Pearson)	확률 (만족도=불만)	.125	.064	.213

● SPSS의 순서

<순서 1> 데이터의 입력

전술한 바와 같이 데이터를 입력하고 '사람수'는 빈도변수 지정을 한다.

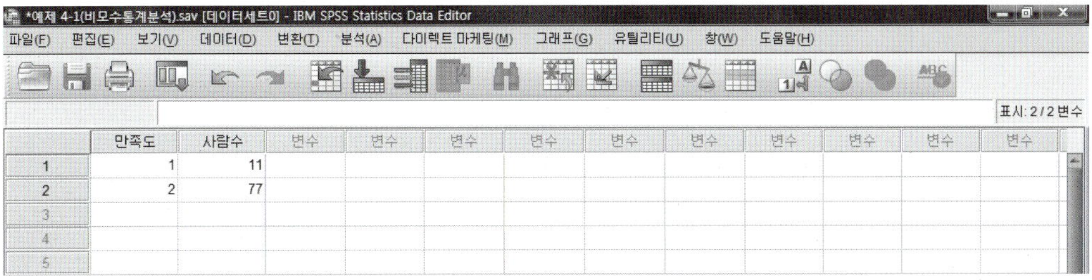

<순서 2> 분석수법의 선택

(1) 메뉴에서 [분석]-[비모수 검정]-[일표본]을 선택한다.

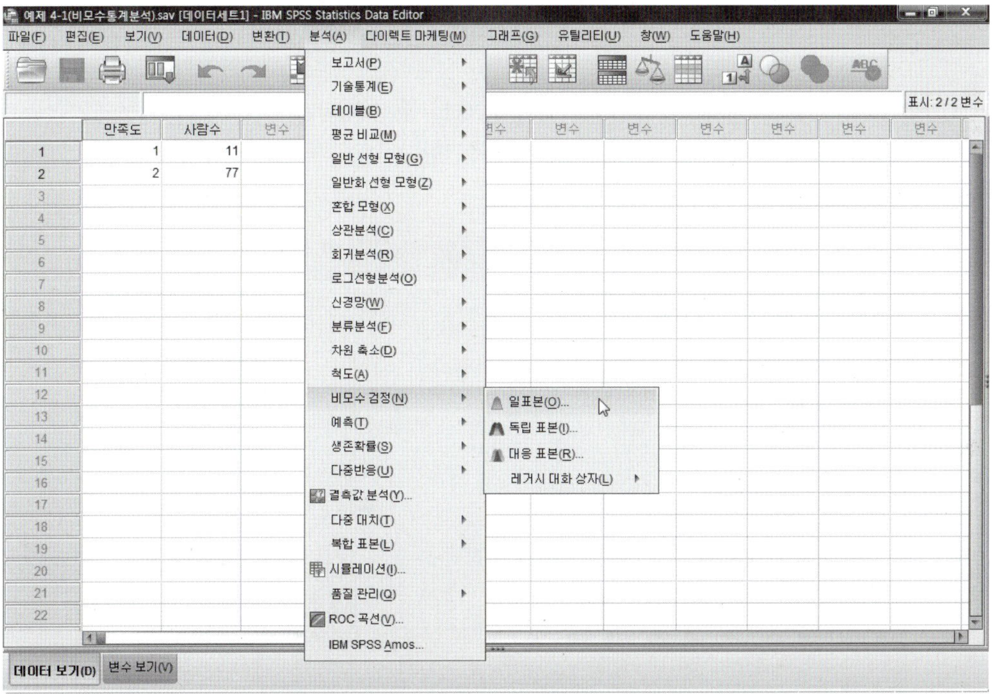

(2) [일표본 비모수 검정] 대화상자에서 [설정]을 클릭한다.

(3) [항목 선택]에서 [검정 사용자 정의]를 체크한다.

(4) [관측 이분형 확률과 가설 값 비교(이항검정)]를 선택한다.

(5) [옵션]을 클릭한다.

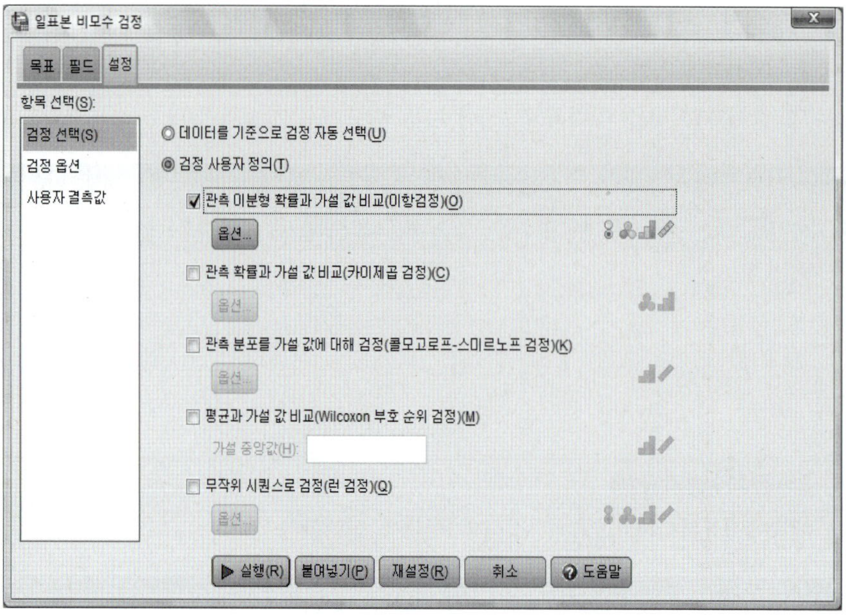

(6) [이항검정] 대화상자에서 [가설비율]에 '0.15'를 입력한다.
[신뢰구간]의 [클로퍼-피어슨(정확)]을 체크한다.
[확인]을 클릭한다.

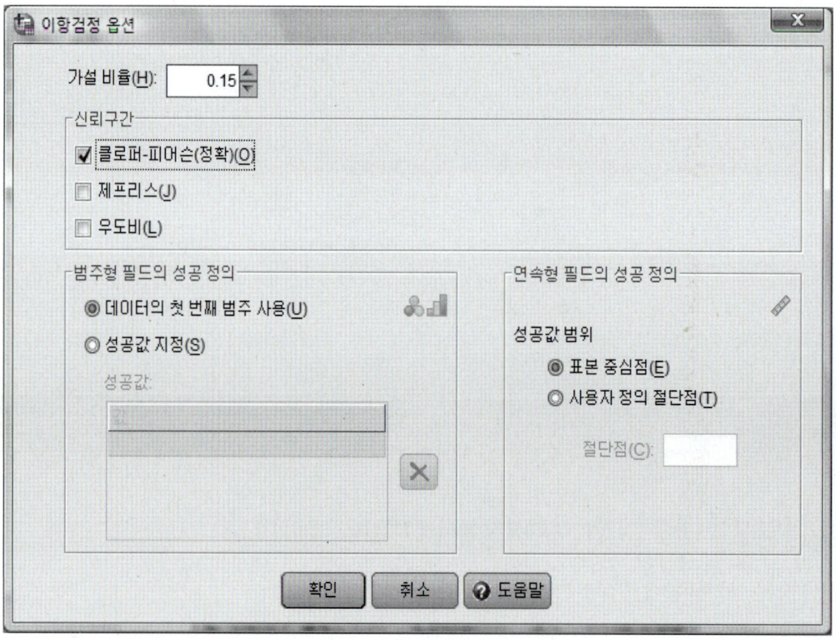

<순서 3> 비모수 검정의 실행

(1) 다음 화면에서 [실행]을 클릭한다.

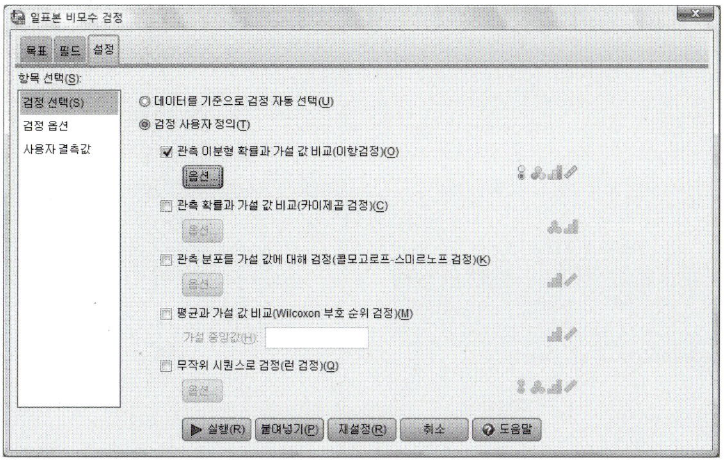

(2) 다음과 같은 검정결과가 얻어진다.

가설검정 요약

	영가설	검정	유의확률	의사결정
1	만족도 = 불만 및 만족에서 정의된 범주가 확률 0.15 및 0.85에서 발생합니다.	일표본 이항 검정	.306	영가설을 채택합니다.

근사 유의확률이 표시됩니다. 유의수준이 .05입니다.

(3) 위 화면을 더블클릭하면 다음과 같은 화면으로 바뀐다.

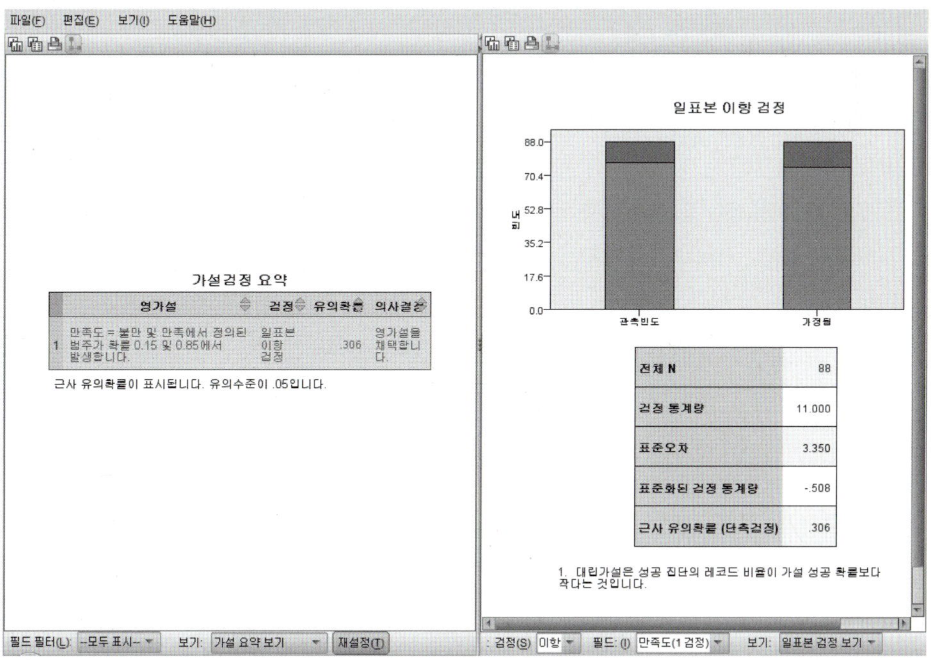

(4) [모형 뷰어] 왼쪽 최하단의 [가설 요약 보기]를 [신뢰구간 요약 보기]로 바꾼다.

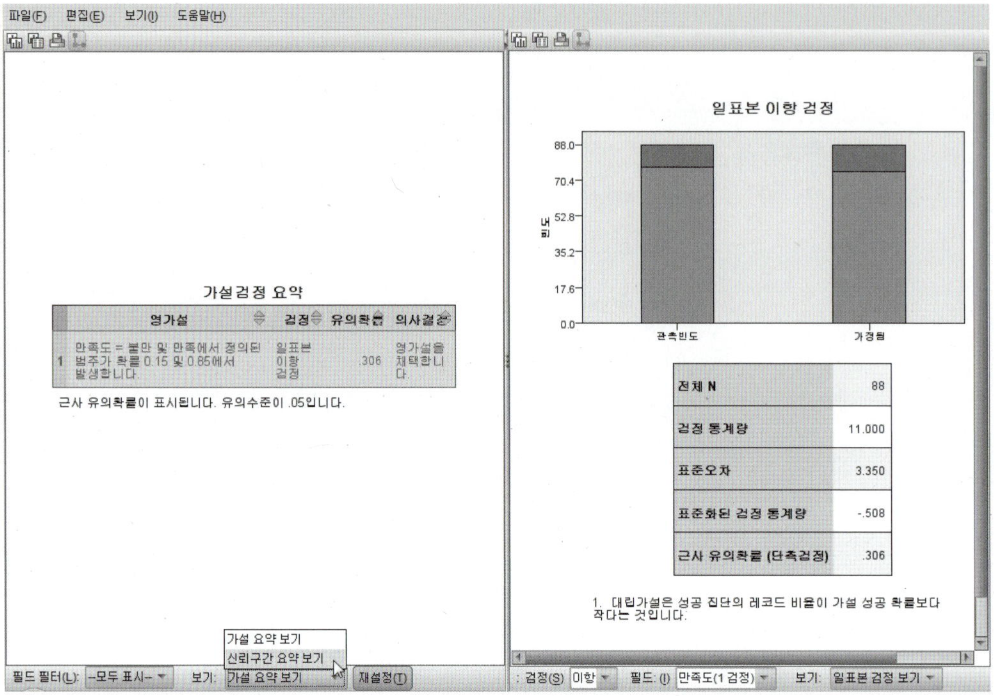

<순서 4> 분석결과 출력

신뢰구간 요약

신뢰구간 유형	모수	추정	95% 신뢰구간	
			하한	상한
일표본 이항 성공률(Clopper-Pearson)	확률 (만족도=불만)	.125	.064	.213

모불만율의 95% 신뢰구간은 다음과 같다.

$$0.064 \le \text{모불만율 } \pi \le 0.213$$

4.2 이항검정과 부호검정

1. 확률 50%의 검정

● 예제 4-2

단맛이 다른 두 종류의 식품 A와 B를 시식하게 하고, 다음과 같이 A와 B의 어느 쪽 식품을 좋아한다고 느끼는지를 회답하게 하는 조사를 66명에게 실시했다.

식품 A · 식품 B

회답을 집계했더니 다음과 같은 결과가 되었다.

A = 42명
B = 24명
A를 좋아하는 비율 = 0.636 = 63.6%
B를 좋아하는 비율 = 0.364 = 36.4%

A와 B를 좋아하는 비율에 차가 있다고 할 수 있는지 검정하라.

● 데이터의 그래프화

수집된 데이터는 좋아하는 식품은 A인지 B인지를 나타내는 2가 데이터이므로, 막대 그래프와 원 그래프를 사용한 그래프를 이용하기로 한다.

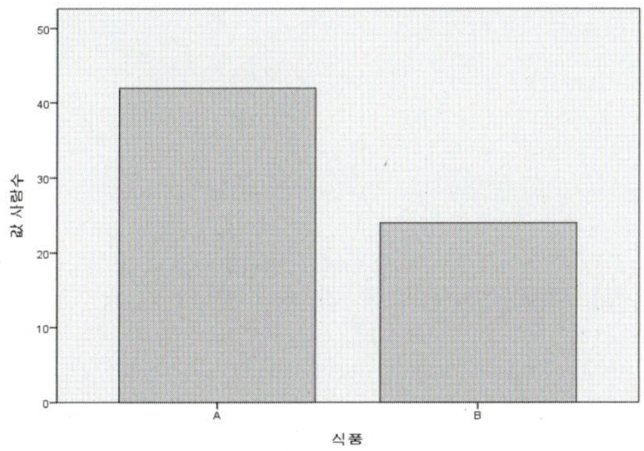

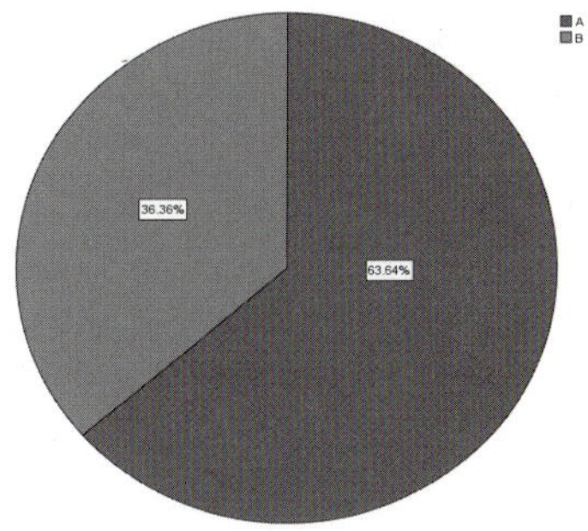

● 가설의 설정

이 예제에서는 A와 B를 좋아하는 비율에 차가 있다고 할 수 있는지를 검정하고 싶으므로, 가설은 다음의 세 가지 표현이 가능하다.

(가설 1)

귀무가설 $H_0 : \pi_A = \pi_B$ (A와 B를 좋아하는 비율은 같다)

대립가설 $H_1 : \pi_A \neq \pi_B$ (A와 B를 좋아하는 비율은 다르다)

(가설 2)

귀무가설 $H_0 : \pi_A = 0.5$ (A를 좋아하는 비율은 50%이다)

대립가설 $H_1: \pi_A \neq 0.5$ (A를 좋아하는 비율은 50%가 아니다)

(가설 3)

귀무가설 $H_0: \pi_B = 0.5$ (B를 좋아하는 비율은 50%이다)

대립가설 $H_1: \pi_B \neq 0.5$ (B를 좋아하는 비율은 50%가 아니다)

검정의 유의수준은 $\alpha = 0.05$으로 한다.

● 적용하는 수법

모집단의 비율이 기준치(이 예에서는 0.5)와 같은지 다른지를 검정하기 때문에, 예제 4-1과 마찬가지로 이항검정을 이용한다.

또한 이 예제에서는 A와 B를 좋아하는 비율에 차가 있는지 어떤지에 흥미가 있고, A 쪽이 선호된다 혹은 B 쪽이 선호된다, 라고 하는 가설에는 흥미가 없으므로 양측가설을 설정한다.

● SPSS의 순서

<순서 1> 데이터의 입력

(1) 다음과 같이 식품 선호도 조사결과를 입력한다. '식품'을 나타내는 변수는 A를 1, B를 2라고 입력한다.

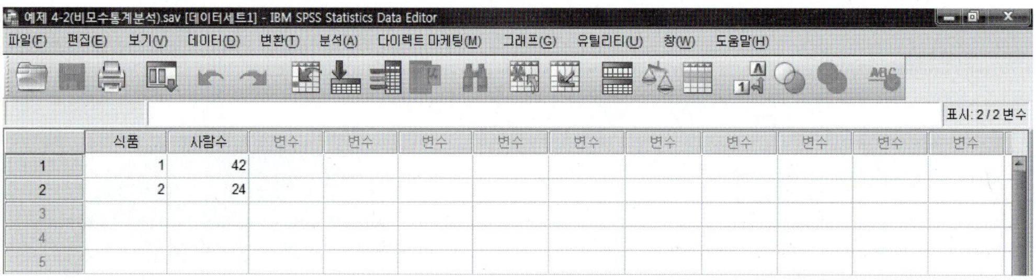

(2) [변수보기]에서 [값]의 [변수값 레이블] 대화상자에서 다음과 같이 1은 A, 2는 B라고 설정한다.

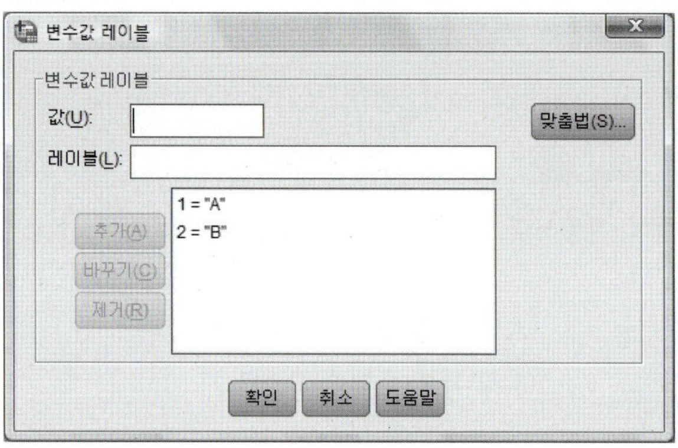

(3) [변수보기]의 [측도]에서 '식품'은 '명목', '사람수'는 '척도'를 설정한다.

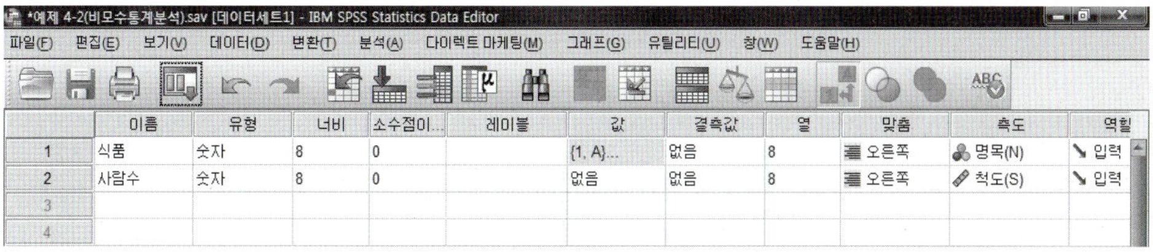

(4) 메뉴에서 [데이터]-[가중치 케이스]를 선택하고, 다음과 같이 '사람수'를 [빈도변수] 난에 입력한 다음 [확인]을 클릭한다. 이로써 '사람수'는 빈도변수 설정이 된 것이다.

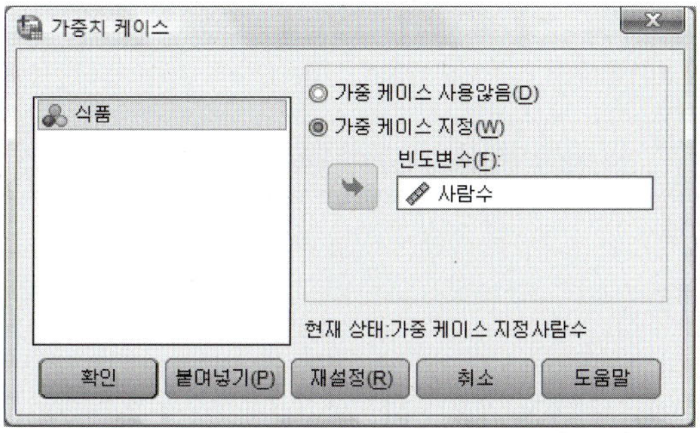

<순서 2> 분석수법의 선택

(1) 메뉴에서 [분석]-[비모수 검정]-[일표본]을 선택한다.

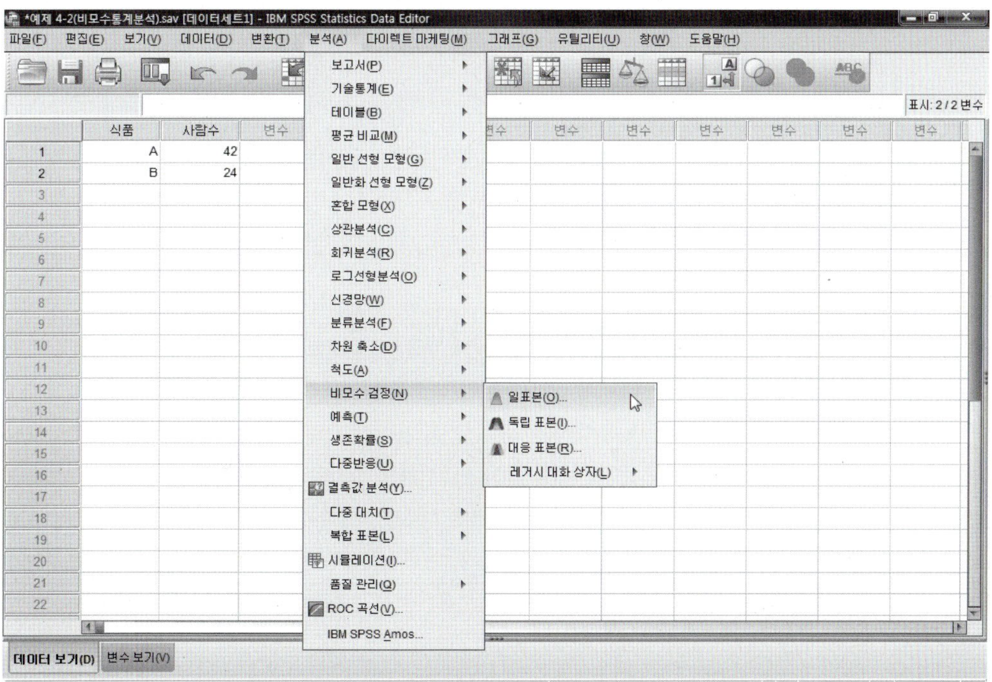

(2) 다음과 같은 대화상자가 나타난다.

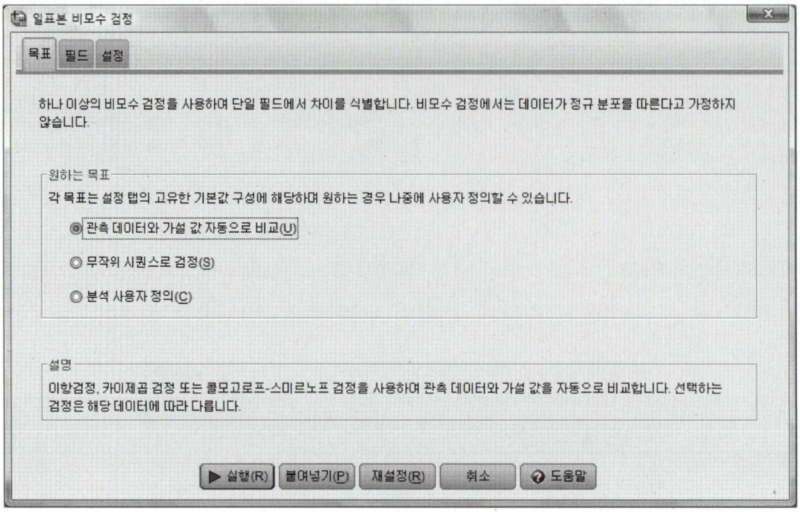

[필드]를 클릭한다.

(3) [검정 필드] 난에 '식품'을 투입한다.

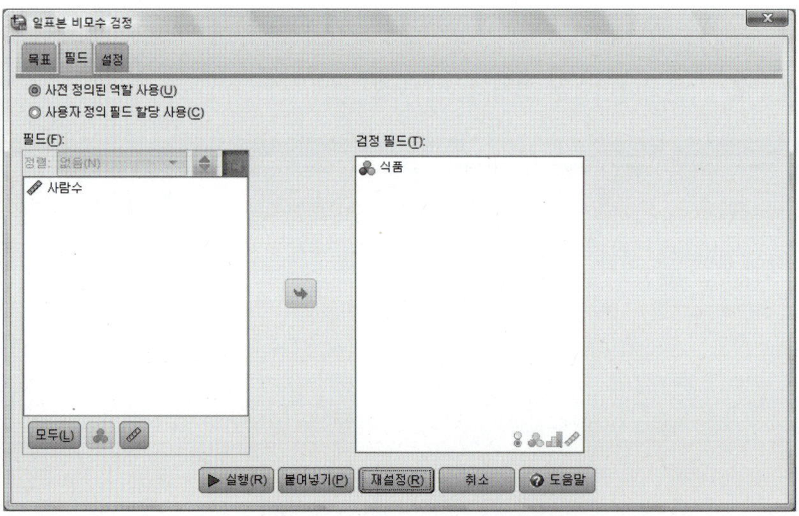

[설정]을 클릭한다.

(4) [항목 선택]에서 [검정 선택]을 선택한다. [검정 사용자 정의]에 체크하고, [관측 이분형 확률과 가설 값 비교(이항검정)]를 선택한다.

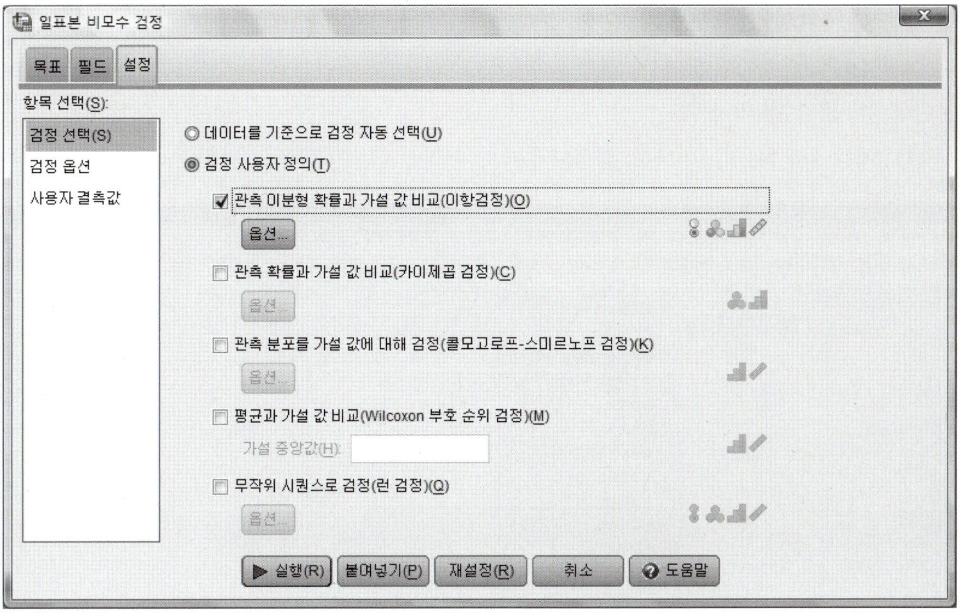

[옵션]을 클릭한다.

(5) [가설 비율]을 '0.5'로 설정한다. [확인]을 클릭한다.

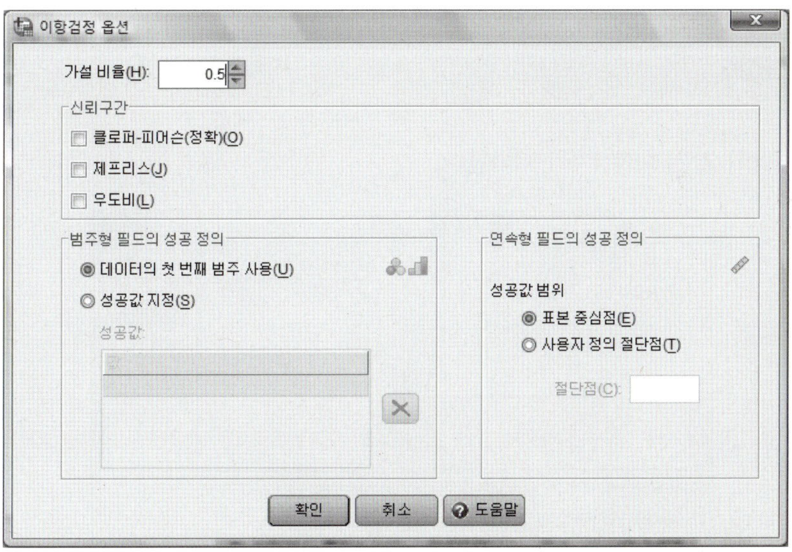

[실행]을 클릭한다.

(6) 출력결과를 더블클릭하면 상세한 결과가 표시된다.

● **[레거시 대화상자]로부터의 순서**

※ <순서 1>은 앞에서와 동일

<순서 2> 분석수법의 선택

(1) 메뉴에서 [분석]-[비모수 검정]-[레거시 대화상자]-[이항]을 선택한다.

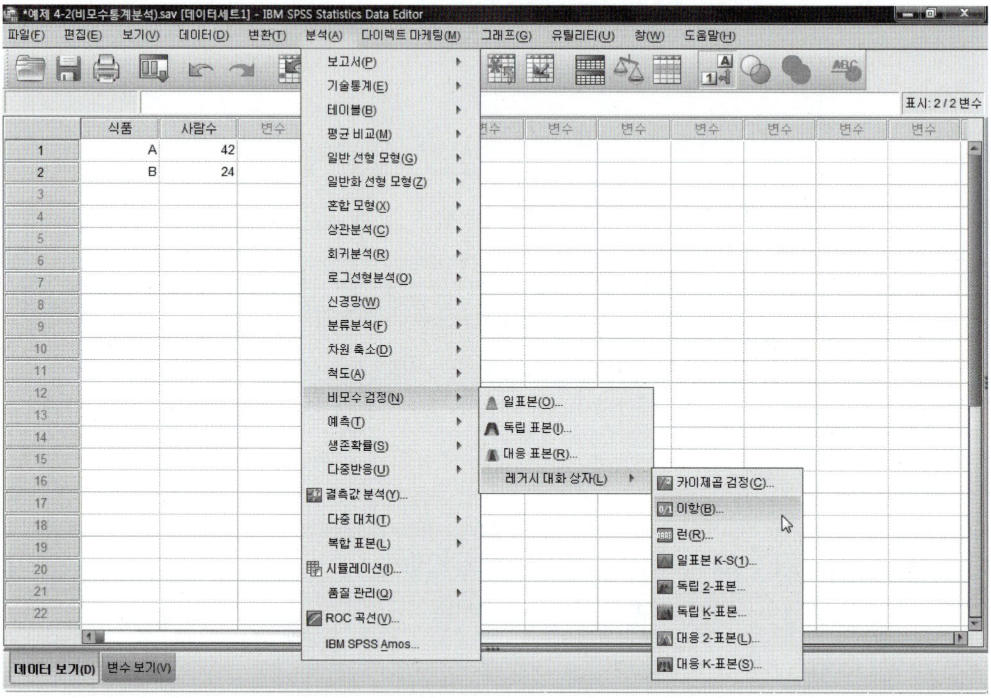

(2) 다음과 같은 대화상자가 나타난다.

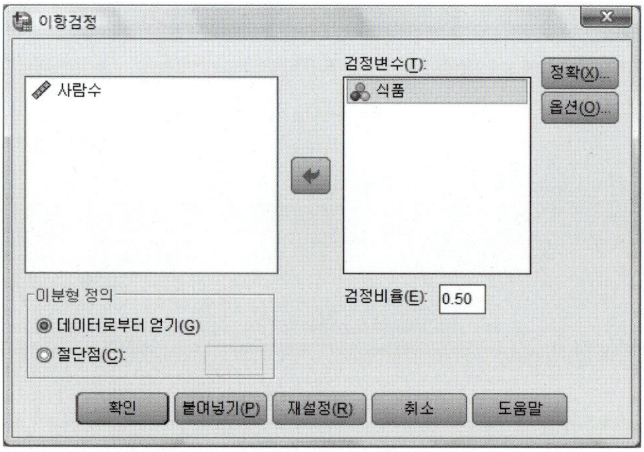

[검정변수] 난에 '식품'을 투입한다. [검정비율]을 '0.5'로 설정한다. [확인]을 클릭한다.

분석결과

SPSS에 의한 분석결과가 다음과 같이 얻어지고 있다.

가설검정 요약

	영가설	검정	유의확률	의사결정
1	식품 = A 및 B에서 정의된 범주가 확률 0.5 및 0.5에서 발생합니다.	일표본 이항 검정	.036	영가설을 기각합니다.

근사 유의확률이 표시됩니다. 유의수준이 .05입니다.

출력결과를 더블클릭하면 상세한 결과가 표시된다.

일표본 이항 검정

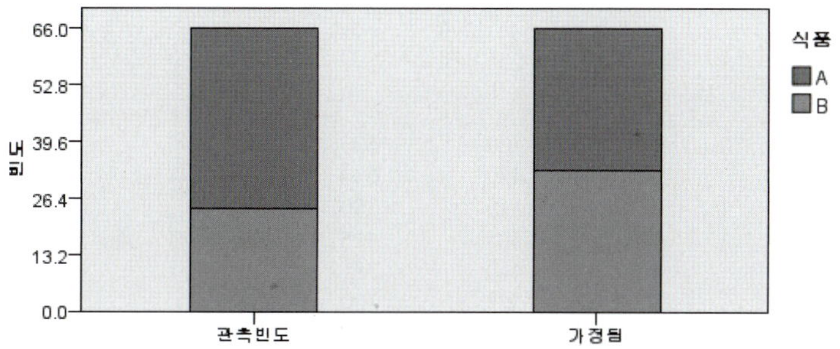

전체 N	66
검정 통계량	42.000
표준오차	4.062
표준화된 검정 통계량	2.093
근사 유의확률 (양측검정)	.036

p값 $= 0.036 < 0.05$이므로, 귀무가설 H_0는 기각된다. 즉, A를 좋아하는 비율과 B를 좋아하는 비율에 차가 있다고 할 수 있다.

[레거시 대화상자]에 의한 출력결과

이항검정

		범주	N	관측 비율	검정 비율	정확 유의확률 (양측)
식품	집단 1	A	42	.64	.50	.036
	집단 2	B	24	.36		
	전체		66	1.00		

이항검정에 있어서 검정비율을 0.5로 했을 때에는, 양측의 p값이 구해진다.

2. 부호검정

● 부호검정이란

어떤 사상의 발생확률이 50%인지 아닌지를 이항분포에 의해 검정하는 방법이 부호검정(符號檢定)이다. 부호검정은 예제 4-2와 같이 검정비율을 0.5로 했을 때의 이항검정 다름이 아니다. 데이터에 대응이 있을 때의 두 개의 중심위치의 차에 대한 검정, 상관이 있는지 없는지의 검정 등이 있다. 다음에 모중앙치(母中央値)가 어떤 값과 같은지 어떤지의 검정의 예를 문제 삼는다.

● 예제 4-3

다음의 데이터는 어떤 대학의 학생 100명에 대한 영어시험 득점이다. 990점 만점으로 평가되고 있다. 이 대학의 학생 전원을 모집단으로 해서 100명은 모집단으로부터 무작위로 추출된 학생이다.

표 4.1 영어시험 득점표

435	320	585	400	500
410	315	390	480	640
340	500	315	415	280
500	365	315	305	425
800	385	365	440	385
440	385	475	545	300
305	445	595	555	485
430	210	300	355	505
315	215	415	620	365
380	545	390	435	375
415	580	220	680	310
510	435	480	690	365
385	550	500	530	435
625	365	355	365	510
455	405	555	425	555
490	525	500	475	680
590	515	300	660	465
440	355	325	480	410
365	570	395	360	665
435	260	580	290	395

모집단의 중심위치(모중앙치)는 47점이라고 할 수 있는지 어떤지를 검정하라.

● 데이터의 그래프화

수집된 데이터는 연속척도의 데이터이기 때문에, 상자도표, 줄기와 잎 그림, 히스토그램을 이용하기로 한다. SPSS에 의한 처리 절차는 다음과 같다.

● SPSS의 순서

<순서 1> 데이터의 입력

100명의 대학생에 대한 영어시험 득점을 다음과 같이 입력한다.

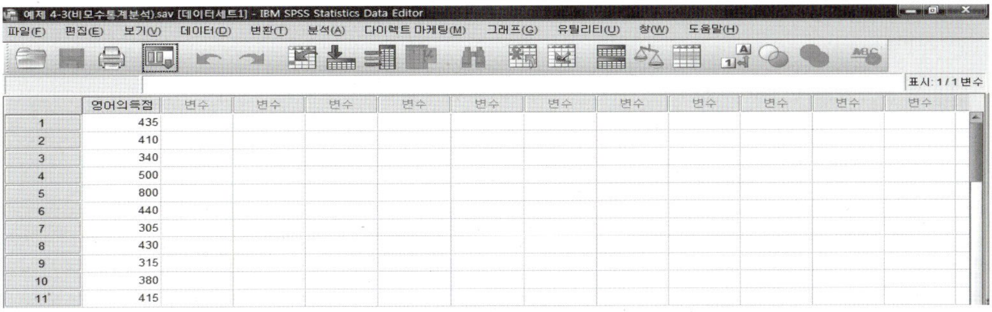

<순서 2> 분석수법의 선택

메뉴에서 [분석]-[기술통계]-[탐색]을 선택한다.

<순서 3> 변수의 설정

[종속 목록]에 '영어의 득점'을 입력, [표시]의 [도표]에 체크한다.

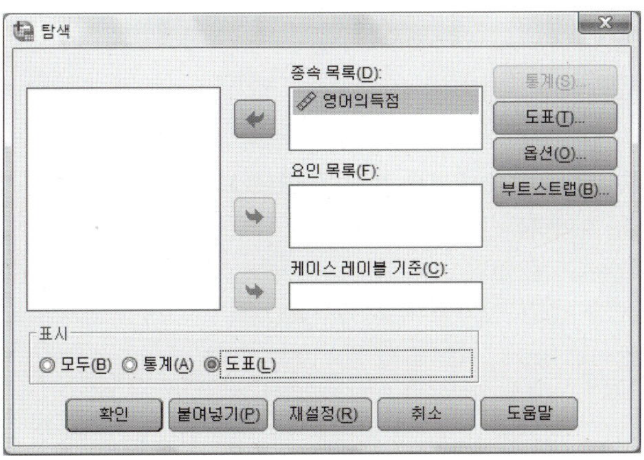

[도표(T)]를 클릭한다.

<순서 4> 출력내용의 설정

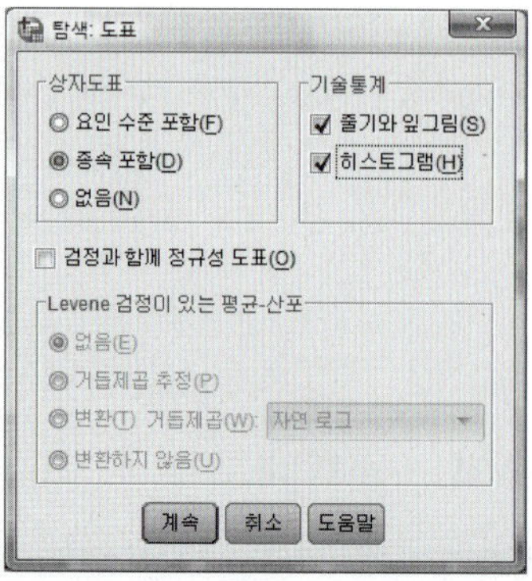

위의 대화상자에서 [상자도표]의 [종속 포함], [기술통계]의 [줄기와 잎 그림], [히스토그램]에 체크하고 [계속]을 클릭하면 앞의 화면으로 되돌아간다.
[확인]을 클릭하면 히스토그램, 상자도표, 줄기와 잎 그림 등의 출력된다.

● 출력결과

(1) 히스토그램

히스토그램의 가로축 눈금을 수정하면 다음 왼쪽과 같다.

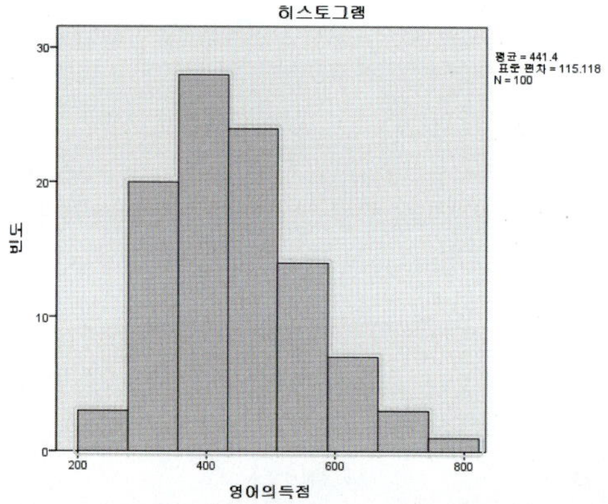

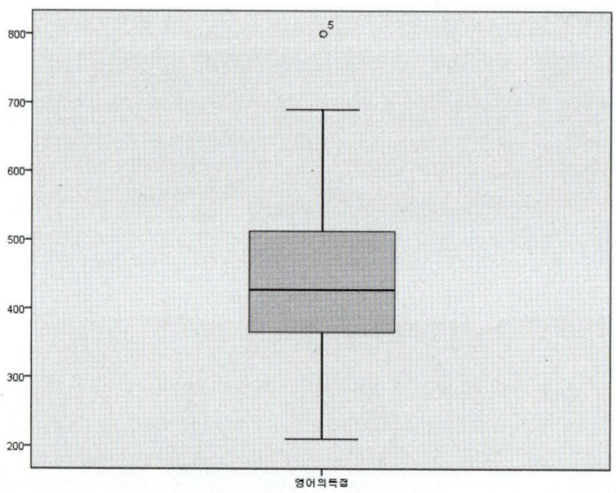

(2) 상자도표

상자도표를 관찰하려면 5수요약에 대해서 알아 둘 필요가 있다. 5수요약이란 다음의 다섯가지 지표에 데이터의 집단을 요약하는 것을 말한다.

1. 중위수
2. 최대치
3. 최소치
4. 제3사분위값

5. 제1사분위값

제3사분위값이란 전 데이터의 75%가 그 값보다도 작아지는 곳이며, 제1사분위값이란 전 데이터의 25%가 그 값보다도 작아지는 곳이다.

(3) 줄기와 잎 그림

수치 데이터를 그래프화하는 방법으로서 줄기와 잎 그림이라고 불리는 수법이 있다. 히스토그램과 같은 정보가 얻어지는데, 데이터수가 많을 때에는 적합하지 않다.

```
영어의득점 Stem-and-Leaf Plot

 Frequency    Stem &  Leaf

     2.00        2 .  12
     3.00        2 .  689
    15.00        3 .  000001111111224
    22.00        3 .  5556666666667888889999
    18.00        4 .  001111223333334444
     8.00        4 .  57788889
    13.00        5 .  0000011122344
    10.00        5 .  5555788899
     3.00        6 .  224
     5.00        6 .  66889
     1.00 Extremes    (>=800)

 Stem width:       100
 Each leaf:       1 case(s)
```

● **가설의 설정**

이 예제에 있어서의 가설은 다음과 같이 된다.

귀무가설 H_0 : 모중위수 = 470

대립가설 H_1 : 모중위수 ≠ 470

검정의 유의수준은 $\alpha = 0.05$으로 한다.

● **적용하는 수법**

이상치가 존재하므로, 비모수적 방법의 적용을 생각한다. 여기에서는 중위수가 470이면 470보다 큰 값과 작은 값의 비율은 50%씩 될 것이라는 사고방식으로 부호검정을 적용한다.

● **SPSS의 순서**

<순서 1> 데이터의 입력

100명의 대학생에 대한 영어시험 득점을 다음과 같이 입력한다.

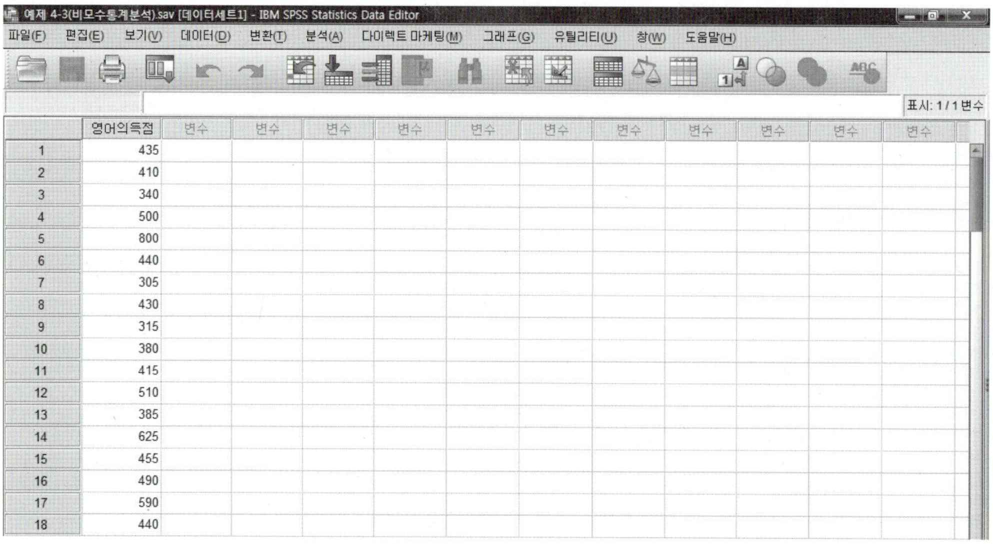

<순서 2> 분석수법의 선택

(1) 메뉴에서 [분석]-[비모수 검정]-[일표본]을 선택한다.

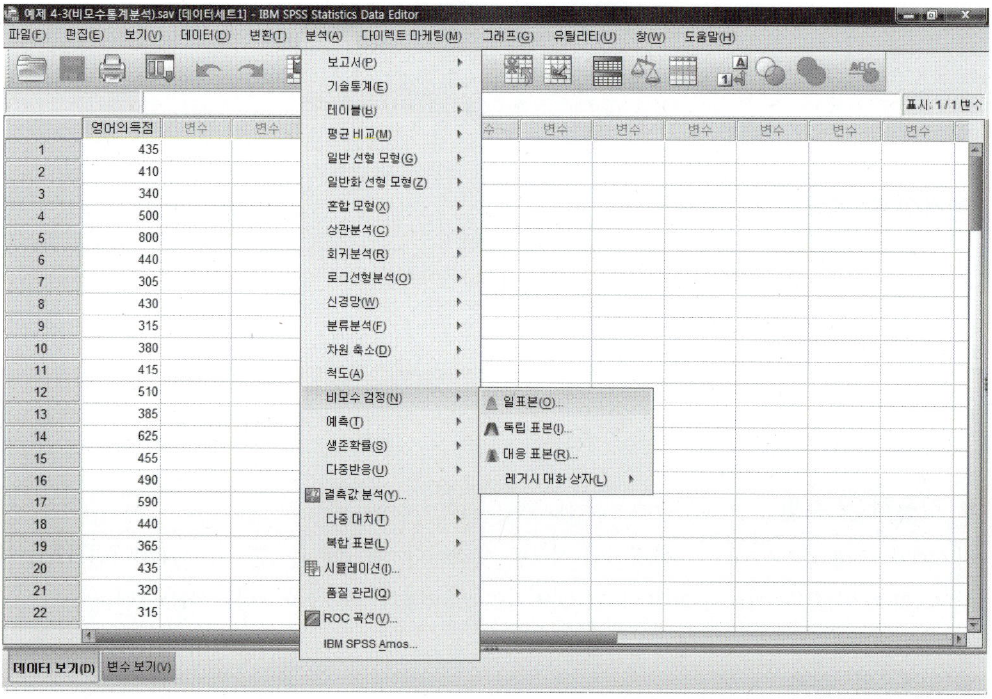

(2) 다음과 같은 대화상자가 나타나면 [필드]를 클릭한다.

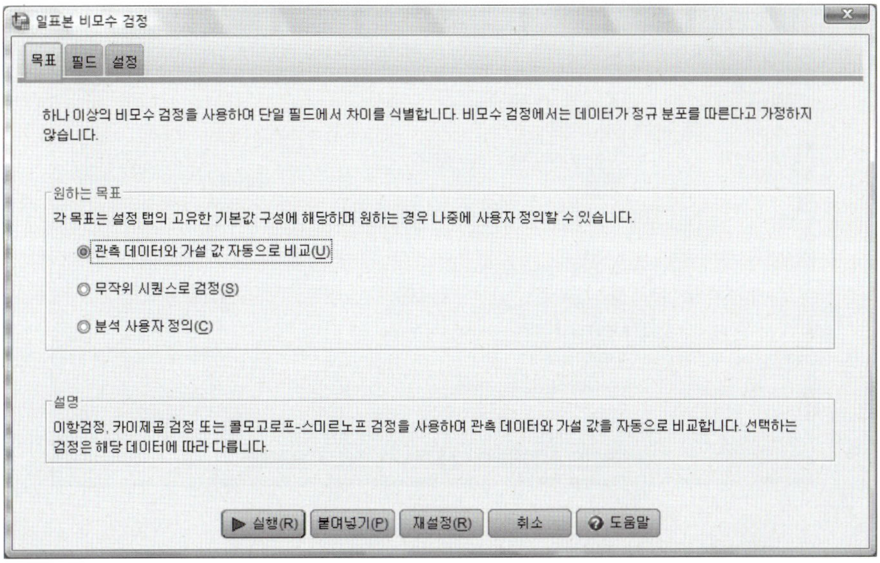

(3) [검정 필드]에 '영어의 득점'을 투입한다.

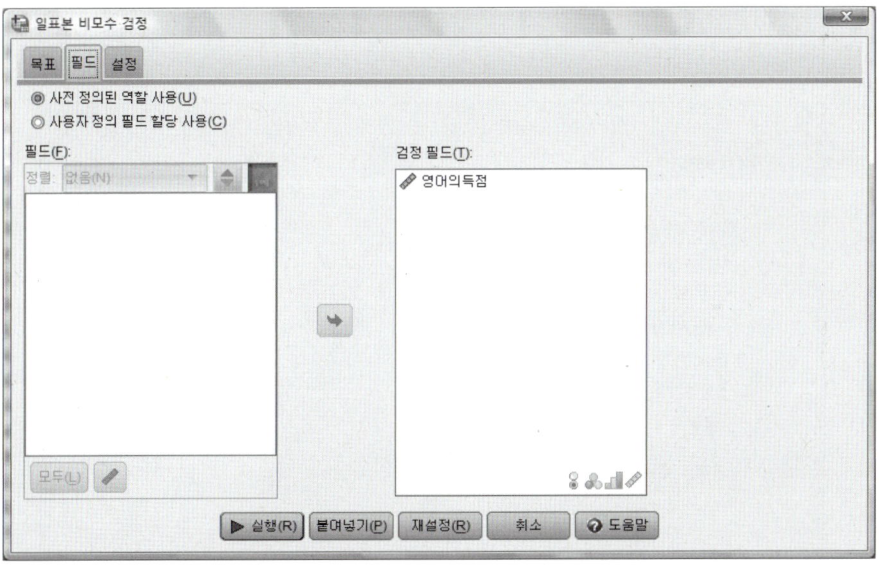

[설정]을 클릭한다.

(4) 다음의 화면에서,

[항목 선택] 필드의 [검정 선택]을 선택한다.

[검정 사용자 정의]에 체크하고, [관측 이분형 확률과 가설 값 비교(이항검정)]를 선택한다.

[옵션]을 클릭한다.

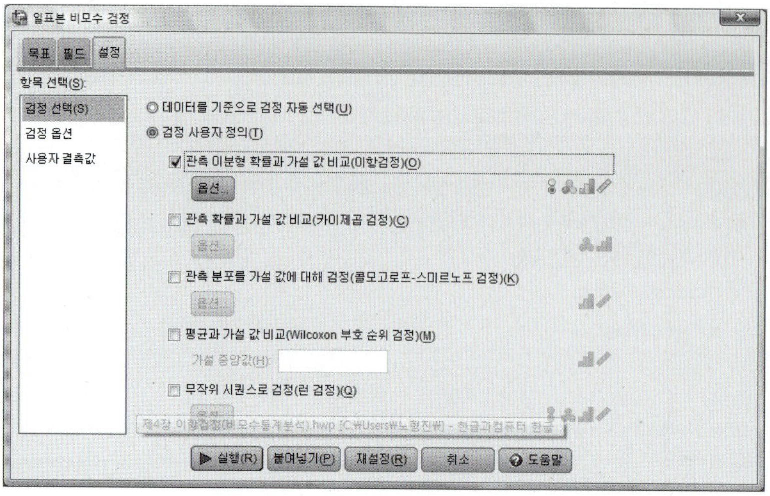

(5) 다음 화면에서,

[가설비율]을 '0.5'로 설정한다.

[연속형 필드의 성공 정의]에서 [사용자 정의 절단점]을 선택하고, [절단점]을 '470'으로 설정한다.

[확인]을 클릭한다.

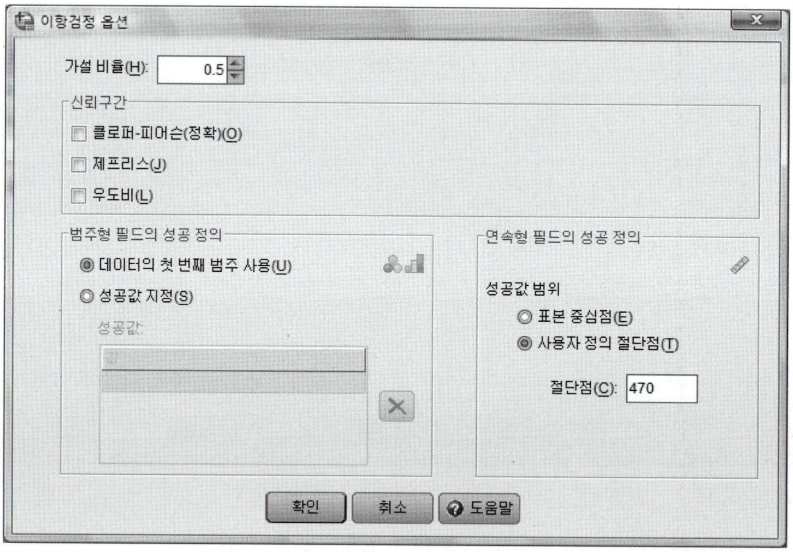

<순서 3> 비모수 검정의 실행

다음의 화면에서 [실행]을 클릭한다. 출력결과를 더블클릭하면 상세한 결과가 표시된다.

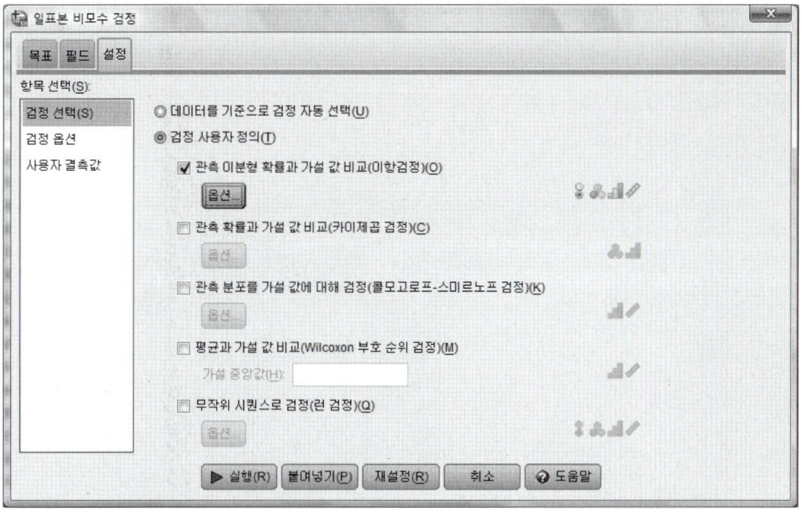

● [레거시 대화상자]로부터의 순서

※ <순서 1>은 앞에서와 동일

<순서 2> 분석수법의 선택

(1) 메뉴에서 [분석]-[비모수 검정]-[레거시 대화상자]-[이항]을 선택한다.

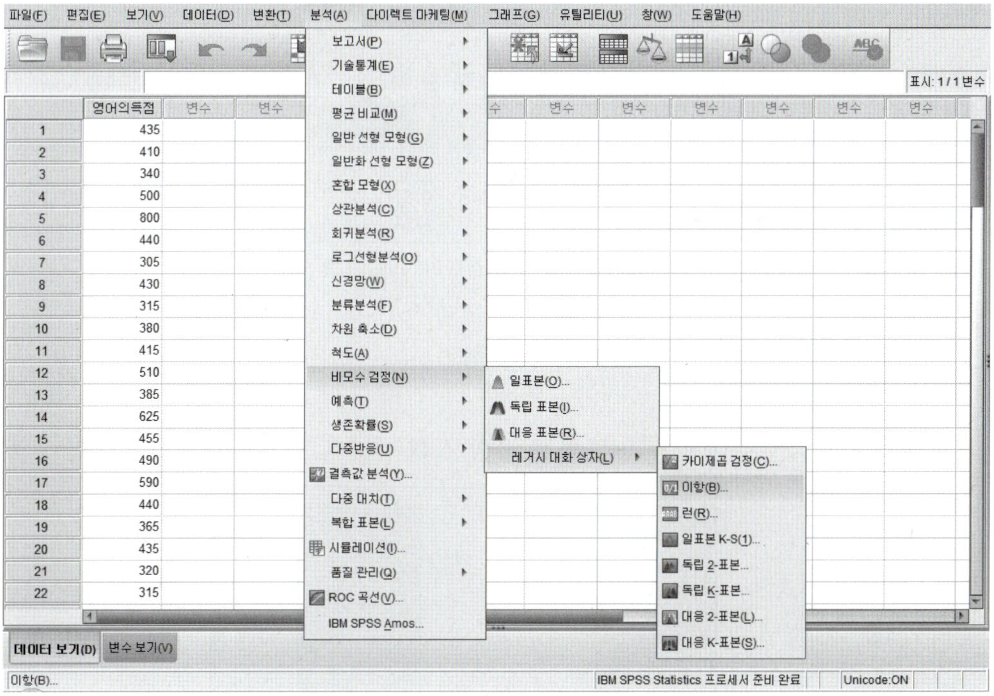

(2) 다음의 화면에서 [검정변수]에 '영어의 득점'을 투입한다.
[검정비율]을 '0.5'로 설정한다.
[이분형 정의] 필드의 [절단점]을 선택하고, '470'이라고 설정한다.
[확인]을 클릭한다.

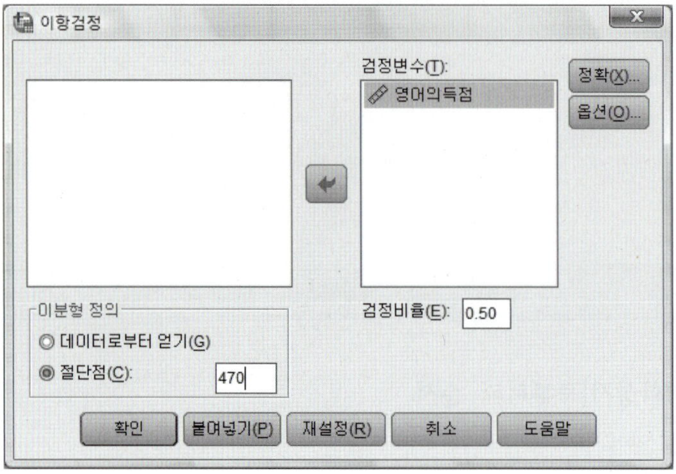

● 분석결과

SPSS에 의한 분석결과가 다음과 같이 얻어지고 있다.

가설검정 요약

	영가설	검정	유의확률	의사결정
1	영어의득점 <=470 및 >470에서 정의된 범주가 확률 0.5 및 0.5에서 발생합니다.	일표본 이항 검정	.036	영가설을 기각합니다.

근사 유의확률이 표시됩니다. 유의수준이 .05입니다.

출력결과를 더블클릭하면 상세한 결과가 표시된다.

일표본 이항 검정

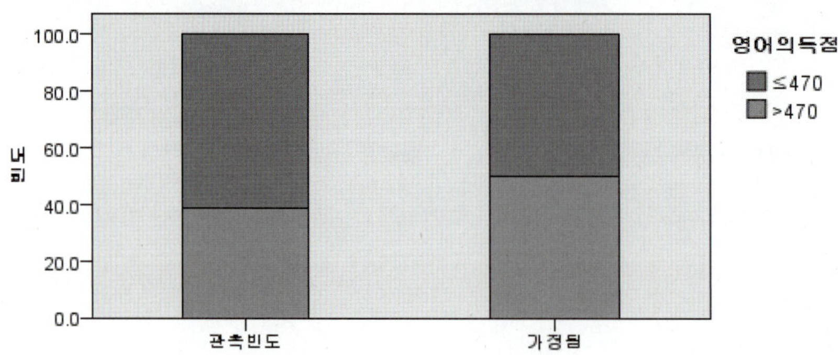

전체 N	100
검정 통계량	61.000
표준오차	5.000
표준화된 검정 통계량	2.100
근사 유의확률 (양측검정)	.036

p값 $= 0.036 < 0.05$이므로, 귀무가설 H_0는 기각된다. 즉, 모중위수는 470이라고는 할 수 없다.

● **[레거시 대화상자]에 의한 출력결과**

이항검정

		범주	N	관측 비율	검정 비율	정확 유의확률 (양측)
영어의득점	집단 1	<= 470	61	.61	.50	.035
	집단 2	> 470	39	.39		
	전체		100	1.00		

힌트

이항검정

이항검정(binomial test)이란 이항분포에 의거해서 통계적 가설검정을 실시하는 방법의 총칭이다. n회의 독립적인 시행의 결과를 표본으로 하고, 특정 사상의 발생 수 n_1을 통계량으로 해서, 사상의 발생확률 π에 관한 가설검정을 실시한다. 가설 하에서 통계량 n_1이 이항분포에 따르는 사실로부터, 실제로 얻어진 발생 수가 소정의 기각역에 들어가는지 아닌지에 의해서 검정을 실시한다. 그 때, 표본 수가 클 때에는 정확한 이항분포의 확률을 이용하는 대신에 정규근사를 이용할 수 있다.

CHAPTER

5

적합도검정

CHAPTER 5 **적합도검정**

5.1 비율의 적합도에 관한 χ^2검정

1. 단순적합도의 검정

● **예제 5-1**

시장에서 판매되고 있는 8종류의 소주에 대한 소비자들의 선호도를 조사하기 위하여, 상표를 가리고 128명을 상대로 시음을 시킨 다음 가장 좋아하는 소주를 선택하도록 한 결과가 다음의 표와 같다. 각각의 사람 수는 해당되는 번호의 소주를 가장 좋아하는 사람의 수를 가리킨다. 이 결과에서 소주 맛에 선호도의 차이가 있다고 할 수 있는지 유의수준 5%로 검정하라.

표 5.1 소주 선호도 조사결과

소주 종류	A	B	C	D	E	F	G	H	합계
사람 수	12	18	11	21	23	16	7	20	128

● **χ^2검정**

통계적 가설검정의 수법 중 카이제곱 분포(chi-square distribution)를 이용하는 검정법의 총칭이다. 분석할 데이터가 신장, 체중, 수익률, 매출액, 시험성적 등의 측정치인 경우와 달리 어떤 속성 또는 범주(category)별로 빈도(frequency)만이 주어진 범주형 데이터의 분석은 일반적으로 카이제곱 분포를 이용한 검정법을 적용한다.

카이제곱 검정(χ^2검정)의 목적은 크게 다음의 세 가지로 나눌 수 있다.

1. 조사에서 얻은 데이터가 어떤 특정한 분포에서 추출되었는지를 검정한다(**적합도검정**).
2. 데이터를 두 개의 속성(변수)에 따라 분류해서 표로 만들었을 때 두 속성 간에 관계가 있는지를 검정한다(**독립성검정**).
3. 두 개 이상의 다항분포가 동일한지 어떤지 검정한다(**동질성검정**).

(1)의 적합도검정은 제5장에서 다루고, (2)의 독립성검정 및 (3)의 동질성검정은 제8장의 분할표의 검정에서 다루기로 한다.

● 적합도검정

적합도검정(goodness-of-fit test)이란 표본의 관측도수와 모집단의 기대도수를 비교하여 양자의 밀접여부를 결정하는 것이다. 적합도검정은 단순적합도검정과 모집단 분포형태에 관한 적합도검정으로 구분할 수 있다.

● 데이터의 그래프화

본 예제의 수집된 데이터는 명목척도의 카테고리이기 때문에, 막대 그래프와 원 그래프를 이용하기로 한다.

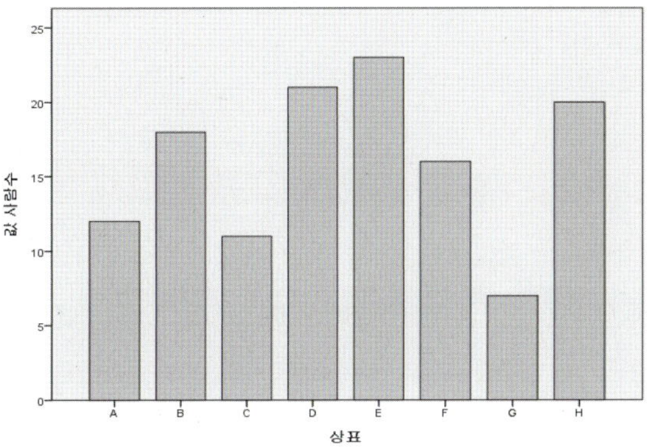

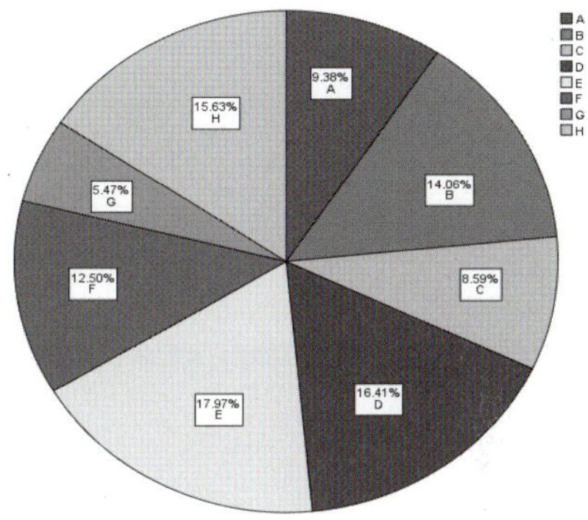

● 가설의 설정

이 예제에 대한 가설은 다음과 같이 된다.

귀무가설 H_0 : 8종류의 소주를 좋아하는 비율은 같다
대립가설 H_1 : 8종류의 소주를 좋아하는 비율은 같지 않다

검정의 유의수준은 $\alpha = 0.05$로 한다.

● 적용하는 수법

세 가지 이상의 카테고리(범주)가 있고 각 카테고리에 속할 비율에 차이가 있는지 어떤지를 검정하려면 적합도의 χ^2검정을 적용한다. 이 예제의 경우에 비율이 같다면 각 카테고리에 속할 비율은 모두 12.5%가 되므로, 일양성(一様性)의 검정이라고도 불리고 있다.

● SPSS의 순서

<순서 1> 데이터의 입력

(1) 다음과 같이 선호도 조사 결과를 입력한다. 각각의 사람 수는 해당되는 번호의 소주를 가장 좋아하는 사람의 수를 가리킨다.

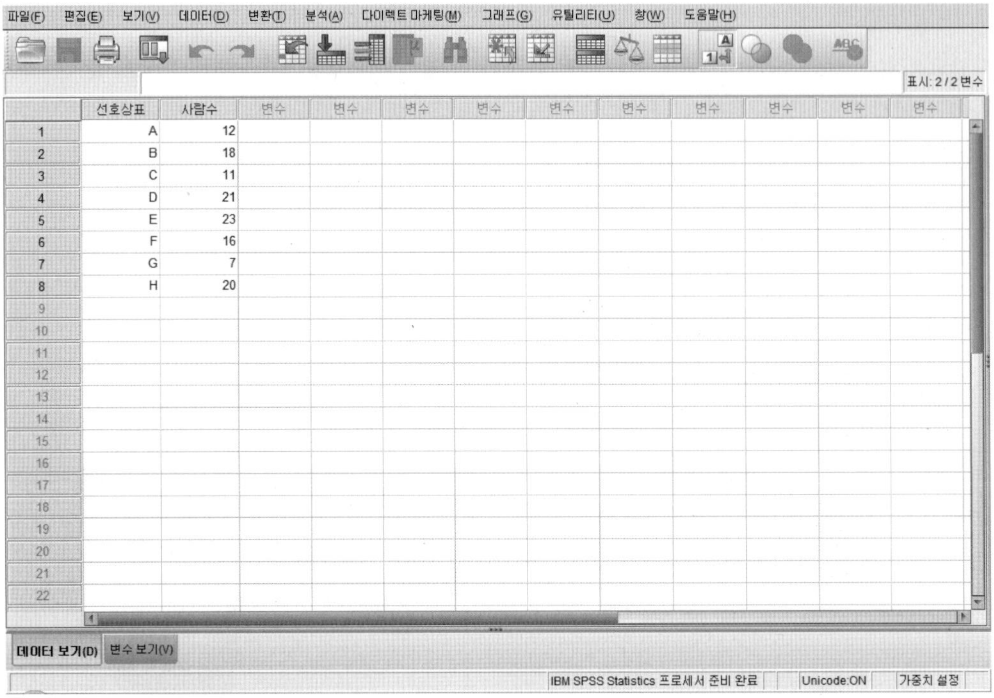

(2) [변수보기]의 [측도]에서 '선호상표'는 '명목', '사람수'는 '척도'를 설정한다.

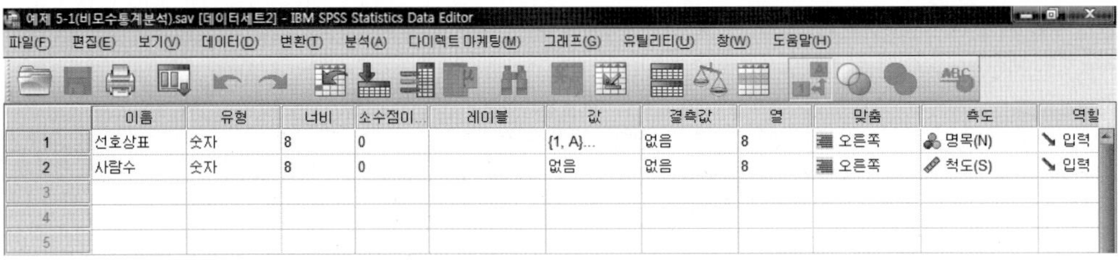

(3) 메뉴에서 [데이터]-[가중치 케이스]를 선택하고, 다음과 같이 '사람수'를 [빈도변수] 난에 입력한 다음 [확인]을 클릭한다. 이로써 '사람수'는 빈도변수 설정이 된 것이다.

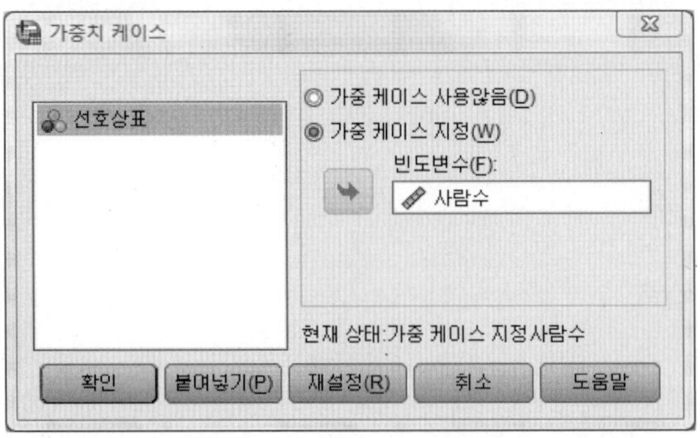

<순서 2> 분석수법의 선택

(1) 메뉴에서 [분석]-[비모수 검정]-[일표본]을 선택한다.

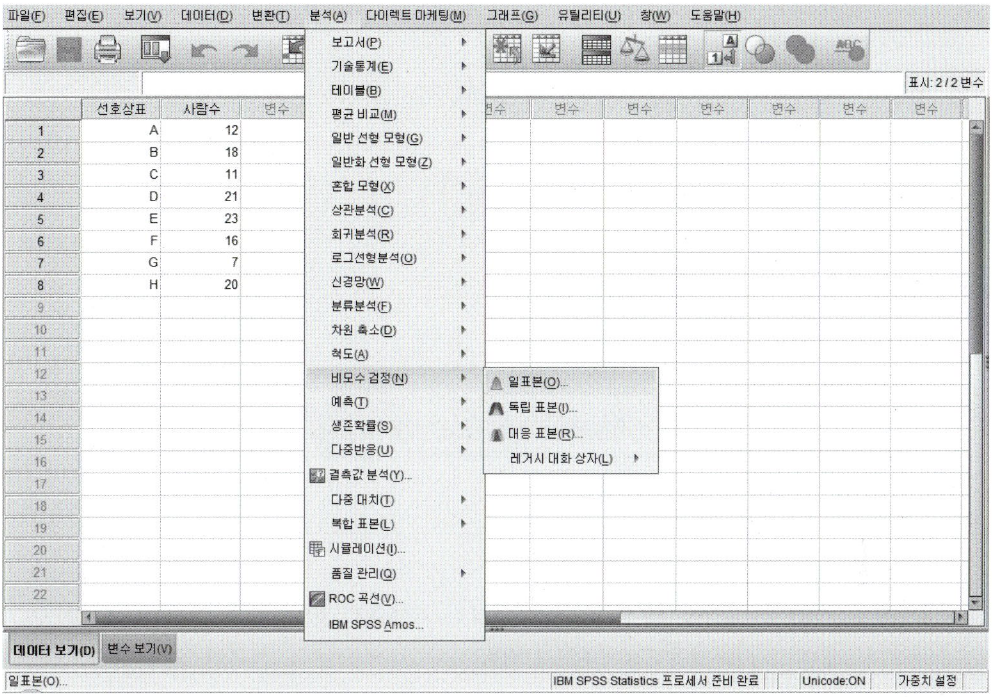

(2) 다음과 같은 대화상자가 나타난다.

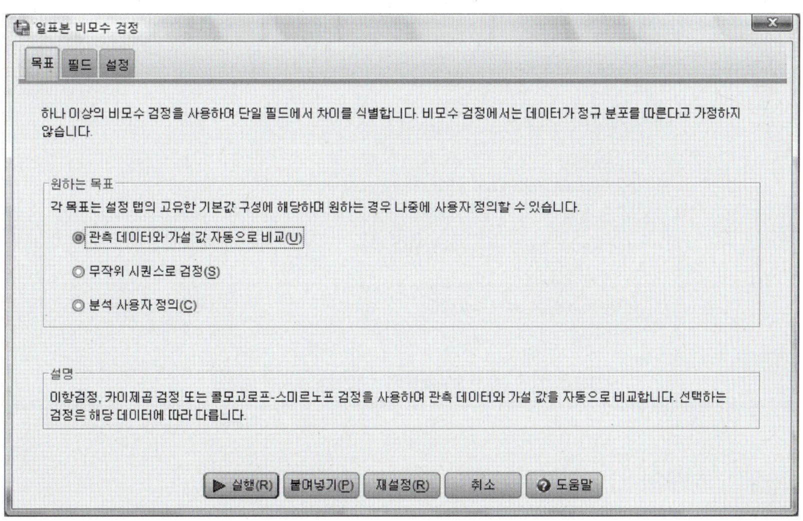

[필드]를 클릭한다.

(3) [검정 필드] 난에 '선호상표'를 투입한다.

[설정]을 클릭한다.

(4) [항목 선택]에서 [검정 선택]을 선택한다. [검정 사용자 정의]에 체크하고, [관측 확률과 가설 값 비교(카이제곱항검정)]를 선택한다.

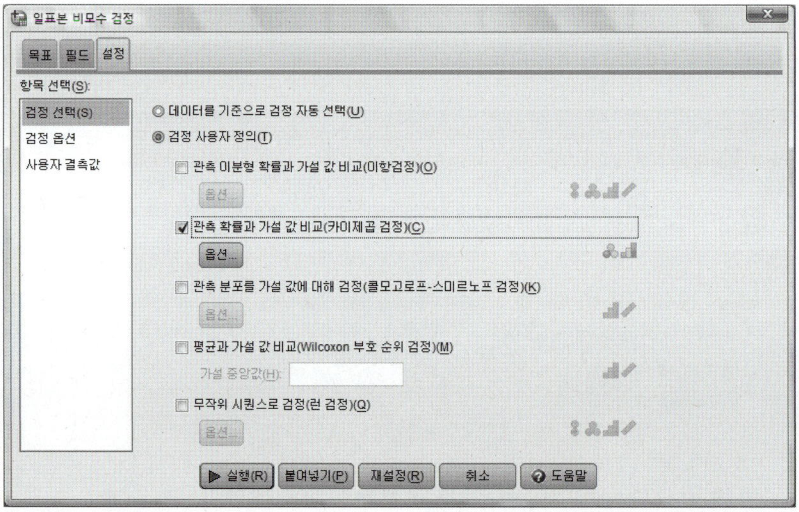

[옵션]을 클릭한다.

(5) [모든 범주에 동일한 확률 사용]을 선택한다. [확인]을 클릭한다.

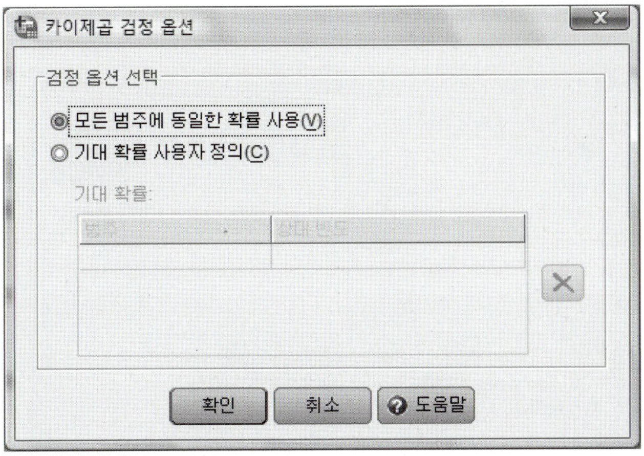

[실행]을 클릭한다.

(6) 출력결과를 더블클릭하면 상세한 결과가 표시된다.

● [레거시 대화상자]로부터의 순서

※ <순서 1>은 앞에서와 동일

<순서 2> 분석수법의 선택

(1) 메뉴에서 [분석]-[비모수 검정]-[레거시 대화상자]-[카이제곱 검정]을 선택한다.

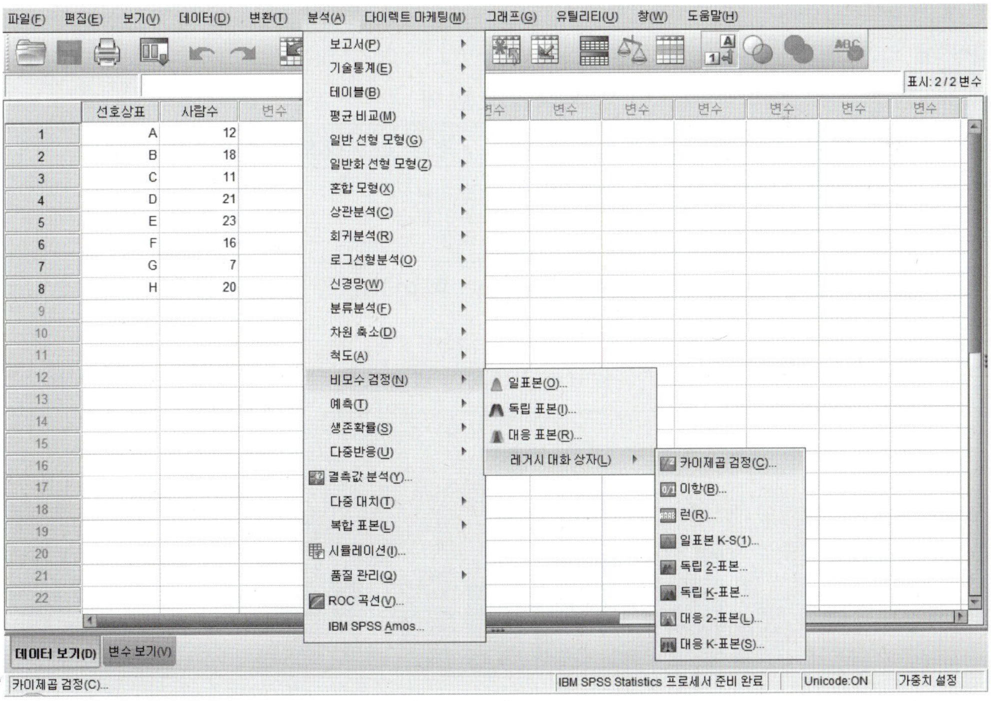

(2) 다음과 같은 대화상자가 나타난다.

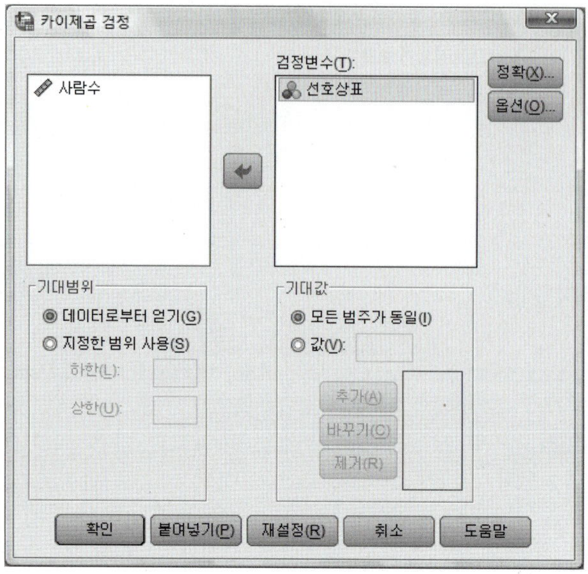

[검정변수] 난에 '선호상표'를 투입한다.

[기대범위] 필드에서 [데이터로부터 얻기]를 선택한다.

[기대값] 필드에서 [모든 범주가 동일]을 선택한다. [확인]을 클릭한다.

● 분석결과

SPSS에 의한 분석결과가 다음과 같이 얻어지고 있다.

가설검정 요약

	영가설	검정	유의확률	의사결정
1	선호상표의 범주가 동일한 확률로 발생합니다.	일표본 카이제곱 검정	.061	영가설을 채택합니다.

근사 유의확률이 표시됩니다. 유의수준이 .05입니다.

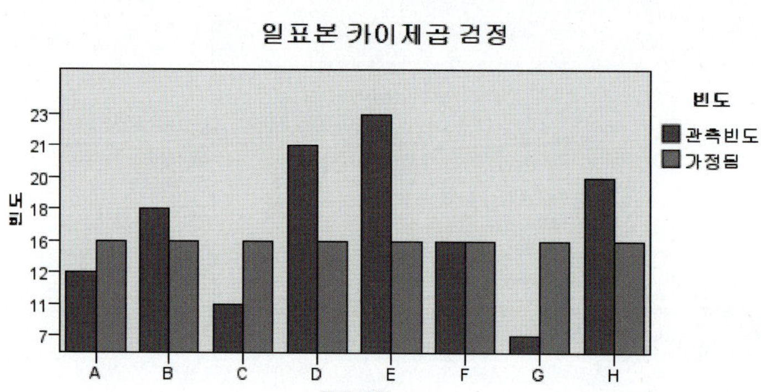

전체 N	128
검정 통계량	13.500
자유도	7
근사 유의확률 (양측검정)	.061

1. 기대값이 5 미만인 0개 셀 (0%)이(가) 있습니다. 최소 기대값은 16입니다.

p값 $= 0.061 > 0.05$이므로, 귀무가설 H_0는 기각되지 않는다. 즉, 8종류의 소주를 좋아하는 비율에 차가 있다고는 할 수 없다.

● [레거시 대화상자]에 의한 출력결과

선호상표

	관측빈도	기대빈도	잔차
A	12	16.0	-4.0
B	18	16.0	2.0
C	11	16.0	-5.0
D	21	16.0	5.0
E	23	16.0	7.0
F	16	16.0	.0
G	7	16.0	-9.0
H	20	16.0	4.0
전체	128		

검정 통계량

	선호상표
카이제곱	13.500[a]
자유도	7
근사 유의확률	.061

a. 0개의 셀 (0.0%)은(는) 5보다 작은 기대빈도를 가집니다. 기대 빈도 셀 값 중 최소값은 16.0 입니다.

출력결과의 밑에 "0개의 셀(0.0)%은(는) 5보다 작은 기대빈도를 가집니다. 기대빈도 셀 값 중 최소값은 16.0입니다"라고 하는 메시지가 표시되어 있다. 적합도의 검정에서는 기대도수가 5 이상이 아니면, 검정의 정도(精度)가 나빠진다. 이 예제에서는 기대도수(예상)가 5 이하의 셀은 존재하지 않는다고 하는 메시지가 있으므로 문제는 없다.

2. 기준치와의 비교

● 예제 5-2

어떤 대학에서 앙케트 조사를 실시하게 되었다. 이 대학에서 1학년부터 4학년까지의 총학생 수는 10,000명이고, 학년별 사람 수와 비율은 다음과 같다.

표 5.2 학년별 사람 수와 비율

학년	사람 수	비율
1학년	4000	0.4
2학년	2000	0.2
3학년	3000	0.3
4학년	1000	0.1

이번 앙케트 조사에 대해서 학생 500명을 무작위로 추출한 결과는 다음과 같다.

표 5.3 회답자의 사람 수와 비율

학년	사람 수	비율
1학년	152	0.304
2학년	102	0.204
3학년	58	0.116
4학년	188	0.376

추출된 500명의 학년별 비율은 모집단을 대표하고 있는지(원래의 집단의 비율로 되어 있는지) 어떤지 검정하라.

● 데이터의 그래프화

수집된 데이터는 명목척도의 카테고리 데이터이기 때문에, 막대 그래프와 원 그래프를 이용하기로 한다.

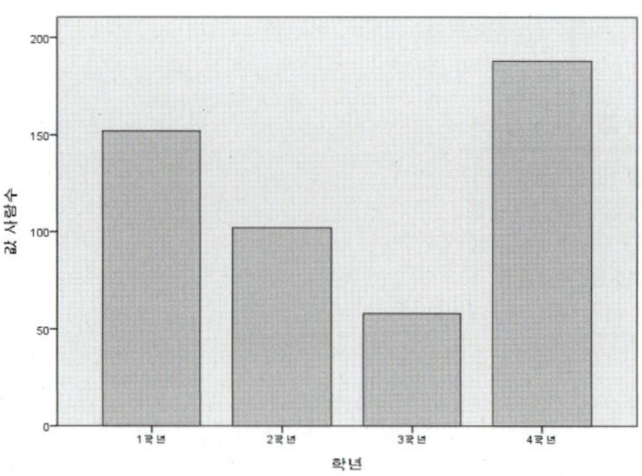

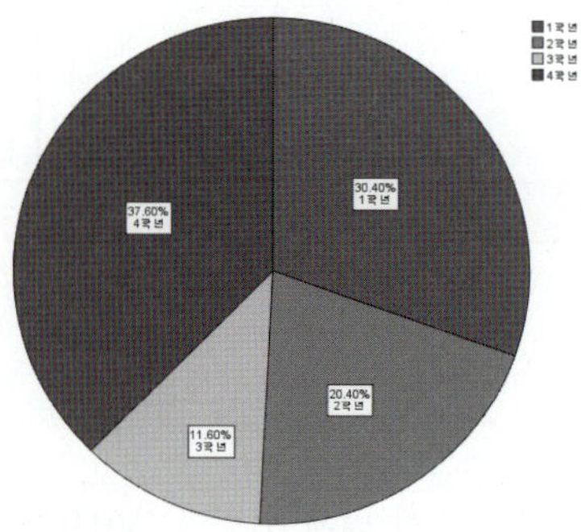

● 가설의 설정

이 예제에 대한 가설은 다음과 같이 된다.

귀무가설 H_0 : 무작위 추출한 표본의 카테고리 비율은 모집단과 같다

대립가설 H_1 : 무작위 추출한 표본의 카테고리 비율은 모집단과 다르다

● 적용하는 수법

세 개 이상의 카테고리(범주)가 있고 각 카테고리에 속할 비율이 기준치(기대치)대로 출현하고 있는지 어떤지를 검정하려면 적합도의 χ^2검정을 적용한다.

이 예제에 있어서 비율이 같다면, 각 카테고리에 속할 비율은 모두 25%가 되므로, 일양성의 검정이 된다.

● SPSS의 순서

<순서 1> 데이터의 입력

(1) 다음과 같이 무작위 추출한 사람 수를 입력한다.

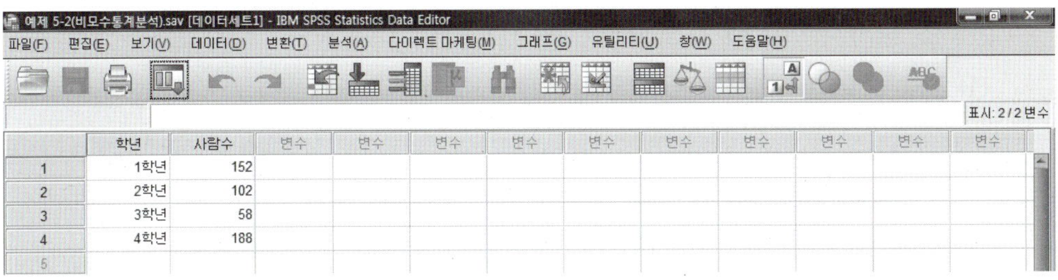

(2) [변수보기]에서 [값]의 [변수값 레이블] 대화상자에서 '학년'에 대하여 1은 '1학년', 2는 '2학년', 3은 '3학년', 4는 '4학년'이라고 설정한다.

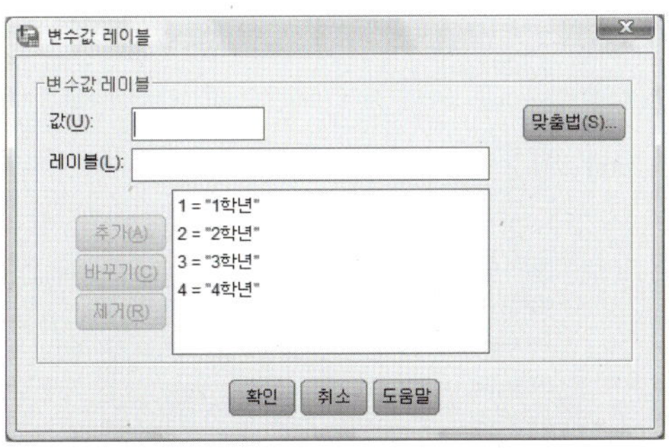

(3) [변수보기]의 [측도]에서 '학년'은 '명목', '사람수'는 '척도'를 설정한다.

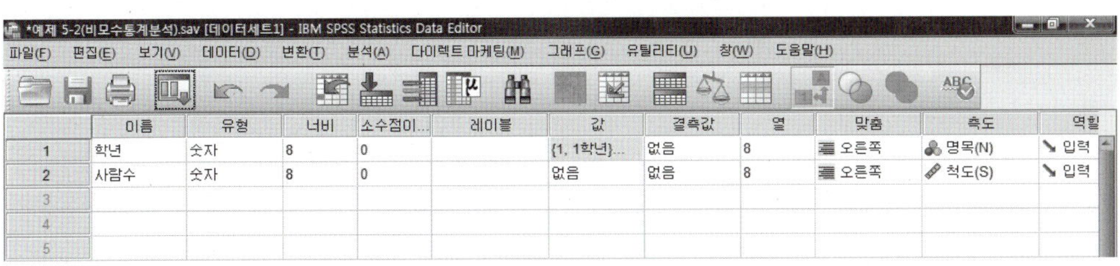

(4) 메뉴에서 [데이터]-[가중치 케이스]를 선택하고, 다음과 같이 '사람수'를 [빈도변수] 난에 입력한 다음 [확인]을 클릭한다. 이로써 '사람수'는 빈도변수 설정이 된 것이다.

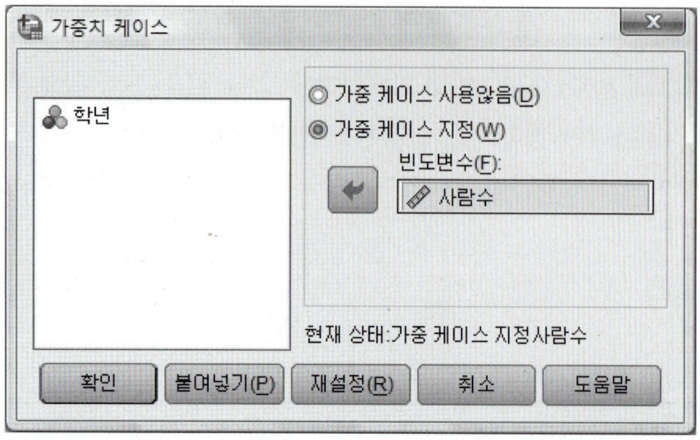

<순서 2> 분석수법의 선택

(1) 메뉴에서 [분석]-[비모수 검정]-[일표본]을 선택한다.

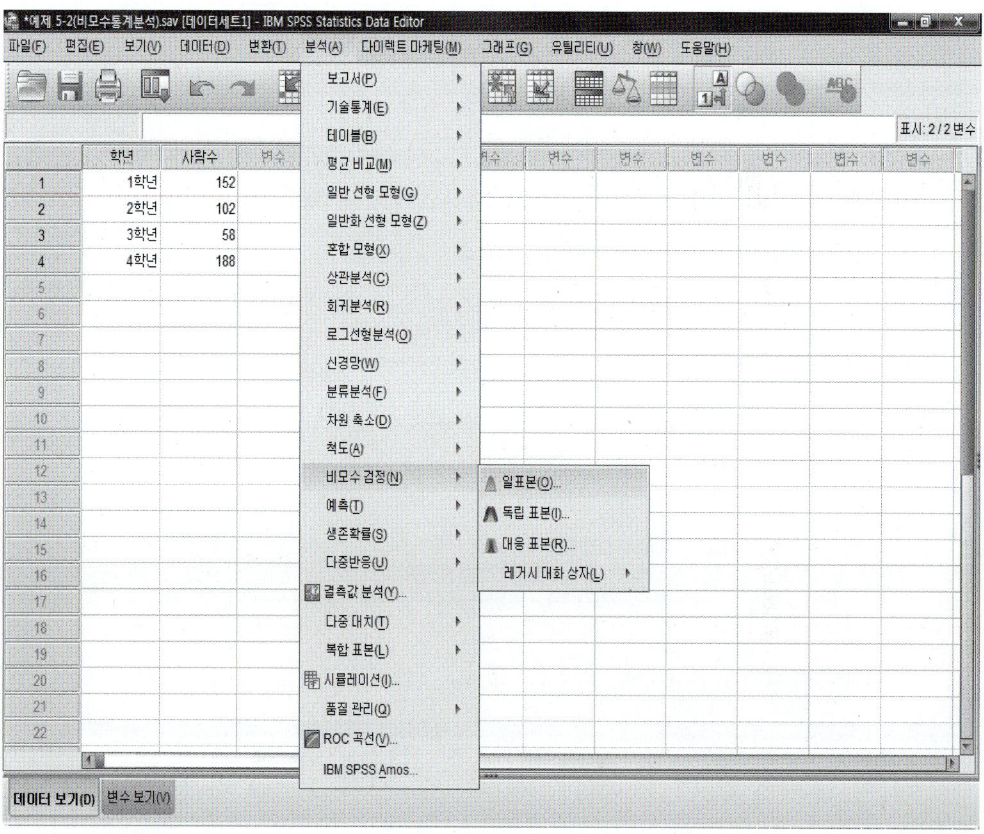

(2) 다음과 같은 대화상자가 나타난다.

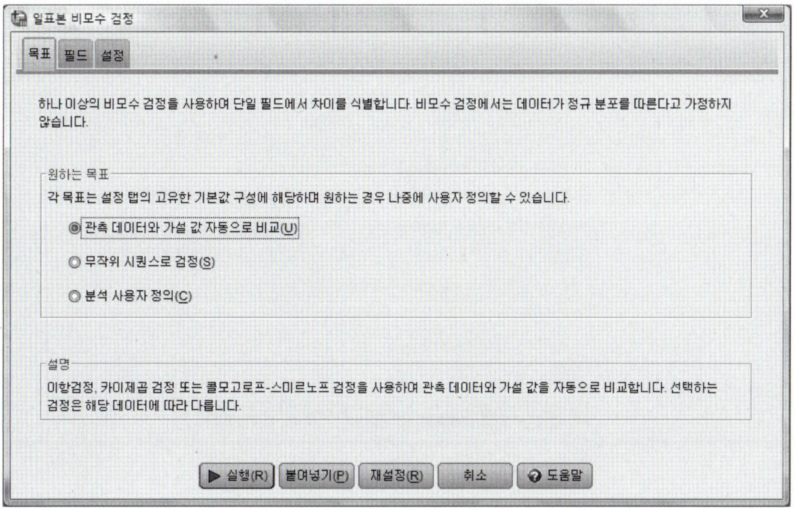

[필드]를 클릭한다.

(3) [검정 필드] 난에 '학년'을 투입한다.

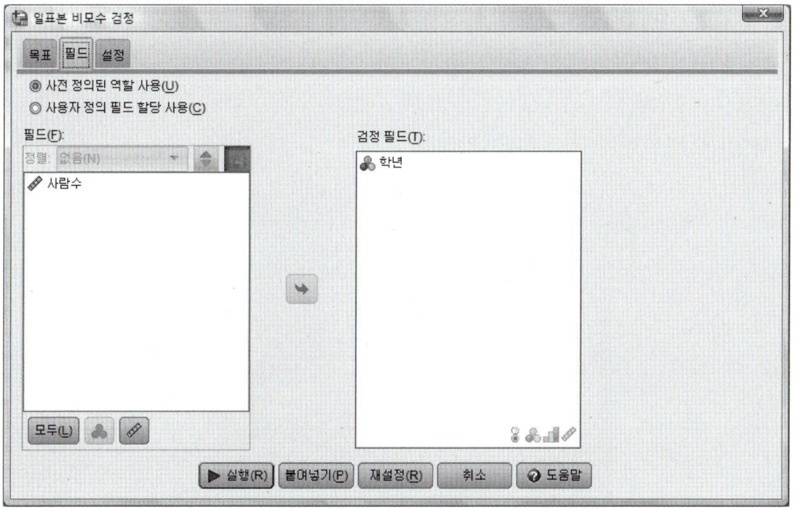

[설정]을 클릭한다.

(4) [항목 선택]에서 [검정 선택]을 선택한다. [검정 사용자 정의]에 체크하고, [관측 확률과 가설 값 비교(카이제곱 검정)]를 선택한다.

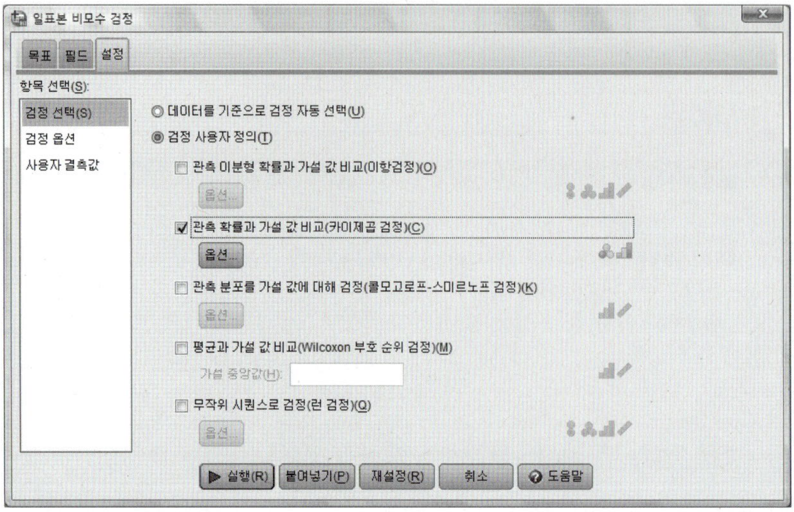

[옵션]을 클릭한다.

(5) [기대 확률 사용자의 정의]를 선택하고, [범주]와 [상대 빈도]에 각각

‘1’과 ‘4000’ (1학년의 모집단 수)

‘2’와 ‘2000’ (2학년의 모집단 수)

‘3’과 ‘3000’ (3학년의 모집단 수)

‘4’와 ‘1000’ (4학년의 모집단 수)

라고 입력한다.

[확인]을 클릭한다. [실행]을 클릭한다.

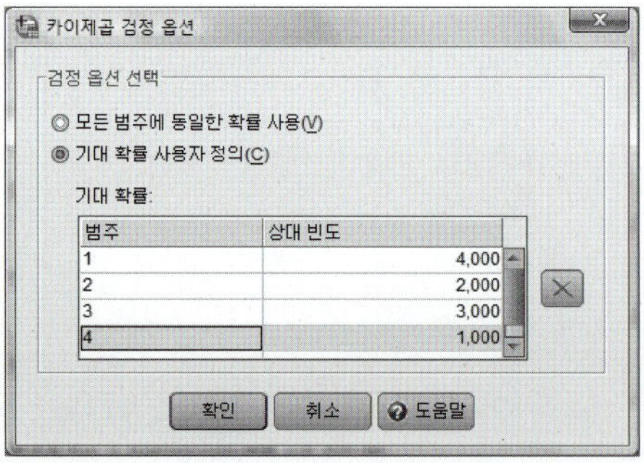

(6) 출력결과를 더블클릭하면 상세한 결과가 표시된다.

● [레거시 대화상자]로부터의 순서

※ <순서 1>은 앞에서와 동일

<순서 2> 분석수법의 선택

(1) 메뉴에서 [분석]-[비모수 검정]-[레거시 대화상자]-[카이제곱 검정]을 선택한다.

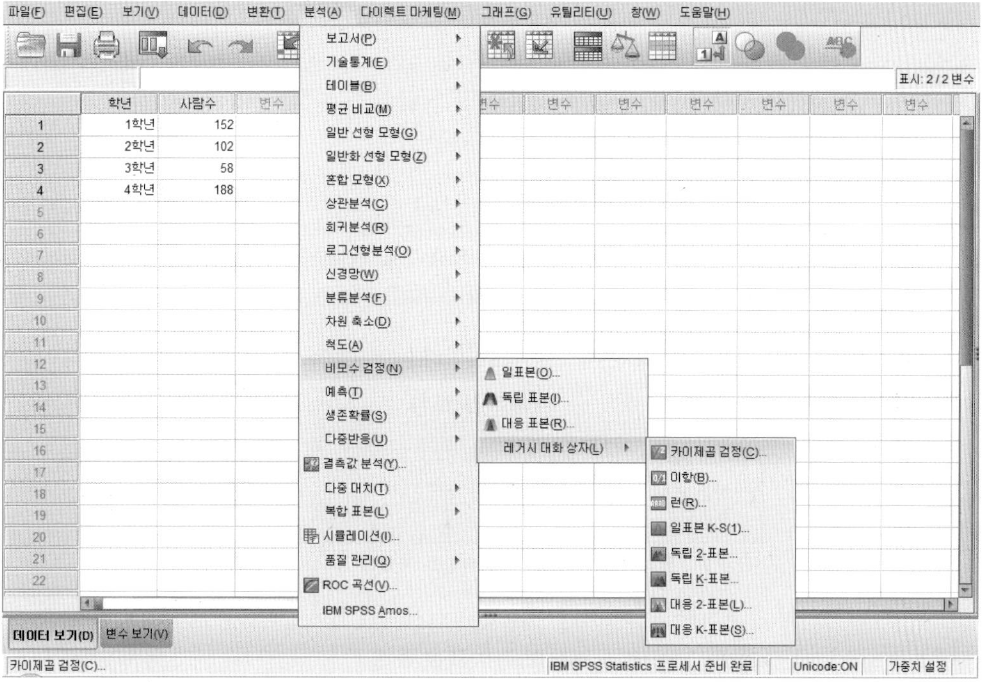

(2) 다음과 같은 대화상자가 나타난다.

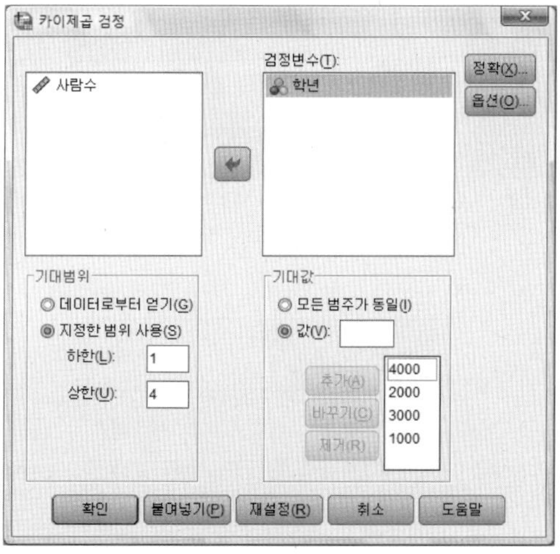

[검정변수] 난에 '학년'을 투입한다.
[기대범위] 필드에서 [지정한 범위 사용]을 선택하고,
　[하한]에 '1'
　[상한]에 '4'
라고 설정한다.
　[기대값] 필드에서 [값]을 선택하고,

[값]에 ‘4000’이라고 입력하고 [추가]를 클릭
[값]에 ‘2000’이라고 입력하고 [추가]를 클릭
[값]에 ‘3000’이라고 입력하고 [추가]를 클릭
[값]에 ‘1000’이라고 입력하고 [추가]를 클릭
한다.

[확인]을 클릭한다.

● 분석결과

SPSS에 의한 분석결과가 다음과 같이 얻어지고 있다.

가설검정 요약

	영가설	검정	유의확률	의사결정
1	학년의 범주가 지정된 확률로 발생합니다.	일표본 카이제곱 검정	.000	영가설을 기각합니다.

근사 유의확률이 표시됩니다. 유의수준이 .05입니다.

일표본 카이제곱 검정

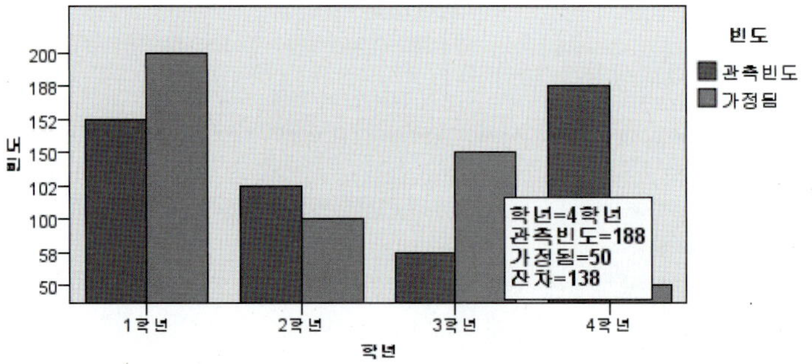

전체 N	500
검정 통계량	448.867
자유도	3
근사 유의확률 (양측검정)	.000

1. 기대값이 5 미만인 0개 셀 (0%)이(가) 있습니다. 최소 기대값은 50입니다.

p값 $= 0.000 < 0.05$이므로, 귀무가설 H_0는 기각된다. 즉, 추출된 500명의 학년별 비율은 모집단을 대표하고 있다고 할 수 없다.

● [레거시 대화상자]에 의한 출력결과

빈도

	학년			
	범주	관측빈도	기대빈도	잔차
1	1학년	152	200.0	-48.0
2	2학년	102	100.0	2.0
3	3학년	58	150.0	-92.0
4	4학년	188	50.0	138.0
전체		500		

검정 통계량

	학년
카이제곱	448.867[a]
자유도	3
근사 유의확률	.000

a. 0개의 셀 (0.0%)은(는) 5보다 작은 기대빈도를 가집니다. 기대 빈도 셀 값 중 최소값은 50.0 입니다.

5.2 분포의 적합도에 관한 K-S검정

1. 정규분포에 관한 검정

● 예제 5-3

예제 4-3에서는 영어의 득점 100개에 대한 데이터를 다루었다. 다음에 다시 이용하기로 한다.

표 5.4 영어시험 득점표

435	320	585	400	500
410	315	390	480	640
340	500	315	415	280
500	365	315	305	425
800	385	365	440	385
440	385	475	545	300
305	445	595	555	485
430	210	300	355	505
315	215	415	620	365
380	545	390	435	375
415	580	220	680	310
510	435	480	690	365
385	550	500	530	435
625	365	355	365	510
455	405	555	425	555
490	525	500	475	680
590	515	300	660	465
440	355	325	480	410
365	570	395	360	665
435	260	580	290	395

이 데이터가 정규분포(normal distribution)에 따르고 있다고 간주할 수 있는지 어떤지를 Kolmogorov-Smirnov 검정(이하 K-S검정이라고 약칭한다)을 적용해서 검정하라.

힌트

Kolmogorov-Smirnov 검정

데이터의 분포가 이론치의 분포와 일치하고 있는지 어떤지를 체크하는 적합도검정의 하나이다.

귀무가설 H_0 : 데이터의 분포는 이론치의 분포와 일치하고 있다

대립가설 H_1 : 데이터의 분포는 이론치의 분포와 일치하고 있지 않다

예를 들면, 데이터의 분포의 정규성에 대해서 검정할 수 있다.
두 개 그룹의 분포함수가 일치하고 있는지 어떤지도 체크할 수 있다.

귀무가설 H_0 : 두 개의 분포함수는 일치하고 있다

대립가설 H_1 : 두 개의 분포함수는 일치하고 있지 않다

● 가설의 설정

이 예제에 대한 가설은 다음과 같이 된다.

귀무가설 H_0 : 영어의 득점은 정규분포에 따른다
대립가설 H_1 : 영어의 득점은 정규분포에 따르지 않는다

검정의 유의수준은 $\alpha = 0.05$로 한다.

● 적용하는 수법

데이터가 정규분포에 따르는지 어떤지의 검정은 K-S검정이 이용된다. 이 검정은 정규분포를 가정했을 때의 분포함수에, 데이터로부터 구한 분포함수가 적합하고 있는지 어떤지를 보는 것이다.

정규분포인지 어떤지의 검정은 **정규성의 검정**이라고 불리며, K-S검정은 정규성의 검정에 대한 대표적인 수법이다. 이 외에 Shapiro-Wilk의 검정도 정규성의 검정에 자주 이용된다.

● SPSS의 순서

<순서 1> 데이터의 입력

100명의 대학생에 대한 영어시험 득점을 다음과 같이 입력한다.

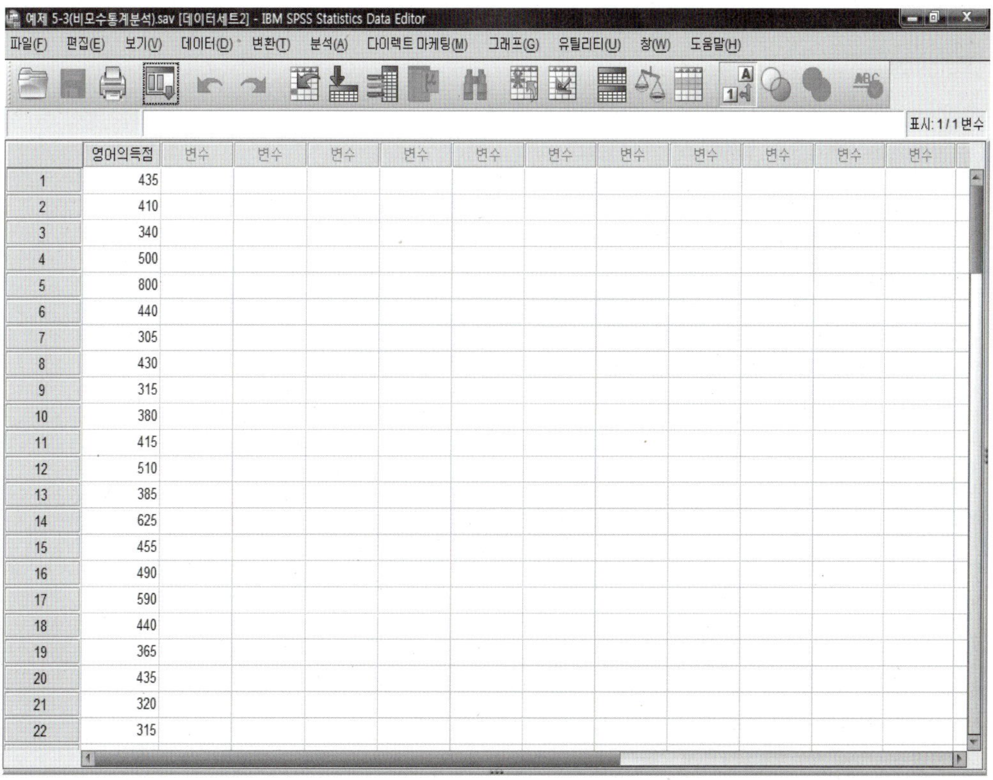

<순서 2> 분석수법의 선택

(1) 메뉴에서 [분석]-[비모수 검정]-[일표본]을 선택한다.

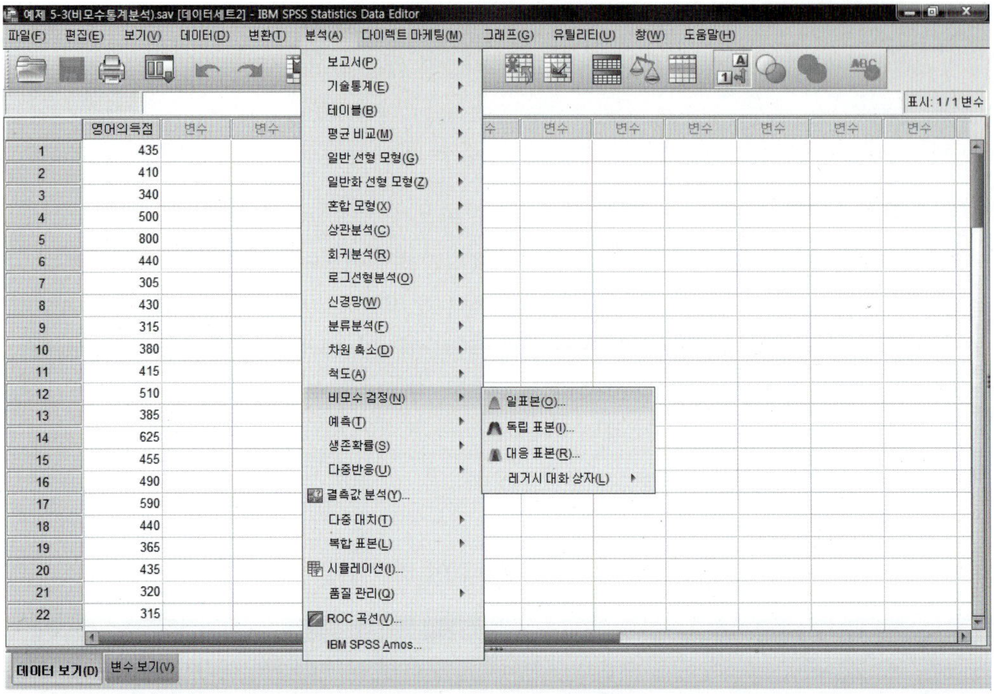

(2) 다음과 같은 대화상자가 나타나면 [필드]를 클릭한다.

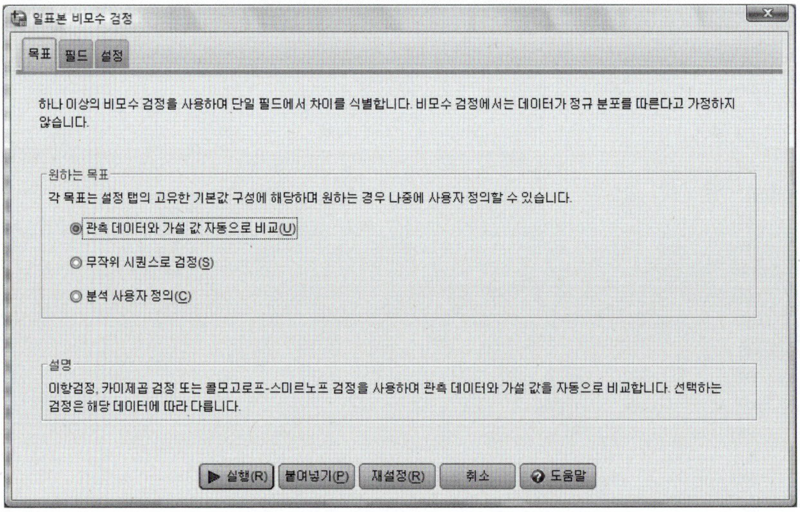

(3) [검정 필드]에 '영어의 득점'을 투입한다.

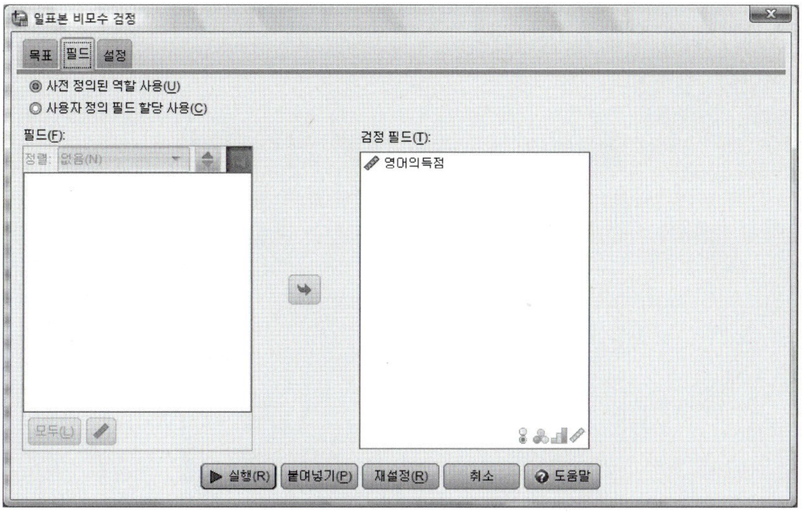

[설정]을 클릭한다.

(4) 다음의 화면에서,
[항목 선택] 필드의 [검정 선택]을 선택한다.
[검정 사용자 정의]에 체크하고, [관측 분포를 가설 값에 대해 검정(콜모고로프-스미르노프 검정)]을 선택한다.
[옵션]을 클릭한다.

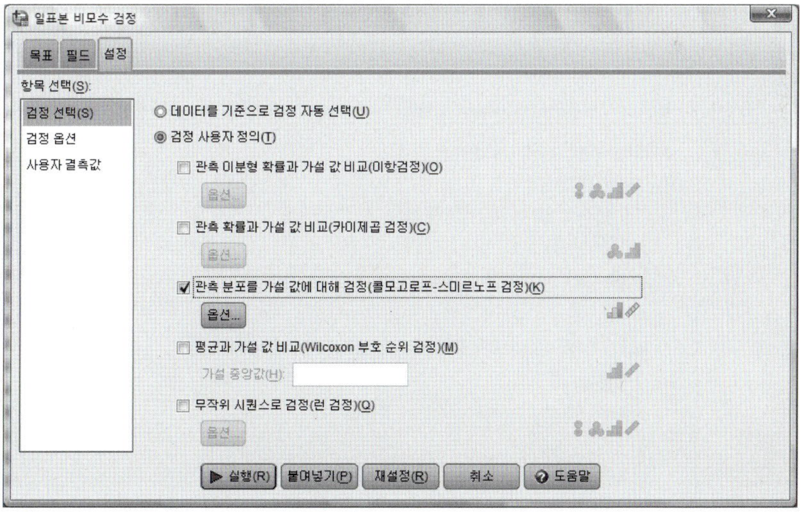

(5) 다음 화면에서,

[가설 값 분포]에서 [보통]에 체크한다.

[표본 데이터 사용]을 선택한다.

[확인]을 클릭한다.

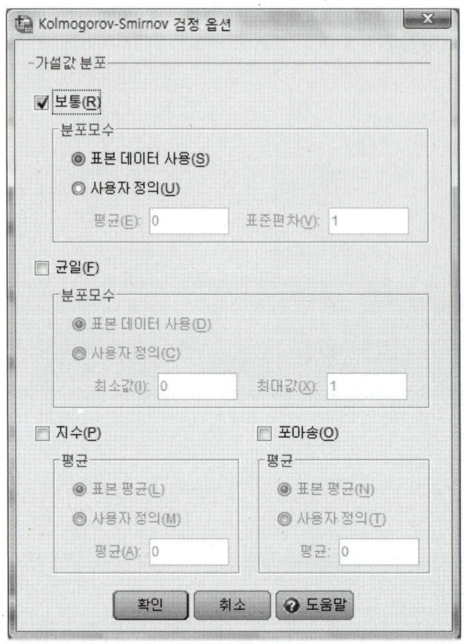

<순서 3> 비모수 검정의 실행

다음의 화면에서 [실행]을 클릭한다. 출력결과를 더블클릭하면 상세한 결과가 표시된다.

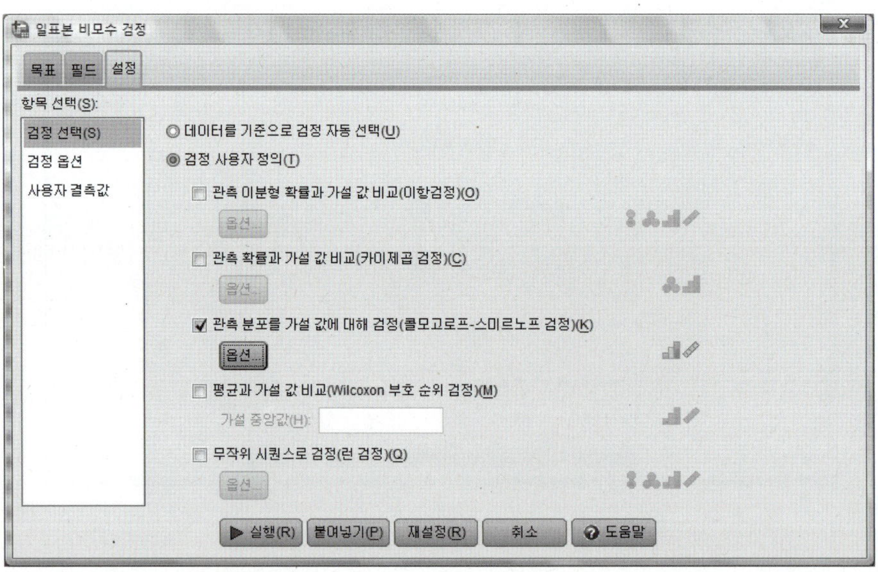

● [레거시 대화상자]로부터의 순서

※ <순서 1>은 앞에서와 동일

<순서 2> 분석수법의 선택

(1) 메뉴에서 [분석]-[비모수 검정]-[레거시 대화상자]-[일표본 K-S]를 선택한다.

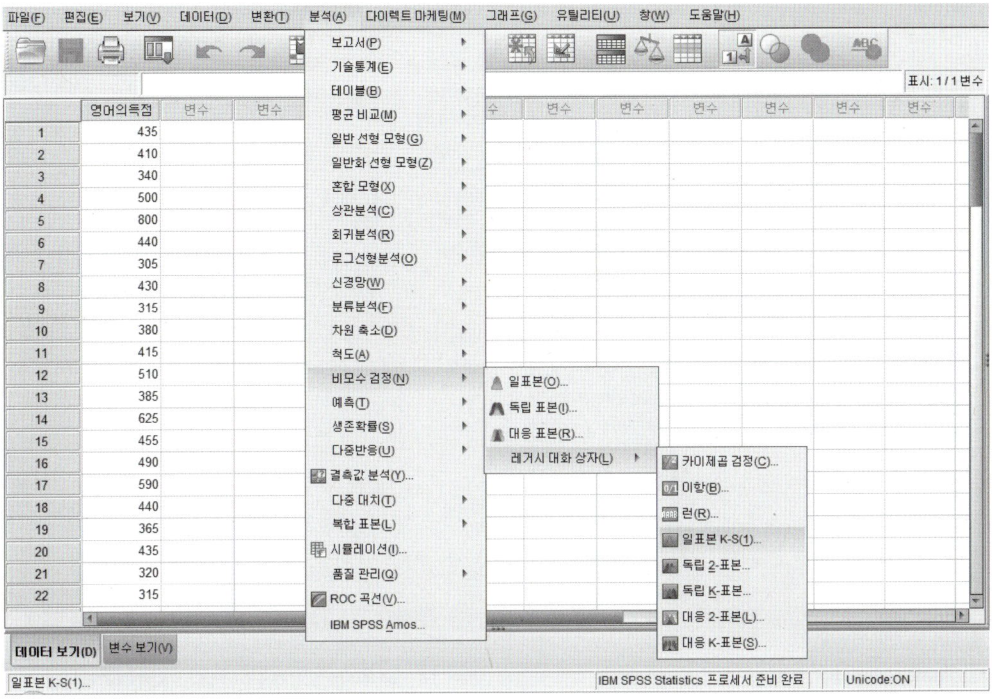

(2) 다음의 화면에서 [검정변수]에 '영어의 득점'을 투입한다.
[검정 분포] 필드의 [정규]를 선택한다.
[확인]을 클릭한다.

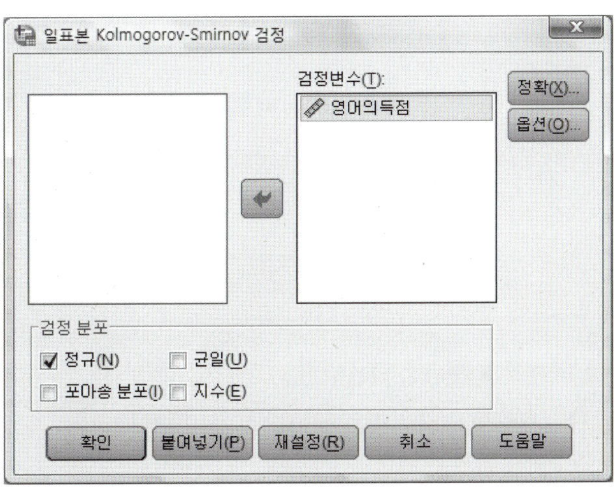

● Shapiro-Wilk 검정 순서

※ <순서 1>은 앞에서와 동일

<순서 2> 분석수법의 선택

(1) 메뉴에서 [분석]-[기술통계량]-[데이터 탐색]을 선택한다.

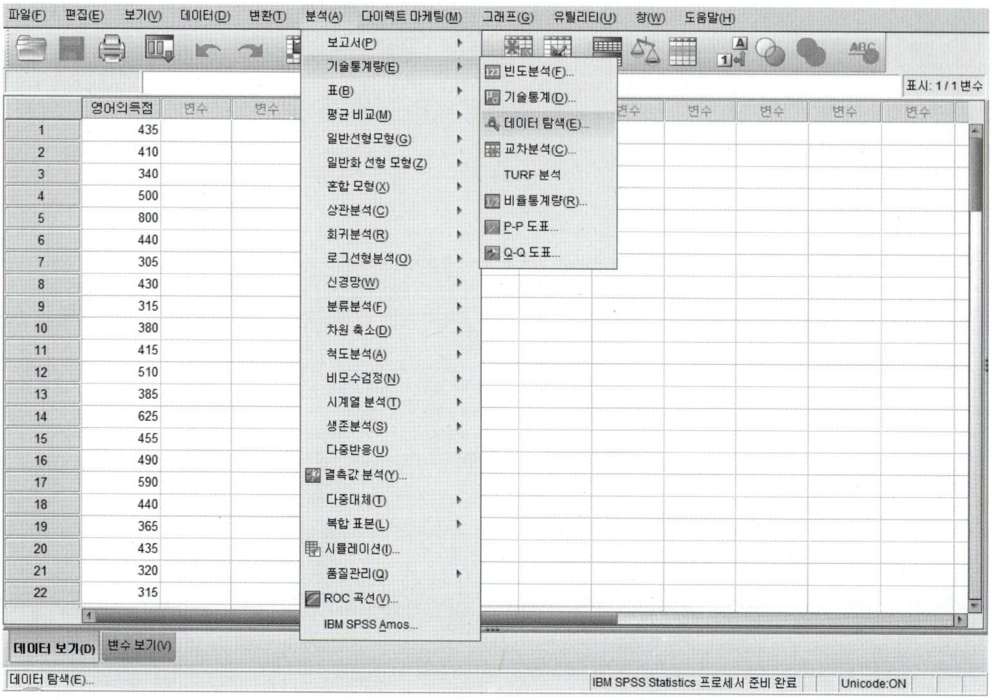

(2) 다음의 대화상자에서,

[종속변수]에 '영어의 득점'을 투입한다.

[도표]를 클릭한다.

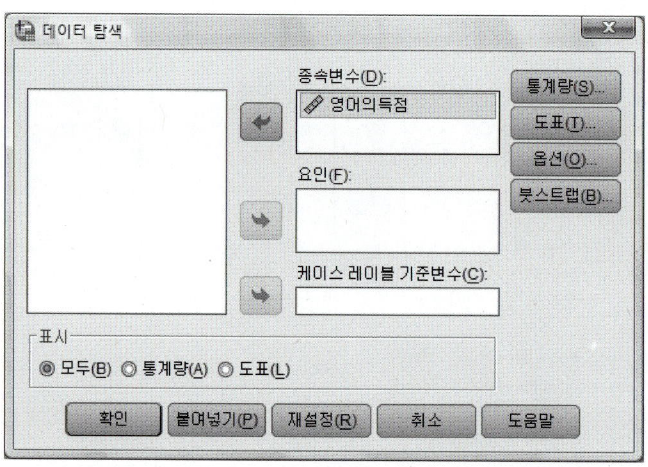

(3) 다음의 대화상자에서,

[검정과 함께 정규성 도표]를 선택한다.

[계속]을 클릭한다.

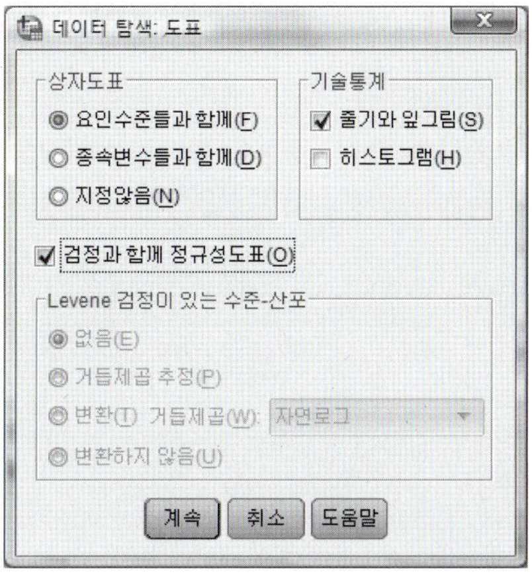

(4) 다음 화면에서 [확인]을 클릭한다.

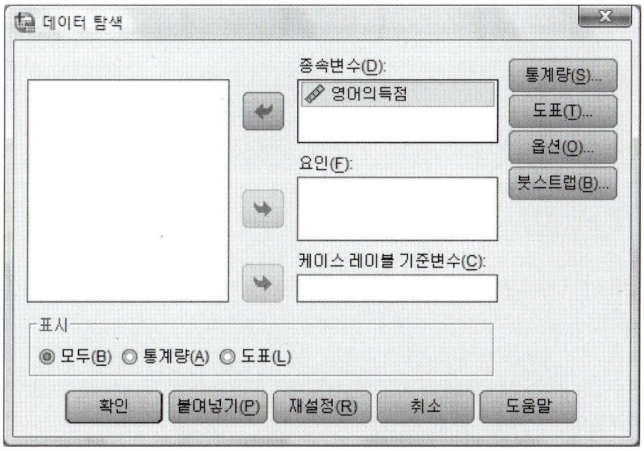

분석결과

SPSS에 의한 분석결과가 다음과 같이 얻어지고 있다.

가설검정 요약

	영가설	검정	유의확률	의사결정
1	영어의득점의 분포가 평균 441 및 표준편차 115.118에서 표준입니다.	일표본 Kolmogorov-Smirnov 검정	.027[1]	영가설을 기각합니다.

근사 유의확률이 표시됩니다. 유의수준이 .05입니다.

[1] Lilliefors 정정됨

출력결과를 더블클릭하면 상세한 결과가 표시된다.

일표본 Kolmogorov-Smirnov 검정

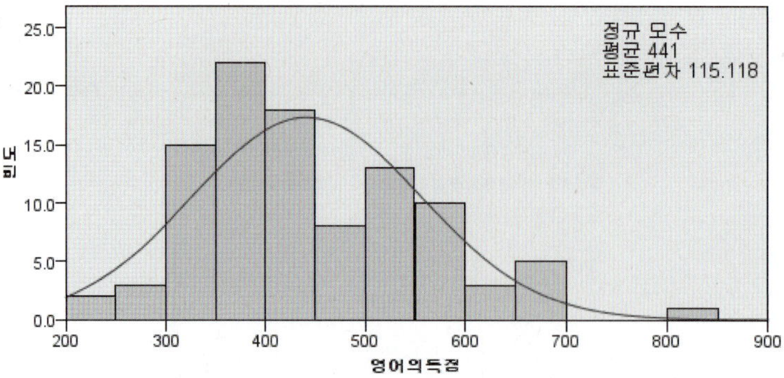

전체 N		100
최대극단차이	절대값	.095
	양수	.095
	음수	-.060
검정 통계량		0.095[1]
근사 유의확률 (양측검정)		.027

[1] Lilliefors 정정됨

p값 $= 0.027 < 0.05$이므로, 귀무가설 H_0는 기각된다. 즉, 영어의 득점은 정규분포에 따르고 있다고는 할 수 없다.

● [레거시 대화상자]에 의한 출력결과

일표본 Kolmogorov-Smirnov 검정

		영어의득점
N		100
정규 모수[a,b]	평균	441.40
	표준편차	115.118
최대극단차이	절대값	.095
	양수	.095
	음수	-.060
검정 통계량		.095
근사 유의확률(양측)		.027[c]

a. 검정 분포가 정규입니다.

b. 데이터로부터 계산.

c. Lilliefors 유의확률 수정

● Shapiro-Wilk 검정

정규성 검정

	Kolmogorov-Smirnov[a]			Shapiro-Wilk		
	통계량	자유도	유의확률	통계량	자유도	유의확률
영어의득점	.095	100	.027	.973	100	.035

a. Lilliefors 유의확률 수정

Shapiro-Wilk 검정에 있어서도 p값$=0.035<0.05$이므로, 귀무가설 H_0는 기각된다. 즉, 영어의 득점은 정규분포에 따르고 있다고는 할 수 없다.

2. 두 개 분포의 차이에 관한 검정

● **예제 5-4**

예제 5-3의 데이터에 성별의 정보를 추가한 것이 다음의 데이터표이다.

표 5.5 영어시험 득점 및 성별 데이터표

영어의 득점	성별	영어의 득점	성별	영어의 득점	성별	영어의 득점	성별	영어의 득점	성별
435	남	320	남	585	여	400	여	520	여
410	여	315	남	390	여	480	여	640	여
340	남	500	여	315	남	315	남	280	남
500	남	365	남	315	남	305	남	425	남
800	여	385	남	365	남	440	여	385	여
440	남	385	남	475	남	545	여	300	남
305	남	445	남	595	여	555	여	485	여
430	여	210	남	300	여	355	여	505	여
315	남	315	남	415	여	620	여	365	남
380	남	545	여	390	여	435	남	375	여
415	남	580	여	220	여	680	여	310	남
510	남	435	남	480	남	690	여	365	남
385	여	550	여	500	남	530	남	435	여
625	여	365	남	355	남	365	여	510	여
455	남	405	남	355	여	425	남	555	여
490	여	525	여	500	여	475	남	680	여
590	여	515	남	200	남	660	여	365	여
440	여	355	남	325	남	480	여	410	여
365	남	570	여	395	남	360	남	665	여
435	남	260	남	580	여	290	남	395	여

남녀의 영어 득점의 분포에 차이가 있는지 어떤지를 검정하라.

● **가설의 설정**

이 예제에 대한 가설은 다음과 같이 된다.

귀무가설 H_0 : 영어의 득점은 남녀에 차이가 없다

대립가설 H_1 : 영어의 득점은 남녀에 차이가 있다

검정의 유의수준은 $\alpha = 0.05$이다.

● 적용하는 수법

데이터가 정규분포에 따르는지 어떤지의 검정에는 K-S검정이 이용되는데, 두 개의 분포에 차이가 있는지 어떤지의 검정에도 K-S검정이 이용된다. 단, 이 경우에는 2표본의 K-S검정이라고 한다.

● SPSS의 순서

<순서 1> 데이터의 입력

(1) 100명의 대학생에 대한 영어시험 득점과 성별을 다음과 같이 입력한다.

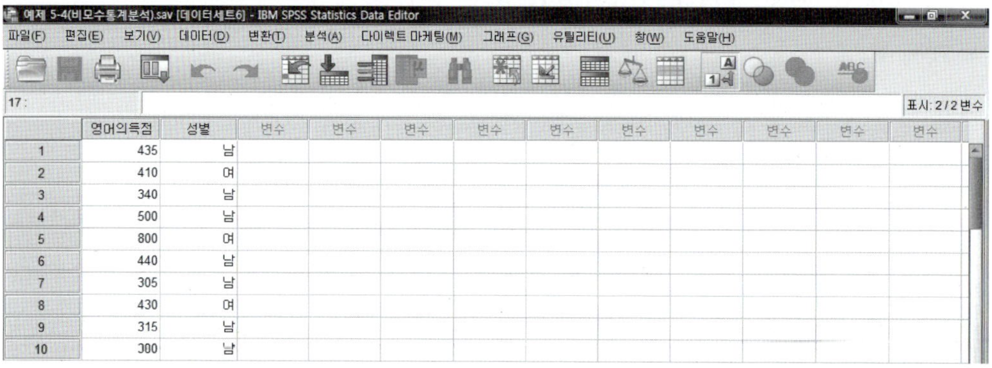

(2) [변수 보기]의 [측도]에서 '영어의 득점'은 척도, '성별'은 명목으로 설정한다.

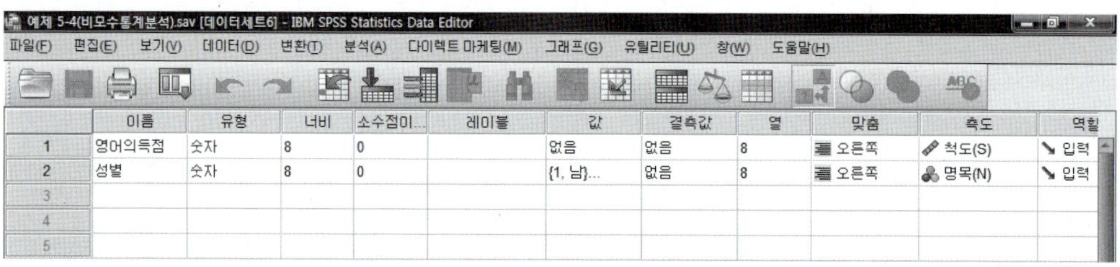

(3) [변수 보기]의 [값]에서, '성별'을 나타내는 변수는 1은 '남', 2는 '여'로 설정한다.

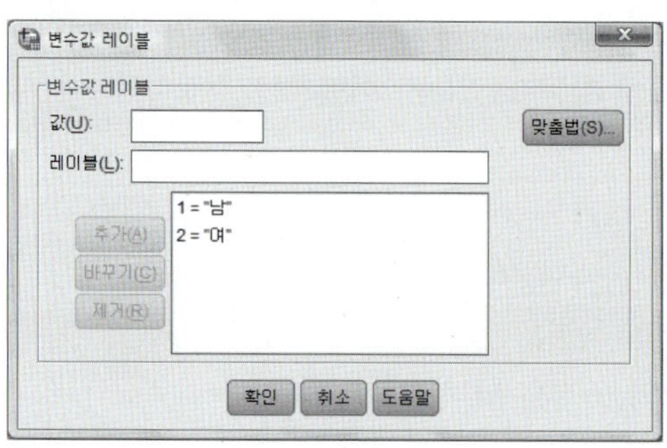

<순서 2> 분석수법의 선택

(1) 메뉴에서 [분석]-[비모수 검정]-[독립 표본]을 선택한다.

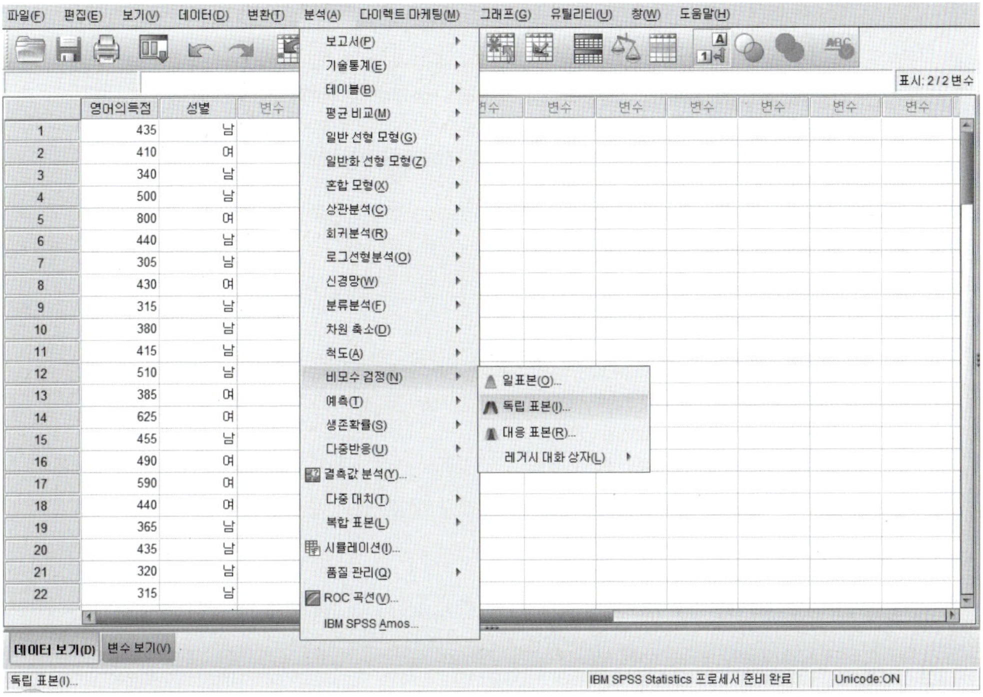

(2) 다음과 같은 대화상자가 나타나면 [필드]를 클릭한다.

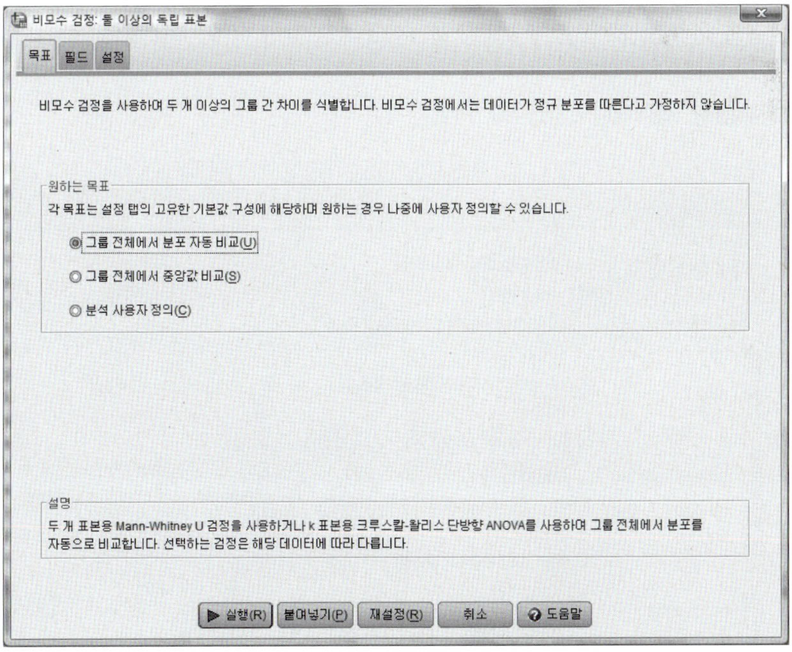

(3) [검정 필드]에 '영어의 득점'을 투입한다.
[그룹]에 '성별'을 투입한다.

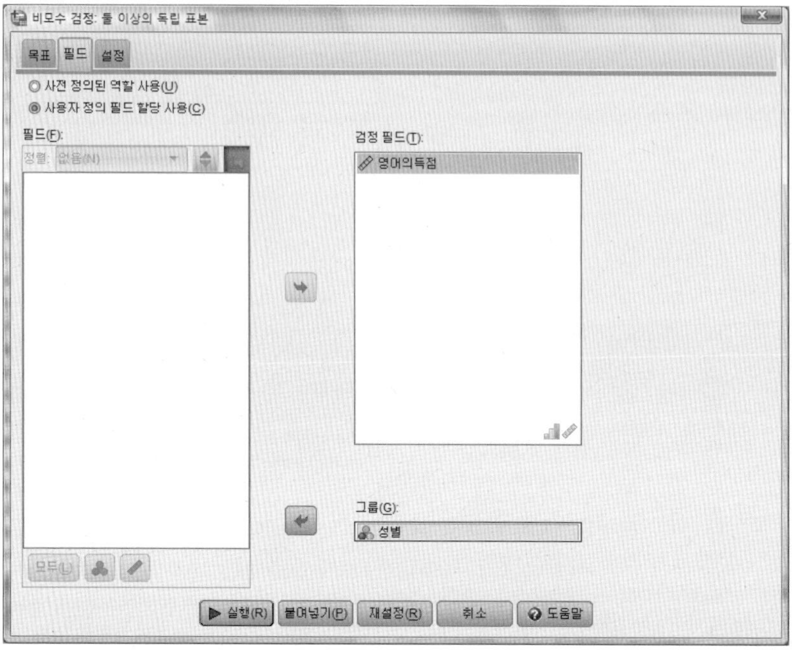

[설정]을 클릭한다.

(4) 다음의 화면에서, [항목 선택] 필드의 [검정 선택]을 선택한다.
[검정 사용자 정의]에 체크하고, [관측 분포를 가설 값에 대해 검정(콜모고로프-스미르노프 검정)]을 선택한다.
[실행]을 클릭한다.

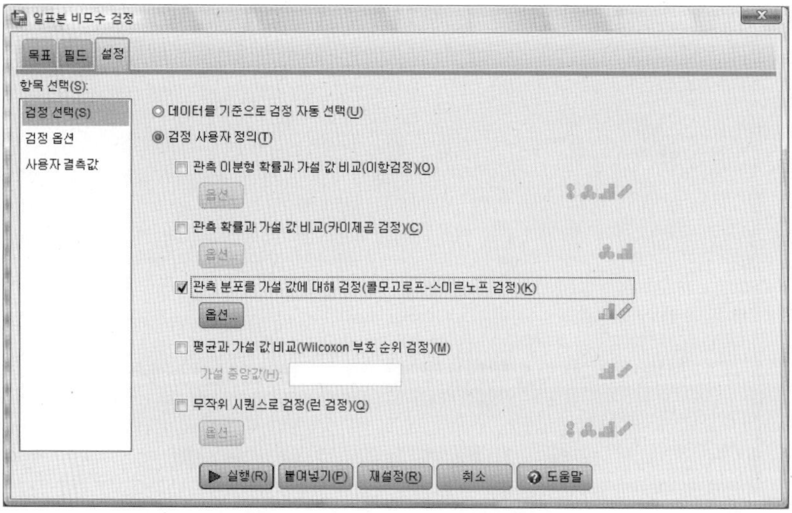

● [레거시 대화상자]로부터의 순서

※ <순서 1>은 앞에서와 동일

<순서 2> 분석수법의 선택

(1) 메뉴에서 [분석]-[비모수 검정]-[레거시 대화상자]-[독립 2-표본]을 선택한다.

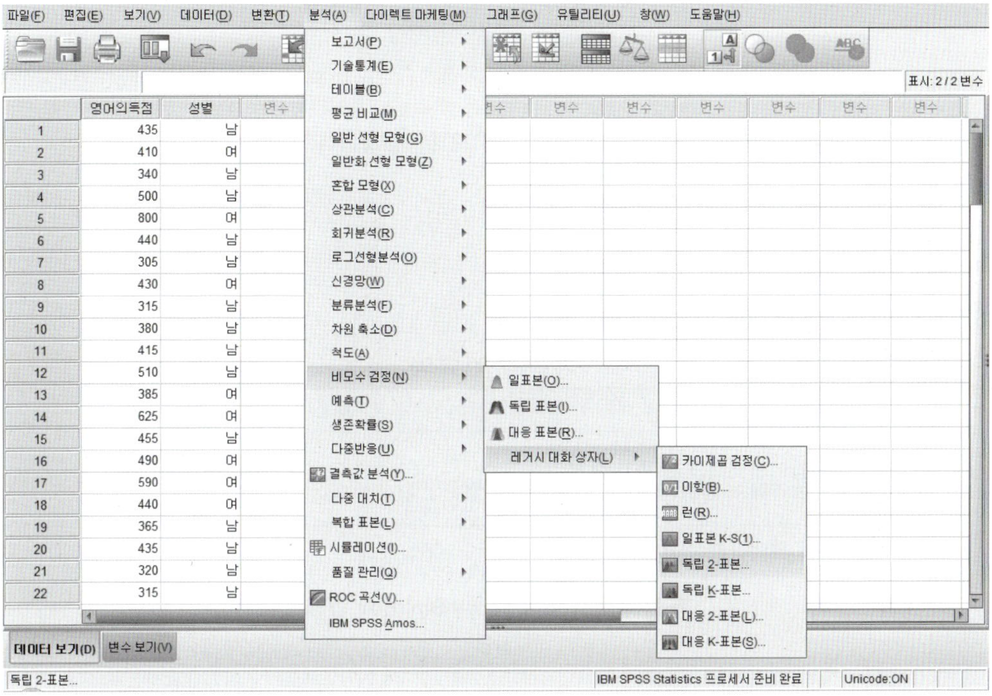

(2) 다음의 화면에서 [검정변수]에 '영어의 득점'을 투입한다.

[그룹화 변수]에 '성별'을 투입한다.

[검정 유형] 필드의 [Kolmogorov-Smirnov의 검정의 Z]를 선택한다.

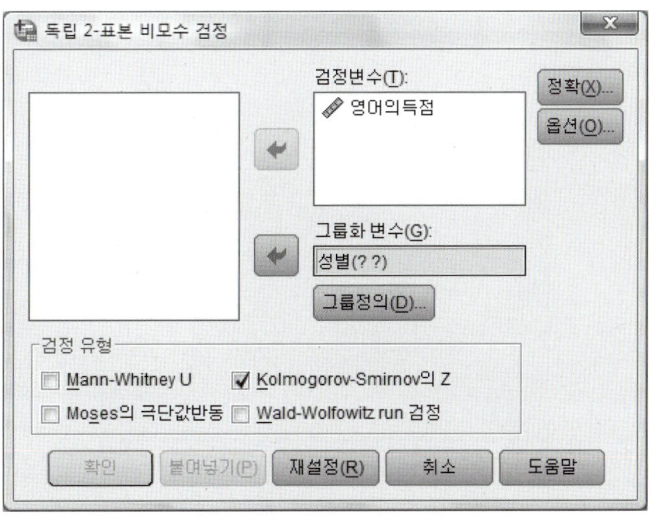

[그룹 정의]를 클릭한다.

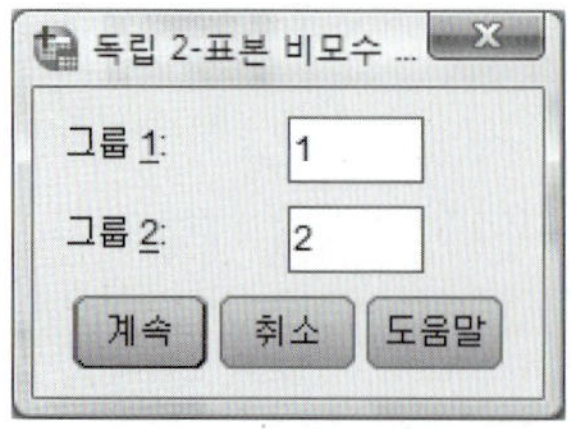

[그룹 1]에 '1'을 설정한다. [그룹 2]에 '2'를 설정한다.
[계속]을 클릭한다. [확인]을 클릭한다.

● 분석결과

SPSS에 의한 분석결과가 다음과 같이 얻어지고 있다.

가설검정 요약

	영가설	검정	유의확률	의사결정
1	영어의득점의 분포가 성별의 범주에서 같습니다.	독립표본 Kolmogorov-Smirnov 검정	.000	영가설을 기각합니다.

근사 유의확률이 표시됩니다. 유의수준이 .05입니다.

독립표본 **Kolmogorov-Smirnov** 검정

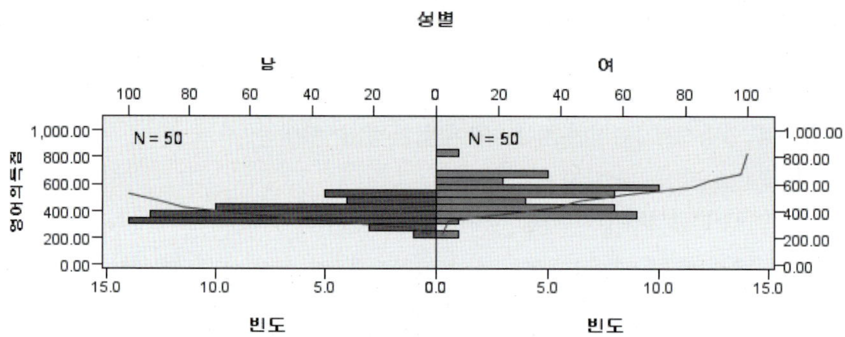

전체 N		100
최대극단차이	**절대값**	.500
	양수	.500
	음수	.000
검정 통계량		2.500
근사 유의확률 (양측검정)		.000

p값 $= 0.000 < 0.05$이므로, 귀무가설 H_0는 기각된다. 즉, 영어 득점의 분포는 남녀 간에 다르다고 할 수 있다.

● [레거시 대화상자]에 의한 출력결과

검정 통계량[a]

		영어의득점
최대극단차이	절대값	.500
	양수	.500
	음수	.000
Kolmogorov-Smirnov의 Z		2.500
근사 유의확률(양측)		.000

a. 집단변수: 성별

CHAPTER

6

독립표본의 비교

CHAPTER 6 # 독립표본의 비교

6.1 중심위치의 비교

1. 두 개의 중심위치에 관한 검정

● **예제 6-1**

어떤 병원에서는 치료에 대한 종합적인 만족도를 다음과 같은 7단계로 환자에게 평가하도록 했다.

1. 대단히 불만 2. 상당히 불만 3. 약간 불만 4. 어느 쪽이라고도 말할 수 없다
5. 약간 만족 6. 상당히 만족 7. 대단히 만족

다음에 보이는 <표 6.1>의 데이터표는 남자 환자 20명, 여자 환자 18명의 합계 38명의 치료 만족도이다.

표 6.1 치료 만족도 데이터표

No	1	2	3	4	5	6	7	8	9	10	11	12	13	14	15	16	17	18	19	20
남	1	3	2	4	5	2	3	3	2	5	6	7	5	2	5	2	3	3	2	3
여	5	3	6	3	4	5	6	7	1	2	6	5	7	5	3	5	2	7		

남자 환자와 여자 환자에서 만족도 분포의 중심위치에 차가 있는지 어떤지 검정하라.

● **데이터의 그래프화**

순서척도의 데이터이므로, 막대 그래프를 사용해서 그래프화한다.

힌트

순서척도

순서척도(ordinal scale)는 성적의 1위, 2위 3위 등과 같이 순위를 매긴 척도만을 가리킨다. 이것을 간격척도(interval scale)로 간주하는 것은 데이터 분석에서 흔히 범하는 오류인데, 신중한 검토가 필요하다.

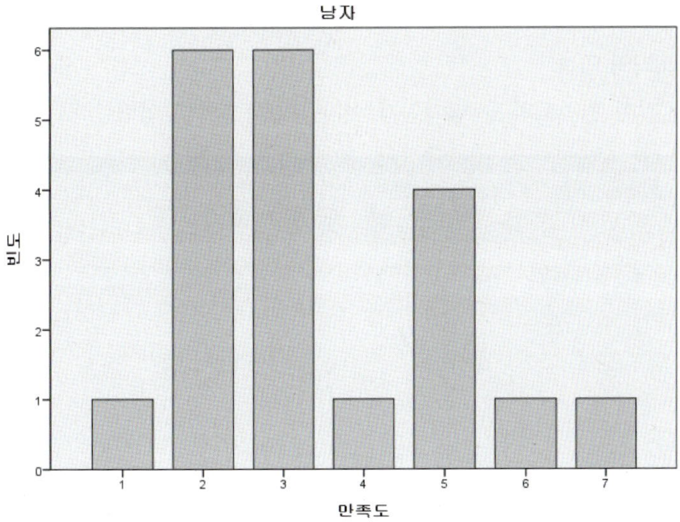

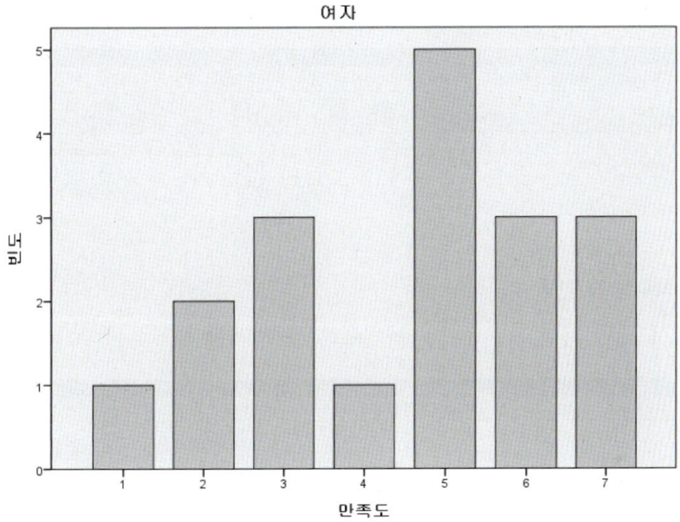

● 가설의 설정

이 예제에 대한 가설은 다음과 같이 된다.

귀무가설 H_0 : 남자와 여자의 분포의 중심위치는 같다
대립가설 H_1 : 남자와 여자의 분포의 중심위치는 다르다

검정의 유의수준은 $\alpha = 0.05$로 한다.

● 적용하는 수법

순서척도의 데이터라고 하는 사실, 그리고 남자와 여자는 따로 표본추출된 환자라고 하는 사실로부터 독립된 두 개의 군의 중심위치의 차이를 검정하는 데 적합한 **Mann-Whitney 검정**을 이용한다.

● SPSS의 순서

<순서 1> 데이터의 입력

(1) 다음과 같이 만족도와 군(남자인가 여자인가)을 1열씩 입력한다.

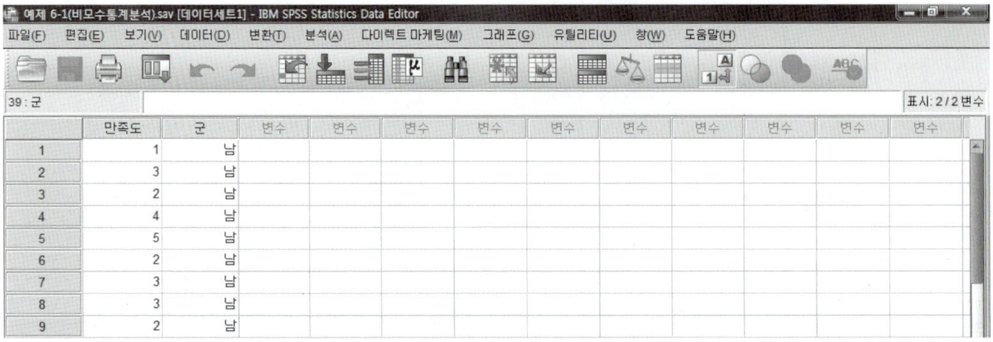

(2) [변수보기]의 [측도]에서 '만족도'는 '순서', '군'은 '명목'을 설정한다.

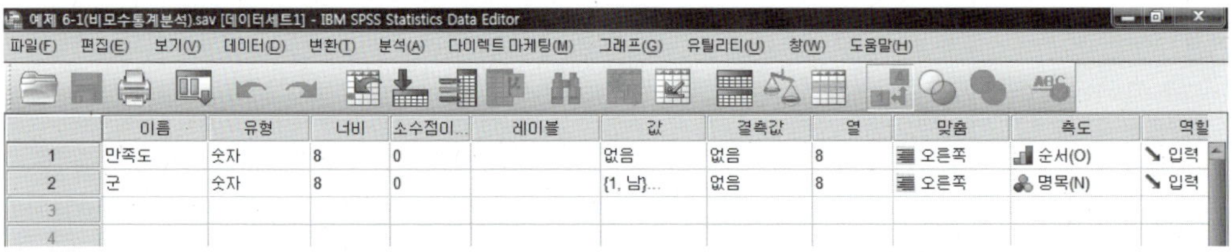

<순시 1> 분식수법의 선택

(1) 메뉴에서 [분석]-[비모수 검정]-[독립표본]을 선택한다.

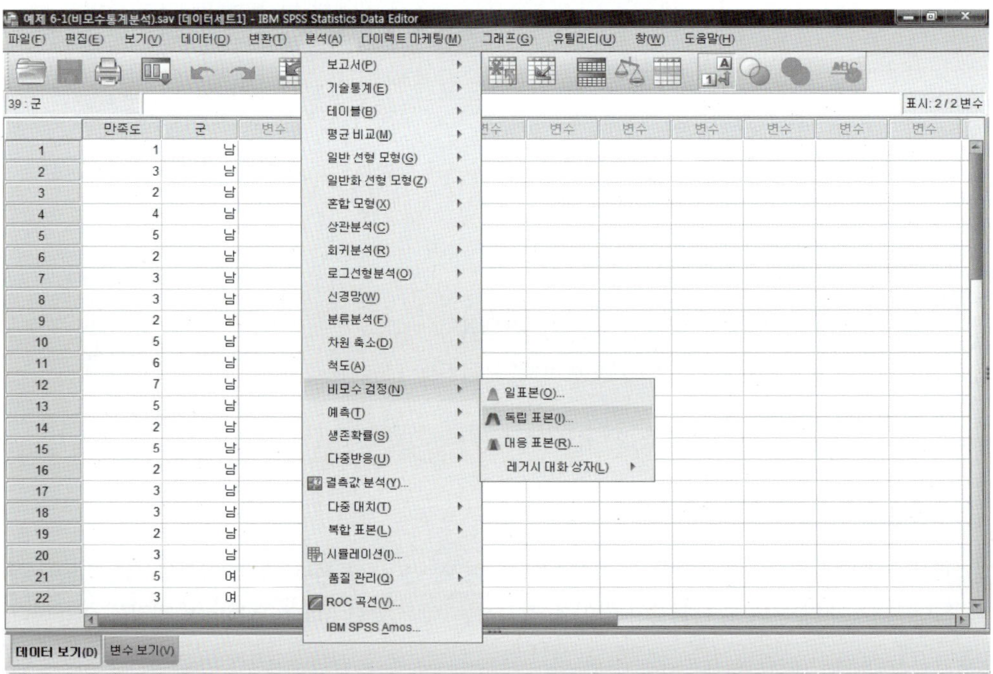

(2) 다음과 같은 대화상자가 나타난다. [필드]를 클릭한다.

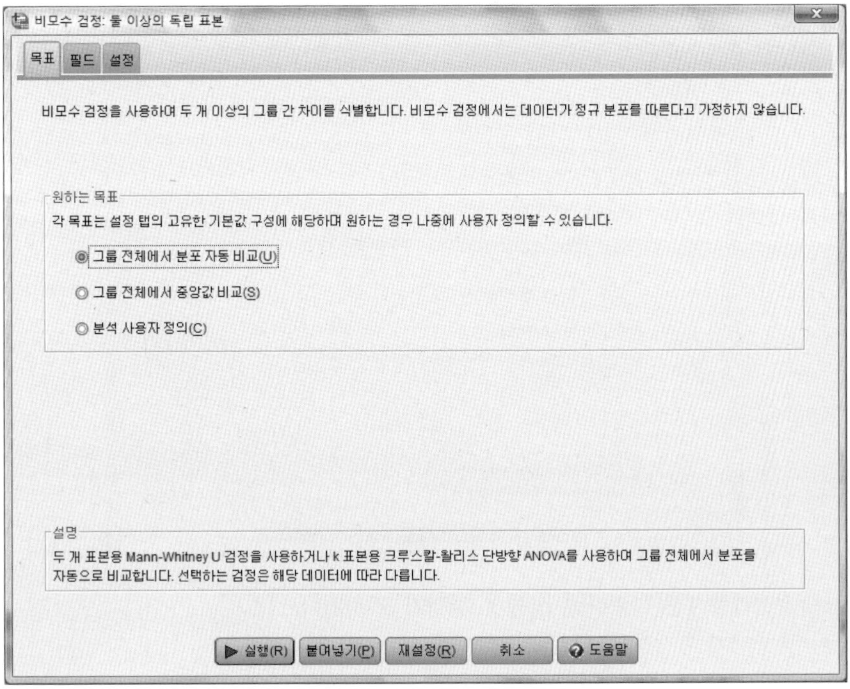

(3) [검정 필드]에 '만족도', [그룹]에 '군'을 투입한다. [설정]을 클릭한다.

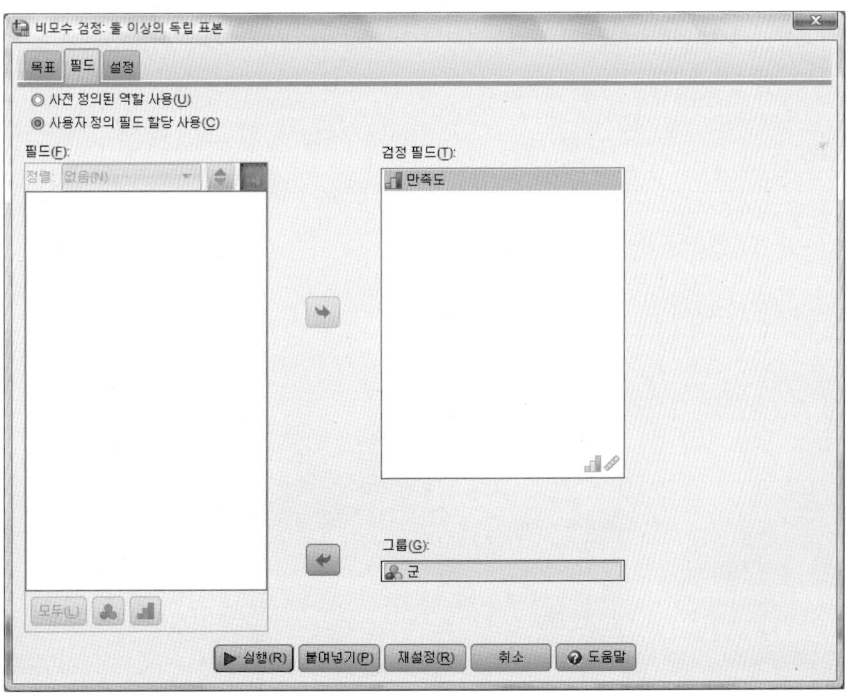

(4) [항목 선택]에서 [검정 선택]을 선택한다. [사용자 정의에 의한 검정]에 체크하고, [집단 전체에서 분포 비교]에서 [Mann-Whitney U(2개 표본)]를 선택한다. [실행]을 클릭한다.

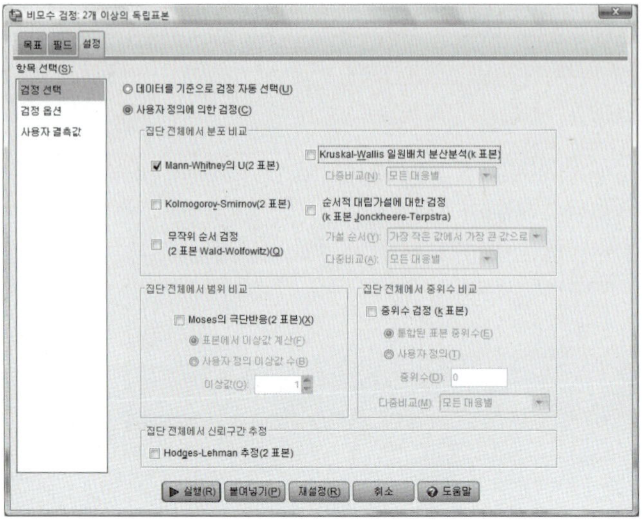

(5) 출력결과를 더블클릭하면 상세한 결과가 표시된다.

● [레거시 대화상자]로부터의 순서

※ <순서 1>은 앞에서와 동일

<순서 2> 분석수법의 선택

(1) 메뉴에서 [분석]-[비모수 검정]-[레거시 대화상자]-[독립 2-표본]을 선택한다.

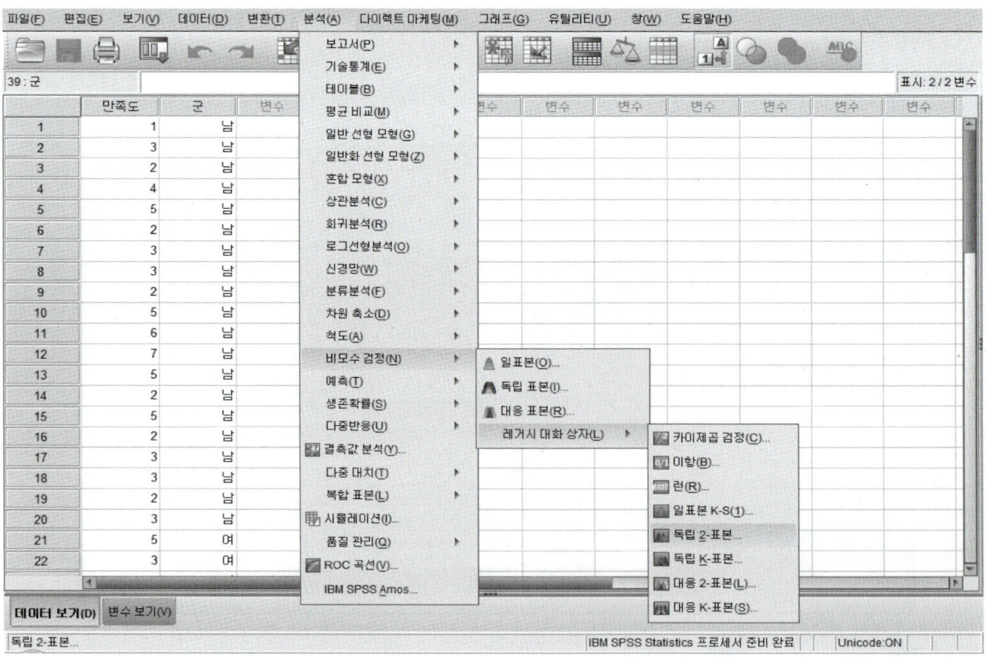

(2) 다음과 같은 대화상자가 나타난다.

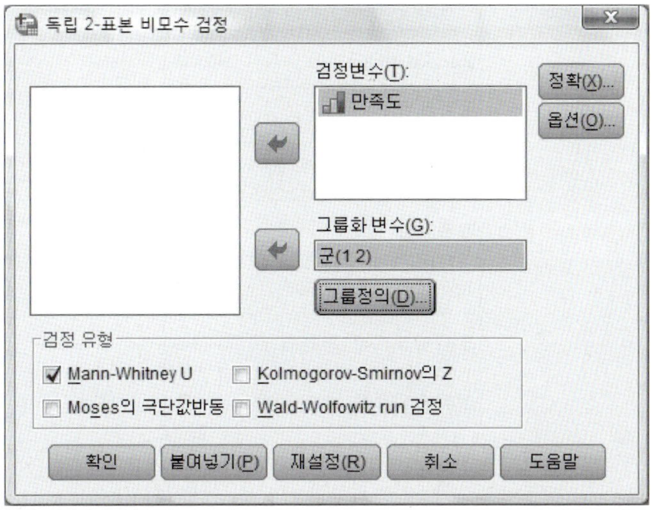

[검정변수]에 '만족도'를 투입한다. [그룹화 변수]에 '군'을 투입한다.
[그룹 정의]에서 [그룹 1]을 1, [그룹 2]를 2라고 설정한다.
[검정 유형]에서 [Mann-Whitney U]에 체크한다.
[확인]을 클릭한다.

● 분석결과

SPSS에 의한 분석결과가 다음과 같이 얻어지고 있다.

가설검정 요약

	영가설	검정	유의확률	의사결정
1	만족도의 분포가 군의 범주에서 같습니다.	독립표본 Mann-Whitney의 U 검정	.055[1]	영가설을 채택합니다.

근사 유의확률이 표시됩니다. 유의수준이 .05입니다.

[1]이 검정에 대한 정확 유의확률이 표시됩니다.

독립표본 Mann-Whitney의 U 검정

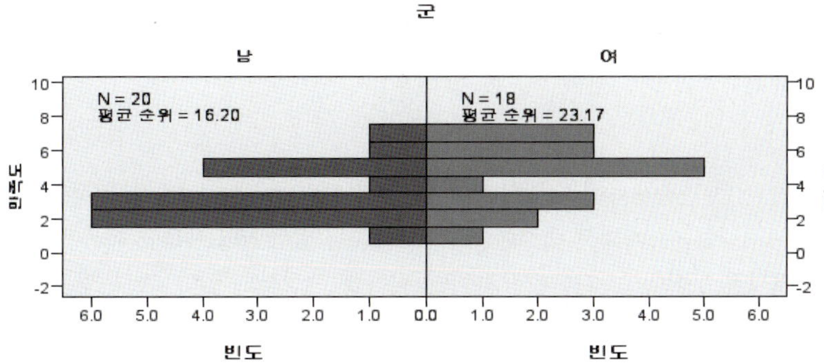

전체 N	38
Mann-Whitney의 U	246.000
Wilcoxon의 W	417.000
검정 통계량	246.000
표준오차	33.552
표준화된 검정 통계량	1.967
근사 유의확률 (양측검정)	.049
정확 유의확률 (양측검정)	.055

p값 $= 0.055 > 0.05$이므로, 귀무가설 H_0는 기각되지 않는다. 즉, 남자와 여자의 분포의 중심위치에 차가 있다고 할 수 없다. 평균 순위의 값은 남자가 16.20, 여자가 23.17임을 알 수 있다.

● [레거시 대화상자]에 의한 출력결과

순위

	군	N	평균 순위	순위합
만족도	남	20	16.20	324.00
	여	18	23.17	417.00
	전체	38		

검정 통계량[a]

	만족도
Mann-Whitney의 U	114.000
Wilcoxon의 W	324.000
Z	-1.967
근사 유의확률(양측)	.049
정확 유의확률[2*(단측 유의확률)]	.055[b]

a. 집단변수: 군

b. 등순위에 대해 수정된 사항이 없습니다.

● 예제 6-2

다음의 데이터는 어떤 건축재료에 대해서 열처리 후의 늘어난 길이(mm)를 측정한 것이다. A그룹의 데이터는 A사 제품에 대해서 측정한 것이며, B그룹의 데이터는 B사 제품에 대해서 측정한 것이다. 각각 18개씩 무작위로 추출해서 늘어난 길이를 측정하고 있다. A사 제품과 B사 제품의 늘어난 길이의 중심위치에 차가 있는지 어떤지를 검정하라.

표 6.2 데이터표

A그룹	21	26	26	24	26	24	26	24	26
	24	18	16	22	22	24	22	19	26
B그룹	19	20	20	24	19	28	19	19	25
	21	20	24	20	20	29	23	21	22

● 데이터의 그룹화

수량 데이터(계량치, 연속척도)이기 때문에, 도트 플롯 및 히스토그램을 사용해서 그래프화한다.

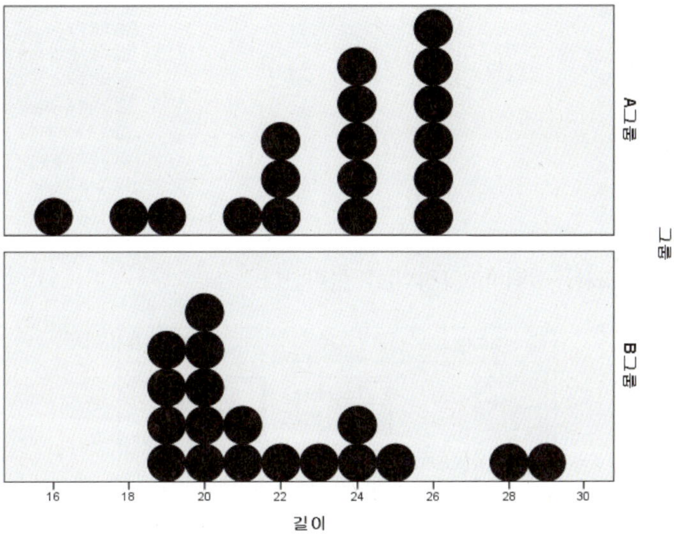

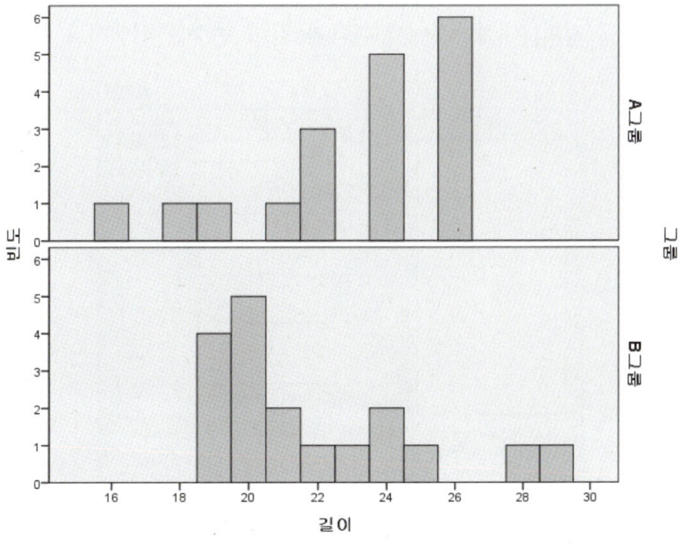

● **SPSS의 처리 절차**

(1) 도트 플롯

① 메뉴에서 [그래프]-[레거시 대화상자]-[산점도/점 도표]를 선택한다.

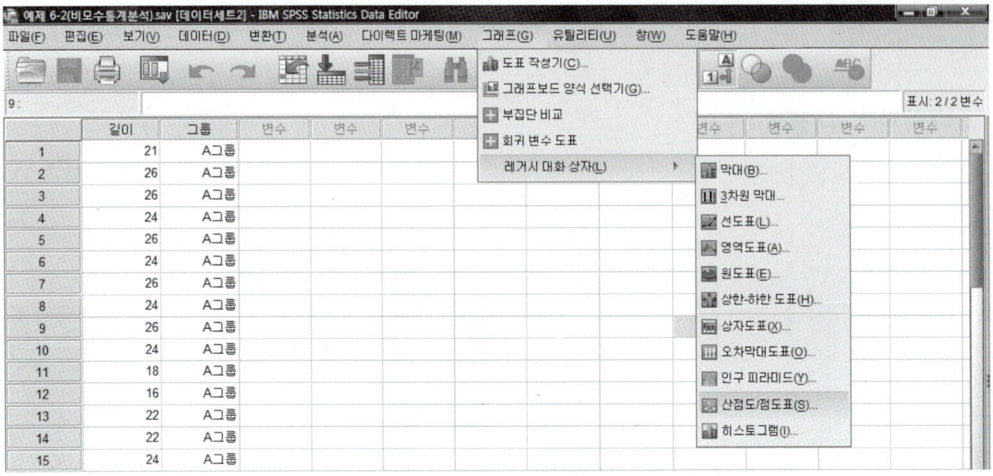

② [단순 점 도표]를 선택하고 [정의]를 클릭한다.

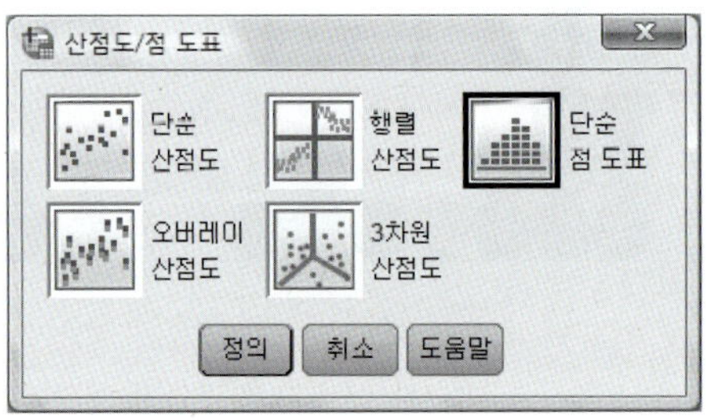

③ [단순 점 도표 정의] 대화상자에서 다음과 같이 변수를 선택하고 [확인]을 클릭한다.

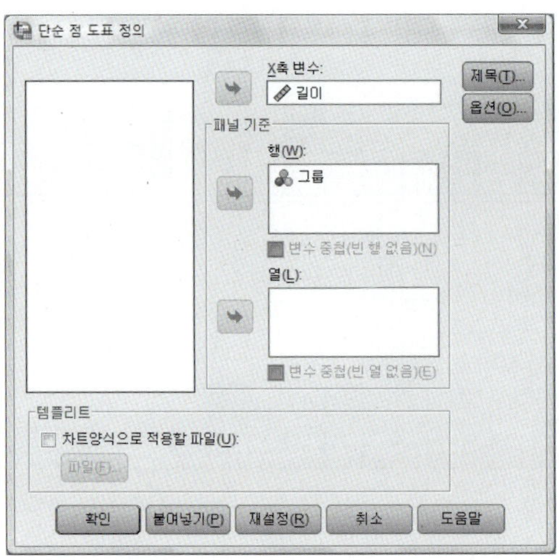

(2) 히스토그램

① 메뉴에서 [그래프]-[레거시 대화상자]-[히스토그램]을 선택한다.

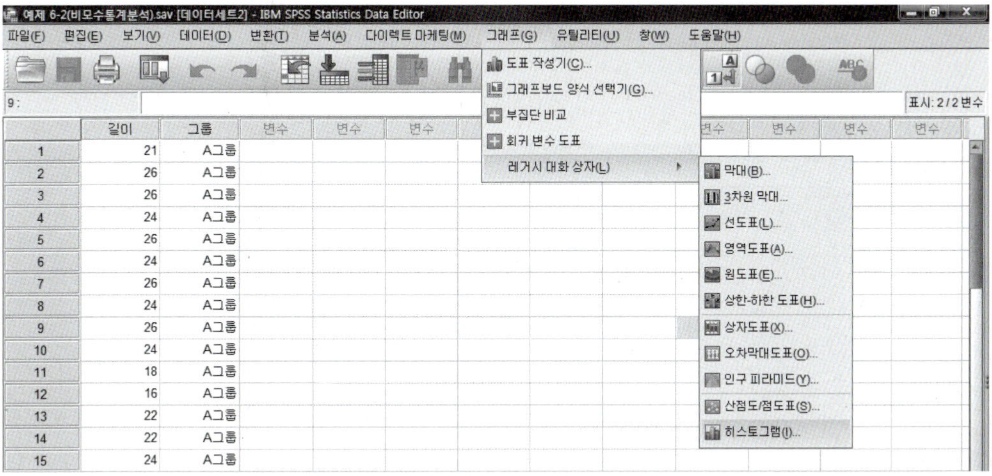

② [히스토그램] 대화상자에서 다음과 같이 변수를 선택하고 [확인]을 클릭한다.

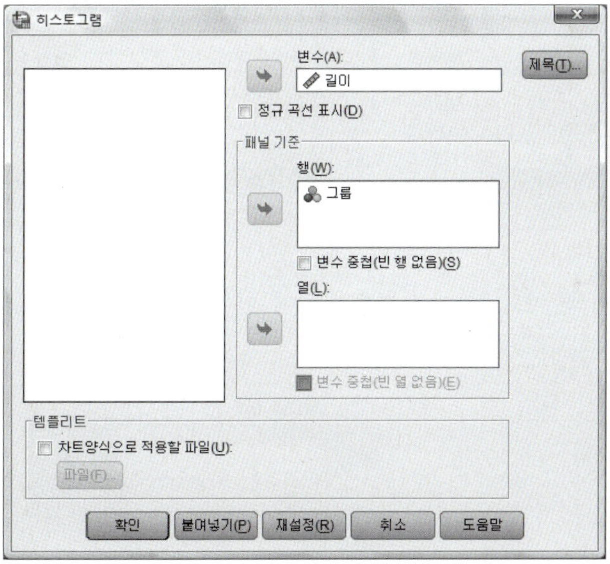

● 정규성의 검정

정규성의 검정에 대한 가설은 다음과 같다.

귀무가설 H_0 : 늘어난 길이의 데이터는 정규분포에 따른다

대립가설 H_1 : 늘어난 길이의 데이터는 정규분포에 따르지 않는다

정규성의 검정에는 Kolmogorov-Smirnov 검정과 Shapiro-Wilk 검정이 자주 이용된다.

● SPSS의 처리 절차

<순서 1> 분석수법의 선택

(1) 메뉴에서 [분석]-[기술통계량]-[데이터 탐색]을 선택한다.

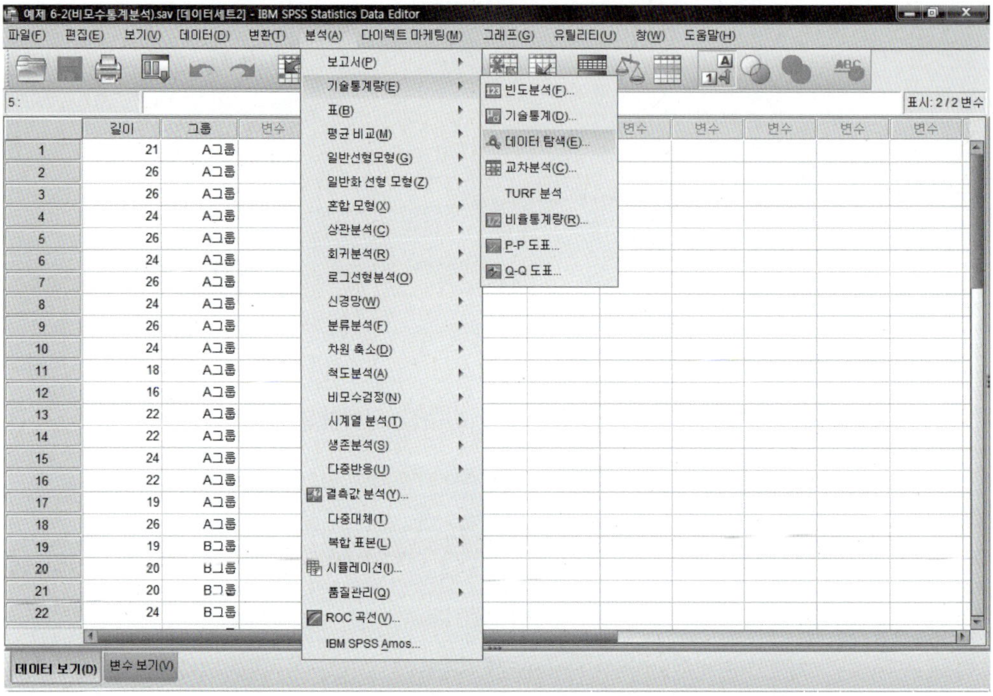

(2) [데이터 탐색] 대화상자에서 다음과 같이 변수를 입력하고 [도표]를 클릭한다.

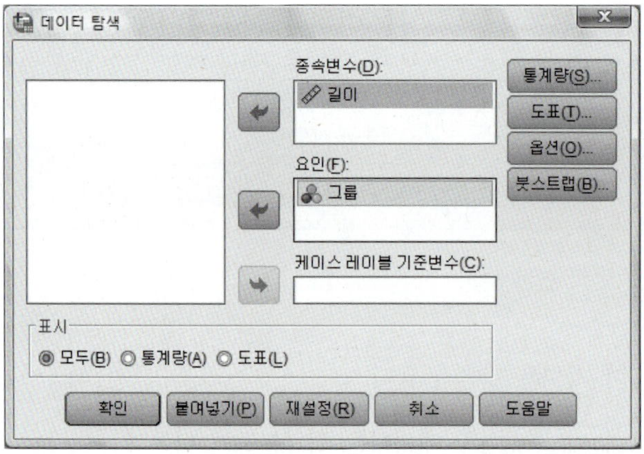

(3) [데이터 탐색 : 도표] 대화상자에서 다음과 같이 선택하고 [계속]을 클릭한다.

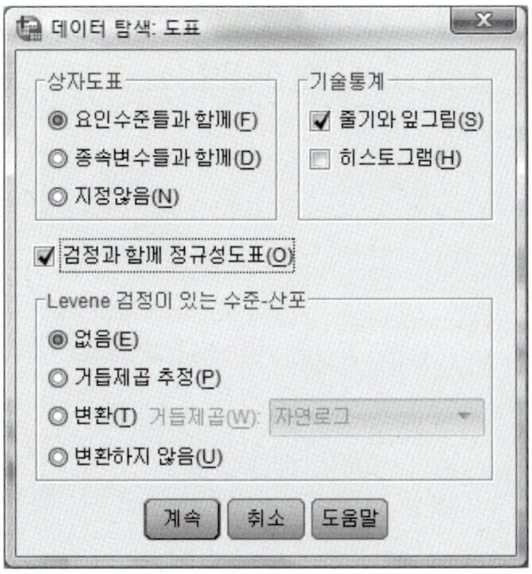

<순서 2> 분석의 실행

다음 화면에서 [확인]을 클릭하면 분석결과가 출력된다.

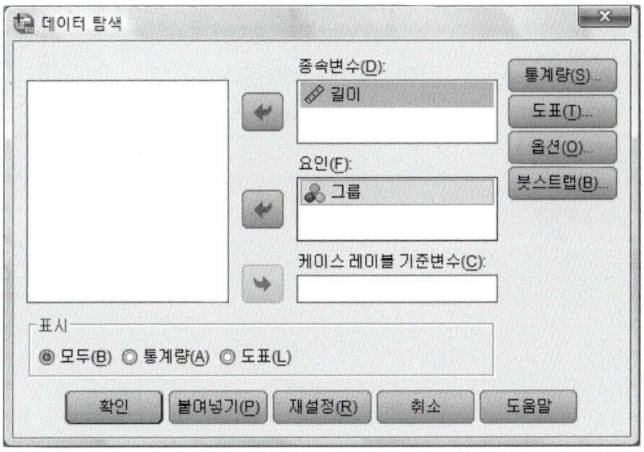

● 분석결과

케이스 처리 요약

		케이스					
		유효		결측		전체	
	그룹	N	퍼센트	N	퍼센트	N	퍼센트
길이	A그룹	18	100.0%	0	0.0%	18	100.0%
	B그룹	18	100.0%	0	0.0%	18	100.0%

정규성 검정

		Kolmogorov-Smirnov[a]			Shapiro-Wilk		
	그룹	통계량	자유도	유의확률	통계량	자유도	유의확률
길이	A그룹	.227	18	.015	.859	18	.012
	B그룹	.225	18	.017	.836	18	.005

a. Lilliefors 유의확률 수정

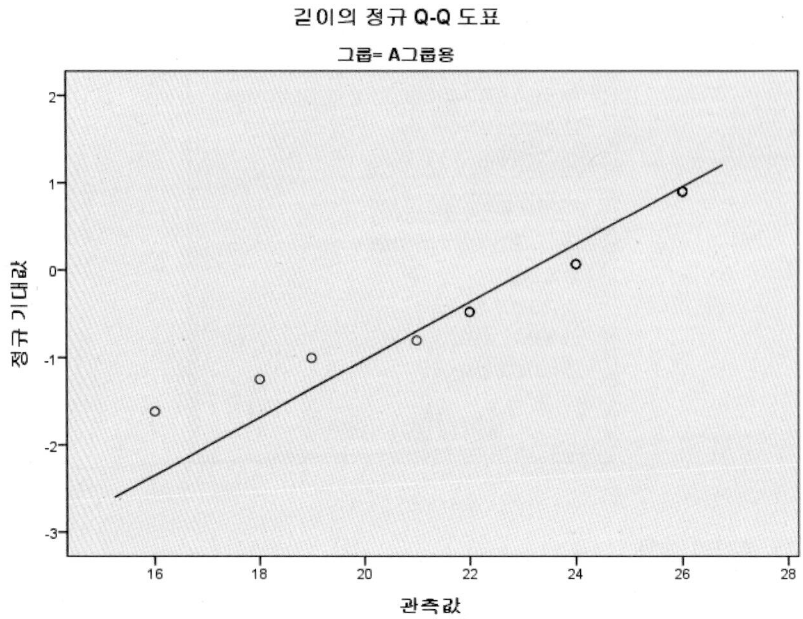

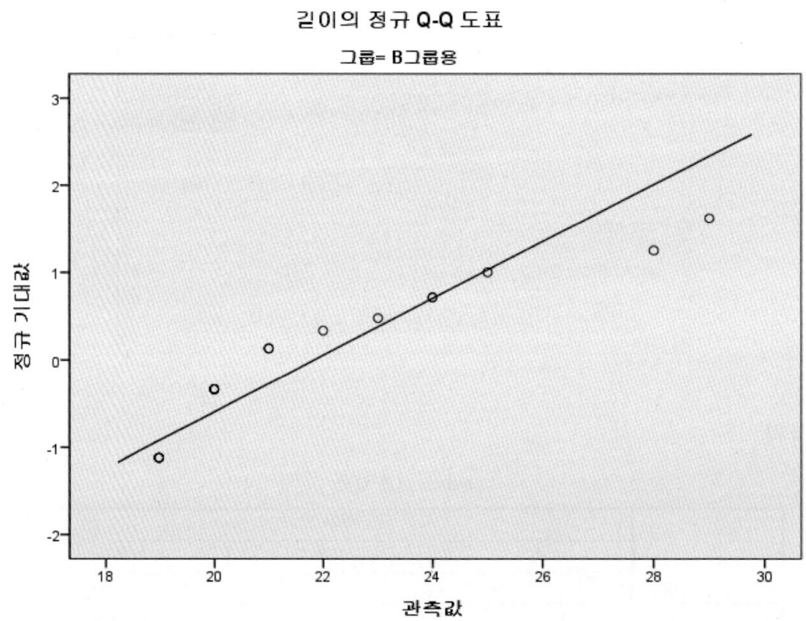

정규성의 검정결과를 보면 Kolmogorov-Smirnov 검정과 Shapiro-Wilk 검정 모두 p값이 0.05보다 작으므로 유의하다. 따라서 A 그룹, B 그룹 모두 정규분포에 따르고 있다고는 할 수 없다.

(주) 표본 수 n이 30보다 작으므로, Shapiro-Wilk 검정의 결과를 채택하면 좋을 것이다.

한편, 정규 Q-Q 도표는 플롯된 점이 직선상에 늘어서 있으면 정규분포에 따르고 있다고 간주할 수 있다. A 그룹, B 그룹 모두 직선상에 늘어서 있다고는 판단할 수 없다. 이러한 사실로부터 정규분포에 따르고 있다고 간주할 수는 없다.

● 가설의 설정

이 예제에 대한 가설은 다음과 같이 된다.

귀무가설 H_0 : A 그룹과 B 그룹에서는 분포의 중심위치는 같다
대립가설 H_1 : A 그룹과 B 그룹에서는 분포의 중심위치는 다르다

검정의 유의수준은 $\alpha = 0.05$이다.

● 적용하는 수법

계량치로 연속척도의 수량 데이터이지만, 정규성(正規性)을 가정할 수 없는 사실로부터 Mann-Whitney 검정을 이용하기로 한다.

● SPSS의 순서

<순서 1> 데이터의 입력

(1) A 그룹과 B 그룹의 늘어난 길이를 18개씩을 다음과 같이 입력한다.

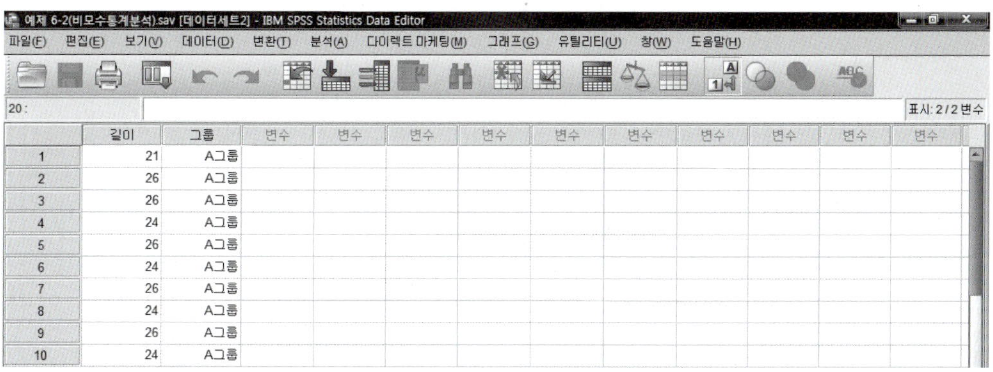

(2) [변수 보기]의 [측도]에서 '길이'는 척도, '그룹'은 명목으로 설정한다.

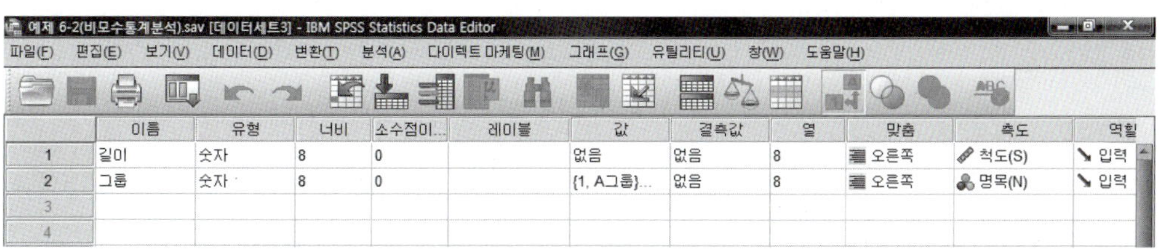

(3) [변수 보기]의 [값]에서, '그룹'을 나타내는 변수는 1은 'A그룹', 2는 'B 그룹'으로 설정한다.

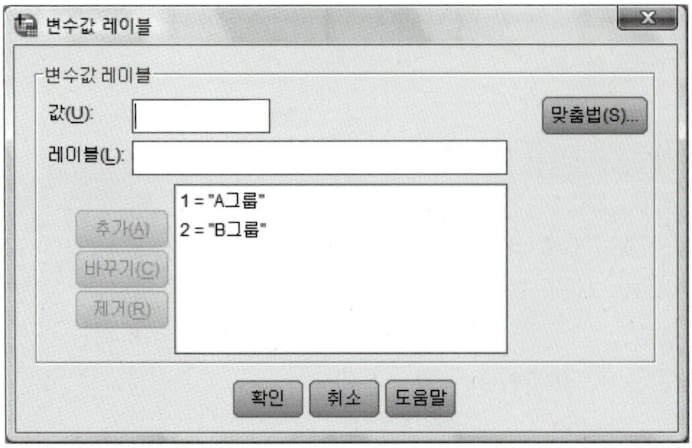

<순서 2> 분석수법의 선택

(1) 메뉴에서 [분석]-[비모수 검정]-[독립 표본]을 선택한다.

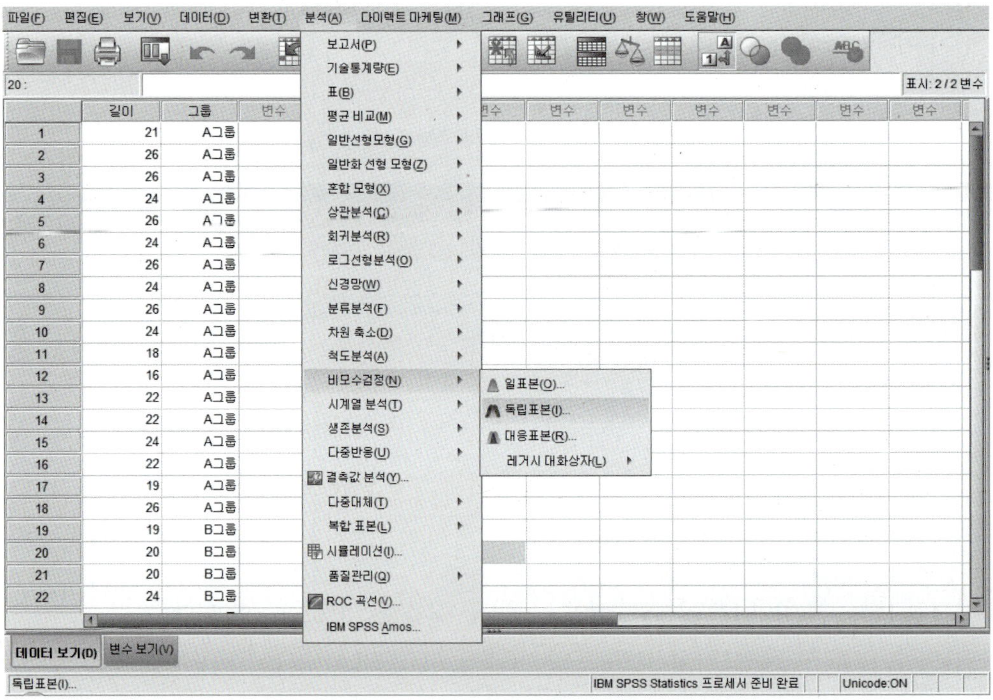

(2) [목표] 탭의 대화상자가 나타난다. [필드]를 클릭한다.

(3) [검정 필드]에 '길이', [그룹]에 '그룹'을 투입한다. [설정]을 클릭한다.

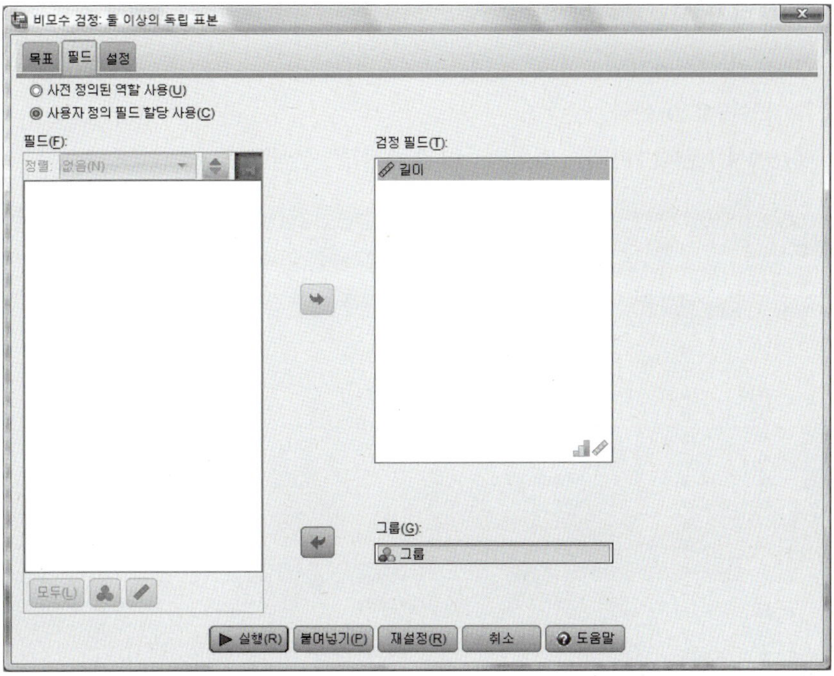

(4) [항목 선택]에서 [검정 선택]을 선택한다. [사용자 정의에 의한 검정]에 체크하고, [집단 전체에서 분포 비교]에서 [Mann-Whitney U(2개 표본)]를 선택한다. [실행]을 클릭한다.

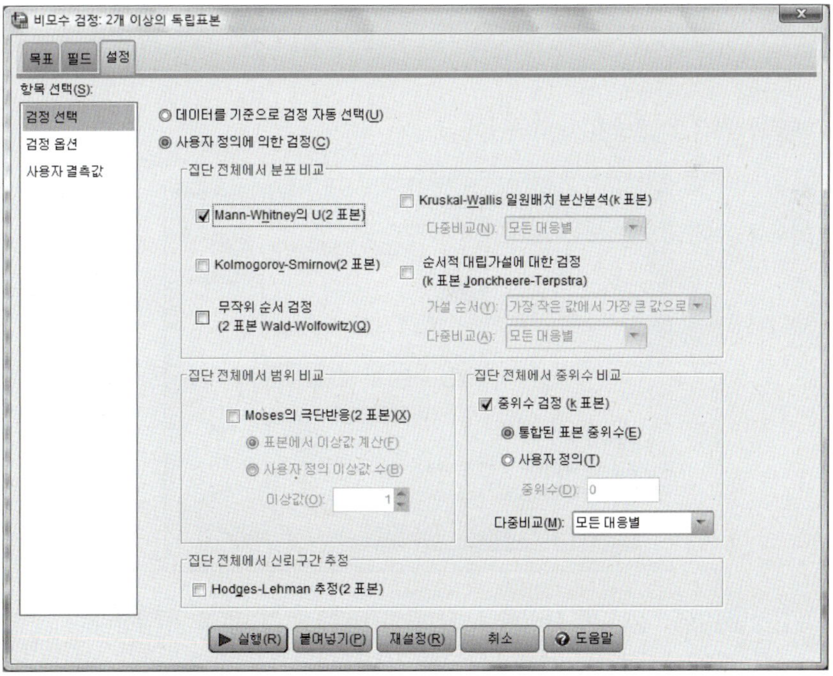

(5) 출력결과를 더블클릭하면 상세한 결과가 표시된다.

● **[레거시 대화상자]로부터의 순서**

※ <순서 1>은 앞에서와 동일

<순서 2> 분석수법의 선택

(1) 메뉴에서 [분석]-[비모수 검정]-[독립 2-표본]을 선택한다.

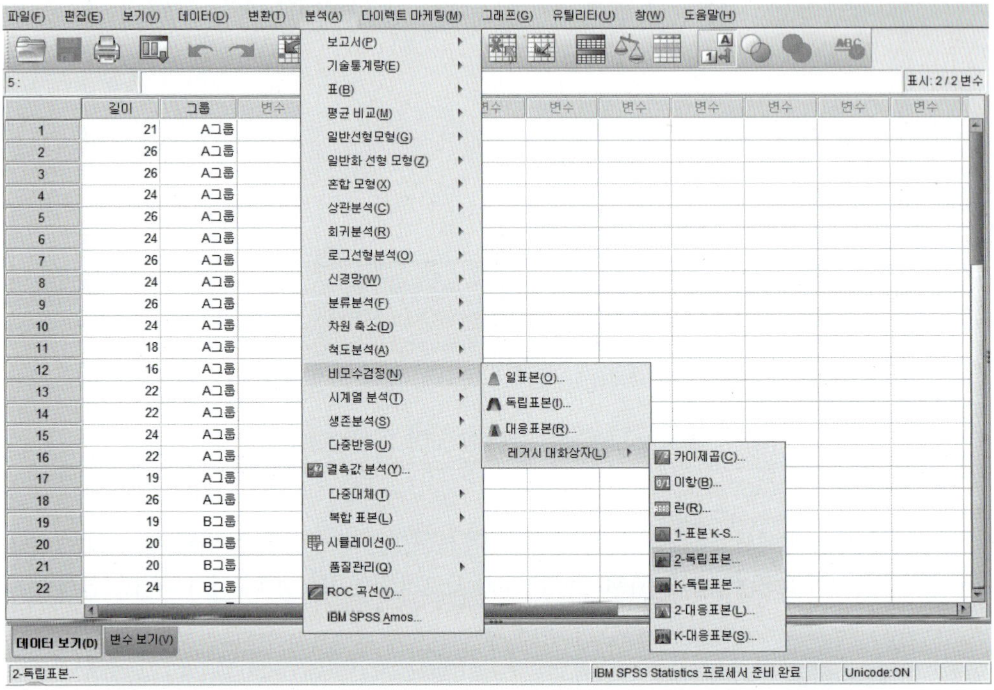

(2) 다음과 같은 대화상자가 나타난다.

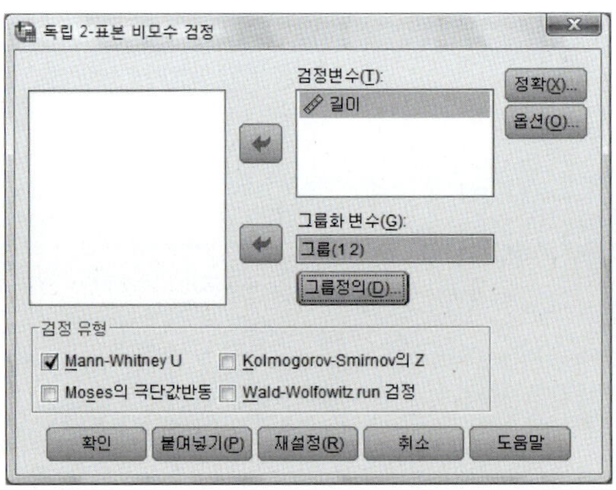

[검정변수]에 '길이'를 투입한다. [그룹화 변수]에 '그룹'을 투입한다.

[그룹 정의]에서 [그룹 1]을 1, [그룹 2]를 2라고 설정한다.

[검정 유형]에서 [Mann-Whitney U]에 체크한다.

[확인]을 클릭한다.

● 분석결과

SPSS에 의한 분석결과가 다음과 같이 얻어지고 있다.

가설검정 요약

	영가설	검정	유의확률	의사결정
1	길이의 분포가 그룹의 범주에서 같습니다.	독립표본 Mann-Whitney의 U 검정	.111[1]	영가설을 채택합니다.

근사 유의확률이 표시됩니다. 유의수준이 .05입니다.

[1]이 검정에 대한 정확 유의확률이 표시됩니다.

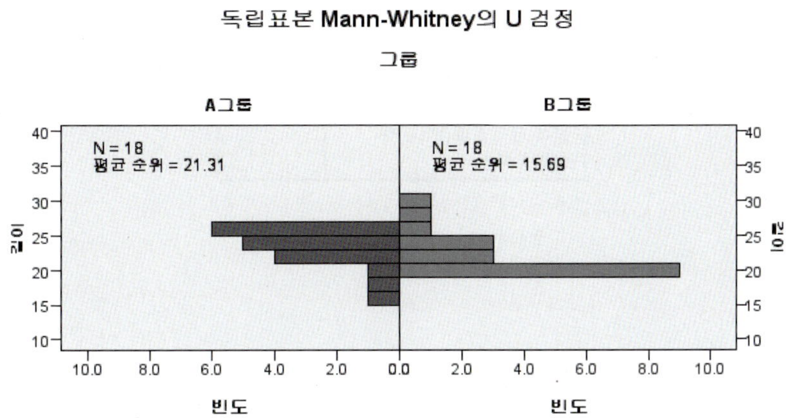

전체 N	36
Mann-Whitney의 U	111.500
Wilcoxon의 W	282.500
검정 통계량	111.500
표준오차	31.311
표준화된 검정 통계량	-1.613
근사 유의확률 (양측검정)	.107
정확 유의확률 (양측검정)	.111

p값 $= 0.111 > 0.05$이므로, 귀무가설 H_0는 기각되지 않는다. 즉, A 그룹과 B 그룹의 늘어난 길이의 분포의 중심위치에 차가 있다고 할 수 없다. 평균 순위의 값은 A 그룹이 21.31, B 그룹이 15.69임을 알 수 있다.

● [레거시 대화상자]에 의한 출력결과

순위

	그룹	N	평균 순위	순위합
길이	A그룹	18	21.31	383.50
	B그룹	18	15.69	282.50
	전체	36		

검정 통계량[a]

	길이
Mann-Whitney의 U	111.500
Wilcoxon의 W	282.500
Z	-1.613
근사 유의확률(양측)	.107
정확 유의확률[2*(단측 유의확률)]	.111[b]

a. 집단변수: 그룹

b. 등순위에 대해 수정된 사항이 없습니다.

● 중위수가 같은데 유의하게 되는 예 (예제 6-2-1 데이터)

나음의 데이터에 대해서 A 그룹과 B 그룹의 데이터의 중심위치에 차가 있는지 어떤지를 Mann-Whitney 검정으로 분석해 보면 이하와 같은 결과를 얻게 된다.

A				B			
1	1	3	4	1	2	3	5
1	1	3	4	1	2	3	5
1	1	3	4	1	3	4	5
1	1	3	4	1	3	4	5
1	2	3	4	2	3	4	5
1	2	3	4	2	3	4	5
1	2	3	5	2	3	5	5
1	2	3	5	2	3	5	5
1	3	4	5	2	3	5	5
1	3	4	5	2	3	5	5

가설검정 요약

	영가설	검정	유의확률	의사결정
1	수치의 분포가 그룹의 범주에서 같습니다.	독립표본 Mann-Whitney의 U 검정	.015	영가설을 기각합니다.

근사 유의확률이 표시됩니다. 유의수준이 .05입니다.

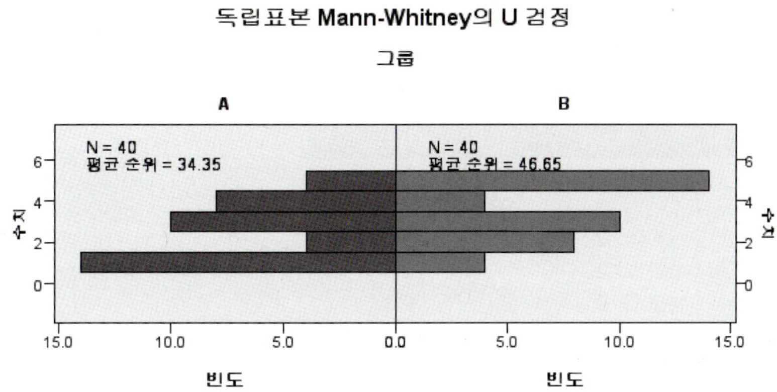

전체 N	80
Mann-Whitney의 U	1,046.000
Wilcoxon의 W	1,866.000
검정 통계량	1,046.000
표준오차	101.557
표준화된 검정 통계량	2.422
근사 유의확률 (양측검정)	.015

p값 $= 0.015 < 0.05$이므로, 귀무가설 H_0는 기각된다. 즉, A 그룹과 B 그룹의 데이터의 중심위치에 차가 있다고 할 수 있다.

한편, A 그룹과 B 그룹의 중위수는 모두 3이다. 이 사실로부터 Mann-Whitney 검정에서는 중위수가 같은지 어떤지를 검정하고 있다기보다, 순위합(평균 순위)의 차이를 검정하고 있다고 할 수 있다.

2. 세 개 이상의 중심위치에 관한 검정

● 예제 6-3

한국인의 삶의 질에 관한 종합적인 만족도를 다음과 같은 5단계로 세 가지 직종의 사람들을 상대로 조사했다.

1 대단히 불만

2 불만

3 어느 쪽이라고도 할 수 없다

4 만족

5 대단히 만족

다음에 보이는 데이터표는 조사대상을 공무원, 군인, 회사원 등 세 가지 직종별로 나누어서,

각각 20명씩 합계 60명을 조사했을 때의 결과이다.

표 6.3 만족도 조사 데이터표

공무원	군인	회사원
1	1	1
2	2	1
2	2	1
3	2	2
3	2	2
3	2	2
3	3	2
3	3	2
4	3	2
4	3	3
4	3	3
4	3	3
4	3	3
4	3	3
4	3	3
4	4	3
4	4	3
5	4	4
5	4	4
5	5	5

세 가지 그룹에서 삶의 질에 대한 만족도 분포의 중심위치에 차가 있다고 할 수 있는지 검정하라.

● 데이터의 그래프화

순서척도의 데이터이므로, 막대 그래프를 사용해서 그래프화한다.

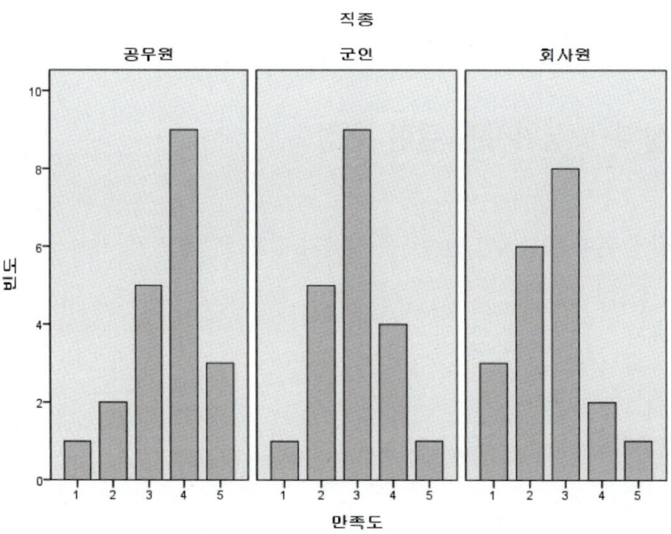

● SPSS의 처리 절차

<순서 1> 데이터 입력

(1) 다음과 같이 데이터를 입력한다.

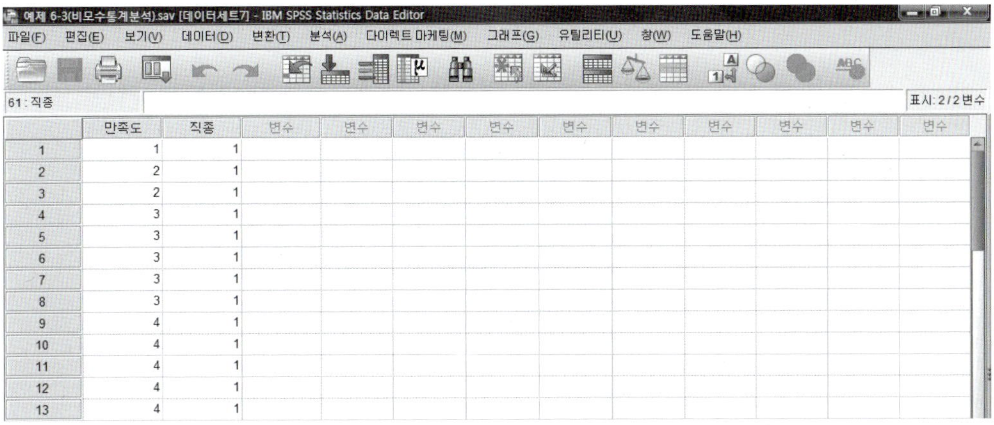

(2) [변수 보기]의 [측도]에서 '만족도'는 순서, '직종'은 명목을 선택한다. [값]에서 '공무원'은 1, '군인'은 2, '회사원'은 3이라고 변수값 설명을 해 놓는다.

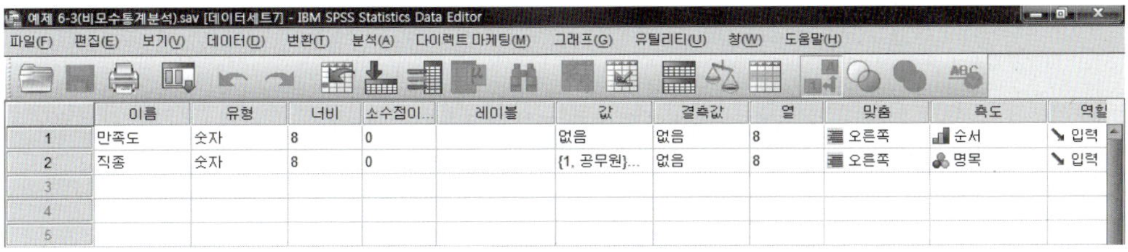

<순서 2> 그래프 유형 선택 및 실행

(1) 메뉴에서 [그래프]-[레거시 대화상자]-[막대]를 선택한다.

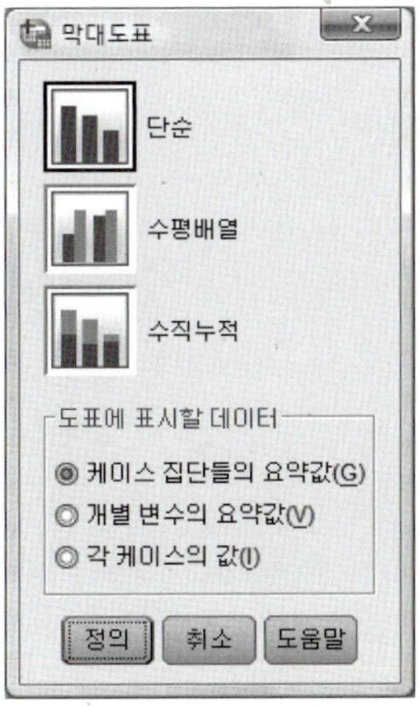

(2) [막대 도표] 대화상자에서 위와 같이 선택하고 [정의]를 클릭한다.

다음 대화상자에서 아래와 같이 지정·선택하고 [확인]을 클릭하면 그룹별 막대 그래프가 출력된다.

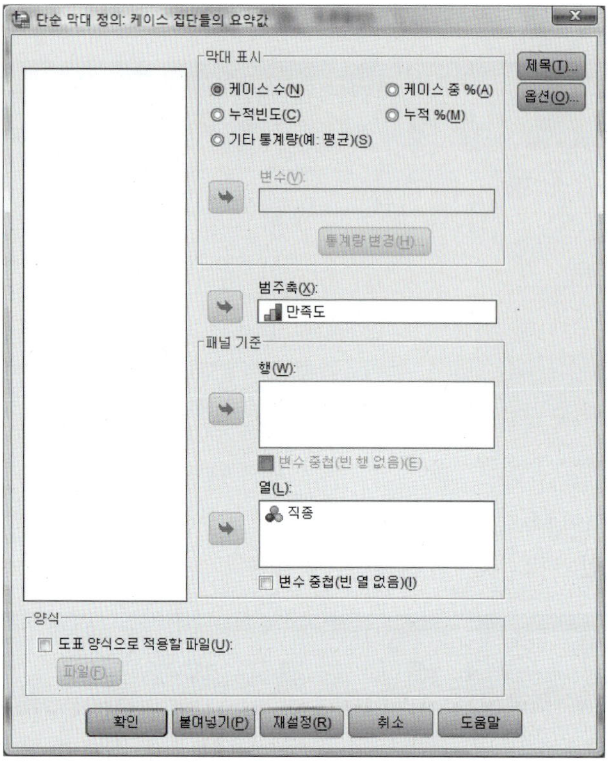

● 가설의 설정

이 예제에 대한 가설은 다음과 같이 된다.

귀무가설 H_0 : 세 가지 그룹의 분포의 중심위치는 같다
대립가설 H_1 : 세 가지 그룹의 분포의 중심위치는 같지 않다

검정의 유의수준은 $\alpha = 0.05$로 한다.

● 적용하는 수법

순서척도의 데이터라고 하는 사실, 그리고 각 그룹은 따로 표본추출된 직업인이라고 하는 사실로부터 독립된 세 개의 그룹의 중심위치의 차이를 검정하는 데 적합한 Kruskal-Wallis 검정을 이용한다.

● SPSS의 순서

<순서 1> 데이터의 입력

전술한 바와 같이 데이터를 입력한다.

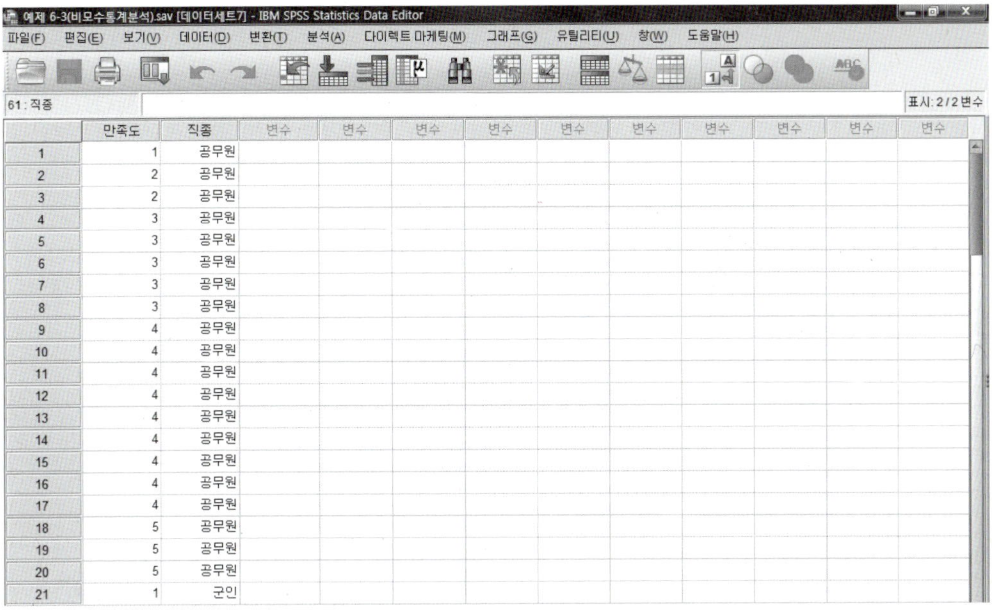

<순서 2> 분석수법의 선택

(1) 메뉴에서 [분석]-[비모수 검정]-[독립 표본]을 선택한다.

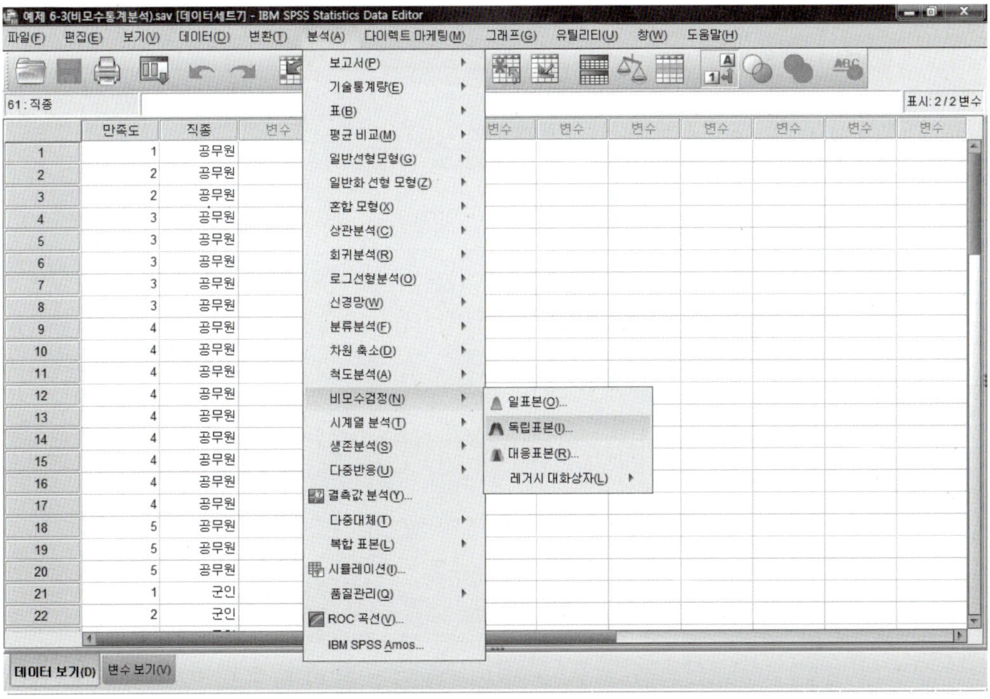

(2) 다음과 같은 대화상자가 나타난다. [필드]를 클릭한다.

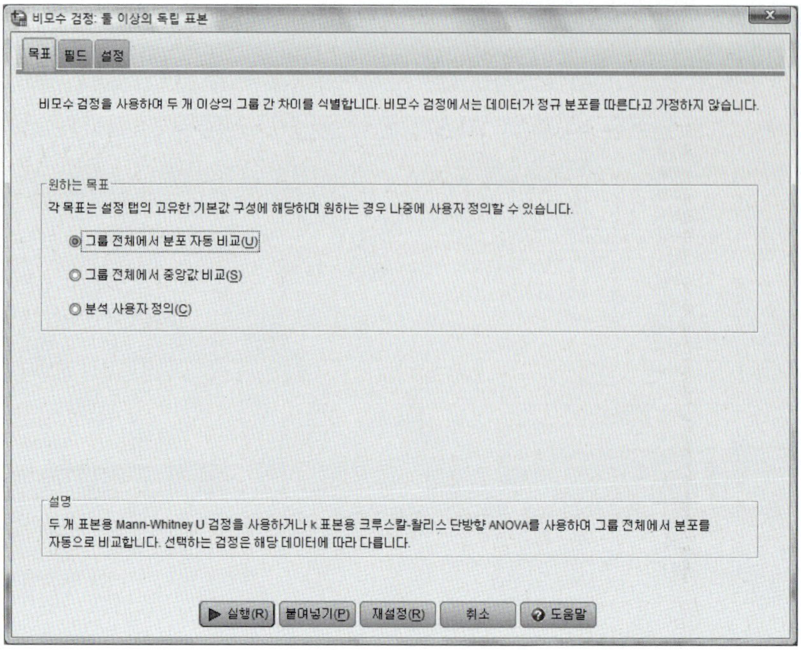

(3) [검정 필드]에 '만족도', [집단]에 '직종'을 투입한다. [설정]을 클릭한다.

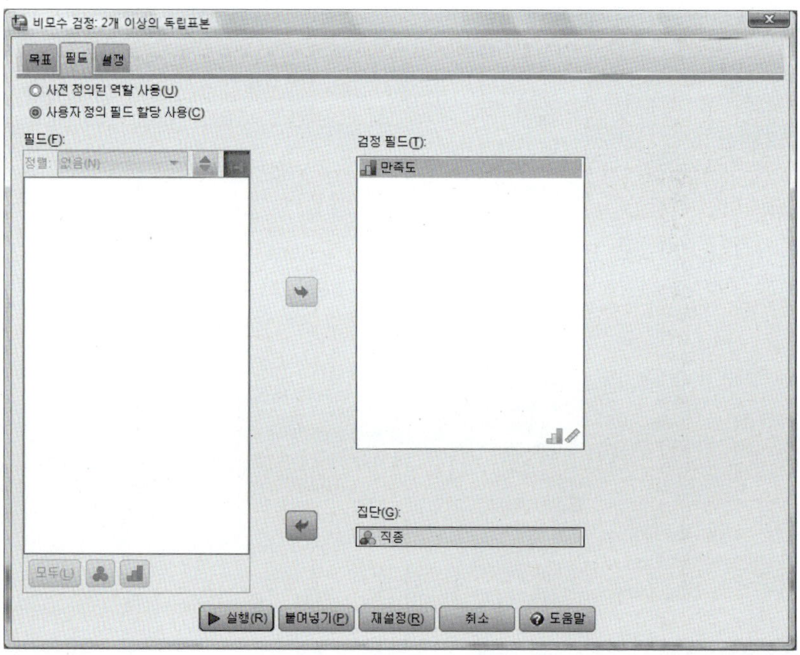

(4) [항목 선택]에서 [검정 선택]을 선택한다. [사용자 정의에 의한 검정]에 체크하고, [집단 전체 에서 분포 비교]에서 [Kruskal-Wallis 일원배치 분산분석(k 표본)]을 선택한다. [다중비교]의 [모든 대응별]을 선택한다.

[실행]을 클릭한다.

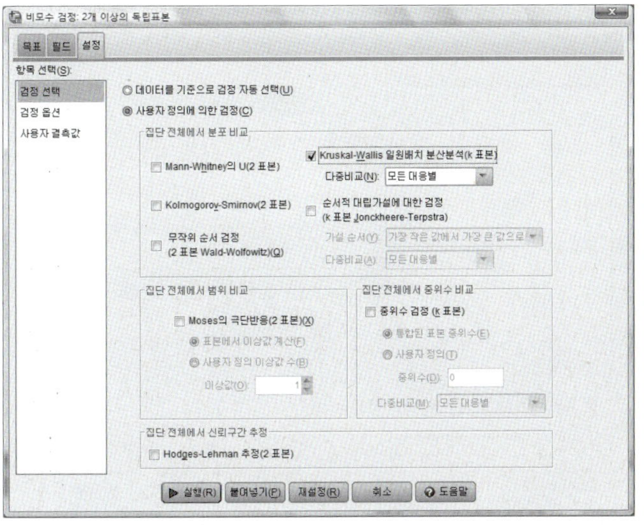

(5) 출력결과를 더블클릭하면 상세한 결과가 표시된다.

● [레거시 대화상자]로부터의 순서

※ <순서 1>은 앞에서와 동일

<순서 **2**> 분석수법의 선택

(1) 메뉴에서 [분석]-[비모수 검정]-[레거시 대화상자]-[K-독립표본]을 선택한다.

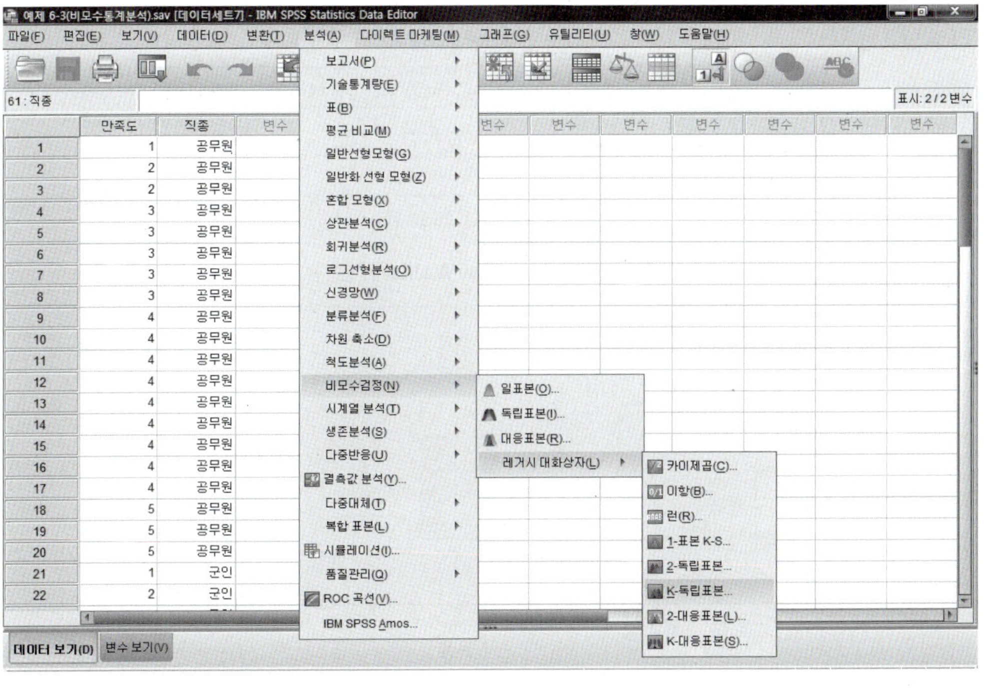

(2) 다음과 같은 대화상자가 나타난다.

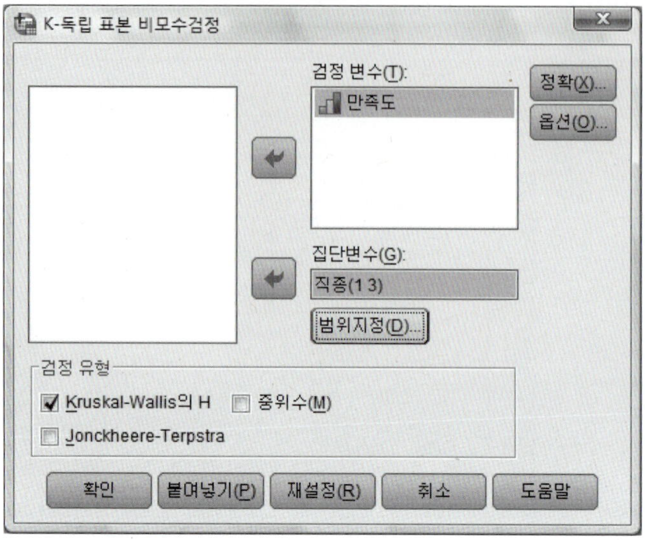

[검정변수]에 '만족도'를 투입한다. [집단변수]에 '직종'을 투입한다.
[범위지정]에서 [최소값]을 1, [최대값]을 3이라고 설정한다.
[검정유형]에서 [Kruskal-Wallis의 H]에 체크한다.
[확인]을 클릭한다.

● 분석결과

SPSS에 의한 분석결과가 다음과 같이 얻어지고 있다.

가설검정 요약

	영가설	검정	유의확률	의사결정
1	만족도의 분포가 직종의 범주에서 같습니다.	독립표본 Kruskal-Wallis 검정	.013	영가설을 기각합니다.

근사 유의확률이 표시됩니다. 유의수준이 .05입니다.

독립표본 **Kruskal-Wallis** 검정

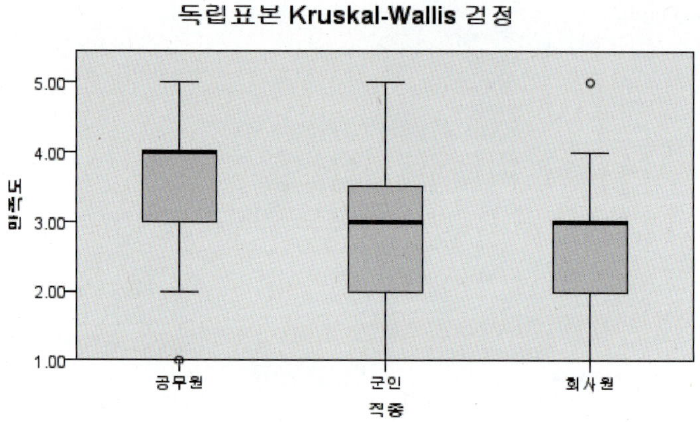

전체 N	60
검정 통계량	8.761
자유도	2
근사 유의확률 (양측검정)	.013

1. 검정 통계량이 등순위로 수정됩니다.

p값 $= 0.013 < 0.05$이므로, 귀무가설 H_0는 기각된다. 즉, 세 개 그룹의 분포의 중심위치에 차가 있다고 할 수 있다.

상자도표를 보면 공무원의 중위수(상자 중의 굵은 가로선)가 군인과 회사원보다도 높게 되어 있어 만족도가 높다는 것을 알 수 있다.

그리고 Kruskal-Wallis 검정에서는 세 개 그룹의 분포의 중심위치가 다른지 어떤지를 볼 수 있을 뿐이고, 어느 두 개 그룹에 차가 있는지는 볼 수 없다.

● 다중비교

어느 두 그룹에 차가 있는지를 보기 위해서는 다중비교를 실시한다. 그 결과는 다음과 같이 얻어진다.

직종의 대응별 비교

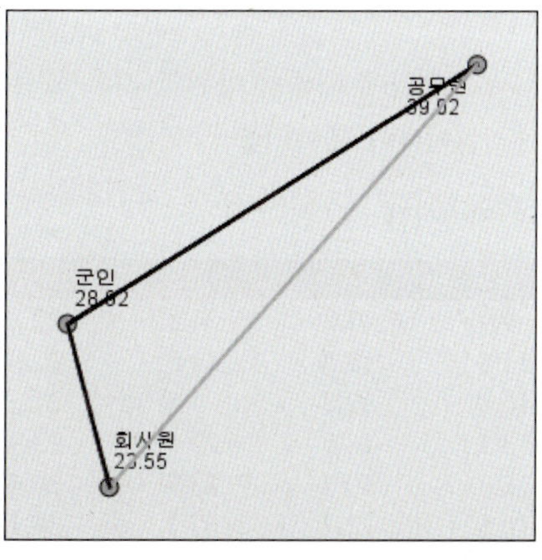

각 노드는 직종의 표본 평균 순위를 보여줍니다.

표본1-표본2	검정 통계량	표준 오차	표준 검정 통계량	유의확률	수정된 유의확률
회사원-군인	5.375	5.309	1.012	.311	.934
회사원-공무원	15.475	5.309	2.915	.004	.011
군인-공무원	10.100	5.309	1.903	.057	.171

각 행은 표본 1과 표본 2 분포가 동일한 영가설을 검정합니다.
근사 유의확률(양측검정)이 표시됩니다. 유의수준이 .05입니다.

회사원과 공무원의 중심위치의 차는 p값 $= 0.011 < 0.05$이므로, 유의하다는 것을 알 수 있다. 즉, 회사원과 공무원 두 그룹의 중심위치에 차가 있다.

한편, 회사원과 군인, 군인과 공무원의 중심위치의 차는 모두 p값이 0.05보다 크다는 사실로부터 유의하지 않다는 것을 알 수 있다.

● [레거시 대화상자]에 의한 출력결과

SPSS의 [레거시 대화상자]를 사용한 Kruskal-Wallis 검정의 결과는 다음과 같다.

순위

	직종	N	평균 순위
만족도	공무원	20	39.03
	군인	20	28.93
	회사원	20	23.55
	전체	60	

검정 통계량[a,b]

	만족도
카이제곱	8.761
자유도	2
근사 유의확률	.013

a. Kruskal Wallis 검정

b. 집단변수: 직종

● 예제 6-4

다음의 데이터는 세 종류의 국부마취약에 대해서 마취의 지속시간을 측정한 결과이다. 각각의 마취약에 대해서 20회씩 실험을 실시하여 데이터를 수집했다.

표 6.4 세 종류의 마취약의 지속시간

A.		B		C	
5.2	11.2	9.9	17.2	34.8	22.3
6.8	11.6	11.8	19.2	14.5	22.8
12.5	16.4	16.8	19.8	4.5	21.2
11.4	16.7	13.1	18.6	23.4	23.9
13.1	12.2	18.3	19.4	23.7	24.4
12.8	11.3	15.5	22.7	32.2	38.1
12.9	23.5	16.1	29.1	23.1	39.3
13.9	26.7	16.3	34.3	23.6	24.9
15.4	29.1	18.8	22.2	24.9	24.9
14.8	34.5	19.9	39.9	38.9	39.2

마취약 A, B, C에서 지속시간에 대한 분포의 중심위치에 차가 있는지 어떤지를 검정하라.

● 데이터의 그래프화

예제 6-2에서와 같이 수량 데이터(계량치, 연속척도)이므로, 도트 플롯 및 히스토그램을 사용해서 그래프화한다.

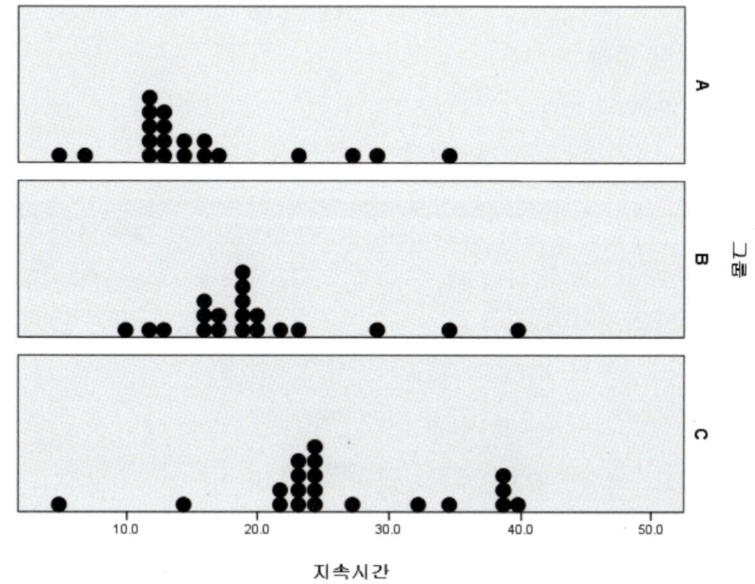

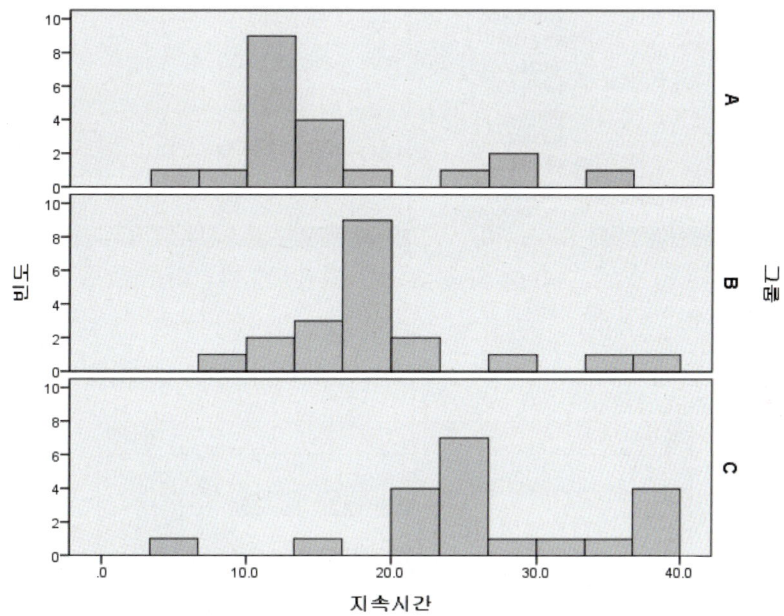

● 정규성의 검정

정규성의 검정에 대한 가설은 다음과 같다.

귀무가설 H_0 : 지속시간의 데이터는 정규분포에 따른다

대립가설 H_1 : 지속시간의 데이터는 정규분포에 따르지 않는다

정규성의 검정에는 Kolmogorov-Smirnov 검정과 Shapiro-Wilk 검정이 자주 이용된다.

● SPSS의 처리 절차

<순서 1> 분석수법의 선택

(1) 메뉴에서 [분석]-[기술통계량]-[데이터 탐색]을 선택한다.

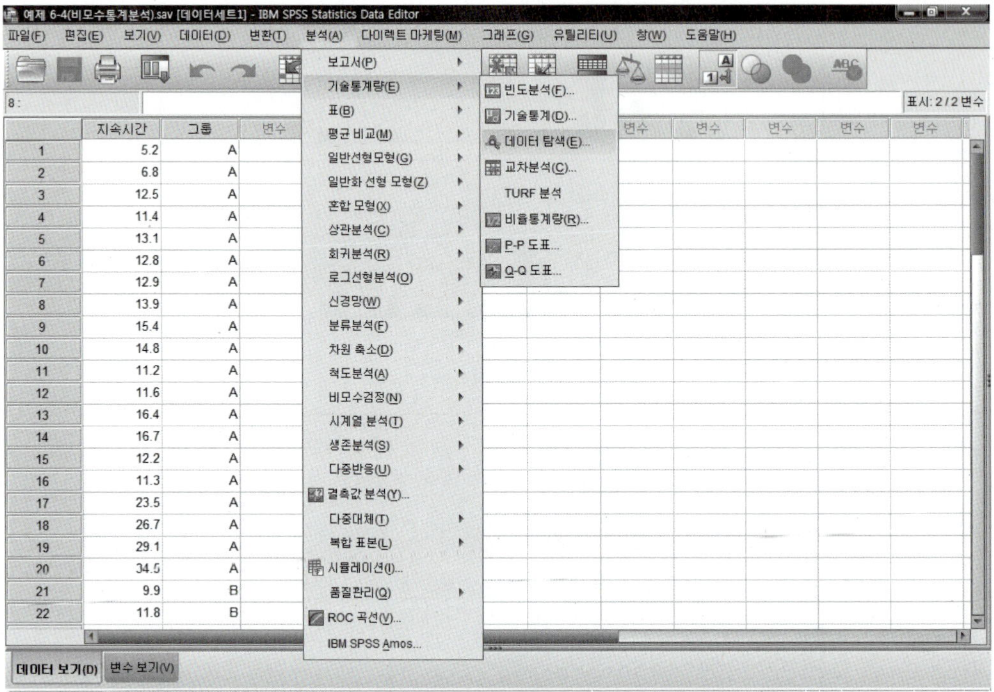

(2) [데이터 탐색] 대화상자에서 다음과 같이 변수를 입력하고 [도표]를 클릭한다.

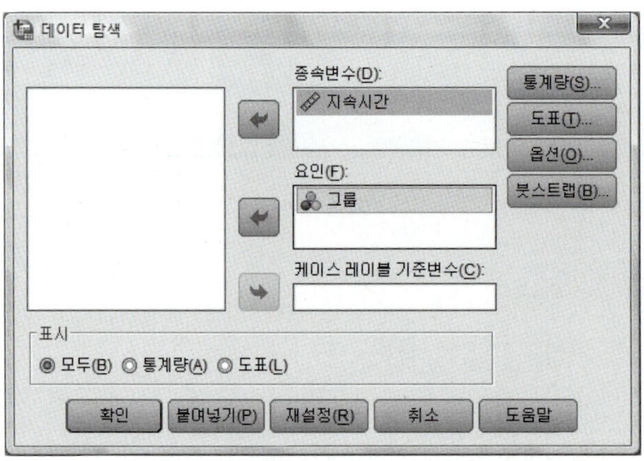

(3) [데이터 탐색 : 도표] 대화상자에서 다음과 같이 선택하고 [계속]을 클릭한다.

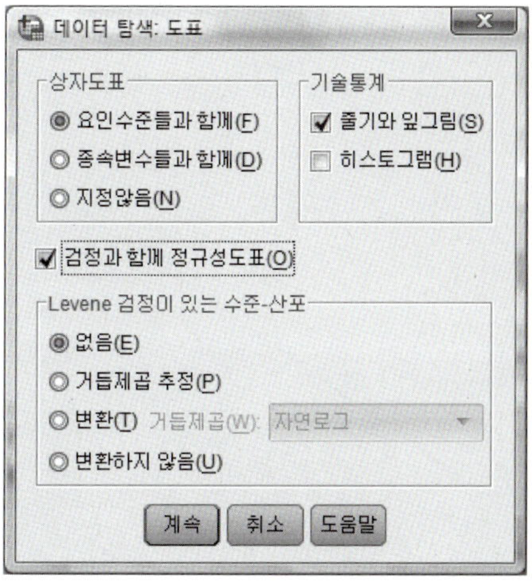

<순서 2> 분석의 실행

다음 화면에서 [확인]을 클릭하면 분석결과가 출력된다.

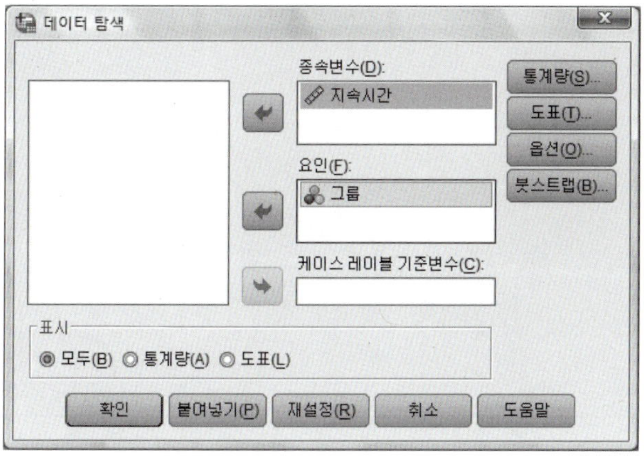

● 분석결과

케이스 처리 요약

		케이스					
		유효		결측		전체	
	그룹	N	퍼센트	N	퍼센트	N	퍼센트
지속시간	A	20	100.0%	0	0.0%	20	100.0%
	B	20	100.0%	0	0.0%	20	100.0%
	C	20	100.0%	0	0.0%	20	100.0%

정규성 검정

		Kolmogorov-Smirnov[a]			Shapiro-Wilk		
	그룹	통계량	자유도	유의확률	통계량	자유도	유의확률
지속시간	A	.241	20	.004	.852	20	.006
	B	.252	20	.002	.855	20	.006
	C	.220	20	.012	.896	20	.034

a. Lilliefors 유의확률 수정

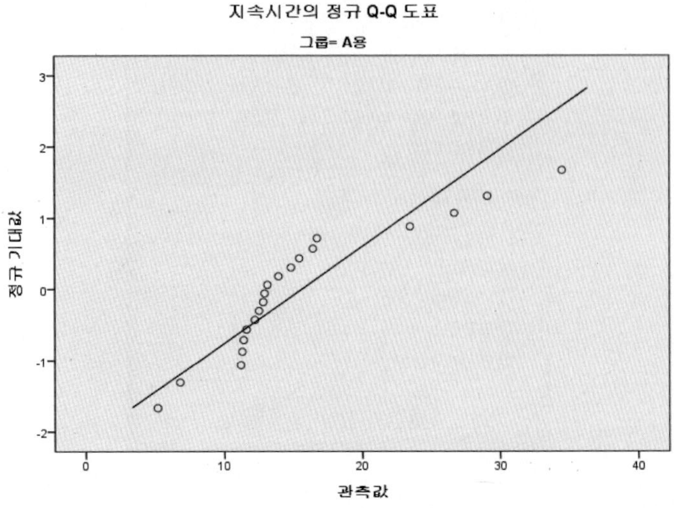
지속시간의 정규 Q-Q 도표
그룹= A용
정규 기대값
관측값

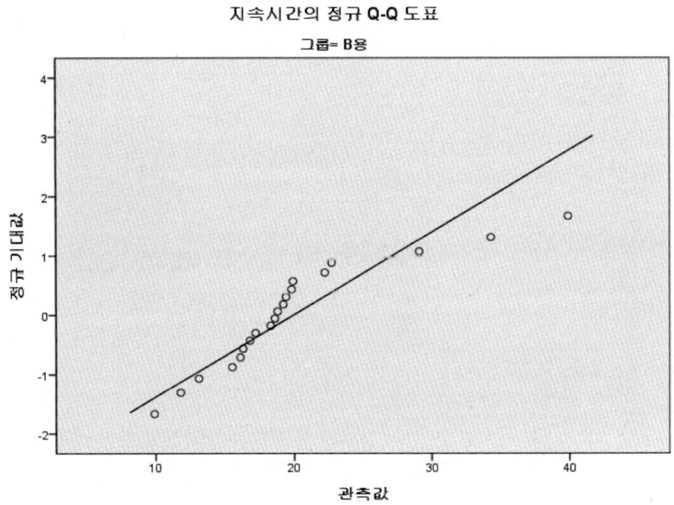
지속시간의 정규 Q-Q 도표
그룹= B용
정규 기대값
관측값

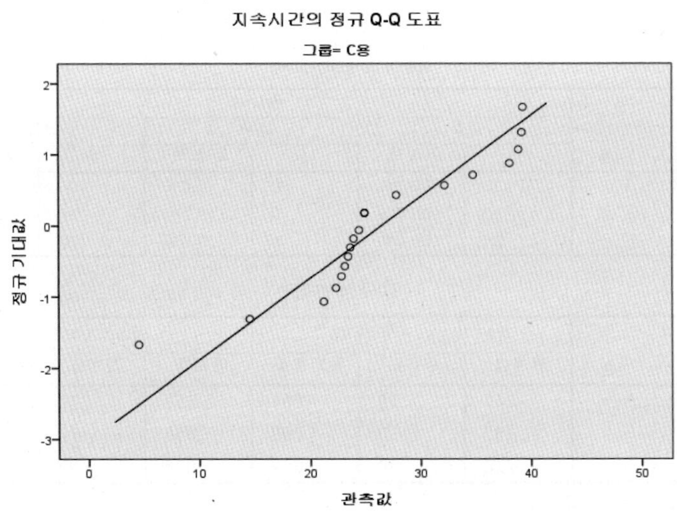
지속시간의 정규 Q-Q 도표
그룹= C용
정규 기대값
관측값

정규성의 검정결과를 보면 Kolmogorov-Smirnov 검정과 Shapiro-Wilk 검정 모두 p값이 0.05 보다 작으므로 유의하다. 따라서 A 그룹, B 그룹, C 그룹 모두 정규분포에 따르고 있다고는 할 수 없다.

한편, 정규 Q-Q 도표는 플롯된 점이 직선상에 늘어서 있으면 정규분포에 따르고 있다고 간주할 수 있다. A 그룹, B 그룹, C 그룹 모두 직선상에 늘어서 있다고는 판단할 수 없다. 이러한 사실로부터 정규분포에 따르고 있다고 간주할 수는 없다.

● 가설의 설정

이 예제에 대한 가설은 다음과 같이 된다.

귀무가설 H_0 : 세 개 그룹의 분포의 중심위치는 같다
대립가설 H_1 : 세 개 그룹의 분포의 중심위치는 다르다

검정의 유의수준은 $\alpha = 0.05$이다.

● 적용하는 수법

계량치로 연속척도의 수량 데이터이지만, 정규성(正規性)을 가정할 수 없는 사실로부터 Kruskal-Wallis 검정을 이용하기로 한다.

● SPSS의 순서

<순서 1> 데이터의 입력

(1) A 그룹, B 그룹, C 그룹의 지속시간 20개씩을 다음과 같이 입력한다.

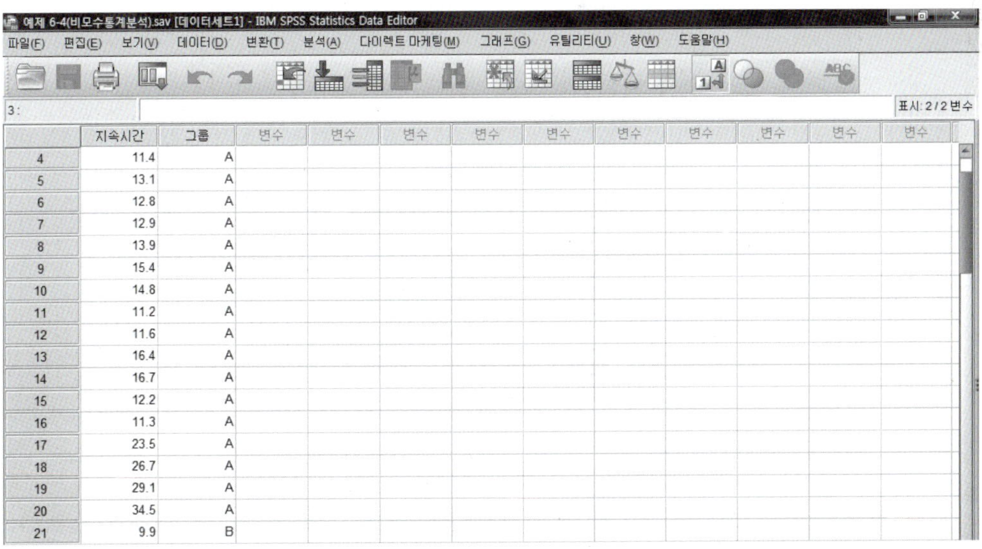

(2) [변수 보기]의 [측도]에서 '지속시간'은 척도, '그룹'은 명목으로 설정한다.

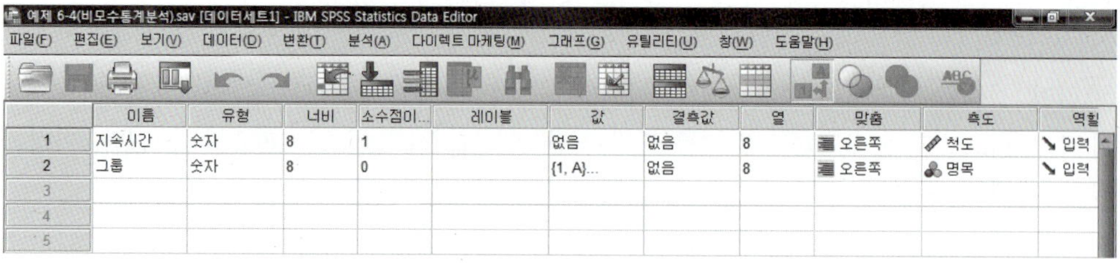

(3) [변수 보기]의 [값]에서, '그룹'을 나타내는 변수는 1은 'A', 2는 'B ', 3은 'C'로 설정한다.

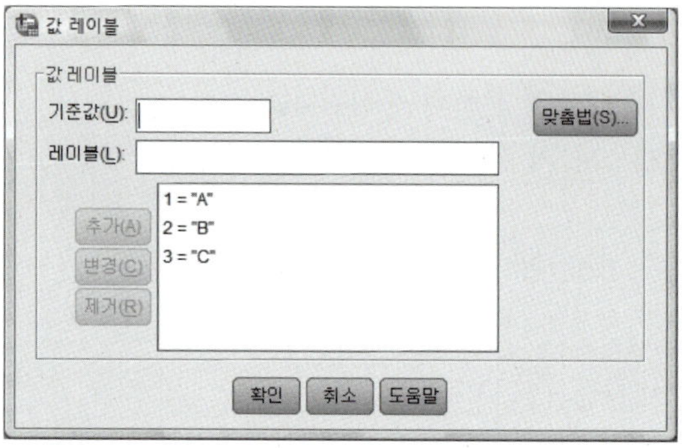

<순서 2> 분석수법의 선택

(1) 메뉴에서 [분석]-[비모수 검정]-[독립 표본]을 선택한다.

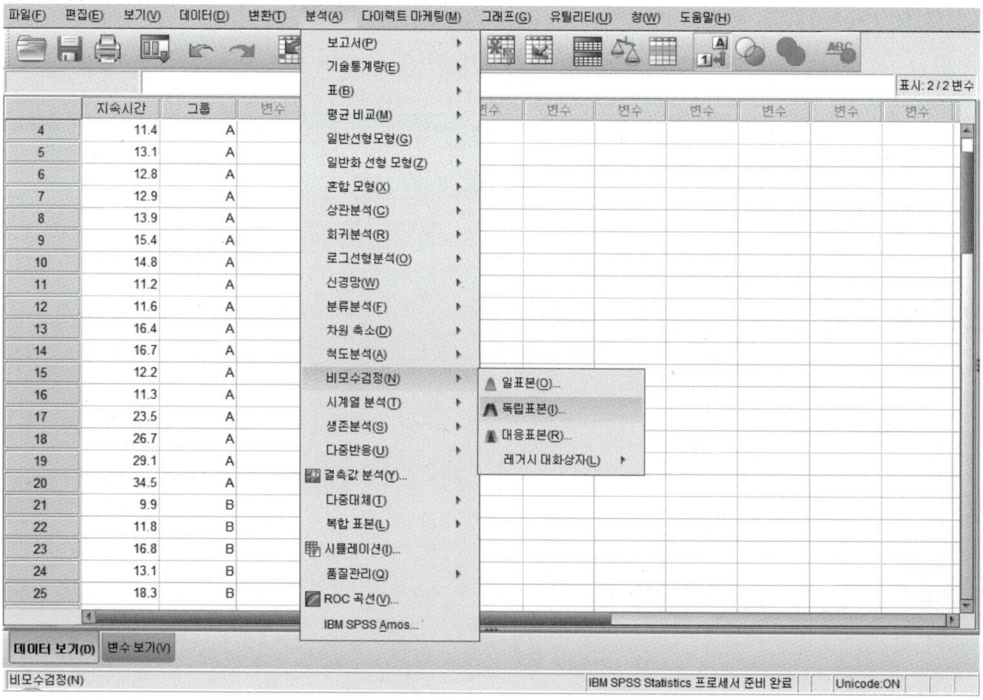

(2) 다음과 같은 [목표] 탭의 대화상자가 나타난다. [필드]를 클릭한다.

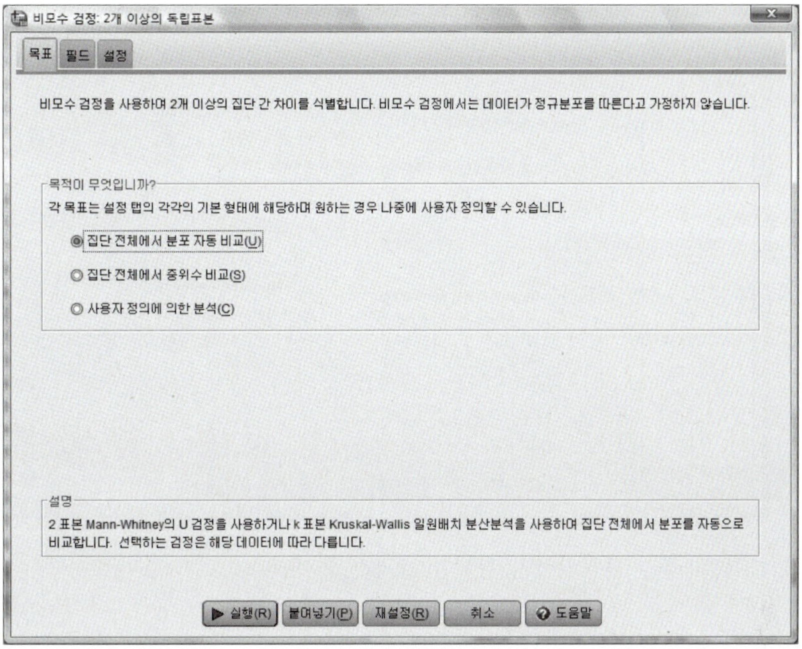

(3) [검정 필드]에 '지속시간', [집단]에 '그룹'을 투입한다. [설정]을 클릭한다.

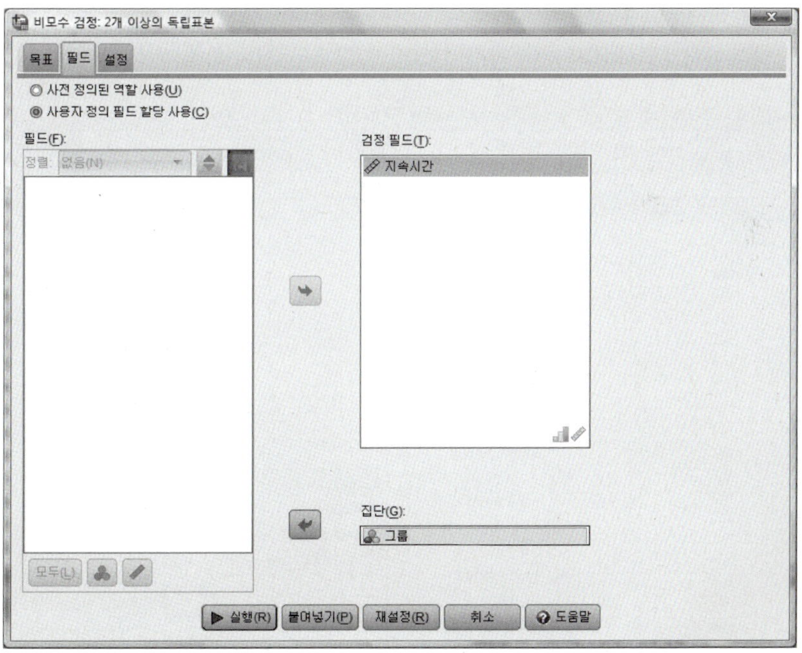

(4) [항목 선택]에서 [검정 선택]을 선택한다. [사용자 정의에 의한 검정]에 체크하고, [집단 전체 에서 분포 비교]에서 [Kruskal-Wallis 일원배치 분산분석(k 표본)]를 선택한다. [실행]을 클릭한다.

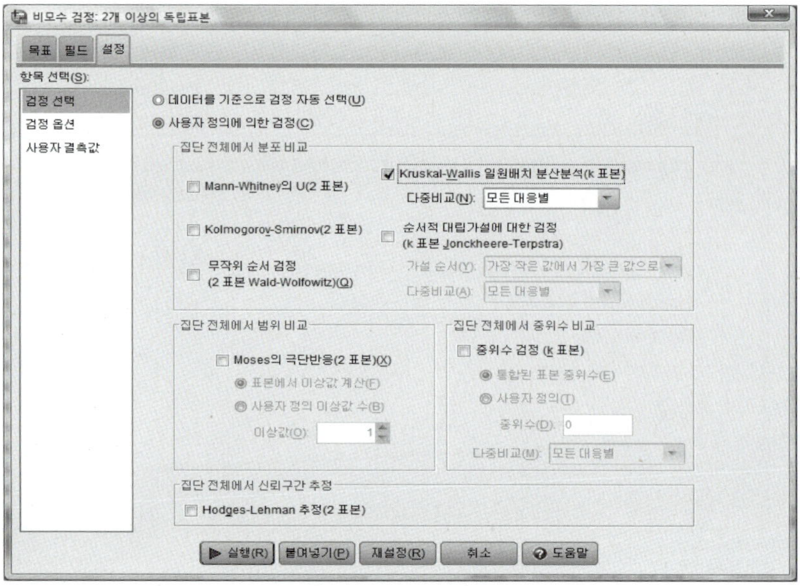

(5) 출력결과를 더블클릭하면 상세한 결과가 표시된다.

● [레거시 대화상자]로부터의 순서

※ <순서 1>은 앞에서와 동일

<순서 2> 분석수법의 선택

(1) 메뉴에서 [분석]-[비모수 검정]-[K-독립표본]을 선택한다.

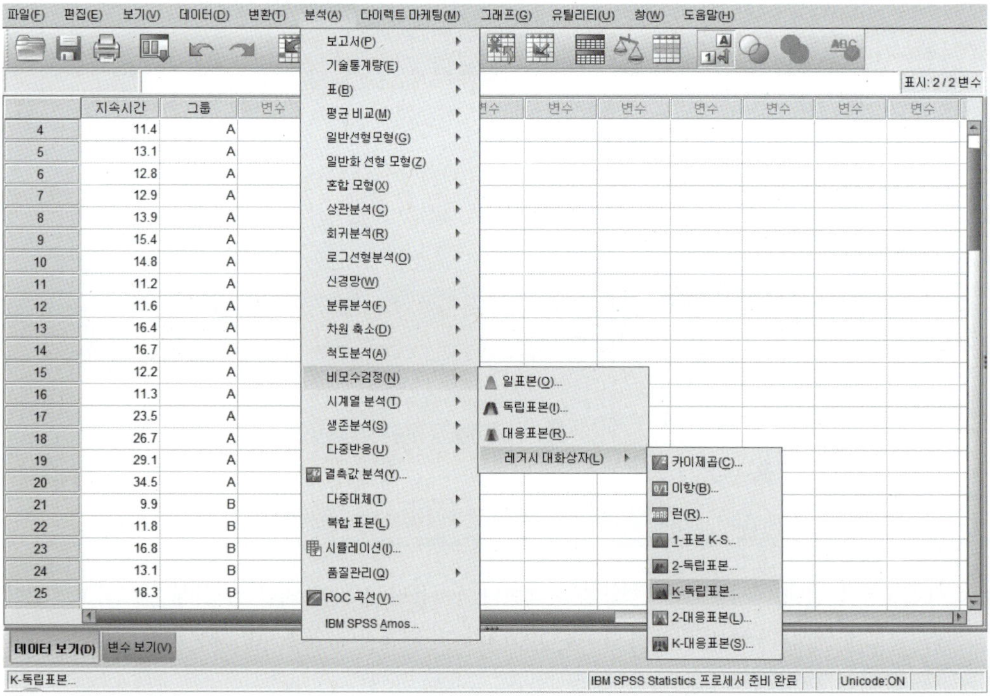

(2) 다음과 같은 대화상자가 나타난다.

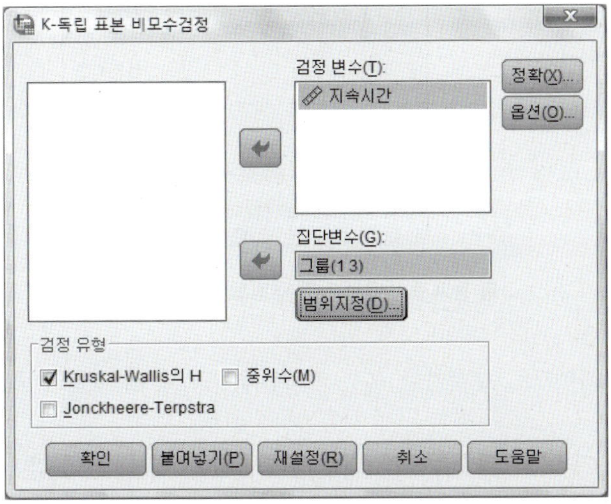

[검정변수]에 '지속시간'을 투입한다. [집단변수]에 '그룹'을 투입한다.

[범위지정]에서 [최소값]을 1, [최대값]을 3이라고 설정한다.

[검정유형]에서 [Kruskal-Wallis의 H]에 체크한다.

[확인]을 클릭한다.

● 분석결과

SPSS에 의한 분석결과가 다음과 같이 얻어지고 있다.

가설검정 요약

	영가설	검정	유의확률	의사결정
1	지속시간의 분포가 그룹의 범주에서 같습니다.	독립표본 Kruskal-Wallis 검정	.000	영가설을 기각합니다.

근사 유의확률이 표시됩니다. 유의수준이 .05입니다.

독립표본 Kruskal-Wallis 검정

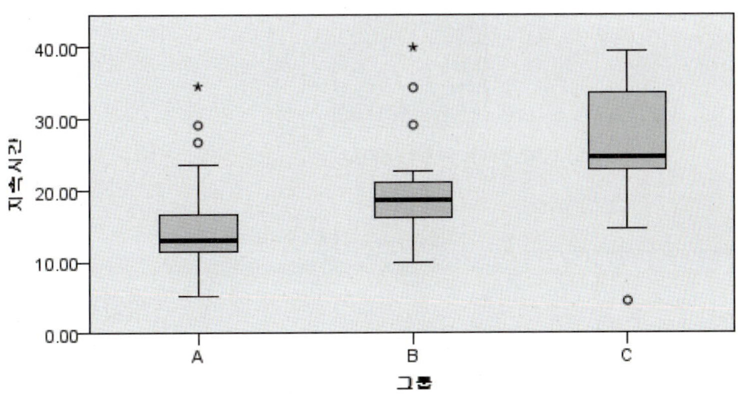

전체 N	60
검정 통계량	18.472
자유도	2
근사 유의확률 (양측검정)	.000

1. 검정 통계량이 등순위로 수정됩니다.

p값 $= 0.000 < 0.05$이므로, 귀무가설 H_0는 기각된다. 즉, 세 개 그룹의 중심위치에 차가 있다고 할 수 있다.

상자도표를 보면 C의 중위수가 A와 B보다도 높아져 있어, 지속시간이 길다는 것을 알 수 있다.

● 다중비교

어느 두 그룹에 차가 있는지를 보기 위해서는 다중비교를 실시한다. [모형 뷰어]에서 [대응별 비교]를 선택한다.

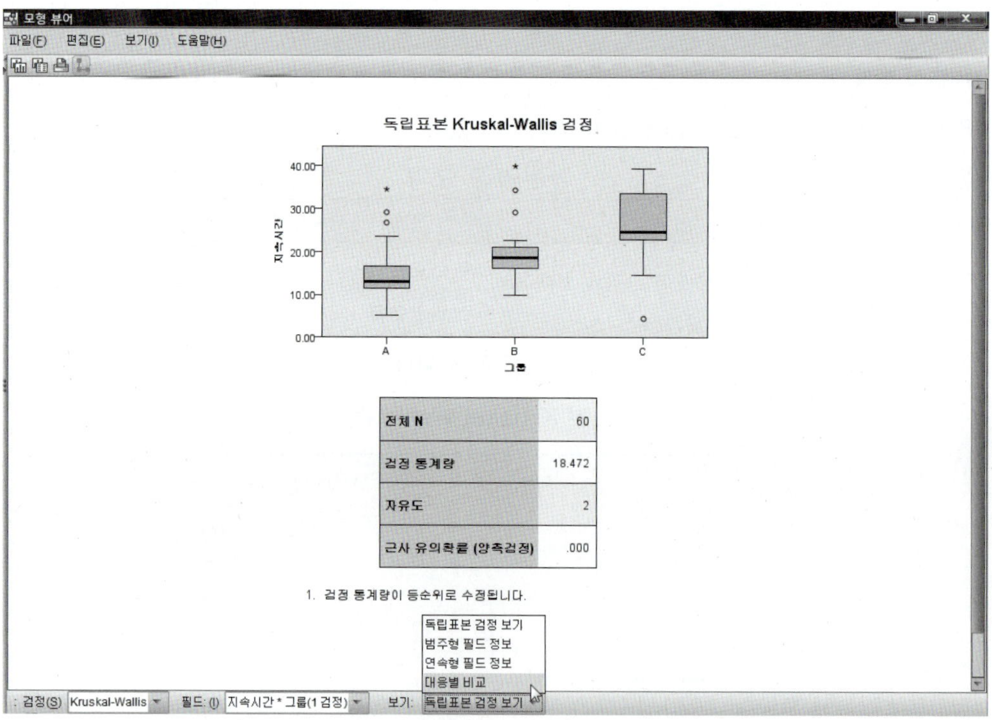

다음과 같은 대응별 비교, 즉 다중비교 결과가 얻어진다.

그룹의 대응별 비교

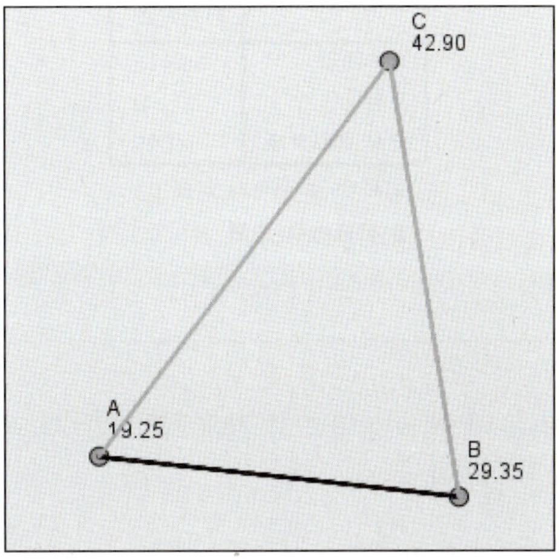

각 노드는 그룹의 표본 평균 순위를 보여줍니다.

표본1-표본2	검정 통계량	표준 오차	표준 검정 통계량	유의확률	수정된 유의확률
A-B	-10.100	5.522	-1.829	.067	.202
A-C	-23.650	5.522	-4.283	.000	.000
B-C	-13.550	5.522	-2.454	.014	.042

각 행은 표본 1과 표본 2 분포가 동일한 영가설을 검정합니다.
근사 유의확률(양측검정)이 표시됩니다. 유의수준이 .05입니다.

A와 C, B와 C의 중심위치의 차는 모두 p값 $= 0.000 < 0.05$이므로, 유의하다는 것을 알 수 있다. 즉, 이들 사이에 차가 있다.

한편, A와 B의 차에 관한 p값은 0.202로 되어 있어 0.05보다 크다는 사실로부터 유의하지 않다는 것을 알 수 있다.

● [레거시 대화상자]에 의한 출력결과

SPSS의 [레거시 대화상자]를 사용한 Kruskal-Wallis 검정의 결과는 다음과 같다. 이때도 분석결과는 p값 $= 0.000 < 0.05$이므로, 귀무가설 H_0는 기각된다. 즉, 세 개 그룹의 중심위치에 차가 있다고 할 수 있다.

순위

	그룹	N	평균 순위
지속시간	A	20	19.25
	B	20	29.35
	C	20	42.90
	전체	60	

검정 통계량[a,b]

	지속시간
카이제곱	18.472
자유도	2
근사 유의확률	.000

a. Kruskal Wallis 검정

b. 집단변수: 그룹

힌트

Kruskal-Wallis 검정

Kruskal-Wallis의 검정은 세 개 이상의 그룹 간에 차가 있는지 어떤지를 알고 싶을 때에 실시하는 비모수적 검정의 하나이다.

귀무가설 H_0 : 그룹 간에 차는 없다
대립가설 H_1 : 그룹 간에 차가 있다

모집단이 정규분포에 따르고 있다고 기대할 수 있을 때는 일원배치 분산분석으로 처리한다. 모집단의 정규성에 기대를 가질 수 없는 때는 Kruskal-Wallis의 검정을 실시한다. 다중비교를 하고 싶을 때는 Bonferroni(본페로니)의 부등식을 이용한다.

사상 B에 대한 확률을 $P(B)$라고 했을 때, 다음의 부등식을 **Bonferroni의 부등식**이라고 한다.

$$P\left(\bigcup_{i=1}^{a} B_i\right) \le \sum_{i=1}^{a} P(B_i)$$

10개의 사상 $B_1, B_2, \cdots, B_{10}$ 의 경우에는

$$P(B_1 \cup B_2 \cup \cdots \cup B_{10}) \le P(B_1) + P(B_2) + \cdots + P(B_{10})$$

이 된다.

6.2 중위수검정의 활용

1. 두 개 중심위치에 관한 검정

● 중위치검정

중위수(median test)검정은 다음의 가설이 성립하는지 어떤지를 조사하기 위한 검정이다.

귀무가설 H_0 : a개의 그룹 각각의 중위수는 서로 같다
대립가설 H_1 : a개의 그룹 각각의 중위수는 모두 같지는 않다

두 개의 그룹일 때는 단측검정이 된다.

예제 6-2의 데이터는 두 개의 독립표본에 대한 분포의 중심위치에 차가 있는지 어떤지를 보는 것이 목적이었는데, 이 목적을 위해서는 중위수검정을 실시해도 좋다.

● SPSS의 순서

<순서 1> 데이터의 입력

(1) A 그룹과 B 그룹의 늘어난 길이를 18개씩을 다음과 같이 입력한다.

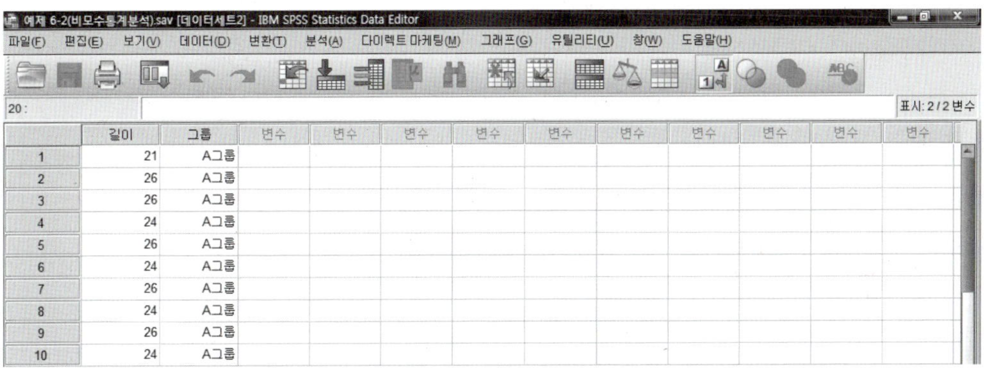

(2) [변수 보기]의 [측도]에서 '길이'는 척도, '그룹'은 명목으로 설정한다.

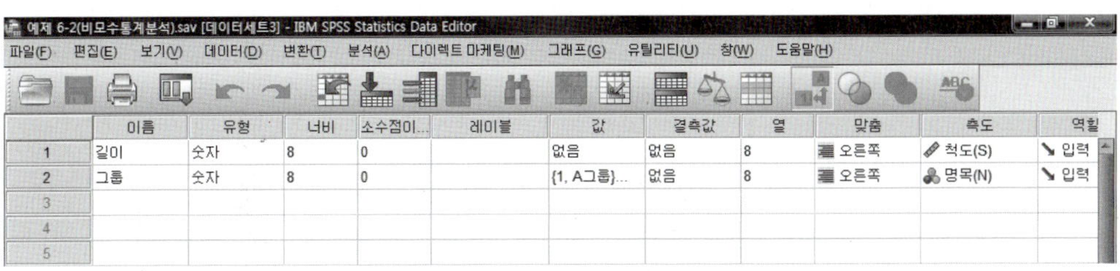

(3) [변수 보기]의 [값]에서, '그룹'을 나타내는 변수는 1은 'A그룹', 2는 'B 그룹'으로 설정한다.

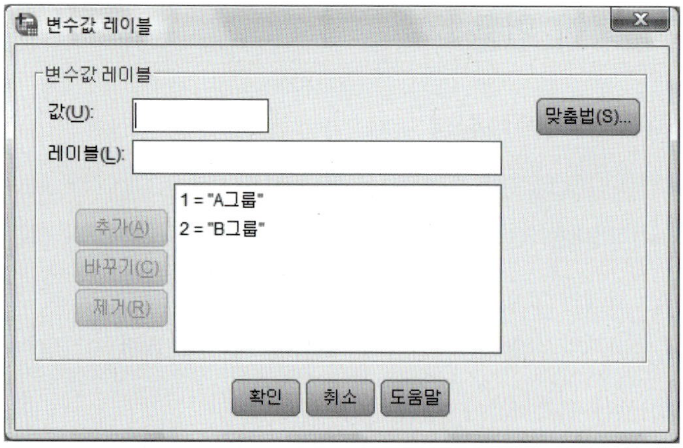

<순서 2> 분석수법의 선택

(1) 메뉴에서 [분석]-[비모수 검정]-[독립 표본]을 선택한다.

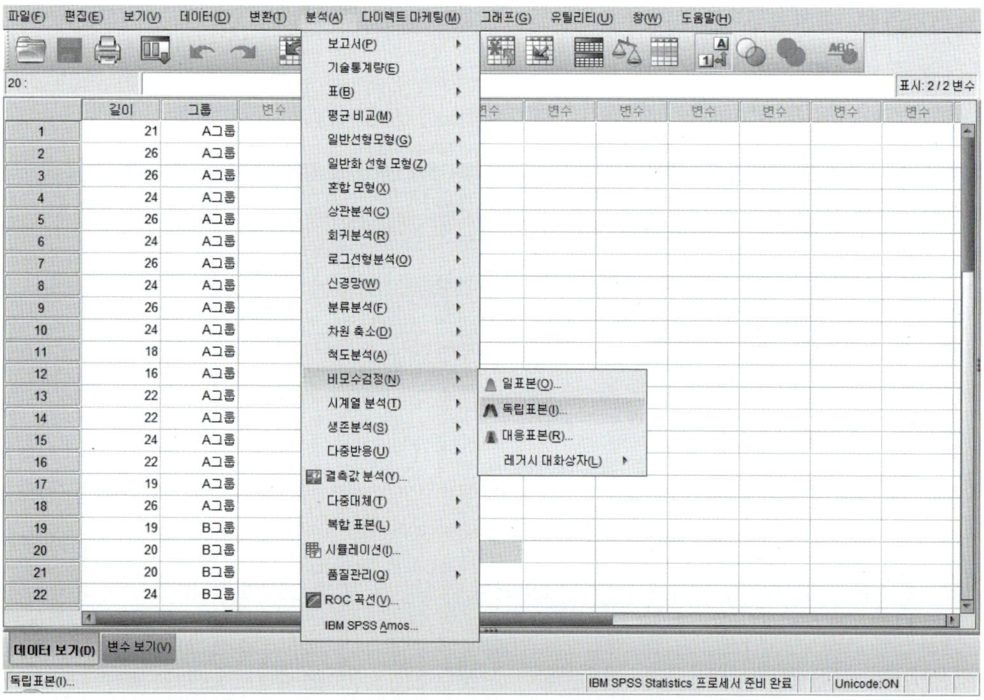

(2) [목표] 탭의 대화상자가 나타난다. [필드]를 클릭한다.

(3) [검정 필드]에 '길이', [그룹]에 '그룹'을 투입한다. [설정]을 클릭한다.

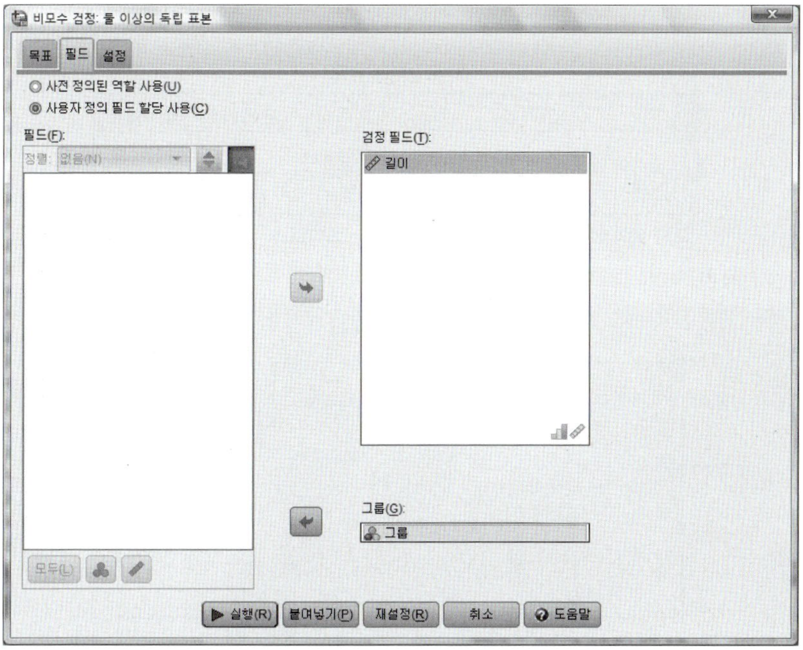

(4) [항목 선택]에서 [검정 선택]을 선택한다. [사용자 정의에 의한 검정]에 체크하고, [집단 전체 에서 중위수 비교]에서 [중위수 검정(k 표본)]를 선택한다. [실행]을 클릭한다.

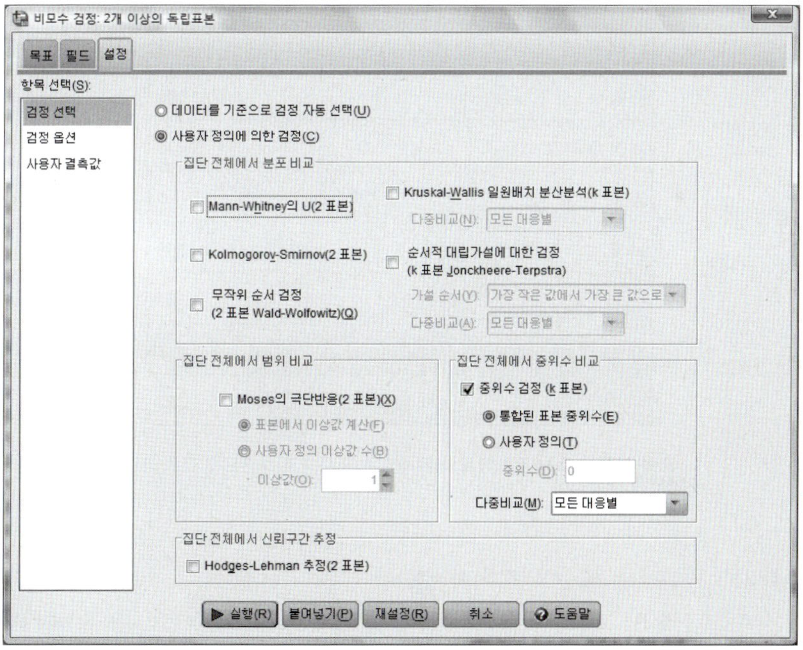

(5) 출력결과를 더블클릭하면 상세한 결과가 표시된다.

● 분석결과

가설검정 요약

	영가설	검정	유의확률	의사결정
1	길이의 중위수가 그룹의 범주에서 같습니다.	독립표본 중위수 검정	.182	영가설을 채택합니다.

근사 유의확률이 표시됩니다. 유의수준이 .05입니다.

독립표본 중위수 검정

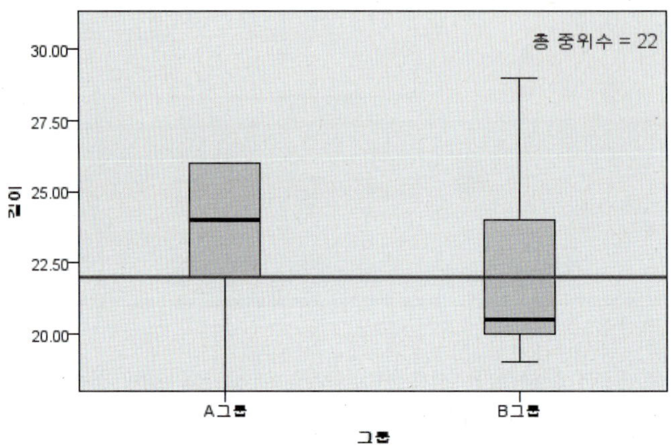

전체 N		36
중위수		22.000
검정 통계량		2.786
자유도		1
근사 유의확률 (양측검정)		.095
Yates의 연속성 수정	카이제곱	1.783
	자유도	1
	근사 유의확률 (양측검정)	.182

1. 전체 검정에 표본 전체에서의 유의차가 표시되지 않으므로 다중비교가 수행되지 않습니다.

p값 $=0.182$로 귀무가설 H_0는 기각되지 않는다.

이 검정은 A 그룹과 B 그룹을 합병해서 전체 데이터의 중위수(중앙치)를 구하여 A 그룹에는 전체 데이터의 중위수보다도 큰 값과 작은 값이 몇 개 존재하는지, B 그룹에는 전체 데이터의 중위수보다도 큰 값과 작은 값이 몇 개 존재하는지를 2×2 분할표로 정리해서 χ^2검정을 실시하는 것이다.

2. 세 개 이상의 중심위치에 관한 검정

예제 6-4의 데이터는 세 개 이상의 독립표본에 대한 분포의 중심위치에 차가 있는지 어떤지를 보는 것이 목적이었는데, 이 목적을 위해서는 중위수검정을 실시해도 된다.

● SPSS의 순서

<순서 1> 데이터의 입력

(1) A 그룹, B 그룹, C 그룹의 지속시간 20개씩을 다음과 같이 입력한다.

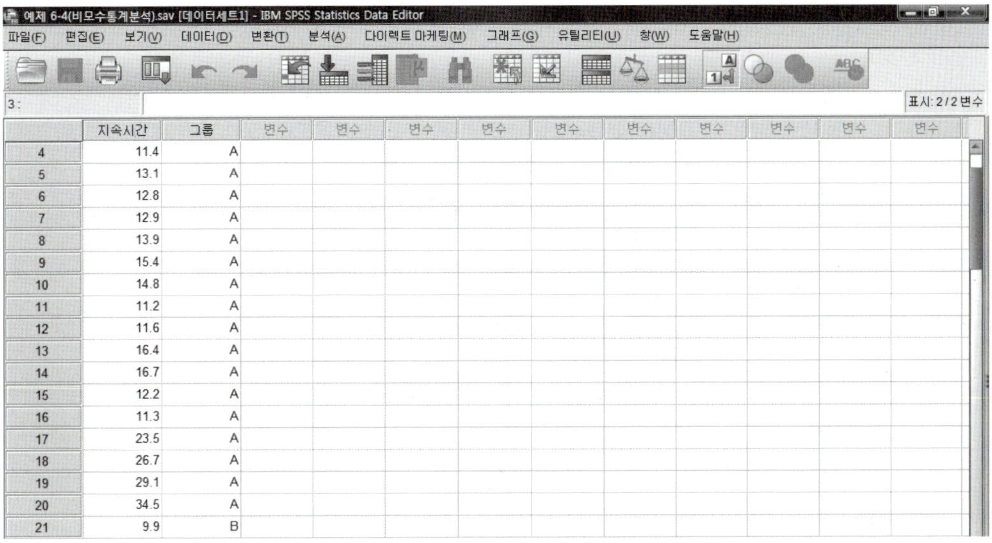

(2) [변수 보기]의 [측도]에서 '지속시간'은 척도, '그룹'은 명목으로 설정한다.

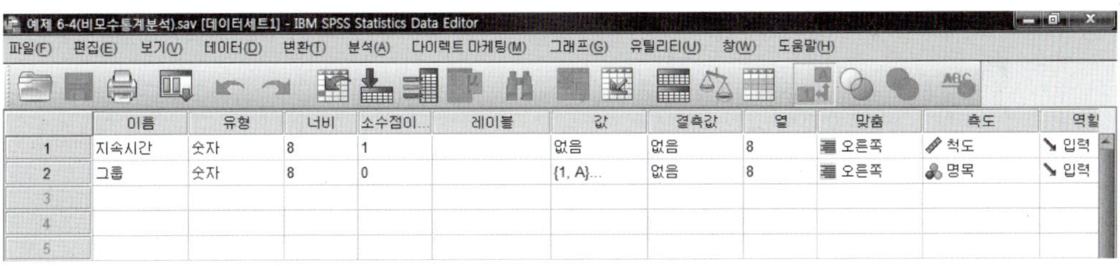

(3) [변수 보기]의 [값]에서, '그룹'을 나타내는 변수는 1은 'A', 2는 'B', 3은 'C'로 설정한다.

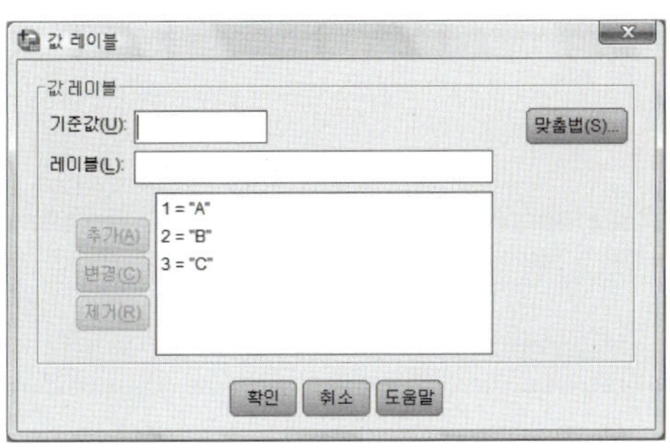

<순서 2> 분석수법의 선택

(1) 메뉴에서 [분석]-[비모수 검정]-[독립표본]을 선택한다.

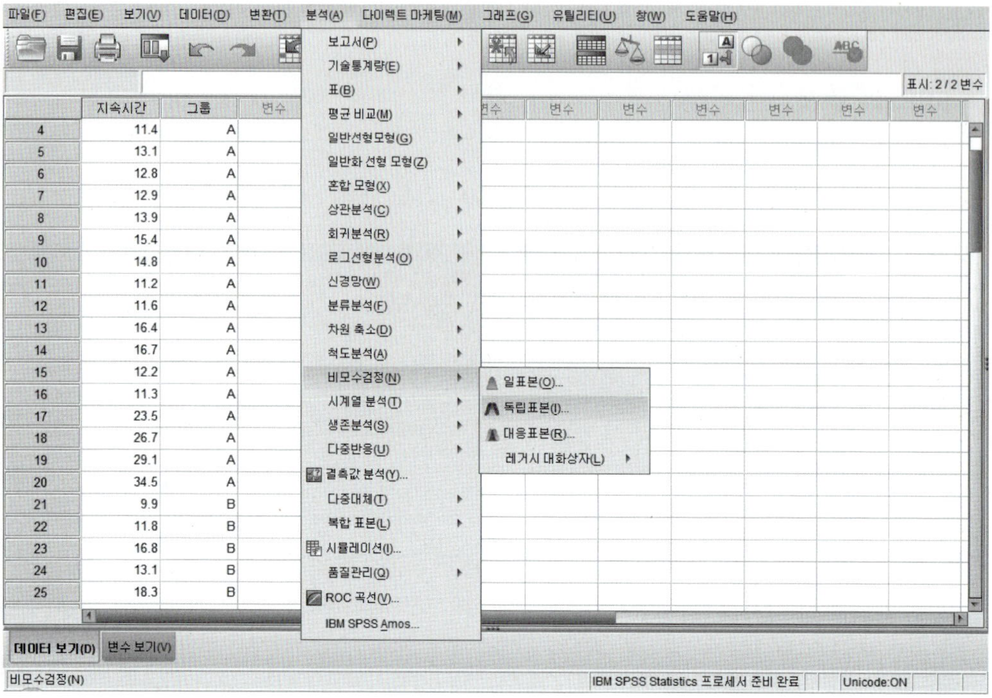

(2) 다음과 같은 [목표] 탭의 대화상자가 나타난다. [필드]를 클릭한다.

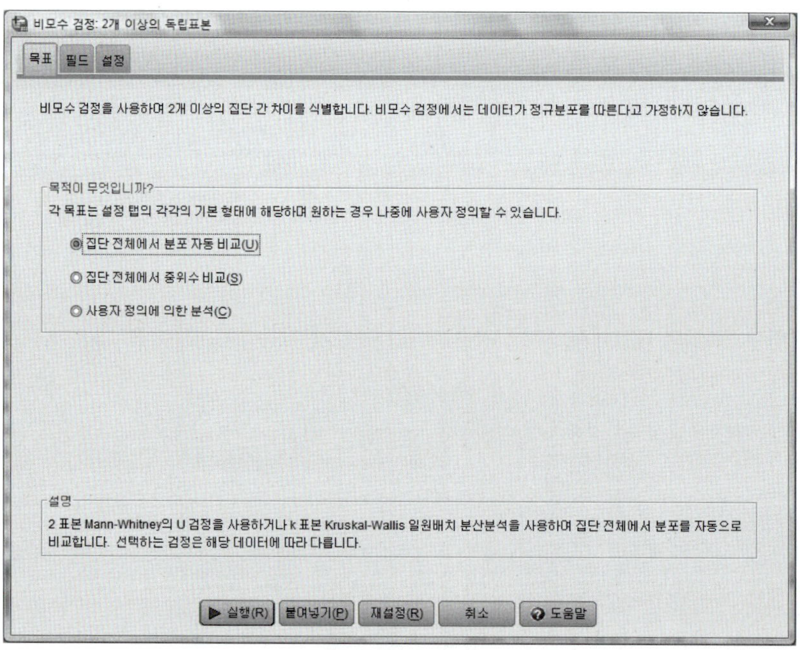

(3) [검정 필드]에 '지속시간', [집단]에 '그룹'을 투입한다. [설정]을 클릭한다.

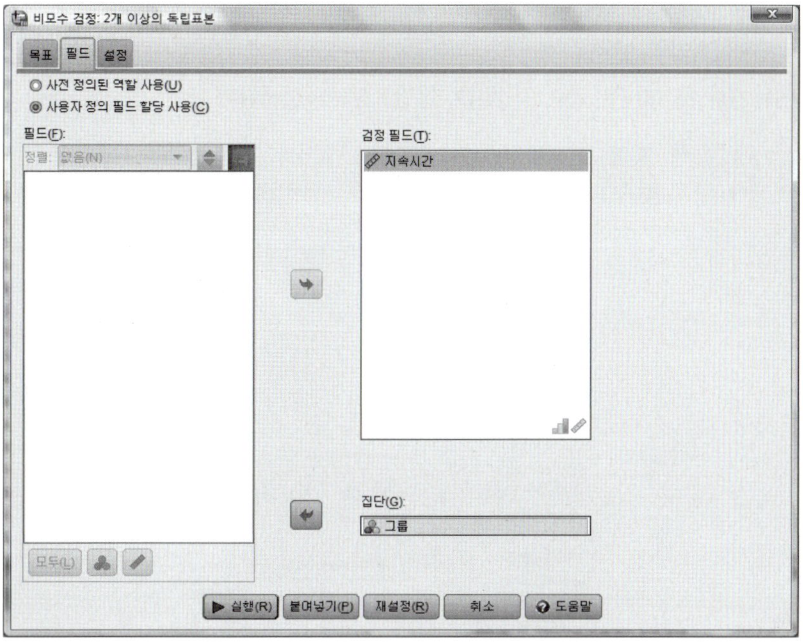

(4) [항목 선택]에서 [검정 선택]을 선택한다. [사용자 정의에 의한 검정]에 체크하고, [집단 전체에서 중위수 비교]에서 [중위수 검정(k 표본)]를 선택한다. [실행]을 클릭한다.

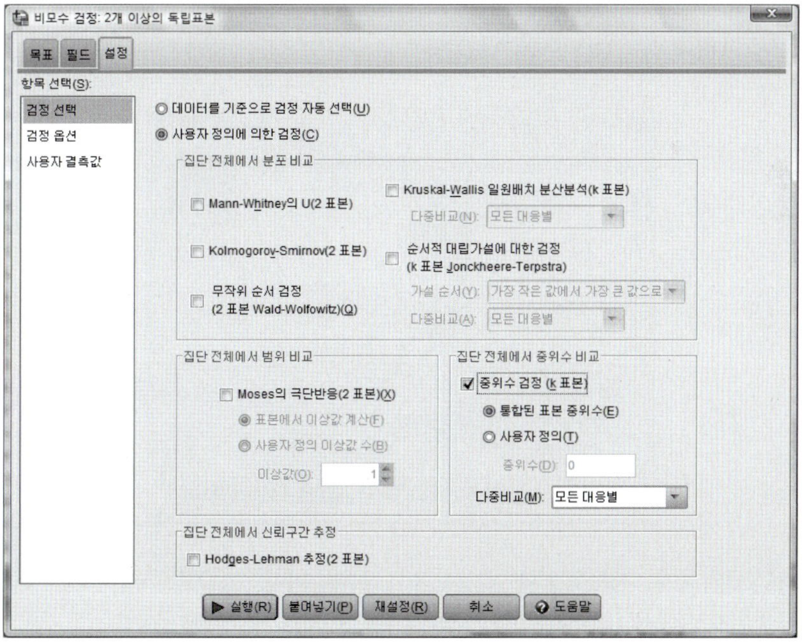

(5) 출력결과를 더블클릭하면 상세한 결과가 표시된다.

● **[레거시 대화상자]로부터의 순서**

※ <순서 1>은 앞에서와 동일

<순서 2> 분석수법의 선택

(1) 메뉴에서 [분석]-[비모수 검정]-[K-독립표본]을 선택한다.

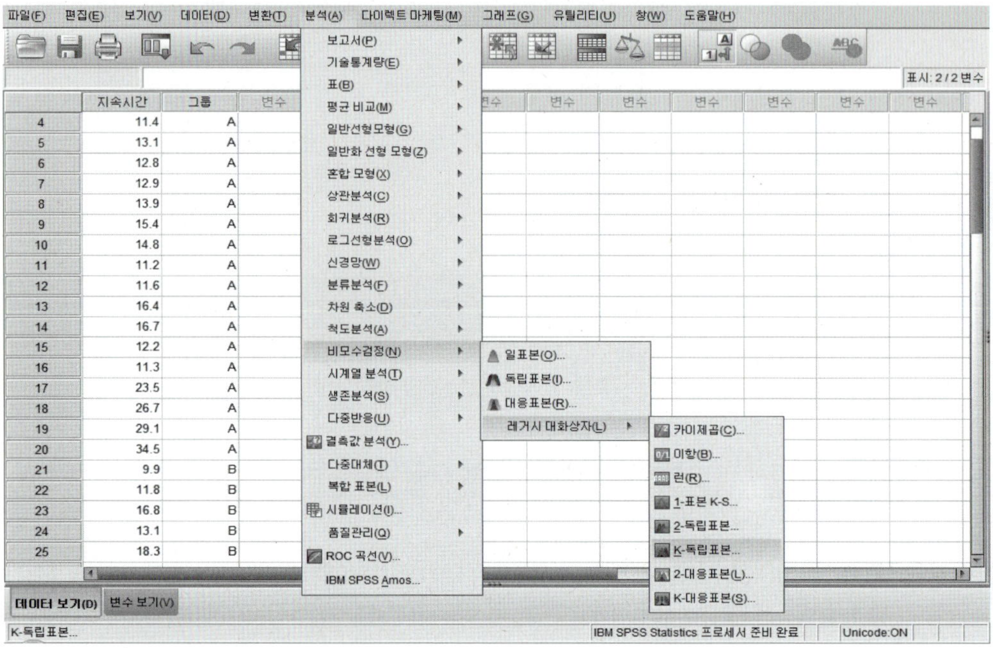

(2) 다음과 같은 대화상자가 나타난다.

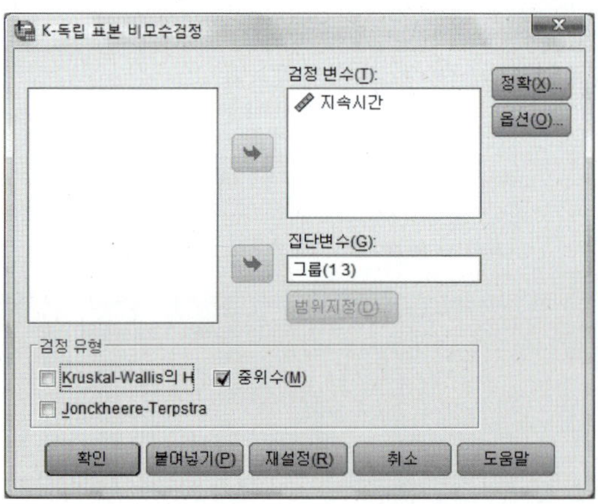

[검정변수]에 '지속시간'을 투입한다. [집단변수]에 '그룹'을 투입한다.

[범위지정]에서 [최소값]을 1, [최대값]을 3이라고 설정한다.

[검정유형]에서 [중위수]에 체크한다.

[확인]을 클릭한다.

● 분석결과

SPSS에 의한 분석결과가 다음과 같이 얻어지고 있다.

가설검정 요약

	영가설	검정	유의확률	의사결정
1	지속시간의 중위수가 그룹의 범주에서 같습니다.	독립표본 중위수 검정	.000	영가설을 기각합니다.

근사 유의확률이 표시됩니다. 유의수준이 .05입니다.

독립표본 중위수 검정

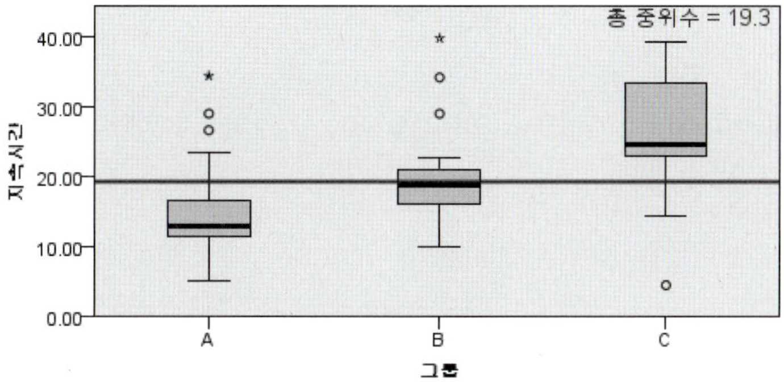

전체 N	60
중위수	19.300
검정 통계량	20.800
자유도	2
근사 유의확률 (양측검정)	.000

● [레거시 대화상자]에 의한 출력결과

SPSS에서 [레거시 대화상자]를 사용한 중위수검정의 결과는 다음과 같다. 앞에서와 마찬가지로 A, B, C의 세 개 그룹을 합병해서 중위수를 구하고, 그룹마다 중위수보다 큰 데이터의 수 혹은 작은 데이터의 수를 구하여 2×3의 분할표로 정리해서 χ^2검정을 실시하는 것이다.

빈도

		그룹		
		A	B	C
지속시간	> 중위수	4	8	18
	<= 중위수	16	12	2

검정 통계량[a]

	지속시간
N	60
중위수	19.300
카이제곱	20.800[b]
자유도	2
근사 유의확률	.000

a. 집단변수: 그룹

b. 0개의 셀 (0.0%)은(는) 5보다 작은 기대빈도를 가집니다. 기대 빈도 셀 값 중 최소값은 10.0 입니다.

분석결과 p값 $= 0.000 < 0.05$이므로, 귀무가설 H_0는 기각되어 유의하다. 즉, 세 개 그룹의 중위수는 다르다고 할 수 있다.

CHAPTER

7

대응표본의 비교

CHAPTER 7 **대응표본의 비교**

7.1 중심위치의 비교

1. 두 개의 중심위치에 관한 검정

● **예제 7-1**

초등학교에 제공할 예정인 두 종류의 카레라이스 A와 B를 각각 시식하고 맛의 정도를 학생 20명에게 다음과 같은 5단계로 평가하게 했다.

1 매우 맛없다
2 맛없다
3 어느 쪽이라고도 할 수 없다
4 맛있다
5 매우 맛있다

(주) 위와 같은 5단계 평가 척도를 리커트 스케일(Likert scale)이라고 한다.

다음에 보이는 데이터는 초등학생 20명의 시식결과이다.

표 7.1 시식결과 평가표

No	1	2	3	4	5	6	7	8	9	10	11	12	13	14	15	16	17	18	19	20
A	1	3	2	2	3	4	2	1	3	3	2	1	5	4	5	2	2	3	4	1
B	2	2	3	4	5	5	2	3	4	5	3	2	4	5	5	3	4	4	5	4

A와 B에서 맛의 차가 있는지 어떤지 검정하라.

● **데이터의 그래프화**

같은 인물이 A와 B를 평가하고 있는 대응이 있는 데이터이므로, 대응을 알 수 있도록, 꺾은선 그래프를 사용해서 그래프화한다. B 쪽의 평가가 높다는 것을 알 수 있다.

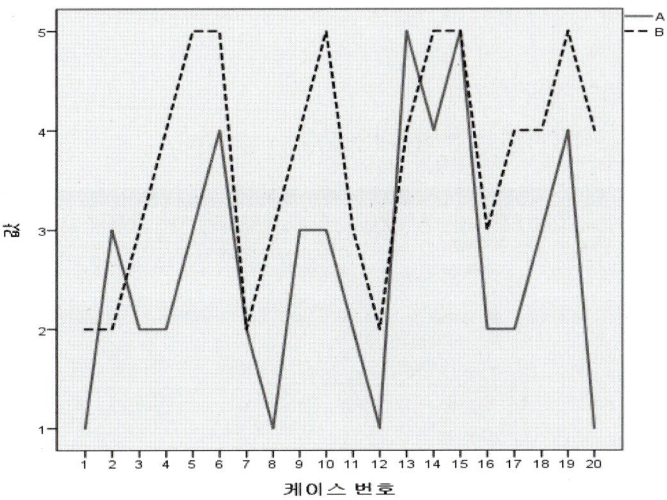

가설의 설정

이 예제에 대한 가설은 다음과 같이 된다.

귀무가설 H_0 : A와 B의 분포의 중심위치는 같다

대립가설 H_1 : A와 B의 분포의 중심위치는 다르다

검정의 유의수준은 $\alpha = 0.05$로 한다.

적용하는 수법

순서척도의 데이터라고 하는 사실, 그리고 A와 B를 동일한 사람이 쌍으로 평가하고 있으므로 대응이 있는 두 개 그룹의 중심위치의 차이를 검정하는 데 적합한 Wilcoxon(윌콕슨)의 부호순위검정을 이용한다.

SPSS의 순서

<순서 1> 데이터의 입력

(1) 다음과 같이 A와 B의 평가결과를 입력한다.

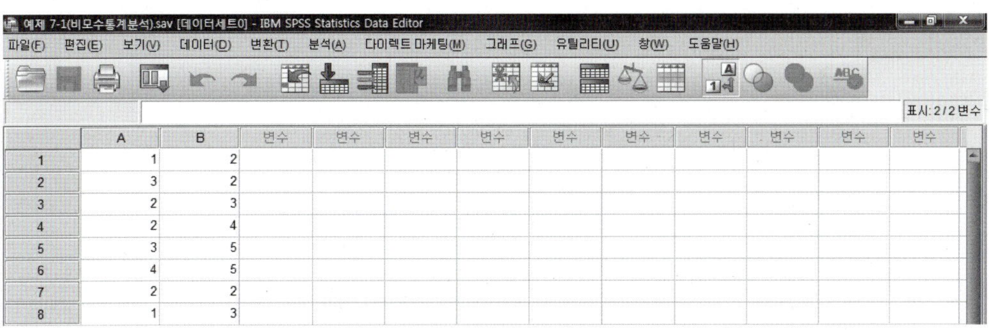

	A	B	변수	변수	변수	변수	변수	변수	변수	변수	변수	변수
1	1	2										
2	3	2										
3	2	3										
4	2	4										
5	3	5										
6	4	5										
7	2	2										
8	1	3										

(2) [변수보기]의 [측도]에서 'A'와 'B'는 순서척도로 설정한다.

<순서 2> 분석수법의 선택

(1) 메뉴에서 [분석]-[비모수 검정]-[대응표본]을 선택한다.

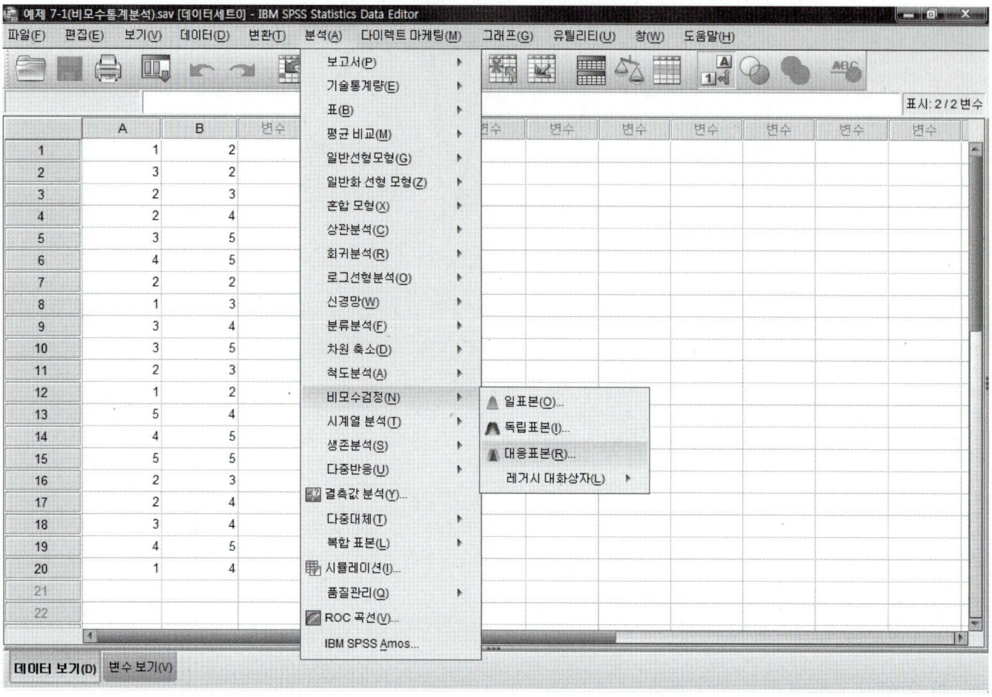

(2) 다음과 같은 대화상자가 나타난다. [필드]를 클릭한다.

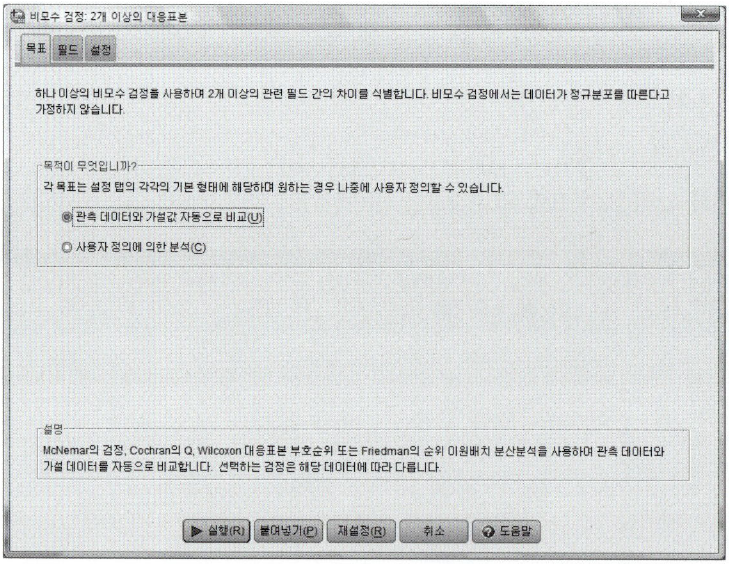

(3) [검정 필드]에 'A'와 'B'을 투입한다. [설정]을 클릭한다.

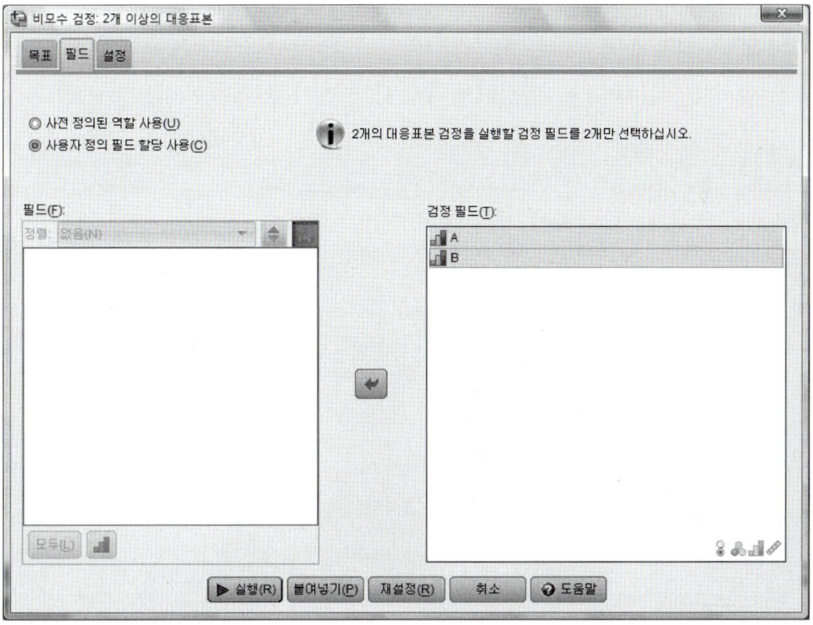

(4) [항목 선택]에서 [검정 선택]을 선택한다. [사용자 정의에 의한 검정]에 체크하고, [Wilcoxon 대응표본 부호순위(2표본)]와 [Hodges-Lehmann(2표본)]을 선택한다. [실행]을 클릭한다.

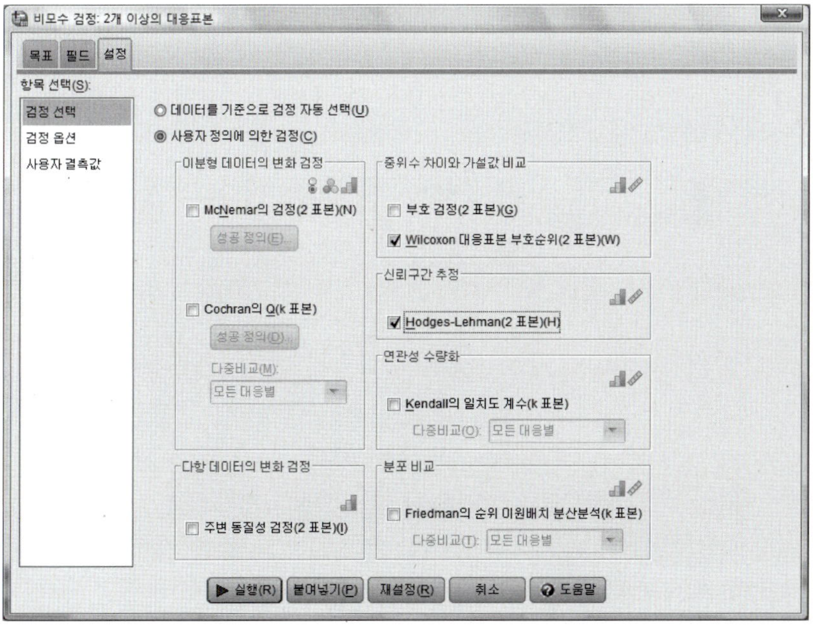

(5) 출력결과를 더블클릭하면 상세한 결과가 표시된다.

● [레거시 대화상자]로부터의 순서

※ <순서 1>은 앞에서와 동일

<순서 2> 분석수법의 선택

(1) 메뉴에서 [분석]-[비모수 검정]-[레거시 대화상자]-[2-대응표본]을 선택한다.

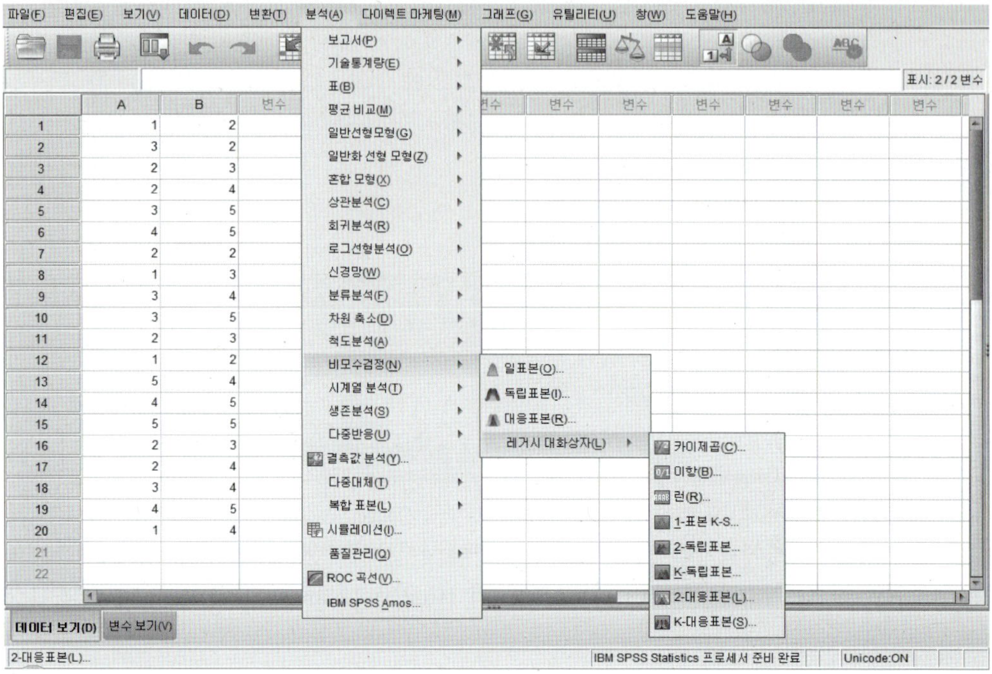

(2) 다음과 같은 대화상자가 나타난다.

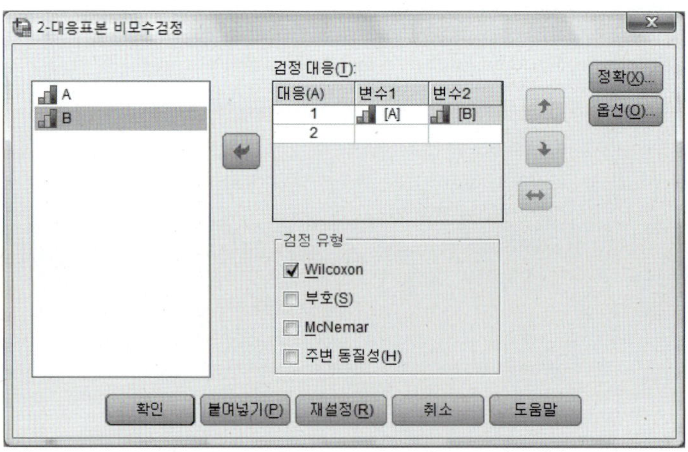

[검정대응]에 [변수1]에 'A', [변수2]에 'B'를 투입한다.

[검정유형]에서 [Wilcoxon]에 체크한다.

[확인]을 클릭한다.

● 분석결과

SPSS에 의한 분석결과가 다음과 같이 얻어지고 있다.

가설검정 요약

	영가설	검정	유의확률	의사결정
1	A 및 B 사이의 중위수 차이가 0입니다.	대응표본 Wilcoxon 부호순위 검정	.001	영가설을 기각합니다.

근사 유의확률이 표시됩니다. 유의수준이 .05입니다.

대응표본 Wilcoxon 부호순위 검정

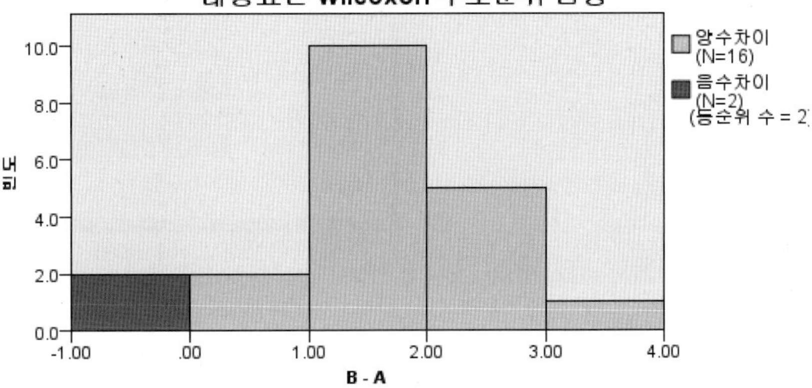

전체 N	20
검정 통계량	158.000
표준오차	22.113
표준화된 검정 통계량	3.279
근사 유의확률 (양측검정)	.001

p값 $= 0.001 < 0.05$이므로, 귀무가설 H_0는 기각된다. 즉, A와 B의 분포의 중심위치에 차가 있다고 할 수 있다.

(주) A와 B의 분포의 중심위치에 차가 있다고 할 수 있다라고 표현하고 있는데, 정확하게는 A-B 또는 B-A의 중심위치가 0이라고는 할 수 없다라고 하는 것을 나타내고 있다.

B-A가 플러스가 되는 수가 16, 마이너스가 되는 수가 2, 0이 되는 수가 2라고 하는 사실로부터 A보다 B의 평가가 높다고 하는 것을 알 수 있다.

참고로 B-A의 중위수(중앙치)의 신뢰구간은 다음과 같이 얻어진다. [모형 뷰어]의 [신뢰구간 요약 보기]를 선택하여 얻을 수 있다.

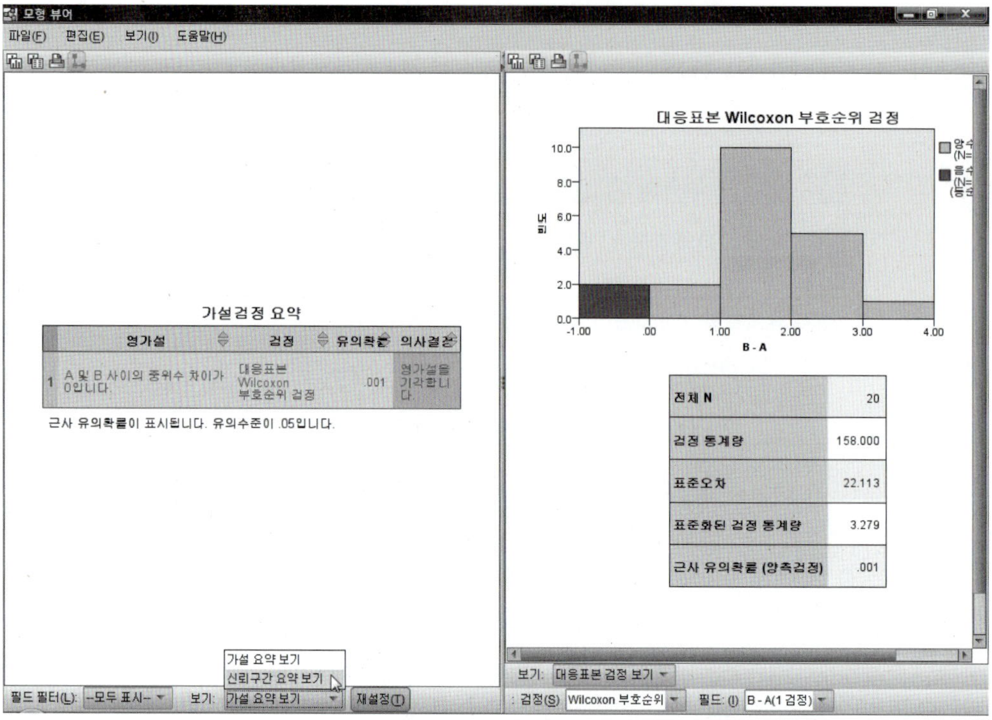

신뢰구간 요약

신뢰구간 유형	모수	추정	95% 신뢰구간	
			하한	상한
대응표본 Hodges-Lehman 중위수 차이	A 및 B 사이의 중위수.	1.000	.500	1.500

B-A의 모중위수의 95% 신뢰구간은 05 ~ 1.5로 되어 있다.

● [레거시 대화상자]에 의한 출력결과

순위

		N	평균 순위	순위합
B - A	음의 순위	2[a]	6.50	13.00
	양의 순위	16[b]	9.88	158.00
	동순위	2[c]		
	전체	20		

a. B < A

b. B > A

c. B = A

검정 통계량[a]

	B - A
Z	-3.279[b]
근사 유의확률(양측)	.001

a. Wilcoxon 부호순위 검정

b. 음의 순위를 기준으로.

● 예제 7-2

다이어트에 효과가 있는 것으로 알려진 한방약의 효과를 측정하기로 했다. 그래서 어떤 헬스클럽 회원들로부터 무작위로 18명을 선택하여 한방약을 매일 4주간 복용하게 하고, 데이터를 수집했다. 데이터는 한방약을 복용 개시하기 전의 배둘레(단위: cm)를 측정한 결과와 4주간 후의 배둘레를 측정한 결과이다.

이 데이터로부터 한방약을 복용함으로써 과연 다이어트 효과가 있다고 판단할 수 있는지 검정하라.

표 7.2 허리둘레 측정 데이터

No	복용 전	복용 후
1	92	90
2	86	82
3	79	80
4	80	75
5	93	89
6	76	76
7	70	72
8	88	82
9	79	73
10	96	76
11	87	83
12	75	71
13	85	80
14	76	76
15	89	82
16	76	72
17	83	85
18	92	89

(주) 어떤 실험의 효과를 검증하는 경우, 그 실험의 실시 전과 실시 후의 결과를 비교하는 것이 정석이다. 그 때, 대조군(對照群)과 개입군(介入群)의 두 가지 그룹을 설정하여 대조군에는 실험을 실시하지 않고(이 예제에서 말하자면 한방약을 복용시키지 않고), 개시시점과 종료시점의 데이터를 수집한다. 개입군에는 실험을 실시해서 마찬가지로 데이터를 수집하여 대조군과 개입군을 비교한다고 하는 방식으로 실험을 실시하는 것이 바람직하다.

● 데이터의 그래프화

동일 인물의 복용 전과 복용 후의 배둘레를 측정하고 있으므로, 대응이 있는 데이터가 된다. 그래서 대응을 알 수 있도록 예제 7-1과 마찬가지로 꺾은선 그래프를 사용해서 그래프화한다.

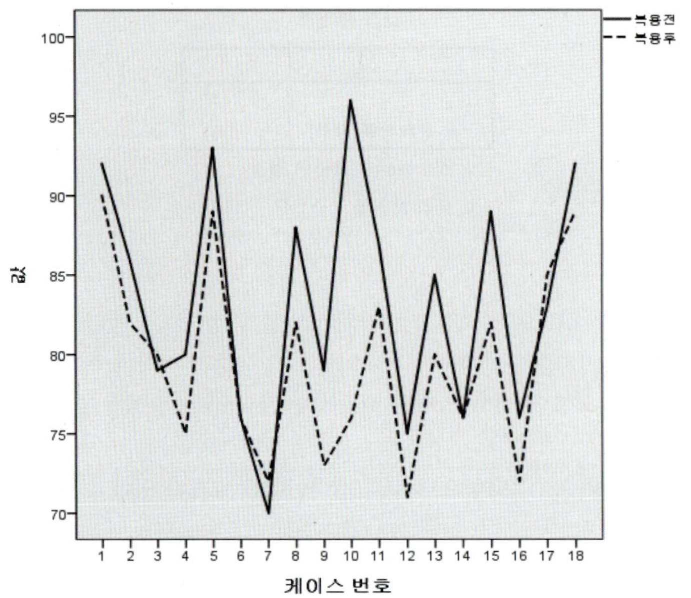

그래프를 보면 복용 전보다 복용 후에 배둘레 측정치의 감소가 현저하다. 특히 10번의 피험자는 그 차이가 크다는 것이 확실히 눈에 띈다.

● 정규성의 검정

대응이 있는 데이터는 '차'가 문제가 되므로, 측정한 배둘레에 대해서 (복용 후-복용 전)을 계산한다.

표 7.3 복용 후-복용 전 측정 데이터

복용 전	복용 후	복용 후
92	90	−2
86	82	−4
79	80	1
80	75	−5
93	89	−4
76	76	0
70	72	−2
88	82	−6
79	73	−6
96	76	−20
87	83	−4
75	71	−4
85	80	−5
76	76	0
89	82	−7
76	72	−4
83	85	2
92	89	−3

(복용 후-복용 전)의 데이터에 대해서 정규성을 검정하면 다음과 같은 결과가 얻어진다.

정규성 검정

	Kolmogorov-Smirnov[a]			Shapiro-Wilk		
	통계량	자유도	유의확률	통계량	자유도	유의확률
복용전후차	.218	18	.023	.786	18	.001

a. Lilliefors 유의확률 수정

정규성의 검정에서 유의확률이 모두 0.05보다 작아 유의하므로, 정규분포에 따르고 있다고는 간주할 수 없다.

● 가설의 설정

이 예제에 대한 가설은 다음과 같이 된다.

귀무가설 H_0 : 복용 전과 복용 후의 분포의 중심위치는 같다

대립가설 H_1 : 복용 전과 복용 후의 분포의 중심위치는 다르다

검정의 유의수준은 $\alpha = 0.05$로 한다.

● 적용하는 수법

동일 인물의 복용 전과 복용 후의 배둘레 데이터이므로, 대응이 있는 데이터가 되고, 또한 복용 진과 복용 후의 차에 정규성을 가정할 수 없다는 사실로부터 Wilcoxon의 부호순위검정을 이용한다.

● SPSS의 순서

<순서 1> 데이터의 입력

(1) 다음과 같이 복용 전과 복용 후의 측정결과를 입력한다.

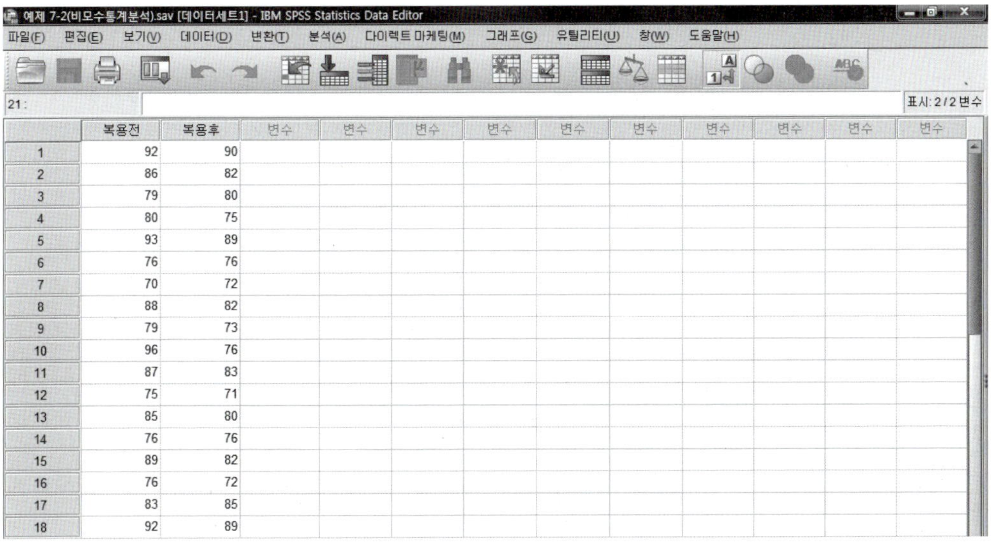

	복용전	복용후
1	92	90
2	86	82
3	79	80
4	80	75
5	93	89
6	76	76
7	70	72
8	88	82
9	79	73
10	96	76
11	87	83
12	75	71
13	85	80
14	76	76
15	89	82
16	76	72
17	83	85
18	92	89

(2) [변수보기]의 [측도]에서 '복용 전'과 '복용 후' 모두 '척도'로 설정한다.

<순서 2> 분석수법의 선택

(1) 메뉴에서 [분석]-[비모수 검정]-[대응표본]을 선택한다.

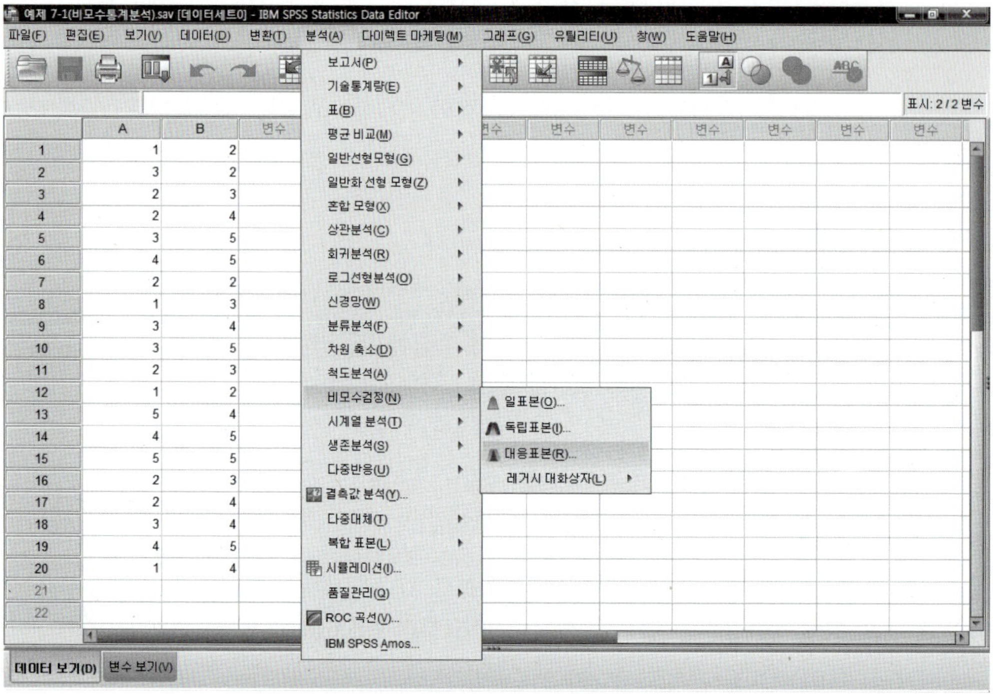

(2) 다음과 같은 대화상자가 나타난다. [필드]를 클릭한다.

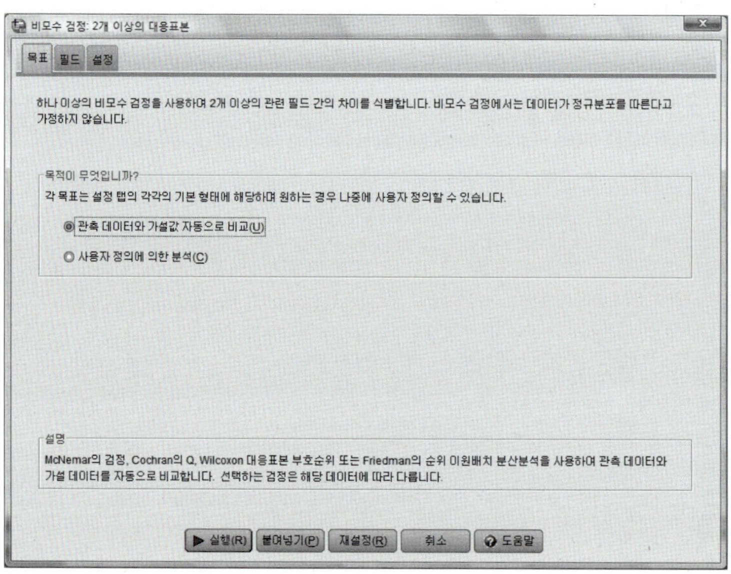

(3) [검정 필드]에 '복용전'과 '복용후'를 투입한다. [설정]을 클릭한다.

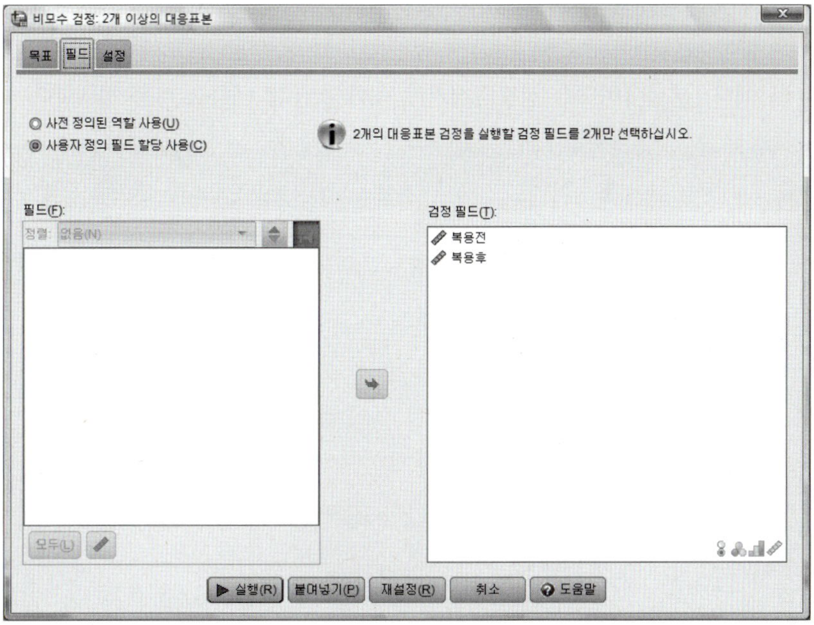

(4) [항목 선택]에서 [검정 선택]을 선택한다. [사용자 정의에 의한 검정]에 체크하고, [Wilcoxon 대응표본 부호순위(2표본)]와 [Hodges-Lehmann(2표본)]을 선택한다. [실행]을 클릭한다.

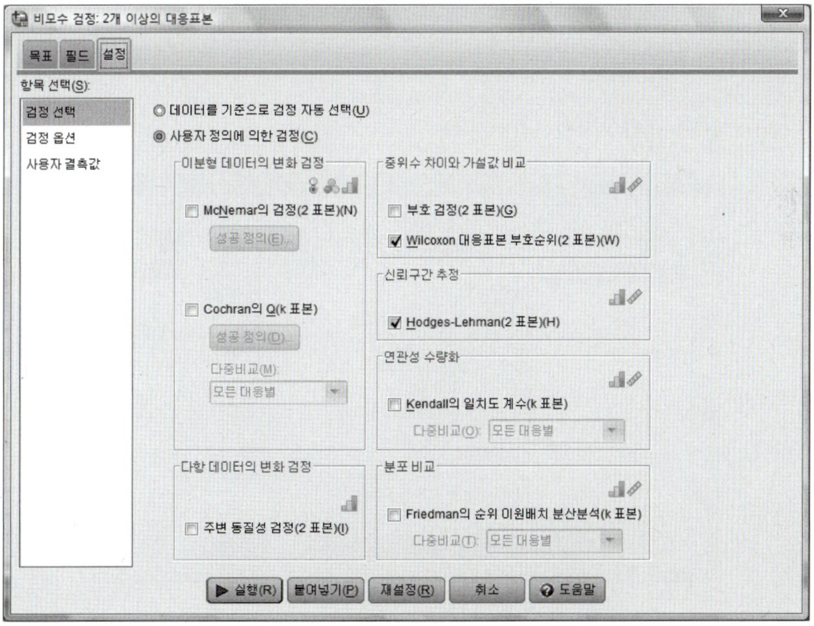

(5) 출력결과를 더블클릭하면 상세한 결과가 표시된다.

● [레거시 대화상자]로부터의 순서

※ <순서 1>은 앞에서와 동일

<순서 2> 분석수법의 선택

(1) 메뉴에서 [분석]-[비모수 검정]-[레거시 대화상자]-[2-대응표본]을 선택한다.

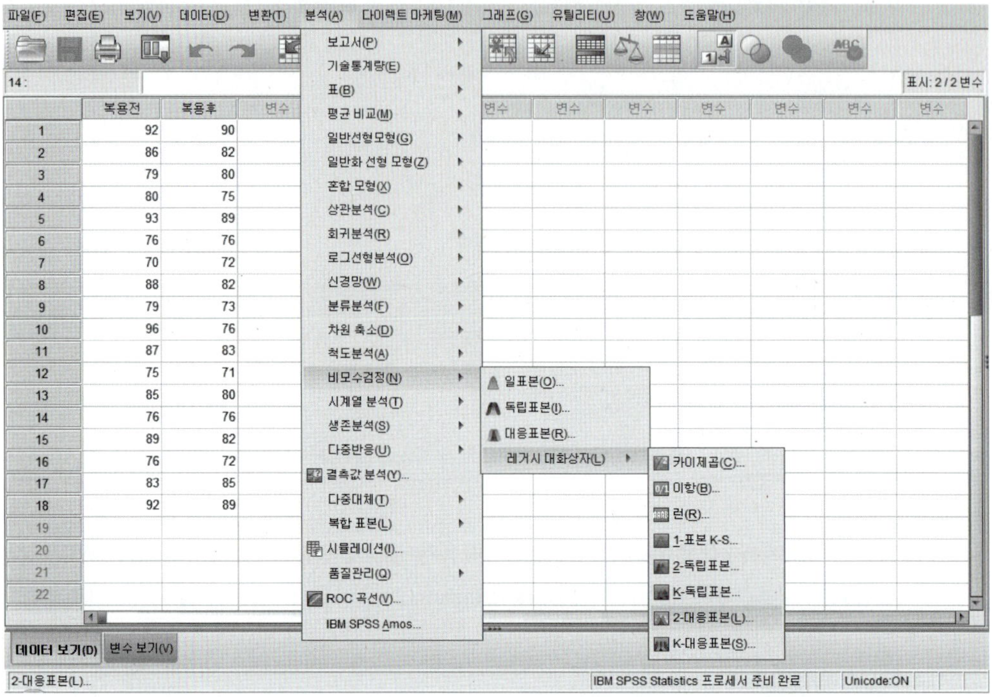

(2) 다음과 같은 대화상자가 나타난다.

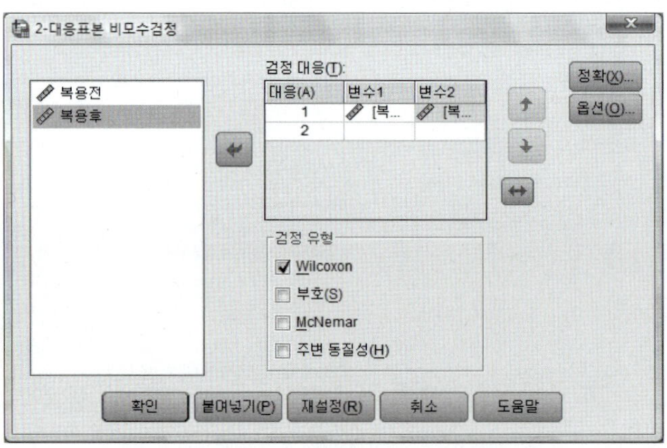

[검정대응]에 [변수1]에 '복용전', [변수2]에 '복용후'를 투입한다.

[검정유형]에서 [Wilcoxon]에 체크한다.

[확인]을 클릭한다.

● **분석결과**

SPSS에 의한 분석결과가 다음과 같이 얻어지고 있다.

가설검정 요약

	영가설	검정	유의확률	의사결정
1	복용전 및 복용후 사이의 중위수 차이가 0입니다.	대응표본 Wilcoxon 부호순위 검정	.002	영가설을 기각합니다.

근사 유의확률이 표시됩니다. 유의수준이 .05입니다.

대응표본 Wilcoxon 부호순위 검정

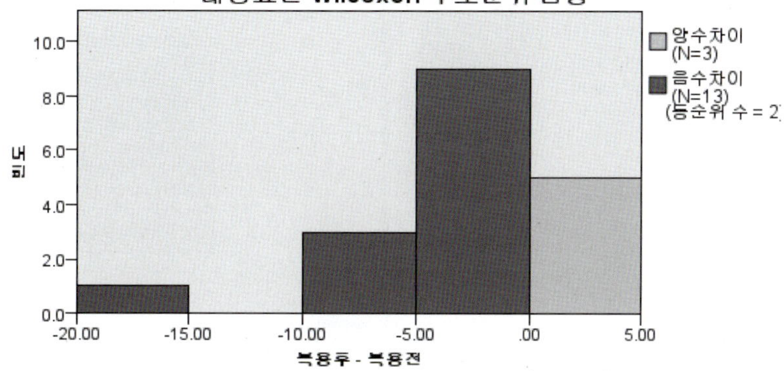

전체 N	18
검정 통계량	7.000
표준오차	19.255
표준화된 검정 통계량	-3.168
근사 유의확률 (양측검정)	.002

p값 $= 0.002 < 0.05$이므로, 귀무가설 H_0는 기각된다. 즉, 복용 전과 복용 후의 분포의 중심위치에 차가 있다고 할 수 있다. 따라서 한방약의 효과는 인정된다고 하는 결론이다.

이와 관련하여 차의 중위수에 대한 신뢰구간은 다음과 같다.

신뢰구간 요약

신뢰구간 유형	모수	추정	95% 신뢰구간	
			하한	상한
대응표본 Hodges-Lehman 중위수 차이	복용전 및 복용후 사이의 중위수.	-3.500	-5.000	-1.500

신뢰구간은 [모형 뷰어]의 [신뢰구간 요약 보기]를 선택해서 구할 수 있다.

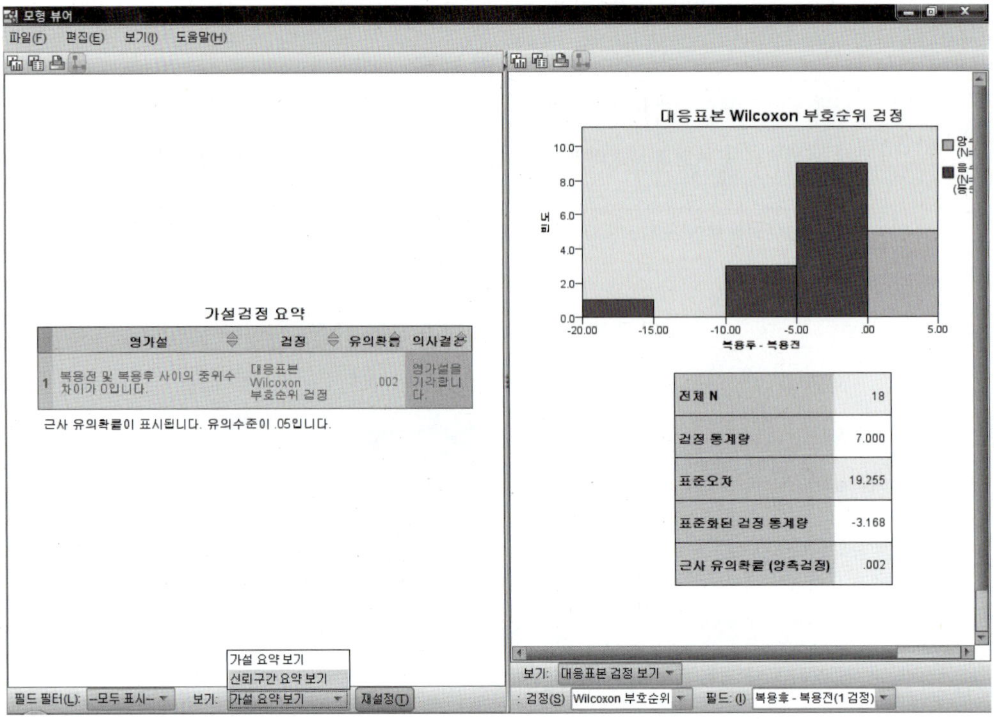

● [레거시 대화상자]에 의한 출력결과

순위

		N	평균 순위	순위합
복용후 - 복용전	음의 순위	13[a]	9.92	129.00
	양의 순위	3[b]	2.33	7.00
	등순위	2[c]		
	전체	18		

a. 복용후 < 복용전

b. 복용후 > 복용전

c. 복용후 = 복용전

검정 통계량[a]

	복용후 - 복용전
Z	-3.168[b]
근사 유의확률(양측)	.002

a. Wilcoxon 부호순위 검정

b. 양의 순위를 기준으로.

2. 세 개 이상의 중심위치에 관한 검정

● 예제 7-3

10명의 평가자에게 다섯 종류의 맥주(A, B, C, D, E)를 시음하게 하고, 맛있다고 느끼는 순으로 순위를 매기도록 하는 관능평가를 실시했다. 그 결과가 다음의 데이터표이다.

표 7.4 맥주에 대한 관능평가 데이터표

평가자	A	B	C	D	E
1	2	5	3	4	1
2	1	5	4	3	2
3	1	5	2	4	3
4	4	5	3	2	1
5	3	5	2	1	4
6	3	4	5	2	1
7	3	4	2	5	1
8	2	4	5	3	1
9	2	1	4	5	3
10	3	5	2	4	1

맥주의 순위에 차가 있다고 할 수 있는지 검정하라.

● 데이터의 그래프화

동일 인물이 다섯 종류의 맥주를 비교하고 있으므로, 대응이 있는 데이터가 되는 사실로부터 꺾은선 그래프를 사용해서 그래프화한다.

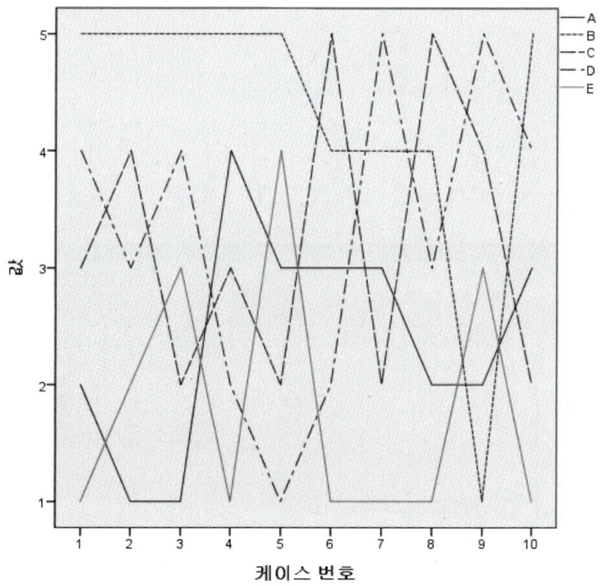

● 가설의 설정

이 예제에 대한 가설은 다음과 같이 된다.

귀무가설 H_0 : 다섯 종류의 맥주에 대한 순위의 중심위치는 같다
대립가설 H_1 : 다섯 종류의 맥주에 대한 순위의 중심위치는 다르다

검정의 유의수준은 $\alpha = 0.05$로 한다.

● 적용하는 수법

순위를 매긴 데이터이기 때문에 순서척도라고 하는 사실, 그리고 다섯 종류의 맥주는 동일 인물이 평가하고 있는 사실로부터, 대응이 있는 세 개 이상의 그룹에 대한 중심위치의 차이를 검정하는 데 적합한 **Friedman의 검정**을 이용한다.

● SPSS의 순서

<순서 1> 데이터의 입력

(1) 다음과 같이 맥주의 순위를 입력한다.

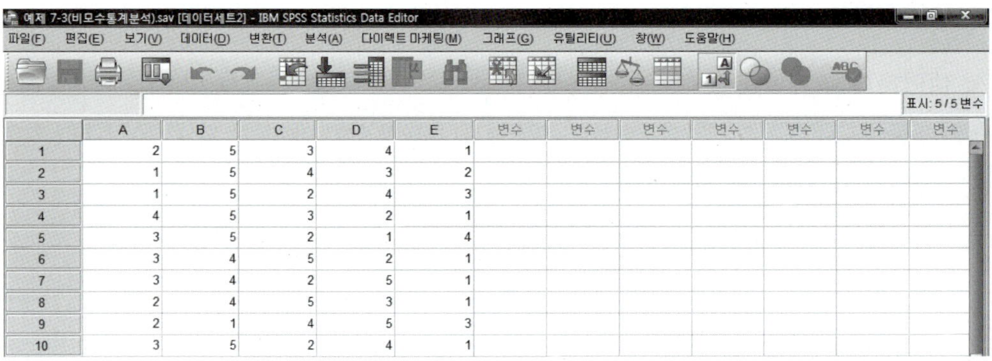

	A	B	C	D	E	변수	변수	변수	변수	변수	변수	변수
1	2	5	3	4	1							
2	1	5	4	3	2							
3	1	5	2	4	3							
4	4	5	3	2	1							
5	3	5	2	1	4							
6	3	4	5	2	1							
7	3	4	2	5	1							
8	2	4	5	3	1							
9	2	1	4	5	3							
10	3	5	2	4	1							

(2) [변수보기]의 [측도]에서 'A', 'B', 'C', 'D', 'E'는 '순서'를 설정한다.

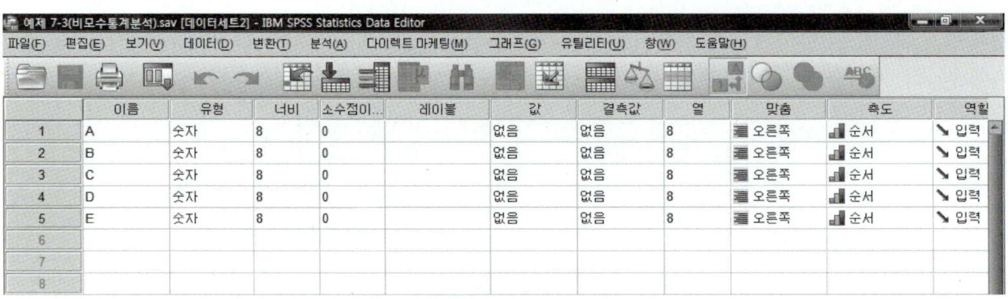

	이름	유형	너비	소수점이...	레이블	값	결측값	열	맞춤	측도	역할
1	A	숫자	8	0		없음	없음	8	오른쪽	순서	입력
2	B	숫자	8	0		없음	없음	8	오른쪽	순서	입력
3	C	숫자	8	0		없음	없음	8	오른쪽	순서	입력
4	D	숫자	8	0		없음	없음	8	오른쪽	순서	입력
5	E	숫자	8	0		없음	없음	8	오른쪽	순서	입력
6											
7											
8											

<순서 2> 분석수법의 선택

(1) 메뉴에서 [분석]-[비모수 검정]-[대응표본]을 선택한다.

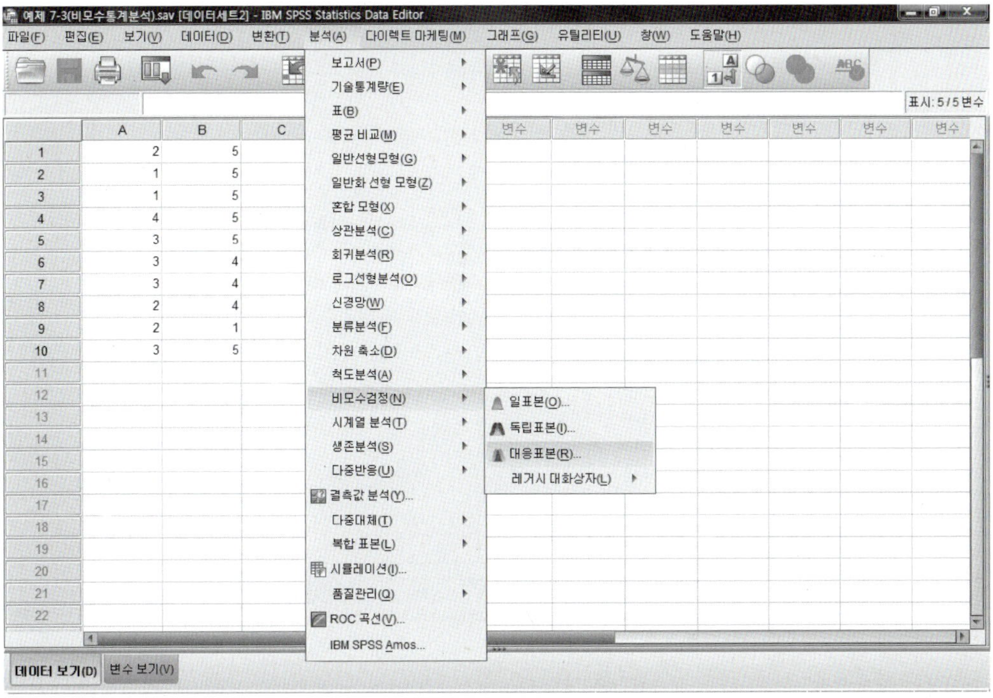

(2) 다음과 같은 대화상자가 나타난다. [필드]를 클릭한다.

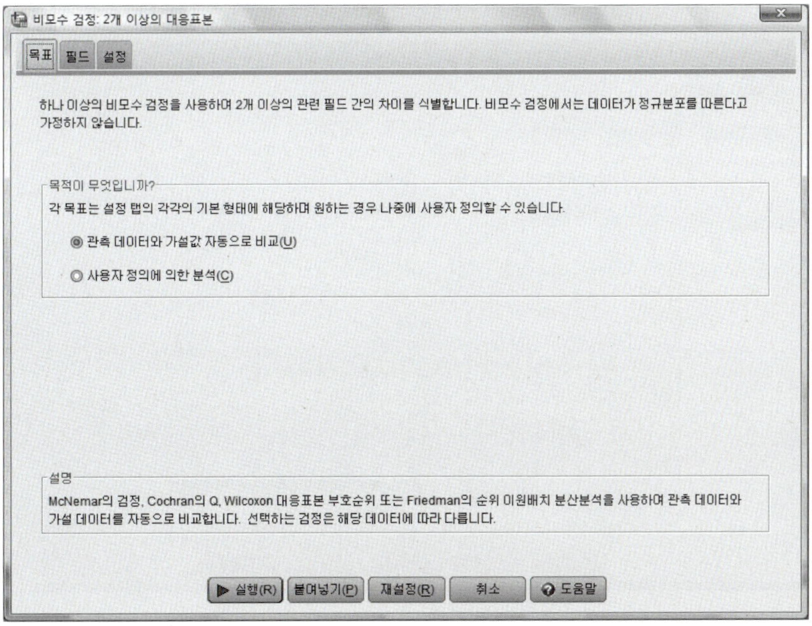

(3) [검정 필드]에 ‘A’, ‘B’, ‘C’, ‘D’, ‘E’를 투입한다. [설정]을 클릭한다.

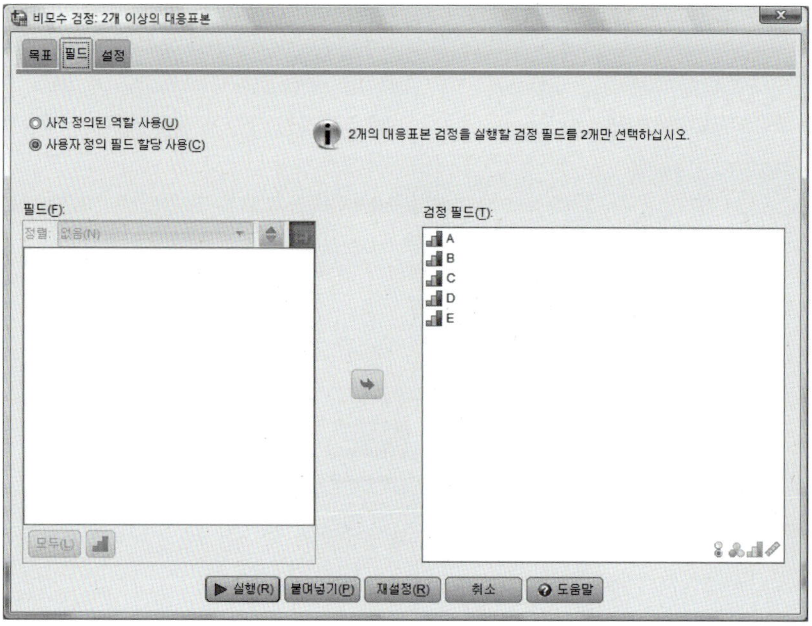

(4) [항목 선택]에서 [검정 선택]을 선택한다. [사용자 정의에 의한 검정]에 체크하고, [분포 비교]에서 [Friedman의 순위 이원배치 분산분석(k 표본)]를 선택한다. [실행]을 클릭한다.

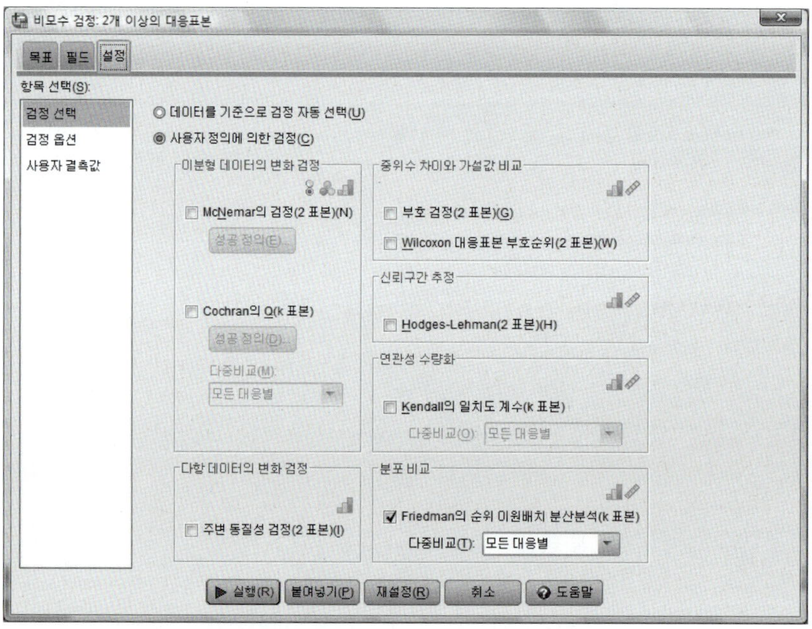

(5) 출력결과를 더블클릭하면 상세한 결과가 표시된다.

● [레거시 대화상자]로부터의 순서

※ <순서 1>은 앞에서와 동일

<순서 2> 분석수법의 선택

(1) 메뉴에서 [분석]-[비모수 검정]-[레거시 대화상자]-[K-대응표본]을 선택한다.

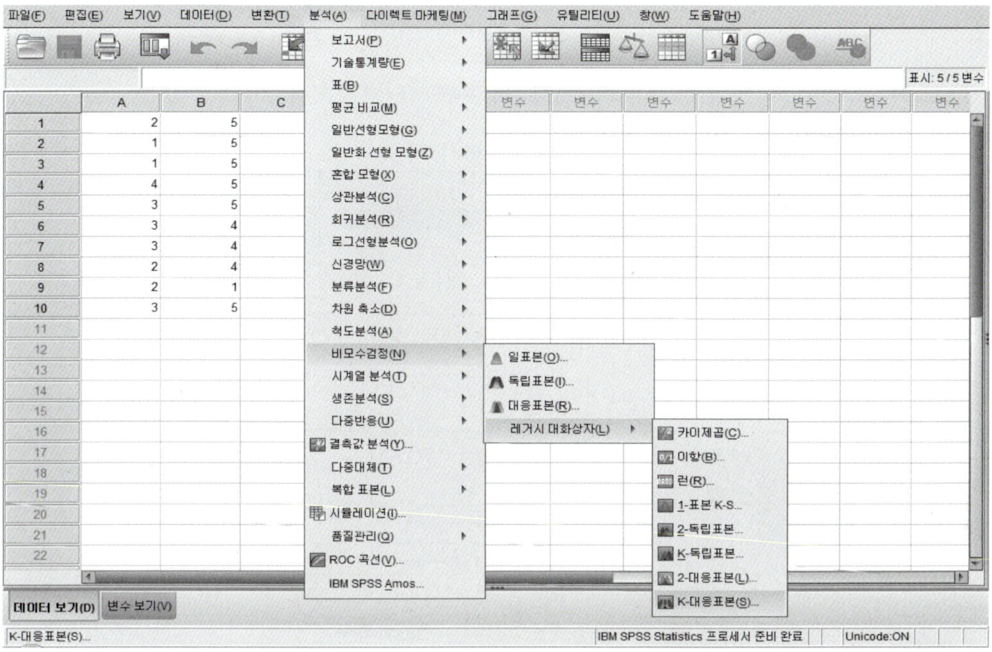

(2) 다음과 같은 대화상자가 나타난다.

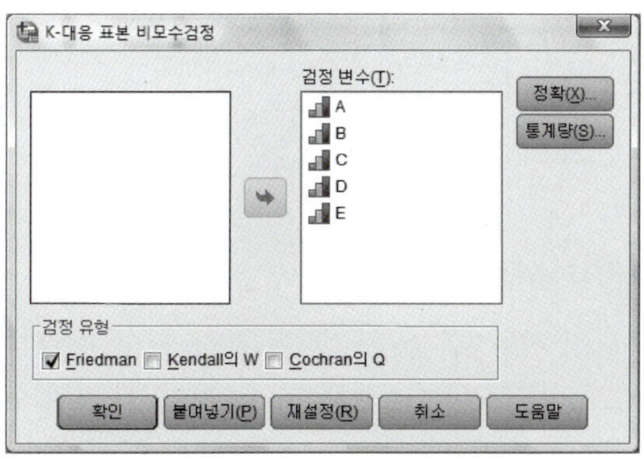

[검정변수]에 'A', 'B', 'C', 'D', 'E'를 투입한다.

[검정유형]에서 [Friedman]에 체크한다.

[확인]을 클릭한다.

● 분석결과

SPSS에 의한 분석결과가 다음과 같이 얻어지고 있다.

가설검정 요약

	영가설	검정	유의확률	의사결정
1	A, B, C, D and E의 분포가 같습니다.	대응표본 Friedman의 순위 이원분산분석	.006	영가설을 기각합니다.

근사 유의확률이 표시됩니다. 유의수준이 .05입니다.

대응표본 Friedman의 순위 이원분산분석

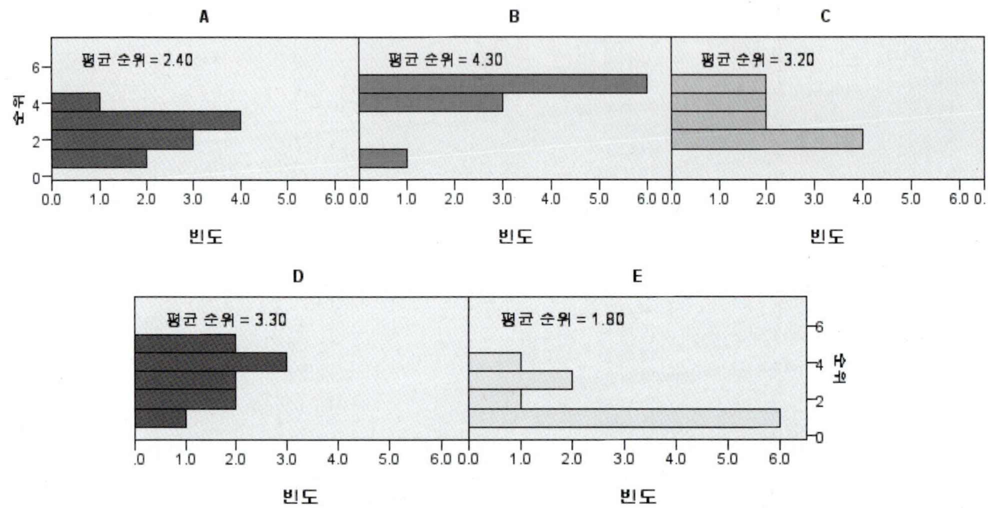

전체 N	10
검정 통계량	14.480
자유도	4
근사 유의확률 (양측검정)	.006

p값 $= 0.006 < 0.05$이므로, 귀무가설 H_0는 기각된다. 즉, 다섯 종류의 맥주에 대한 맛의 순위에 차가 있다고 할 수 있다. 평균 순위의 값으로부터 **E, A, C, D, B**의 순으로 맛이 있다는 것을 알 수 있다.

● 다중비교

어느 두 종류의 맥주 사이에 차가 있는지를 보기 위해서는 다중비교를 실시한다. [모형 뷰어] 화면에서 [대응별 보기]를 선택하면 다중비교 결과를 얻을 수 있다.

그 결과는 다음과 같다.

대응별 비교

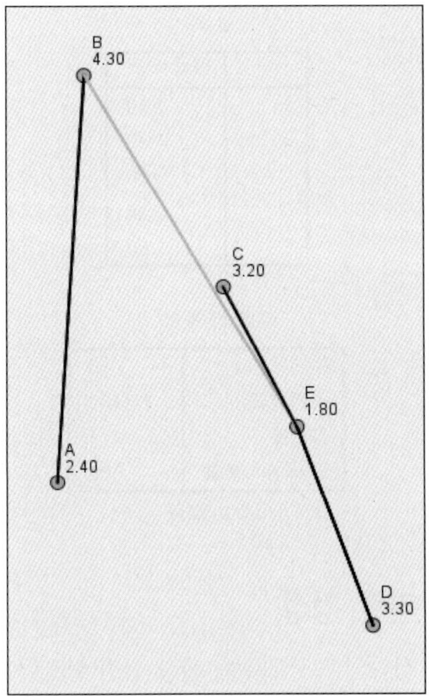

각 노드는 표본 평균 순위를 보여줍니다.

각 노드는 표본 평균 순위를 보여줍니다.

표본1-표본2	검정 통계량	표준 오차	표준 검정 통계량	유의확률	수정된 유의확률
E-A	.600	.707	.849	.396	1.000
E-C	1.400	.707	1.980	.048	.477
E-D	1.500	.707	2.121	.034	.339
E-B	2.500	.707	3.536	.000	.004
A-C	-.800	.707	-1.131	.258	1.000
A-D	-.900	.707	-1.273	.203	1.000
A-B	-1.900	.707	-2.687	.007	.072
C-D	-.100	.707	-.141	.888	1.000
C-B	1.100	.707	1.556	.120	1.000
D-B	1.000	.707	1.414	.157	1.000

각 행은 표본 1과 표본 2 분포가 동일한 영가설을 검정합니다.
근사 유의확률(양측검정)이 표시됩니다. 유의수준이 .05입니다.

B와 E 사이에 유의한 차가 있다는 것을 보이고 있다.

● [레거시 대화상자]에 의한 출력결과

순위

	평균 순위
A	2.40
B	4.30
C	3.20
D	3.30
E	1.80

검정 통계량[a]

N	10
카이제곱	14.480
자유도	4
근사 유의확률	.006

a. Friedman 검정

3. 하나의 중심위치에 관한 검정

Wilcoxon의 부호순위검정은 하나의 모중위수에 관한 검정에도 이용할 수 있다. 그래서 예제 4-3을 다시 문제 삼기로 한다.

● 예제 7-4(예제 4-3의 재게재)

다음의 데이터는 어떤 대학의 학생 100명에 대한 영어시험 득점이다. 990점 만점으로 평가되고 있다. 이 대학의 학생 전원을 모집단으로 해서 100명은 모집단으로부터 무작위로 추출된 학생이다.

표 7.5 영어시험 득점표(<표 4.1>과 같다)

435	320	585	400	500
410	315	390	480	640
340	500	315	415	280
500	365	315	305	425
800	385	365	440	385
440	385	475	545	300
305	445	595	555	485
430	210	300	355	505
315	215	415	620	365
380	545	390	435	375
415	580	220	680	310
510	435	480	690	365
385	550	500	530	435
625	365	355	365	510
455	405	555	425	555
490	525	500	475	680
590	515	300	660	465
440	355	325	480	410
365	570	395	360	665
435	260	580	290	395

모집단의 중심위치(모중위수)는 470점이라고 할 수 있는지 어떤지를 검정하라.

예제 4-3에서는 부호검정을 이용했다. 여기에서는 Wilcoxon의 부호순위검정을 이용해서 같은 데이터를 분석한다. 가설은 다음과 같다.

귀무가설 H_0 : 모중위수=470

대립가설 H_1 : 모중위수$\neq$470

● SPSS의 순서

<순서 1> 데이터의 입력

(1) 다음과 같이 영어의 득점을 입력한다.

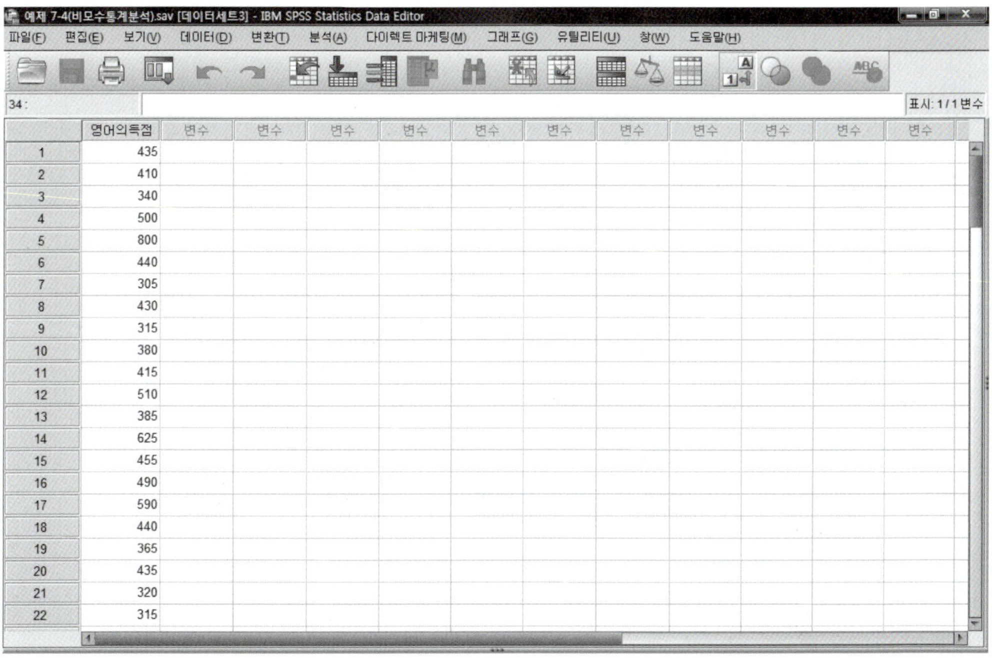

(2) [변수보기]의 [측도]에서 '영어의 득점'에 '척도'를 설정한다.

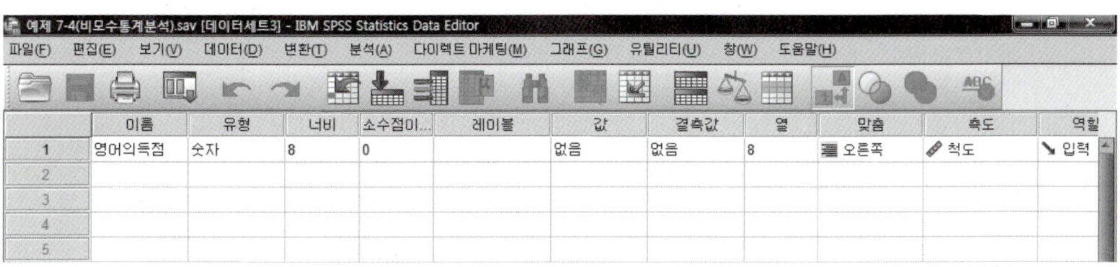

<순서 2> 분석수법의 선택

(1) 메뉴에서 [분석]-[비모수 검정]-[일표본]을 선택한다.

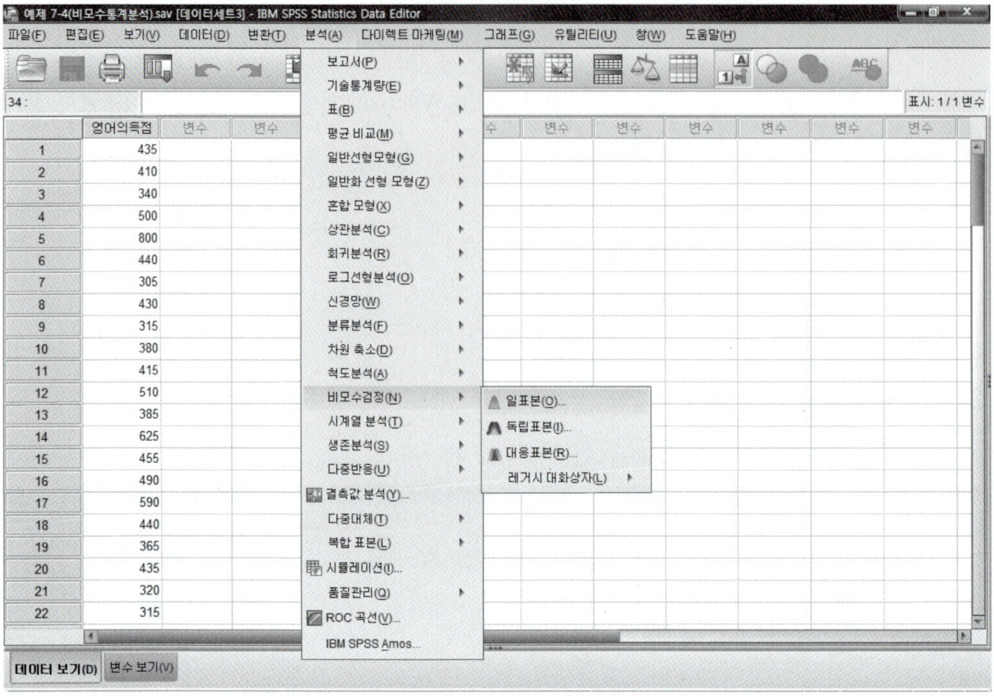

(2) 다음과 같은 대화상자가 나타난다. [필드]를 클릭한다.

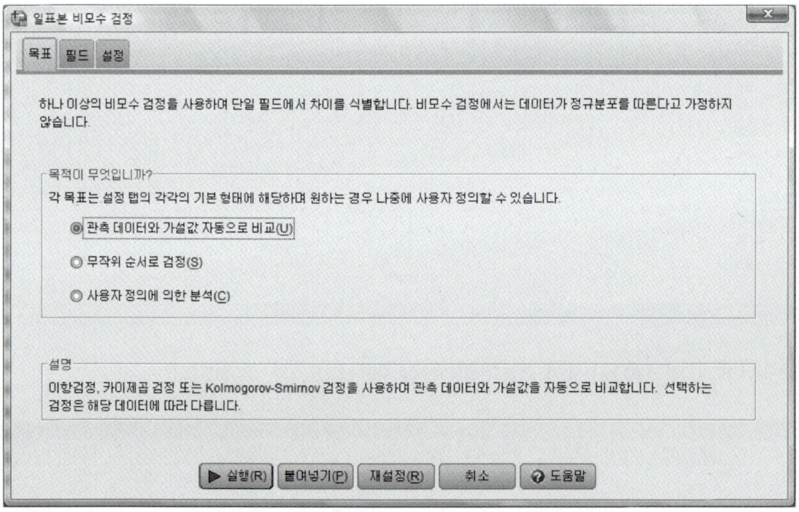

(3) [검정 필드]에 '영어의 득점'을 투입한다. [설정]을 클릭한다.

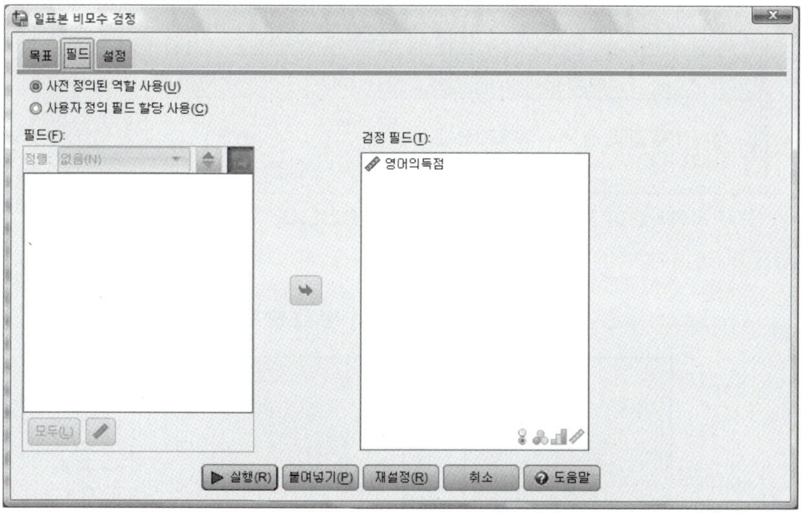

(4) [항목 선택]에서 [검정 선택]을 선택한다. [사용자 정의에 의한 검정]에 체크하고, [평균과 가설값 비교(Wilcoxon 부호순위검정]를 선택한다. [가설 중위수]를 '470'으로 설정한다. [실행]을 클릭한다.

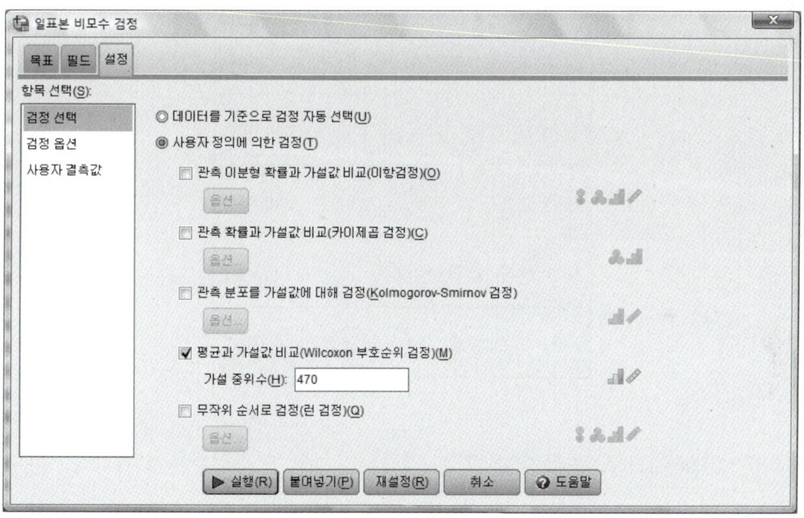

(5) 출력결과를 더블클릭하면 상세한 결과가 표시된다.

● 분석결과

SPSS에 의한 분석결과가 다음과 같이 얻어지고 있다.

가설검정 요약

	영가설	검정	유의확률	의사결정
1	영어의득점의 중위수가 470와(과) 같습니다.	일표본 Wilcoxon 부호순위 검정	.007	영가설을 기각합니다.

근사 유의확률이 표시됩니다. 유의수준이 .05입니다.

일표본 Wilcoxon 부호순위 검정

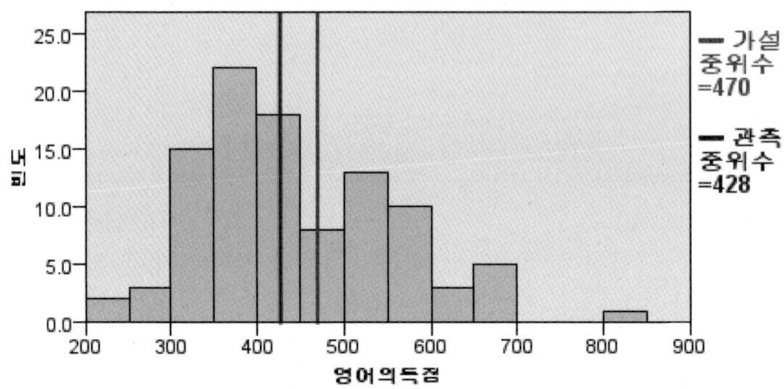

전체 N	100
검정 통계량	1,739.000
표준오차	290.763
표준화된 검정 통계량	-2.703
근사 유의확률 (양측검정)	.007

p값 $= 0.007 < 0.05$이므로, 귀무가설 H_0는 기각된다. 즉, 모중위수는 470이라고는 할 수 없다고 하는 결론을 얻는다.

7.2 비율의 비교

1. 두 개의 비율에 관한 검정

● McNemar의 검정

변화의 현저성에 대한 McNemar(맥네마)의 검정은 측정법(척도)이 명목척도 혹은 순서척도로 이루어진, '전·후(before and after)' 계획에 특히 적용 가능하다. 예를 들면, 투표자의 여러 후보자 간의 선택에 대해서 어떤 특수한 처리(집회, 신문논설, 우송 팜플렛, 개별방문, 기타)의 효과를 검정하기 위해서 사용할 수 있을 것이다. 또, 그것은 사람들의 정치적 참여에 관해서, 지방에서 도시로의 이동효과를 검정하기 위하여 사용될 수 있다.

● 예제 7-5

학교 급식으로서 제공할 예정인 두 종류의 메뉴인 한식과 양식을 시식하고, 어느 쪽이 좋은지를 학생 30명에게 회답하게 했다. 그리고 1주일 후에 두 번째 같은 조사를 실시했다. 다음의 데이터가 회답결과이다.

표 7.6 데이터표

학생	제1회째	제2회째
1	한식	한식
2	한식	한식
3	한식	한식
4	한식	한식
5	한식	한식
6	한식	한식
7	한식	한식
8	한식	한식
9	한식	양식
10	한식	양식
11	한식	양식
12	한식	양식
13	양식	한식
14	양식	한식
15	양식	한식
16	양식	한식
17	양식	한식
18	양식	한식
19	양식	한식
20	양식	한식
21	양식	한식
22	양식	한식
23	양식	한식
24	양식	한식
25	양식	한식
26	양식	양식
27	양식	양식
28	양식	양식
29	양식	양식
30	양식	양식

A를 0
B를 1
로 표시

학생	제1회째	제2회째
1	0	0
2	0	0
3	0	0
4	0	0
5	0	0
6	0	0
7	0	0
8	0	0
9	0	1
10	0	1
11	0	1
12	0	1
13	1	0
14	1	0
15	1	0
16	1	0
17	1	0
18	1	0
19	1	0
20	1	0
21	1	0
22	1	0
23	1	0
24	1	0
25	1	0
26	1	1
27	1	1
28	1	1
29	1	1
30	1	1

● 가설의 설정

이 예제에 대한 가설은 다음과 같이 된다.

귀무가설 H_0 : 제1회째와 제2회째에서 한식을 좋아하는 비율은 같다

대립가설 H_1 : 제1회째와 제2회째에서 한식을 좋아하는 비율은 다르다

검정의 유의수준은 $\alpha = 0.05$이다.

● 적용하는 수법

이가 데이터(명목척도)라는 사실, 그리고 한식과 양식에 대해서 동일 인물이 평가하고 있으므로, 대응이 있는 두 개의 비율의 차이를 검정하는 데 적합한 McNemar의 검정을 이용한다.

그런데 이 예제의 데이터를 분할표의 형태로 표현하면 다음과 같이 된다.

제1회째 * 제2회째 교차표

빈도

		제2회째		전체
		한식	양식	
제1회째	한식	8	4	12
	양식	13	5	18
전체		21	9	30

McNemar의 검정은 (제1회째가 한식, 제2회째가 양식)의 수와 (제1회째가 양식, 제2회째가 한식)의 수가 50%씩 비율로 발생하고 있는지 어떤지를 보는 검정으로 부호검정으로도 분석할 수 있으며 결과는 일치한다.

● SPSS의 순서

<순서 1> 데이터의 입력

(1) 다음과 같이 메뉴의 기호를 입력한다.

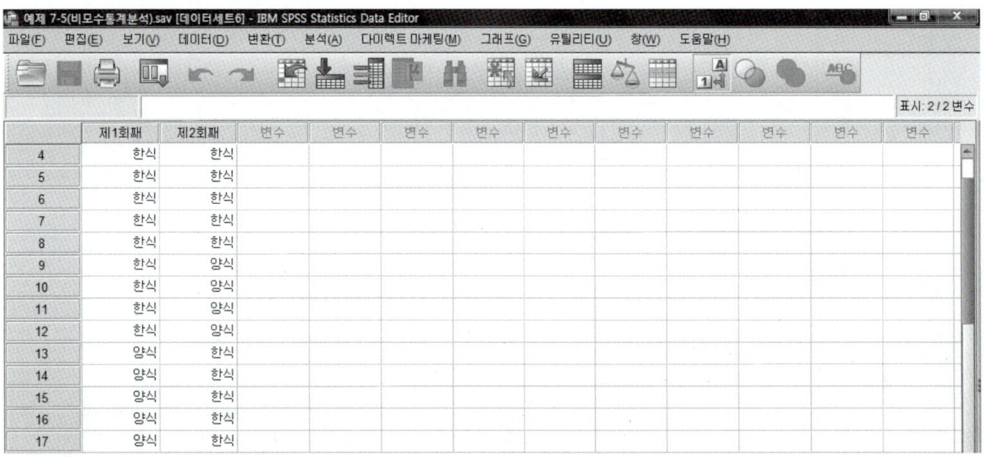

(2) [변수보기]의 [측도]에서 '제1회째', '제2회째'를 '명목'으로 설정한다.

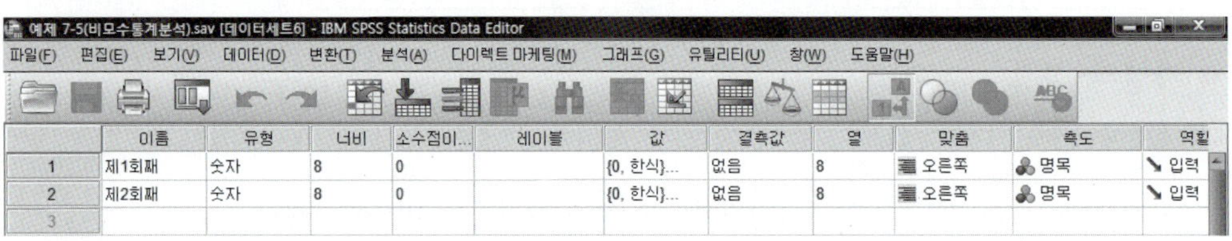

(3) [값]에서 변수값 설명을 다음과 같이 입력한다.

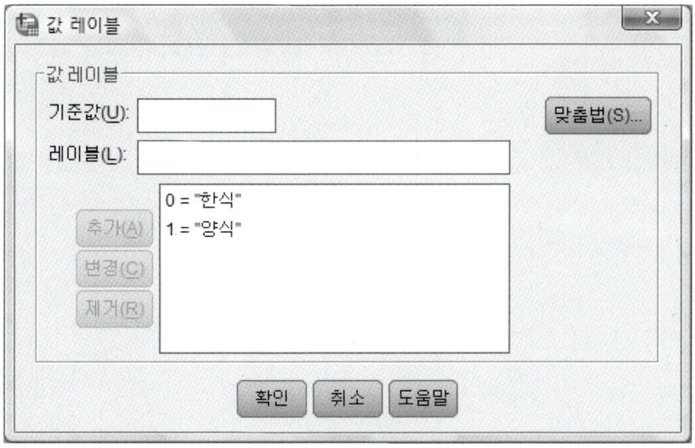

<순서 2> 분석수법의 선택

(1) 메뉴에서 [분석]-[비모수 검정]-[대응표본]을 선택한다.

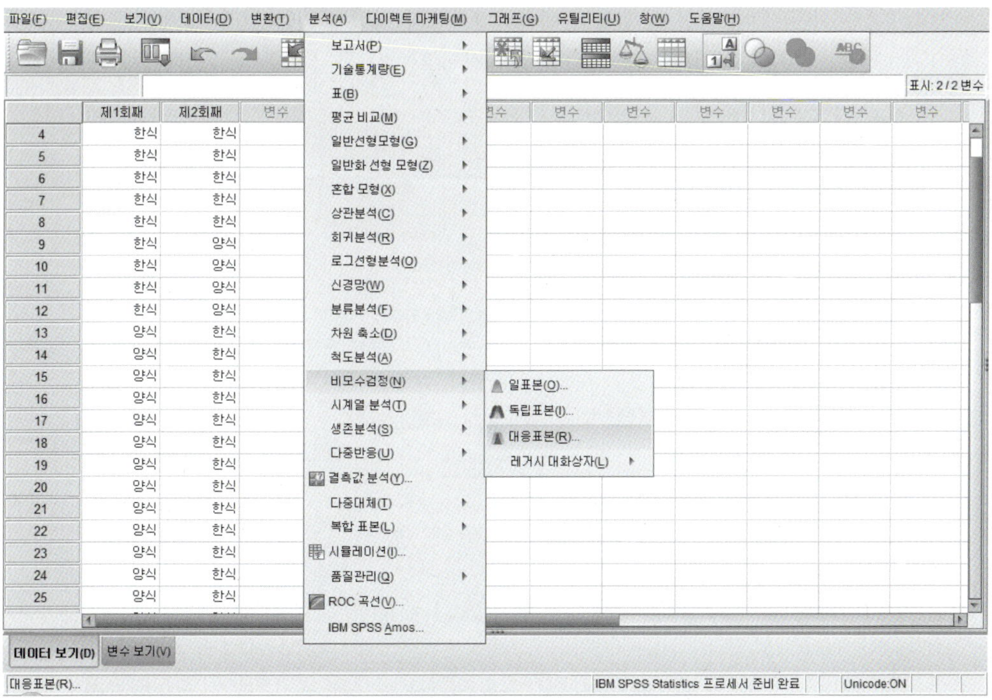

(2) [목표] 대화상자가 나타난다. [필드]를 클릭한다.

(3) [검정 필드]에 '제1회째', '제2회째'를 투입한다. [설정]을 클릭한다.

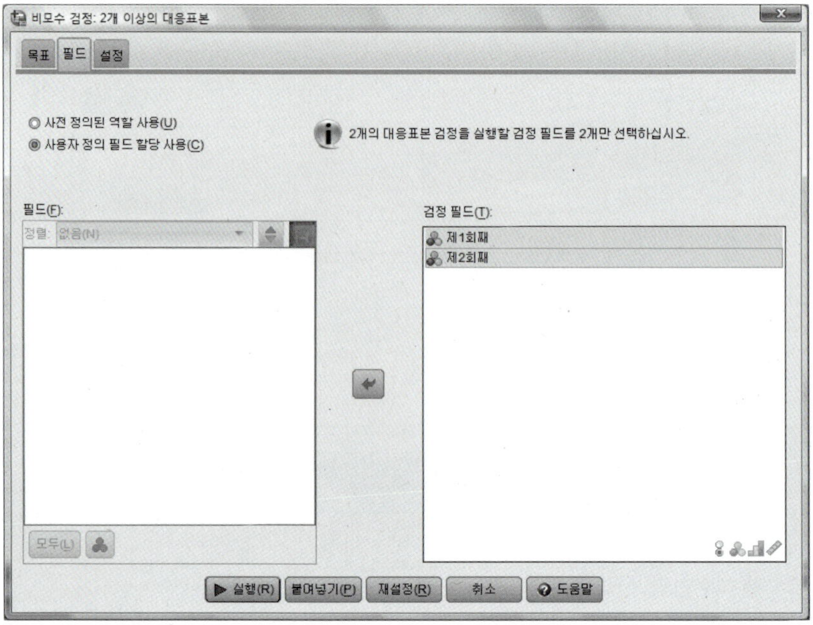

(4) [항목 선택]에서 [검정 선택]을 선택한다. [사용자 정의에 의한 검정]에 체크하고, [이분형 데이터의 변화 검정]에서 [McNemar의 검정(2표본)]를 선택한다. [실행]을 클릭한다.

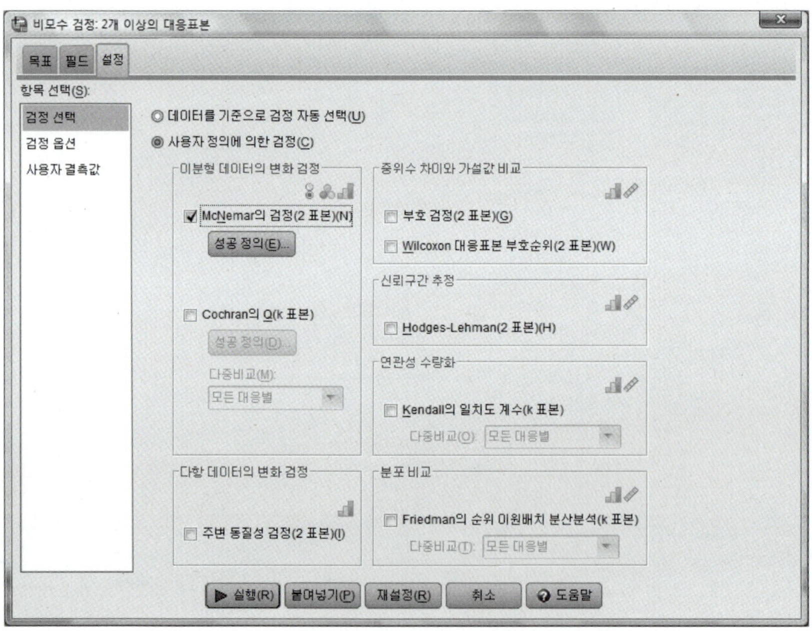

(5) 출력결과를 더블클릭하면 상세한 결과가 표시된다.

● **[레거시 대화상자]로부터의 순서**

※ <순서 1>은 앞에서와 동일

<순서 2> 분석수법의 선택

(1) 메뉴에서 [분석]-[비모수 검정]-[레거시 대화상자]-[2-대응표본]을 선택한다.

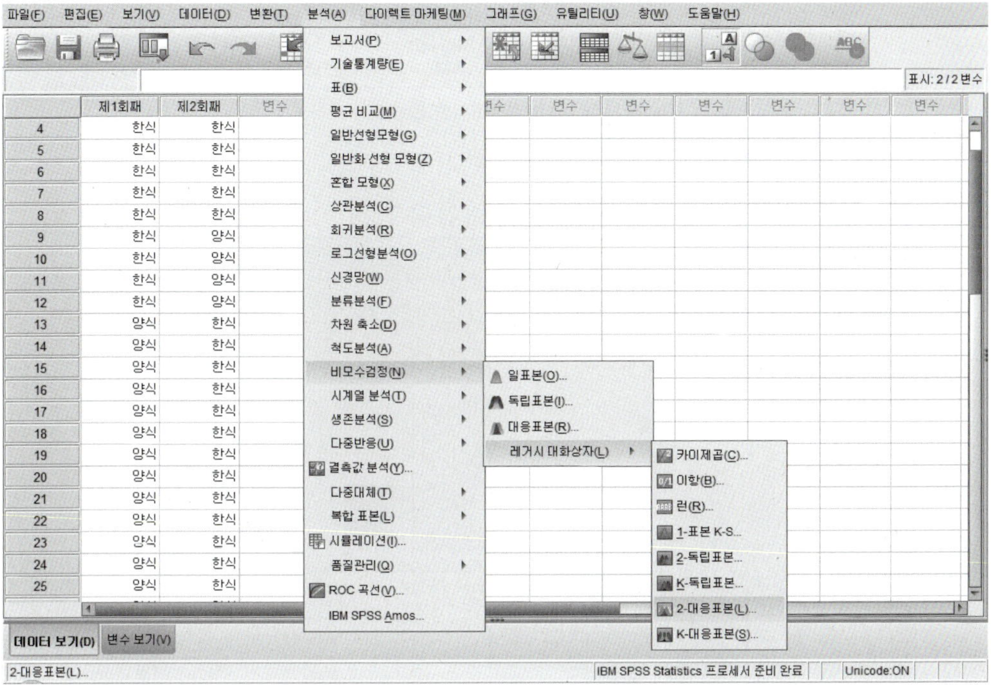

(2) 다음과 같은 대화상자가 나타난다.

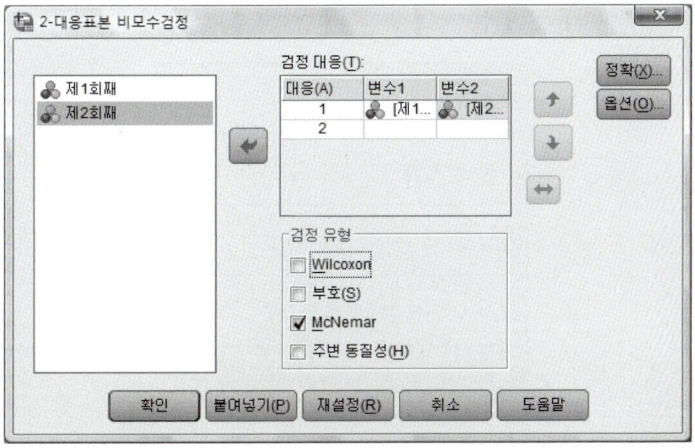

[검정대응]에 '제1회째', '제2회째'를 차례로 투입한다.

[검정유형]에서 [McNemar]에 체크한다.

[확인]을 클릭한다.

● 분석결과

SPSS에 의한 분석결과가 다음과 같이 얻어지고 있다.

가설검정 요약

	영가설	검정	유의확률	의사결정
1	제1회째 및 제2회째에서 다른 값의 분포가 동일할 가능성이 있습니다.	대응표본 McNemar 검정	.049[1]	영가설을 채택합니다.

근사 유의확률이 표시됩니다. 유의수준이 .05입니다.

[1]이 검정에 대한 정확 유의확률이 표시됩니다.

대응표본 McNemar 변화량 검정

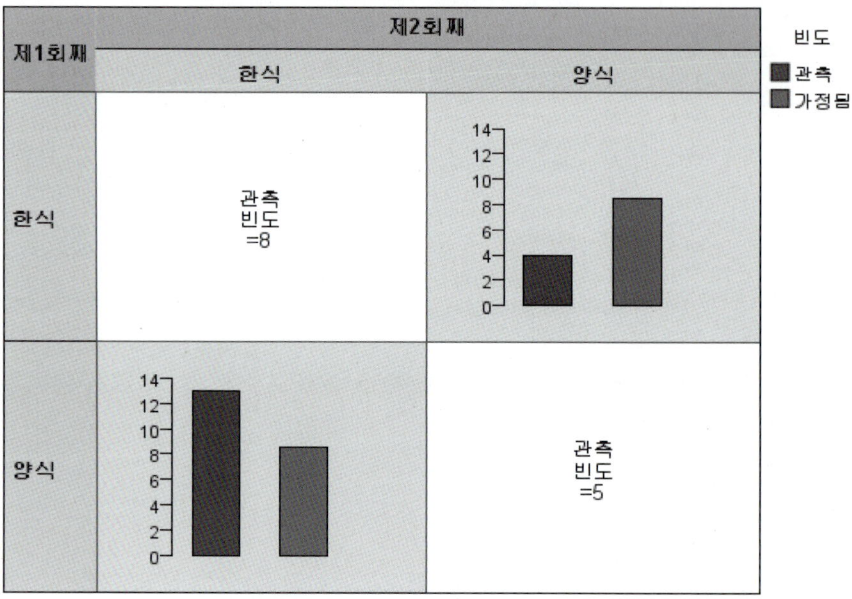

전체 N	30
검정 통계량	3.765
자유도	1
근사 유의확률 (양측검정)	.052
정확 유의확률 (양측검정)	.049

p값 $= 0.049 < 0.05$이므로, 귀무가설 H_0는 기각된다. 즉, 제1회째와 제2회째에서 한식을 좋아하는 비율에 차가 있다고 할 수 있다.

● [레거시 대화상자]에 의한 출력결과

제1회째 & 제2회째

제1회째	제2회째	
	한식	양식
한식	8	4
양식	13	5

검정 통계량[a]

	제1회째 & 제2회째
N	30
정확 유의확률(양측)	.049[b]

a. McNemar 검정

b. 이항분포를 사용함.

2. 세 개 이상의 비율에 관한 검정

● **예제 7-6**

학교 급식으로서 제공하고 있는 다섯 가지 종류의 과일(귤, 사과, 바나나, 딸기, 메론)에 대해서 다음과 같은 앙케트 조사를 실시했다.

> 다음에 보이는 과일에 대해서 몇 개라도 좋으니 좋아하는 것에 ○표를 해 주십시오.
> 귤　사과　바나나　딸기　메론

학생 30명의 회답결과가 다음의 데이터표이다.

표 7.7 과일 기호조사 데이터표

학생	귤	사과	바나나	딸기	메론
1	1	1	1	1	1
2	1	0	1	1	1
3	1	1	1	0	0
4	0	1	0	1	1
5	1	1	0	1	1
6	1	1	0	0	1
7	1	1	0	1	1
8	0	0	0	1	1
9	0	0	0	1	1
10	0	0	0	1	1
11	1	1	1	1	1
12	1	1	1	0	1
13	0	1	1	0	1
14	1	1	1	1	1
15	1	1	1	0	0
16	1	0	0	1	1
17	0	1	0	0	1
18	0	1	0	1	1

19	1	1	1	1	0
20	1	0	1	1	0
21	1	1	1	1	1
22	0	0	0	1	1
23	0	1	0	0	1
24	0	1	1	0	1
25	1	0	0	1	1
26	1	1	0	1	0
27	1	1	0	1	1
28	0	1	1	1	1
29	1	0	0	0	1
30	1	1	0	1	1

좋아하는 것을 1, 그렇지 않은 것을 0으로 표현하고 있다. 다섯 종류의 과일을 좋아하는 비율에 차가 있다고 할 수 있는지 검정하라.

● 가설의 설정

이 예제에 대한 가설은 다음과 같이 된다.

귀무가설 H_0 : 다섯 종류의 과일을 좋아하는 비율은 같다

대립가설 H_1 : 다섯 종류의 과일을 좋아하는 비율은 다르다

검정의 유의수준은 $\alpha = 0.05$로 한다.

● 적용하는 수법

이가(二價) 데이터(명목척도)라는 사실, 그리고 다섯 종류의 과일을 동일 인물이 평가하고 있으므로, 대응이 있는 세 종류 이상의 비율의 차이를 검정하는 데 적합한 **Cochran(코크란)의 Q검정**을 이용한다.

이 예제는 앙케트 조사에 대한 복수회답(複數回答)의 데이터를 분석하는 방법을 소개하고 있다. 앞의 예제 있어서 같은 조사를 2회가 아니라 3회 이상 실시한 것과 같은 경우에도 적용할 수 있다.

● SPSS의 순서

<순서 1> 데이터의 입력

(1) 다음과 같이 과일의 기호 데이터를 입력한다.

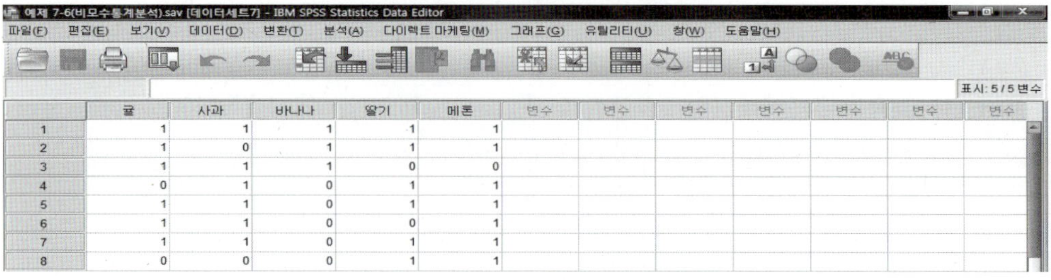

	귤	사과	바나나	딸기	메론	변수	변수	변수	변수	변수	변수	변수
1	1	1	1	1	1							
2	1	0	1	1	1							
3	1	1	1	0	0							
4	0	1	0	1	1							
5	1	1	0	1	1							
6	1	1	0	0	1							
7	1	1	0	1	1							
8	0	0	0	1	1							

(2) [변수 보기]의 [측도]에서 모든 과일의 변수는 '명목'으로 설정한다.

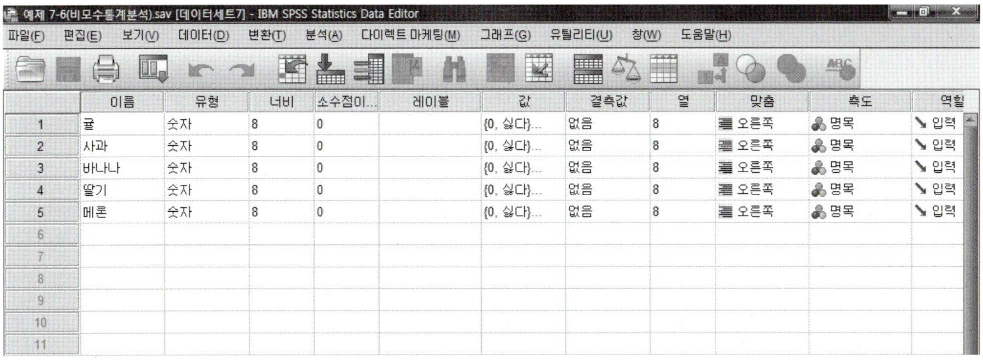

<순서 2> 분석수법의 선택

(1) 메뉴에서 [분석]-[비모수 검정]-[대응표본]을 선택한다.

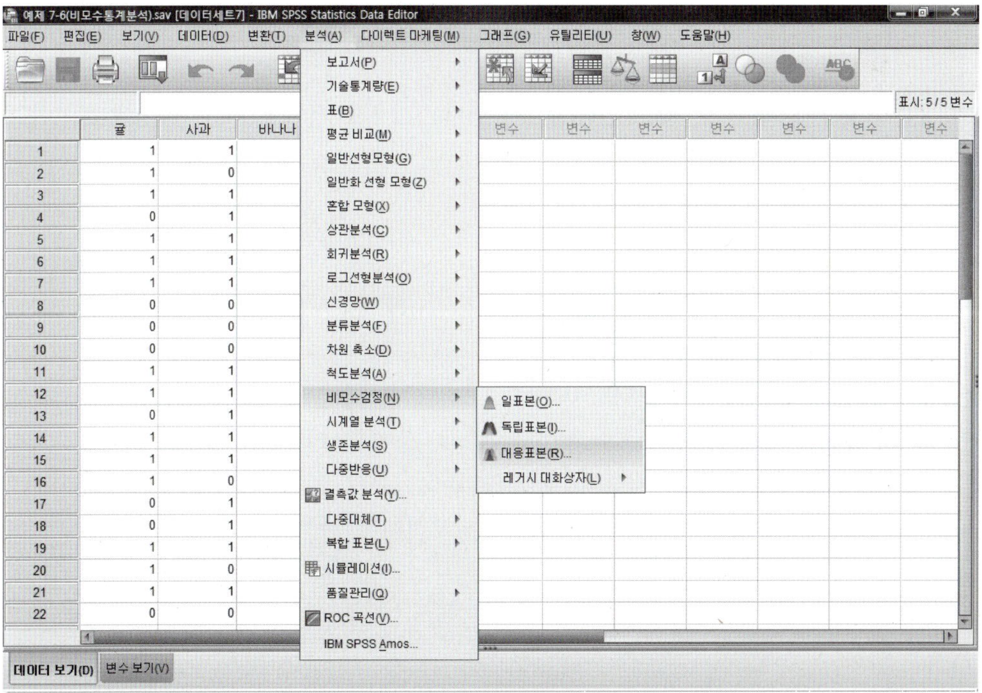

(2) [목표] 대화상자가 나타난다. [필드]를 클릭한다.

(3) [검정 필드]에 '귤', '사과', '바나나', '딸기', '메론'을 투입한다. [설정]을 클릭한다.

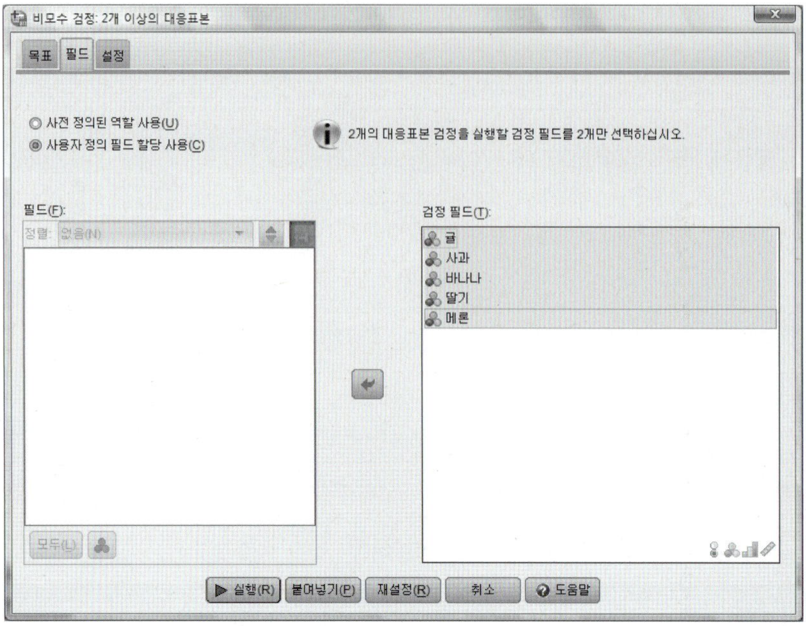

(4) [항목 선택]에서 [검정 선택]을 선택한다. [사용자 정의에 의한 검정]에 체크하고, [Cochran의 Q(k 표본)]를 선택한다.
[다중비교]의 [모든 대응별]을 선택한다.
[실행]을 클릭한다.

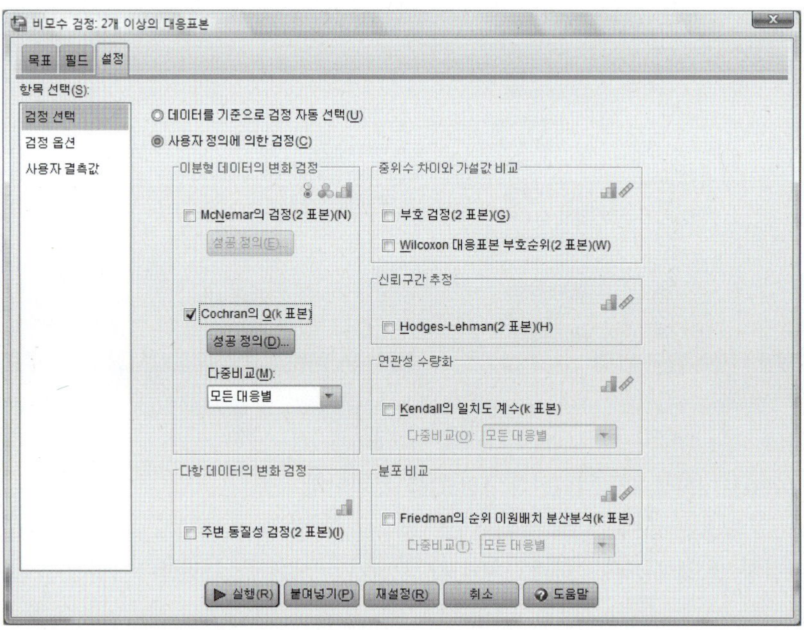

(5) 출력결과를 더블클릭하면 상세한 결과가 표시된다.

● [레거시 대화상자]로부터의 순서

※ <순서 1>은 앞에서와 동일

<순서 2> 분석수법의 선택

(1) 메뉴에서 [분석]-[비모수 검정]-[레거시 대화상자]-[K-대응표본]을 선택한다.

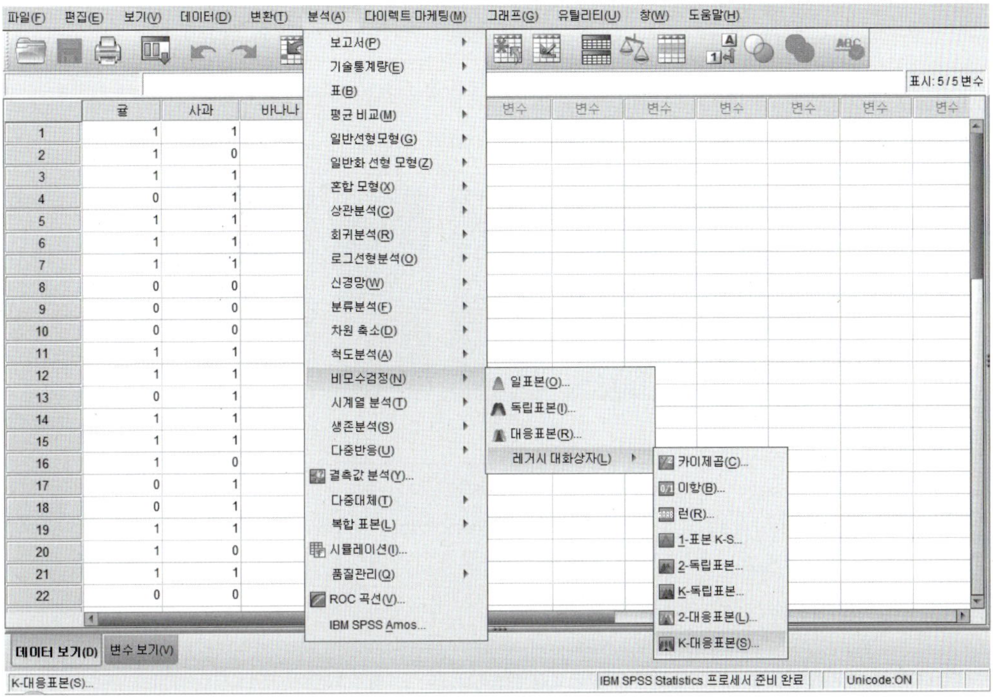

(2) 다음과 같은 대화상자가 나타난다.

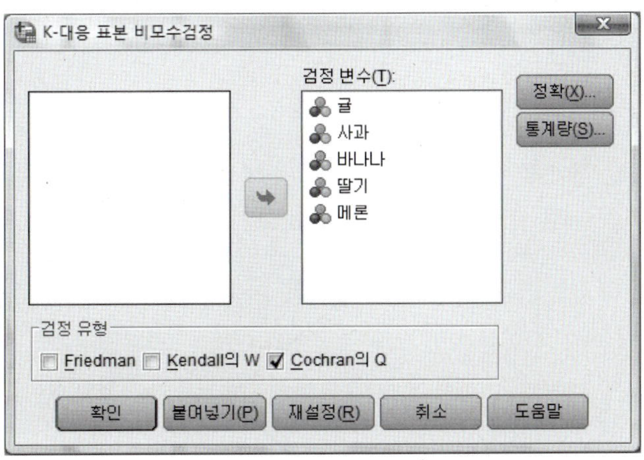

[검정변수]에 '귤', '사과', '바나나', '딸기', '메론'을 투입한다.

[검정유형]에서 [Cochran의 Q]에 체크한다.

[확인]을 클릭한다.

● 분석결과

SPSS에 의한 분석결과가 다음과 같이 얻어지고 있다.

가설검정 요약

	영가설	검정	유의확률	의사결정
1	귤, 사과, 바나나, 딸기 and 메론의 분포가 같습니다.	대응표본 Cochran의 Q 검정	.027	영가설을 기각합니다.

근사 유의확률이 표시됩니다. 유의수준이 .05입니다.

대응표본 Cochran의 Q 검정

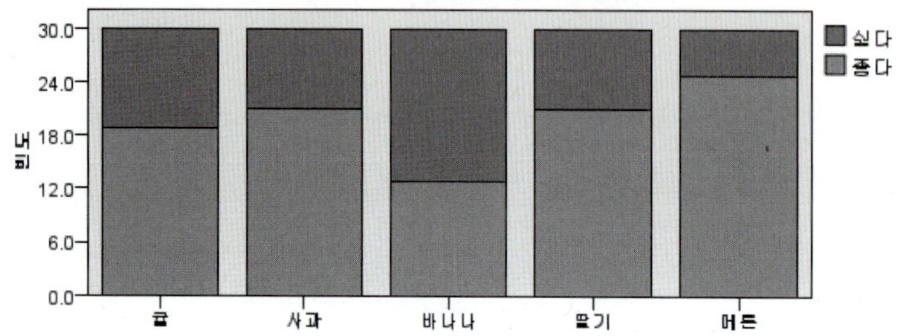

전체 N	30
검정 통계량	10.971
자유도	4
근사 유의확률 (양측검정)	.027

p값 $= 0.027 < 0.05$이므로, 귀무가설 H_0는 기각된다. 즉, 다섯 종류 과일에 대한 기호 비율에는 차가 있다고 할 수 있다.

● 다중비교

어느 두 종류의 과일 사이에 차가 있는지를 보기 위해서 다중비교를 실시한다.

대응별 비교

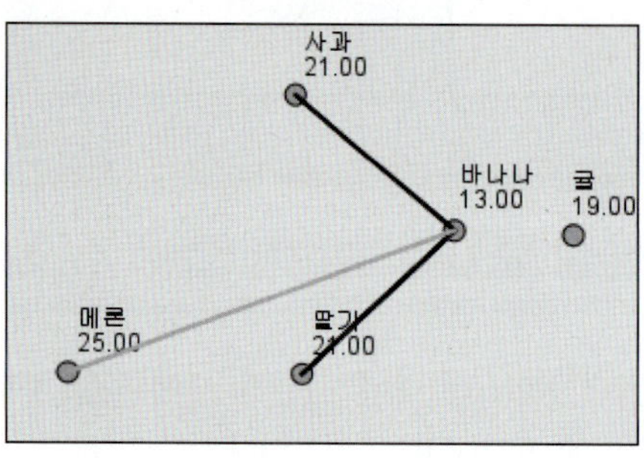

각 노드는 성공의 표본 수를 보여줍니다.

각 노드는 성공의 표본 수를 보여줍니다.

표본1-표본2	검정 통계량	표준 오차	표준 검정 통계량	유의확률	수정된 유의확률
바나나-귤	.200	.125	1.604	.109	1.000
바나나-사과	.267	.125	2.138	.033	.325
바나나-딸기	-.267	.125	-2.138	.033	.325
바나나-메론	-.400	.125	-3.207	.001	.013
귤-사과	-.067	.125	-.535	.593	1.000
귤-딸기	-.067	.125	-.535	.593	1.000
귤-메론	-.200	.125	-1.604	.109	1.000
사과-딸기	.000	.125	.000	1.000	1.000
사과-메론	-.133	.125	-1.069	.285	1.000
딸기-메론	-.133	.125	-1.069	.285	1.000

각 행은 표본 1과 표본 2 분포가 동일한 영가설을 검정합니다.
근사 유의확률(양측검정)이 표시됩니다. 유의수준이 .05입니다.

다중비교 결과 10가지 조합의 검정 중에서 바나나와 메론 사이만 유의한 차가 있는 것으로 판명되었다.

● [레거시 대화상자]에 의한 출력결과

SPSS의 [레거시 대화상자]를 사용한 Cochran의 Q 검정의 결과는 다음과 같다.

빈도

	값	
	0	1
귤	11	19
사과	9	21
바나나	17	13
딸기	9	21
메론	5	25

검정 통계량

N	30
Cochran의 Q	10.971[a]
자유도	4
근사 유의확률	.027

a. 1은(는) 성공한 것으로 처리됩니다.

CHAPTER

8

관계성의 검정

CHAPTER 8 **관계성의 검정**

8.1 순위의 상관관계

1. 순위상관계수

● **예제 8-1**

자동차의 디자인 만족도와 성능 만족도를 운전자 30명에게 조사한 결과가 다음 <표 8.1>과 같다. 어느 쪽의 만족도도 다음에 보이는 7단계로 평가하고 있다.

1 대단히 불만
2 상당히 불만
3 불만
4 어느 쪽이라고도 할 수 없다
5 만족
6 상당히 만족
7 대단히 만족

표 8.1 만족도 조사 데이터

운전자	디자인	성능	운전자	디자인	성능
1	1	2	16	4	3
2	1	1	17	4	3
3	1	1	18	4	3
4	2	5	19	4	3
5	2	4	20	5	4
6	2	2	21	5	3
7	3	2	22	5	3
8	3	2	23	5	4
9	3	3	24	5	4
10	3	3	25	6	4
11	4	3	26	6	5
12	4	3	27	6	5
13	4	4	28	7	7
14	4	4	29	7	5
15	4	4	30	3	4

디자인 만족도와 성능 만족도의 사이에는 상관관계가 있다고 할 수 있는지 어떤지를 검정하라.

● 가설의 설정

이 예제에 대한 가설은 다음과 같이 된다.

귀무가설 H_0 : 디자인 만족도와 성능 만족도에는 상관이 있다
대립가설 H_1 : 디자인 만족도와 성능 만족도에는 상관이 없다

검정의 유의수준은 $\alpha = 0.05$ 이다.

● 적용하는 수법

순서척도끼리의 상관관계를 보려면 순위상관계수가 적합하다. 순위상관계수에는 **Spearman의 순위상관계수**와 **Kendall의 순위상관계수**가 있다. 이들 두 가지 순위상관계수는 계산방법이 다르기 때문에 얻어지는 결과도 일치하지 않는다. 일반적으로는 Kendall 쪽이 Spearman 쪽보다 작은 수치가 되기 쉽다. 순위상관계수는 순위가 완전히 일치해 있으면 1, 완전히 역일 때에는 -1이 되고, 무상관일 때에는 0에 가까운 값이 된다.

● SPSS의 순서

<순서 1> 데이터의 입력

(1) 디자인과 성능을 변수로 해서 18개씩을 다음과 같이 입력한다.

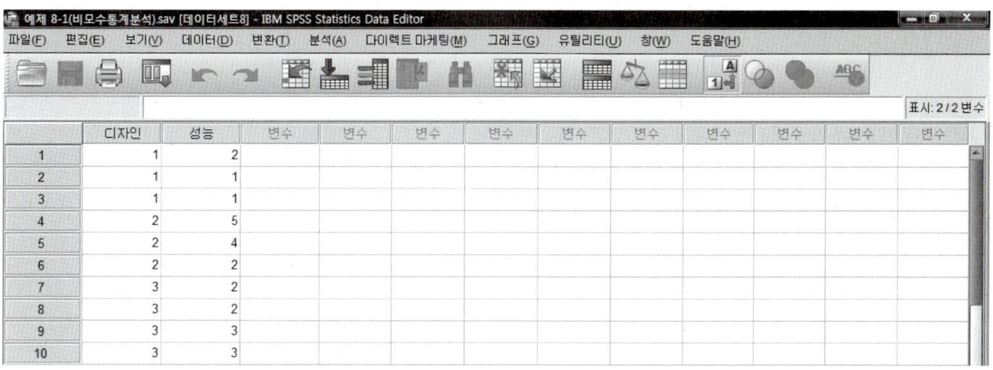

	디자인	성능	변수	변수	변수	변수	변수	변수	변수	변수	변수	변수
1	1	2										
2	1	1										
3	1	1										
4	2	5										
5	2	4										
6	2	2										
7	3	2										
8	3	2										
9	3	3										
10	3	3										

(2) [변수 보기]의 [측도]에서 '디자인', '성능'은 [순서]로 설정한다.

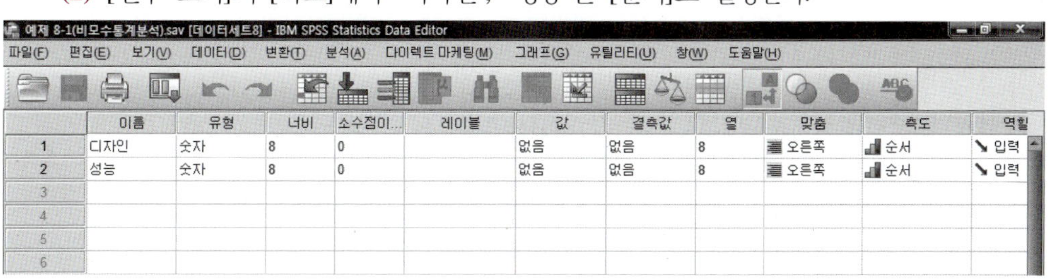

	이름	유형	너비	소수점이...	레이블	값	결측값	열	맞춤	측도	역할
1	디자인	숫자	8	0		없음	없음	8	오른쪽	순서	입력
2	성능	숫자	8	0		없음	없음	8	오른쪽	순서	입력
3											
4											
5											
6											

<순서 2> 분석수법의 선택

(1) 메뉴에서 [분석]-[상관분석]-[이변량 상관]을 선택한다.

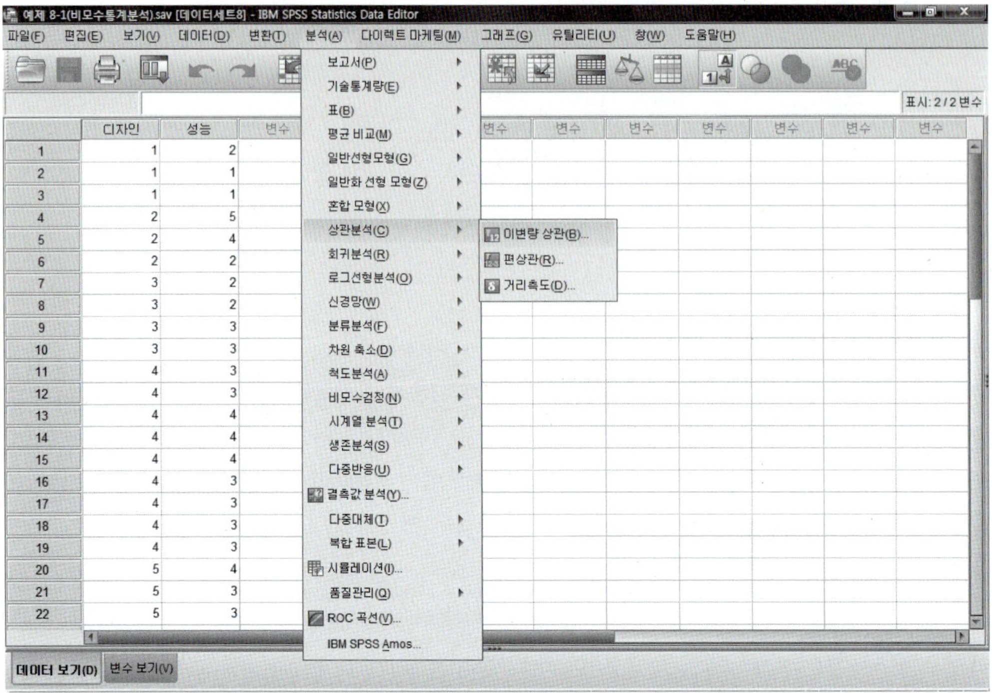

(2) 다음과 같은 대화상자가 나타난다.

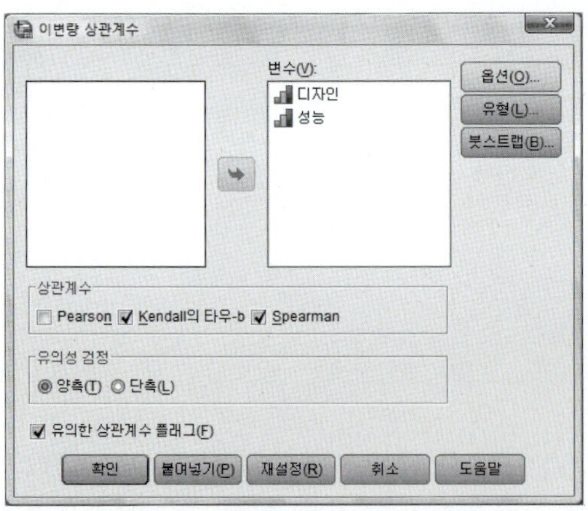

[변수]에 '디자인', '성능'을 투입한다.

[상관계수] 필드의 [Kendall의 타우], [Spearman]을 선택한다.

[유의성 검정] 필드의 [양측]을 선택한다.

[확인]을 클릭한다.

● 분석결과

SPSS에 의한 분석결과가 다음과 같이 얻어지고 있다.

상관관계

			디자인	성능
Kendall의 타우-b	디자인	상관계수	1.000	.589**
		유의확률 (양측)	.	.000
		N	30	30
	성능	상관계수	.589**	1.000
		유의확률 (양측)	.000	.
		N	30	30
Spearman의 rho	디자인	상관계수	1.000	.652**
		유의확률 (양측)	.	.000
		N	30	30
	성능	상관계수	.652**	1.000
		유의확률 (양측)	.000	.
		N	30	30

**. 상관관계가 0.01 수준에서 유의합니다(양측).

Kendall의 순위상관계수 = 0.589 p값 = 0.000

Spearman 순위상관계수 = 0.652 p값 = 0.000

모든 순위상관계수는 유의하다.

● 예제 8-2

어떤 회사의 사원의 근속년수와 연봉을 전사원으로부터 무작위로 20명 추출해서 조사했다. 그 조사결과는 다음과 같은 데이터표이다.

표 8.2 근속년수와 연봉 데이터표

사원	근속년수	연봉(만)	사원	근속년수	연봉(만)
1	21	3300	11	34	6360
2	22	3550	12	35	7100
3	24	3250	13	36	6830
4	25	3340	14	37	8200
5	26	3250	15	38	8450
6	26	3200	16	38	8940
7	27	3350	17	39	8550
8	28	3160	18	41	8670
9	31	5632	19	42	8890
10	32	5860	20	43	9350

근속년수와 연봉 사이에는 상관관계가 있다고 할 수 있는지 어떤지를 검정하라.

● 데이터의 그래프화

연속척도끼리의 관계를 보기 위해서 산점도를 이용하여 시각화한다.

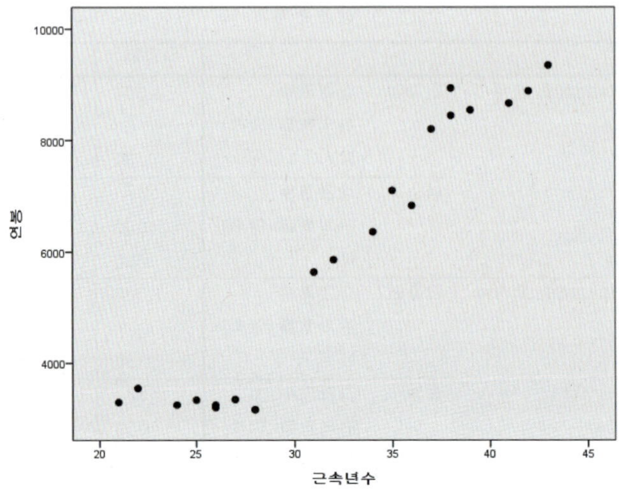

● 가설의 설정

이 예제에 대한 가설은 다음과 같이 된다.

귀무가설 H_0 : 근속년수와 연봉 사이에는 상관이 있다

대립가설 H_1 : 근속년수와 연봉 사이에는 상관이 없다

검정의 유의수준은 $\alpha = 0.05$로 한다.

● 적용하는 수법

연속척도끼리의 상관관계를 보려면 통상은 Pearson의 상관계수가 적합하다. 그러나 산점도를 보면 직선적인 경향이 아니라 곡선적인 경향으로 되어 있다. 단, 단조증가(근속년수가 길어지면 연봉도 많다)의 경향은 보인다. 이와 같은 때에도 순위상관계수가 적합하다.

힌트

순위상관계수

순위상관계수란 2조의 순위 데이터끼리의 상관의 강도를 나타내는 것이지만, 데이터가 순위로 수집되어 있지 않은 경우에는 2조의 데이터를 각각 작은 순서로 바꿔 늘어놓고 순위치로 변환한 다음에 순위상관계수를 구한다.

● 분석결과

SPSS에 의한 분석결과가 다음과 같이 얻어지고 있다.

상관관계

			근속년수	연봉
Kendall의 타우-b	근속년수	상관계수	1.000	.759**
		유의확률 (양측)	.	.000
		N	20	20
	연봉	상관계수	.759**	1.000
		유의확률 (양측)	.000	.
		N	20	20
Spearman의 rho	근속년수	상관계수	1.000	.895**
		유의확률 (양측)	.	.000
		N	20	20
	연봉	상관계수	.895**	1.000
		유의확률 (양측)	.000	.
		N	20	20

**. 상관관계가 0.01 수준에서 유의합니다(양측).

Kendall의 순위상관계수 = 0.759 p값 = 0.000
Spearman 순위상관계수 = 0.895 p값 = 0.000
모든 순위상관계수는 유의하다.

2. 일치계수

● 예제 8-3(예제 7-3의 재게재)

10명의 평가자에게 다섯 종류의 맥주(A, B, C, D, E)를 시음하게 하고, 맛있다고 느끼는 순으로 순위를 매기도록 하는 관능평가를 실시했다. 그 결과가 다음의 데이터표이다.

표 8.3 맥주에 대한 관능평가 데이터표

평가자	A	B	C	D	E
1	2	5	3	4	1
2	1	5	4	3	2
3	1	5	2	4	3
4	4	5	3	2	1
5	3	5	2	1	4
6	3	4	5	2	1
7	3	4	2	5	1
8	2	4	5	3	1
9	2	1	4	5	3
10	3	5	2	4	1

맥주의 순위에 차가 있다고 할 수 있는지 검정하라.

● 일치성의 측도

예제 7-3에서는 다섯 종류의 맥주에 차가 있는지 어떤지를 검정했다. 여기에서는 평가자에 착안해서 10명의 순위 매김에 일치성이 있는지 어떤지를 검토한다.

● 가설의 설정

이 예제에 대한 가설은 다음과 같이 된다.

귀무가설 H_0 : 평가자의 순위 매김은 일치하고 있지 않다
대립가설 H_1 : 평가자의 순위 매김은 일치하고 있다

검정의 유의수준은 $\alpha = 0.05$로 한다.

● 적용하는 수법

두 사람의 순위 데이터가 얻어졌을 때에, 그들의 순위 매김이 일치하고 있는지 어떤지를 보려면, 순위상관계수를 이용하면 된다. 그러나 본 예제와 같이 세 사람 이상의 순위 데이터가 얻어졌을 때에, 전원의 일치성을 보려면 **Kendall의 일치계수 W**가 적합하다.

전원의 순위가 완전히 일치하고 있으면 일치계수는 1이 되고, 완전히 일치하고 있지 않을 때에는 0이 된다.

● SPSS의 순서

<순서 1> 데이터의 입력

(1) 다음과 같이 맥주 맛의 순위를 입력한다.

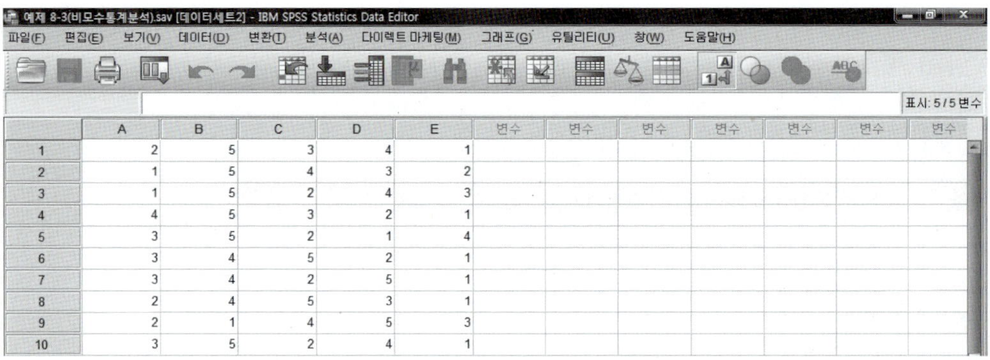

	A	B	C	D	E
1	2	5	3	4	1
2	1	5	4	3	2
3	1	5	2	4	3
4	4	5	3	2	1
5	3	5	2	1	4
6	3	4	5	2	1
7	3	4	2	5	1
8	2	4	5	3	1
9	2	1	4	5	3
10	3	5	2	4	1

(2) [변수 보기]의 [측도]에서 'A', 'B', 'C', 'D', 'E'를 [순서]로 설정한다.

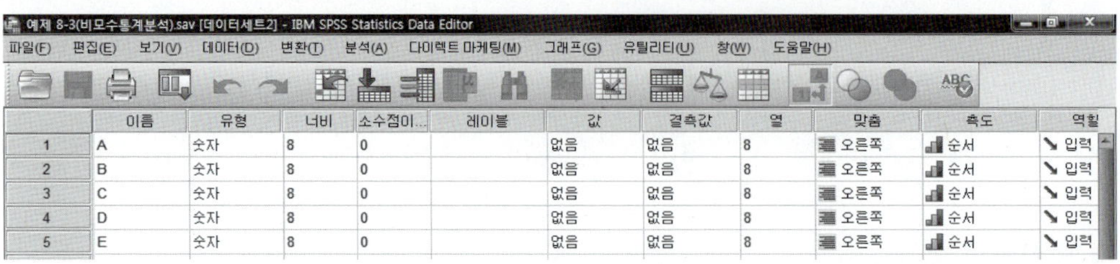

	이름	유형	너비	소수점이...	레이블	값	결측값	열	맞춤	측도	역할
1	A	숫자	8	0		없음	없음	8	오른쪽	순서	입력
2	B	숫자	8	0		없음	없음	8	오른쪽	순서	입력
3	C	숫자	8	0		없음	없음	8	오른쪽	순서	입력
4	D	숫자	8	0		없음	없음	8	오른쪽	순서	입력
5	E	숫자	8	0		없음	없음	8	오른쪽	순서	입력

<순서 2> 분석수법의 선택

(1) 메뉴에서 [분석]-[비모수검정]-[레거시 대화상자]-[K-대응표본]을 선택한다.

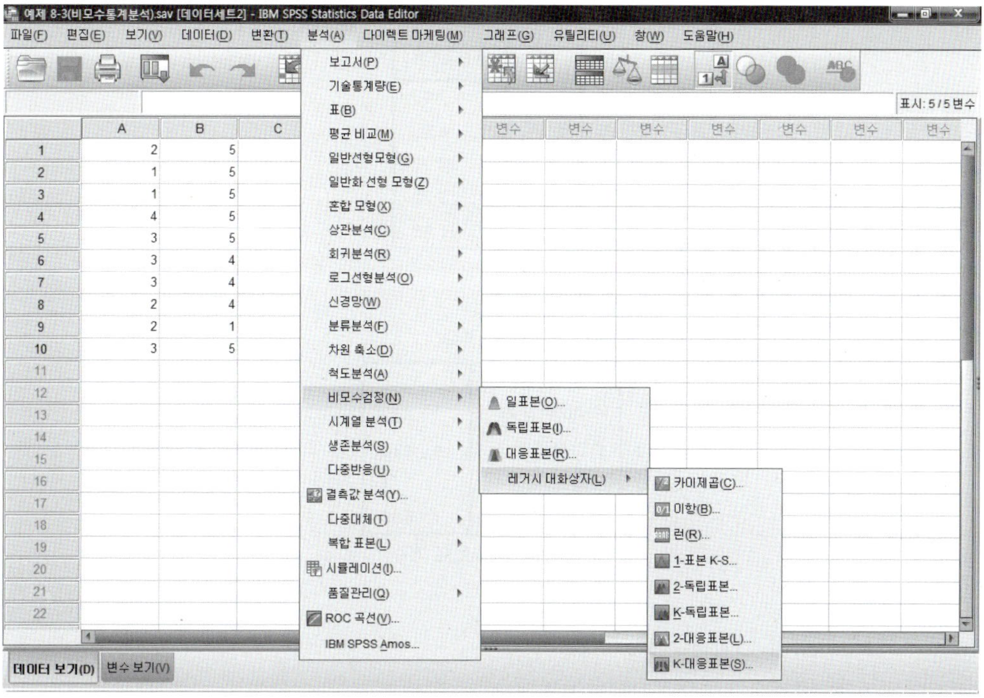

(2) 다음과 같은 대화상자가 나타난다.

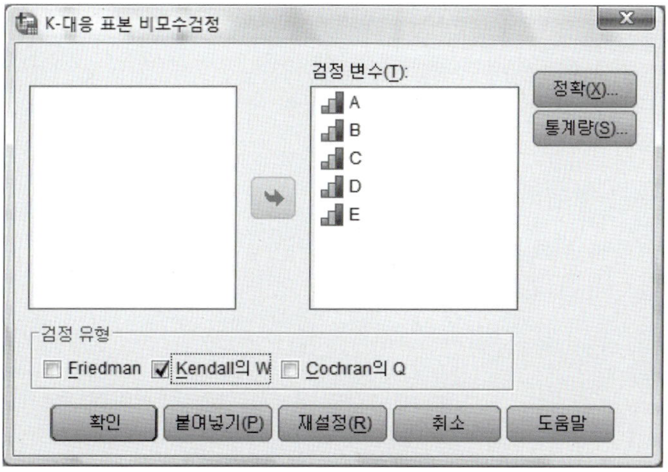

[검정변수]에 'A', 'B', 'C', 'D', 'E'를 투입한다.
[검정유형] 필드의 [Kendall의 W]를 선택한다.
[확인]을 클릭한다.

● 분석결과

SPSS에 의한 분석결과가 다음과 같이 얻어지고 있다.

순위

	평균 순위
A	2.40
B	4.30
C	3.20
D	3.30
E	1.80

검정 통계량

N	10
Kendall의 W[a]	.362
카이제곱	14.480
자유도	4
근사 유의확률	.006

a. Kendall의 일치도 계수

Kendall의 일치계수 W=0.362
p값 $= 0.006$

으로 되어 있어 일치계수는 유의하여 귀무가설 H_0는 기각된다. 즉, 10명의 순위 매김에는 일치성이 있다고 할 수 있다.

8.2 분할표의 검정

1. 2×2 분할표

● 예제 8-4

어떤 음식의 맛이 좋은지 싫은지를 고객 200명에게 조사해서 성별과의 관계를 보기 위해 크로스 집계한 결과 다음과 같은 분할표가 얻어졌다.

표 8.4 분할표

	좋다	싫다
남자	47	53
여자	66	34

성별과 음식의 기호에 관계가 있다고 할 수 있는지 검정하라.

● 데이터의 그래프화

명목척도끼리(성별과 기호)의 관계를 보기 위해서 막대 그래프를 이용하여 시각화한다.

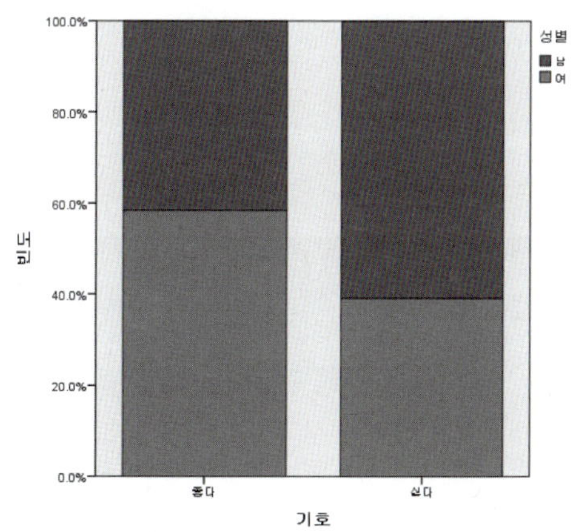

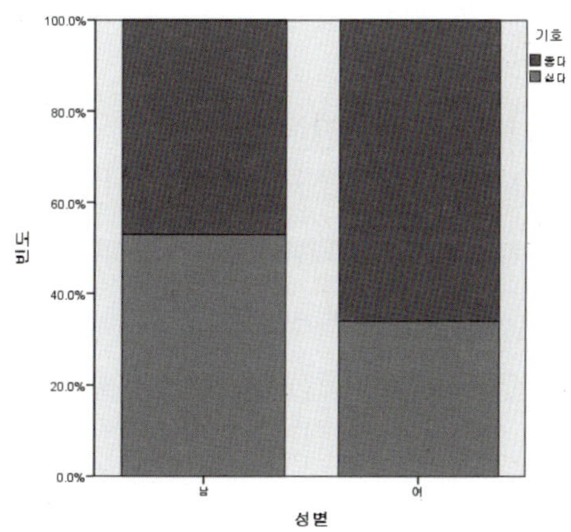

● 가설의 설정

이 예제에 대한 가설은 다음과 같이 된다.

귀무가설 H_0 : 성별과 음식의 기호는 관계가 없다
대립가설 H_1 : 성별과 음식의 기호는 관계가 있다

검정의 유의수준은 $\alpha = 0.05$로 한다.

(주) 이 가설은 다음과 같이 바꿔 쓸 수도 있다.
귀무가설 H_0 : 남자가 좋아하는 비율과 여자가 좋아하는 비율은 같다
대립가설 H_1 : 남자가 좋아하는 비율과 여자가 좋아하는 비율은 다르다

● 적용하는 수법

명목척도끼리의 관계를 보려면, 독립성의 χ^2검정이 적합하다. 그리고 본 예제는 2행 2열의 분할표로 정리되어 있으므로, 이와 같은 분할표는 2×2 분할표로 표현된다. 2×2 분할표로 정리할 수 있는 명목척도끼리의 관계의 강도를 보려면 ϕ계수가 이용된다.

● SPSS의 순서

<순서 1> 데이터의 입력

(1) 다음과 같이 맛의 기호를 입력한다.

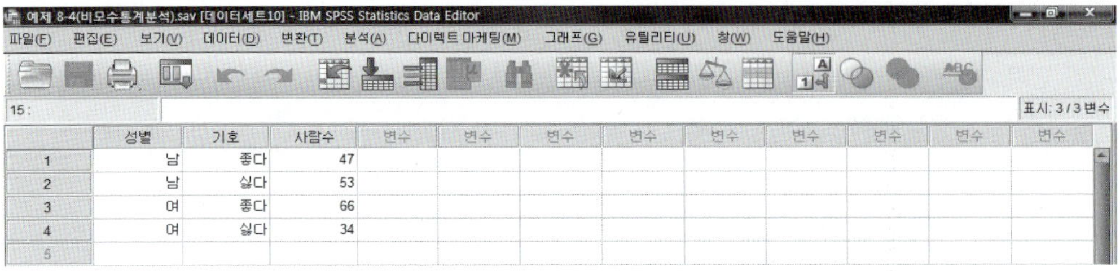

(2) [변수보기]의 [측도]에서 '성별', '기호'는 [명목], '사람수'는 [척도]로 설정한다. [값]에서 '성별'을 나타내는 변수에서는 1은 남, 2는 여, '기호'를 나타내는 변수에서는 1은 좋다, 2는 싫다라고 설정한다. '사람수'는 빈도변수 지정을 한다.

<순서 2> 분석수법의 선택

(1) 메뉴에서 [분석]-[기술통계량]-[교차분석]을 선택한다.

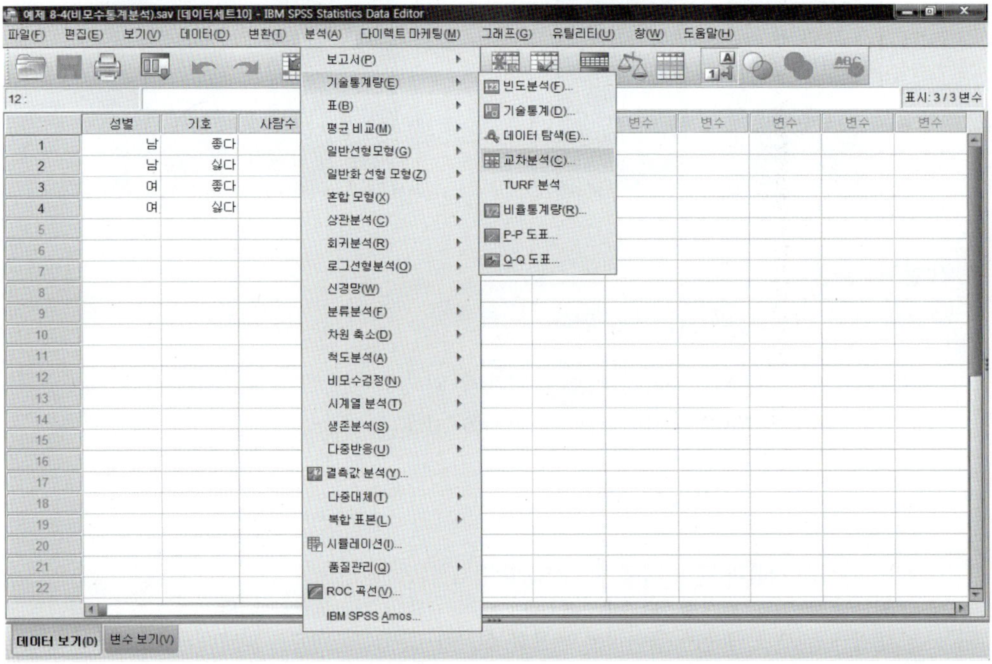

(2) 다음과 같은 대화상자가 나타난다.

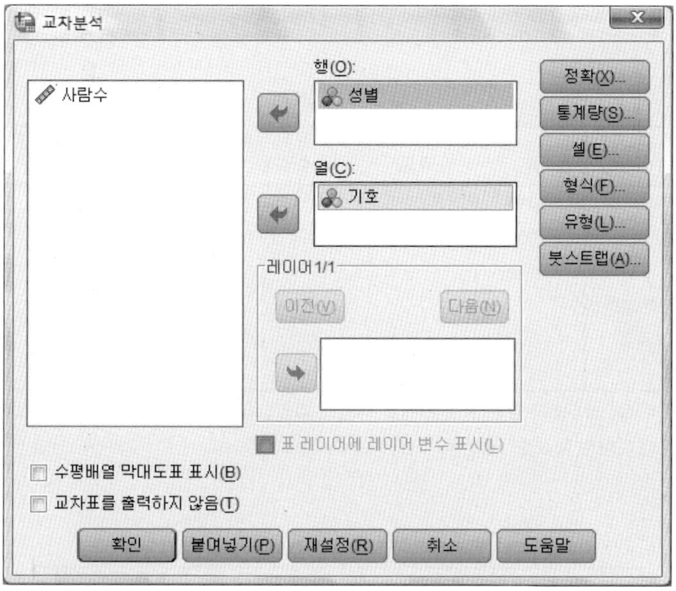

[행]에 '성별'을 투입한다. [열]에 '기호'를 투입한다.
[통계량]을 클릭한다.

(3) 다음과 같은 대화상자가 나타난다.

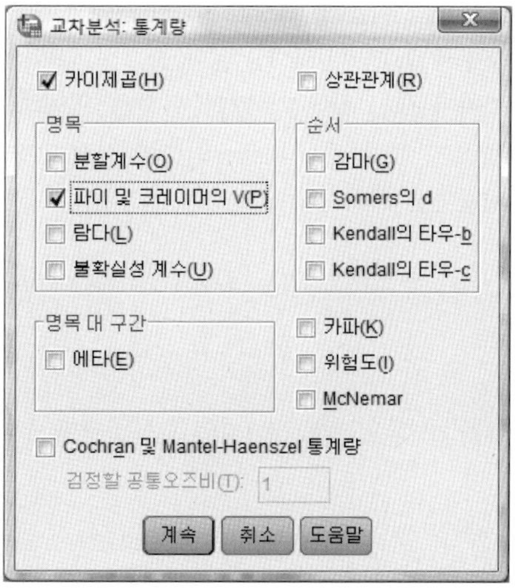

[카이제곱]과 [파이 및 크레이머의 V]를 선택한다.
[계속]을 클릭한다.
[확인]을 클릭한다.

● **분석결과**

SPSS에 의한 분석결과가 다음과 같이 얻어지고 있다.

카이제곱 검정

	값	자유도	근사 유의확률 (양측검정)	정확 유의확률 (양측검정)	정확 유의확률 (단측검정)
Pearson 카이제곱	7.344[a]	1	.007		
연속성 수정[b]	6.591	1	.010		
우도비	7.393	1	.007		
Fisher의 정확검정				.010	.005
선형 대 선형결합	7.307	1	.007		
유효 케이스 수	200				

a. 0 셀 (0.0%)은(는) 5보다 작은 기대 빈도를 가지는 셀입니다. 최소 기대빈도는 43.50입니다.

b. 2x2 표에 대해서만 계산됨

대칭적 측도

		값	근사 유의확률
명목척도 대 명목척도	파이	-.192	.007
	Cramer의 V	.192	.007
유효 케이스 수		200	

p값 $= 0.007 < 0.05$이므로, 귀무가설 H_0는 기각된다. 즉, 성별과 맛의 기호는 관계가 있다고 할 수 있다. 혹은 남자가 좋아하는 비율과 여자가 좋아하는 비율은 다르다고 할 수 있다.

본 예제에서는 '남'을 1, '여'를 2, '좋다'를 1, '싫다'를 2로 입력하고 있으므로, ϕ계수가 마이너스라고 하는 것은 남자는 여자보다 '싫다'가 많다는 것을 의미하고 있다.

그런데 SPSS는 2×2 분할표일 때 한해서 Fisher의 정확검정도 실시하므로, 정확한 p값을 구할 수 있다. 여기에서는 0.010으로 되어 있다.

2. $m \times n$ 분할표

● **예제 8-5**

취미와 좋아하는 과목의 관계를 보기 위해서, 300명의 고등학생에게 다음과 같은 두 가지 질문을 했다.

(질문 1) 취미를 하나만 설라 주세요.
독서　영화　음악　스포츠

(질문 2) 가장 좋아하는 과목을 골라 주세요.
국어　영어　수학　물리　사회

이 앙케트 조사결과를 크로스 집계해서 얻은 표가 다음의 분할표이다.

표 8.5 분할표

	국어	영어	수학	물리	사회
독서	27	19	16	11	17
영화	11	28	11	12	12
음악	10	13	20	14	13
스포츠	10	15	18	10	13

취미와 과목은 관계가 있는지 어떤지를 검정하라.

● 데이터의 그래프화

명목척도끼리(취미와 과목)의 관계를 보기 위해서, 3차원 막대 그래프와 띠그래프를 이용해서 시각화한다.

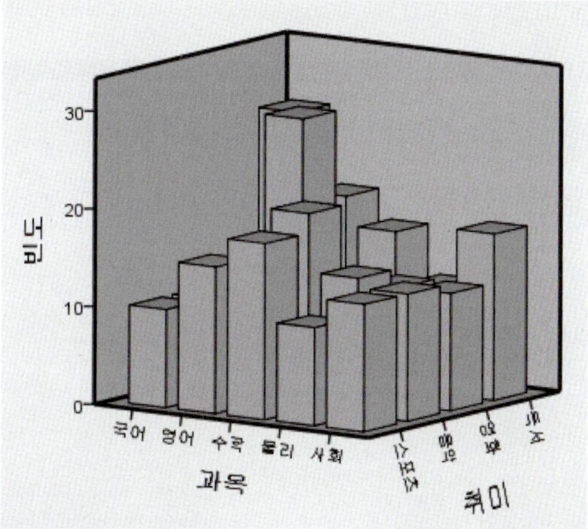

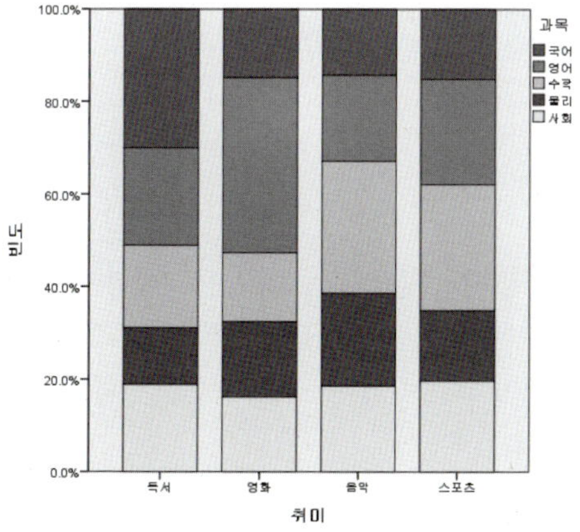

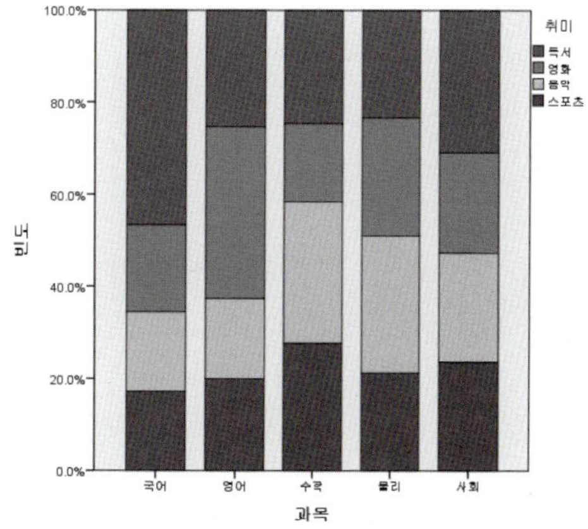

● 가설의 설정

이 예제에 대한 가설은 다음과 같이 된다.

귀무가설 H_0 : 취미와 좋아하는 과목은 관계가 없다
대립가설 H_1 : 취미와 좋아하는 과목은 관계가 있다

검정의 유의수준은 $\alpha = 0.05$이다.

적용하는 수법

본 예제와 같은 분할표를 $m \times n$ 분할표라고 표현한다. 행과 열의 수가 2보다 큰 분할표에 대한 행(명목척도)과 열(명목척도)의 관계의 강도를 보려면 분할계수와 Cramer의 V계수가 이용된다. 모두 $0 \sim 1$의 값이 된다.

SPSS의 순서

<순서 1> 데이터의 입력

(1) 다음과 같이 데이터를 입력한다.

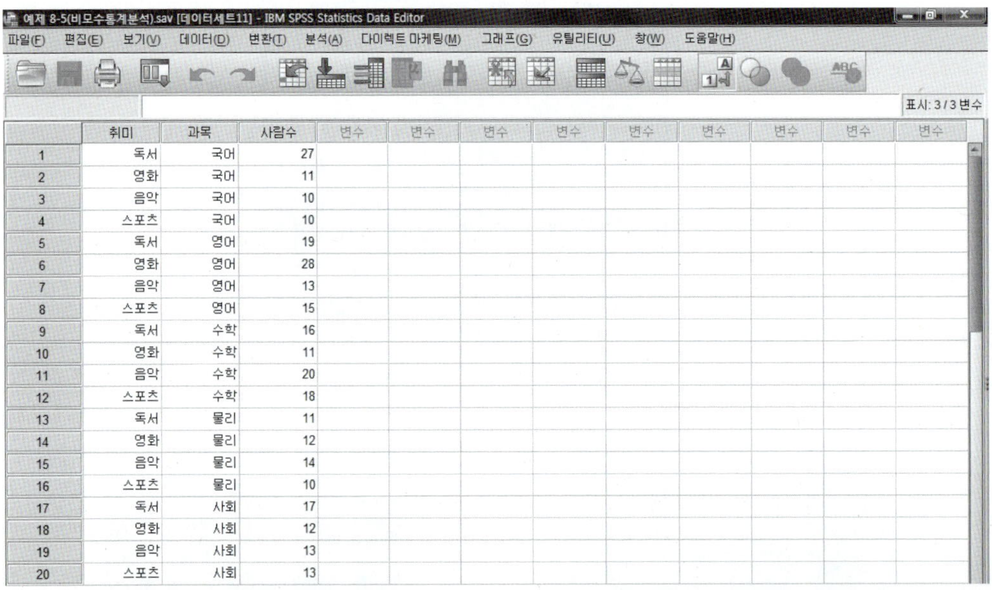

	취미	과목	사람수
1	독서	국어	27
2	영화	국어	11
3	음악	국어	10
4	스포츠	국어	10
5	독서	영어	19
6	영화	영어	28
7	음악	영어	13
8	스포츠	영어	15
9	독서	수학	16
10	영화	수학	11
11	음악	수학	20
12	스포츠	수학	18
13	독서	물리	11
14	영화	물리	12
15	음악	물리	14
16	스포츠	물리	10
17	독서	사회	17
18	영화	사회	12
19	음악	사회	13
20	스포츠	사회	13

(2) [변수보기]의 [측도]에서 '취미', '과목'은 [명목], '사람수'는 [척도]로 설정한다. [값]에서 '취미'을 나타내는 변수에서는 1은 독서, 2는 영화, 3은 음악, 4는 스포츠, '과목'을 나타내는 변수에서는 1은 국어, 2는 영어, 3은 수학, 4는 물리, 5는 사회라고 설정한다. '사람수'는 빈도변수 지정을 한다.

<순서 2> 분석수법의 선택

(1) 메뉴에서 [분석]-[기술통계량]-[교차분석]을 선택한다.

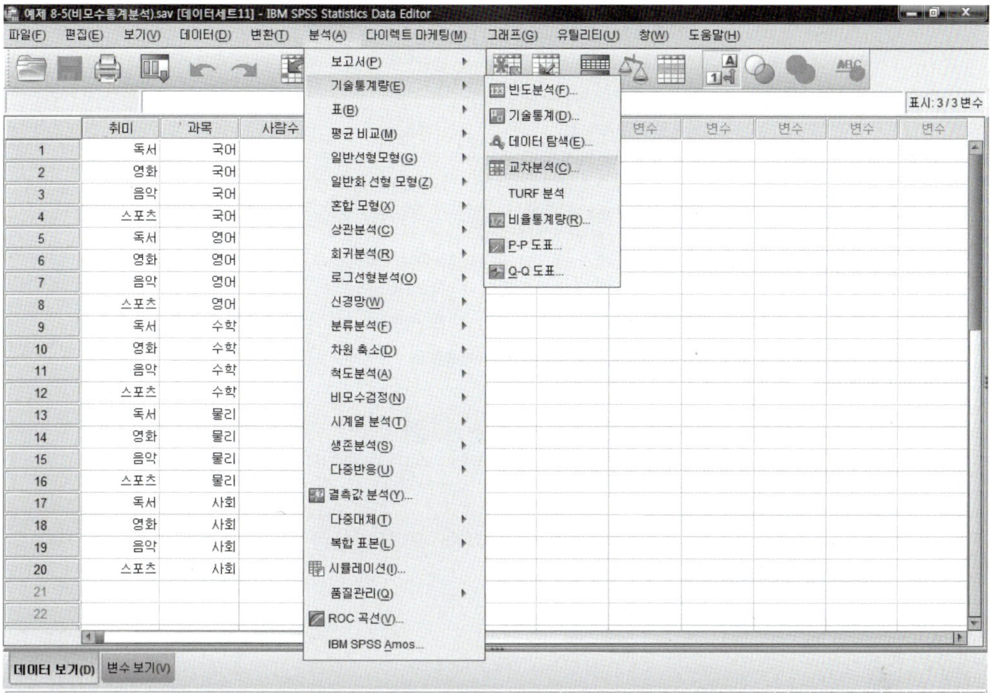

(2) 다음과 같은 대화상자가 나타난다.

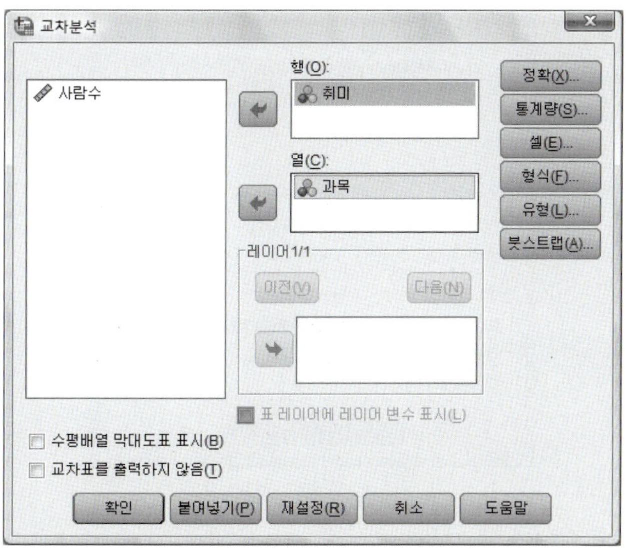

[행]에 '취미'를 투입한다. [열]에 '과목'을 투입한다.
[통계량]을 클릭한다.

(3) 다음과 같은 대화상자가 나타난다.

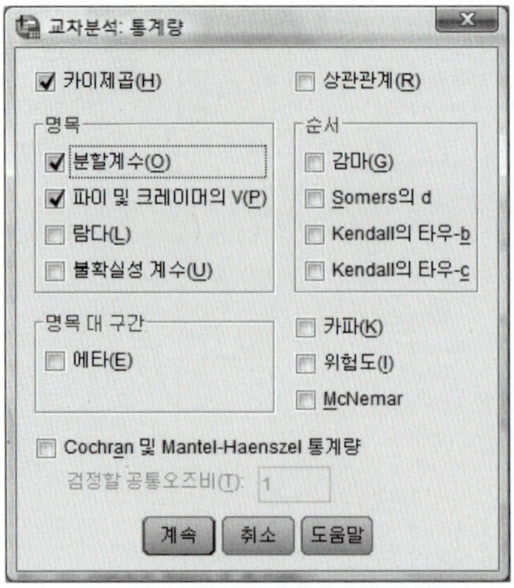

[카이제곱]과 [분할계수] 및 [파이 및 크레이머의 V]를 선택한다.
[계속]을 클릭한다.
[셀]을 클릭한다.

(4) 다음과 같은 대화상자가 나타난다.

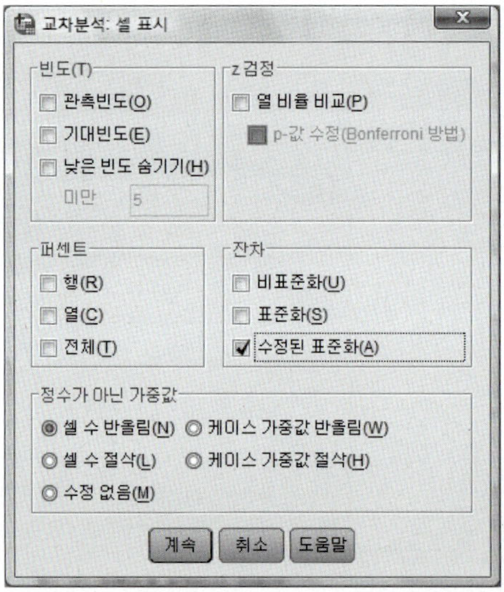

[수정된 표준화]에 체크한다.
[계속]을 클릭한다.
[확인]을 클릭한다.

● 분석결과

SPSS에 의한 분석결과가 다음과 같이 얻어지고 있다.

카이제곱 검정

	값	자유도	근사 유의확률 (양측검정)
Pearson 카이제곱	20.814[a]	12	.053
우도비	19.748	12	.072
선형 대 선형결합	3.388	1	.066
유효 케이스 수	300		

a. 0 셀 (0.0%)은(는) 5보다 작은 기대 빈도를 가지는 셀입니다. 최소 기대빈도는 10.34입니다.

대칭적 측도

		값	근사 유의확률
명목척도 대 명목척도	파이	.263	.053
	Cramer의 V	.152	.053
	분할계수	.255	.053
유효 케이스 수		300	

p값 $=0.053>0.05$이므로, 귀무가설 H_0는 기각되지 않는다. 즉, 취미와 좋아하는 과목은 관계가 있다고 할 수 없다.

여기에서 어떻게 관계가 없는지를 보기 위해서 수정된 잔차를 음미한다. 다음에 수정된 잔차를 나타낸다.

취미 * 과목 교차표

수정된 잔차

		과목				
		국어	영어	수학	물리	사회
취미	독서	3.1	-1.0	-1.1	-1.1	.2
	영화	-1.1	2.9	-1.6	.1	-.5
	음악	-1.2	-1.4	1.6	1.1	.1
	스포츠	-1.0	-.5	1.3	-.1	.3

수정된 잔차의 값이 ±2 이상인 것에 주목을 하면 된다. +라면 다른 조합보다 비율이 많고, −라면 적다고 하는 식으로 해석하면, 다음과 같은 사실을 알 수 있다.

- 독서가 취미인 사람은 국어를 좋아하는 사람이 많다
- 영화가 취미인 사람은 영어를 좋아하는 사람이 많다

다른 취미와 과목 사이에는 관계가 없어 보인다.

CHAPTER

9

대응분석의 개요

CHAPTER 9 대응분석의 개요

9.1 대응분석의 역사적 배경

질적 데이터 혹은 비계량 데이터에 대한 분석법은 많은 연구자들이 서로 다른 영역에서 각각 독자적인 이름 아래 독립적으로 발전시켜 왔다고 하는 흥미 있는 역사적 배경을 가지고 있다. 1960년대부터 프랑스의 Benzécri 및 그 제자들에 의해서 개발되어 대성공을 거둔 대응분석(correspondence analysis)을 북미지역에 소개하고자 했을 때, 이미 미국에서는 최적화 척도법(optimal scaling)이란 이름으로 다수의 연구가 이루어져 있어 전혀 새로운 것이 아니었다. 또한 캐나다에서는 쌍대척도법(dual scaling)이란 이름으로 여러 분야에 응용되고 있으며, 일본에서는 하야시(林知己夫)에 의한 수량화이론(quantification theory) 중 특히 수량화 제Ⅲ류, 네덜란드에서는 동질성분석(homogeneity analysis) 등 각 나라마다 다른 이름 아래 서로 다른 언어로써 독립적으로 발전해 왔다. 1970년대 후반에 접어들어 국제적인 교류가 이루어져, 이에 관한 각국의 제반 기법들은 외견상은 다르지만 결국은 같은 기법이란 것이 Tenenhaus and Young의 공동연구에서 밝혀졌다[4]. 즉, 이들 기법은 모두 고유방정식을 푸는 문제로 귀착하게 된다는 것이다.

Tenenhaus and Young(1985)은 이와 같은 기법들이 불어문헌에는 매우 널리 보급되어 있고 수준 높게 발전되어 응용되고 있는데 반하여, 영어문헌에는 아직 덜 보급되어 있으나 상당한 관심을 갖고 연구되고 있다고 언급하고 있다. 뿐만 아니라 이들 기법은 서로 다른 이름과 근본적인 원리 하에서 외견상으로는 독립적인 몇 가지 그 이전의 연구에 기원을 두고 있다고 지적하고 있다.

대응분석(correspondence analysis)은 앙케트의 질문에 대한 회답의 패턴에 주목하여, 패턴이 비슷한 회답자(개인 또는 집단)와 비슷하지 않은 회답자를 분류하기 위한 기법이다. 이 기법은 질문항목끼리의 관계도 동시에 분석할 수 있다.

대응분석은 분할표의 행과 열의 정보를 2차원 또는 3차원상의 그림에 표현하는 것을 목적의 하나로 한 수법으로 분할표의 상세한 분석에 적합하다. 또한 대응분석은 분할표 뿐만 아니라 복수

4 Tenenhaus, M., & Young, F. W., "An analysis and synthesis of multiple correspondence analysis, optimal scaling, dual scaling, homogeneity analysis and other methods for quantifying categorical multivariate data," Psychometrika, 1985, 50, No. 1, pp. 91-119.

선택형식의 질문에서 얻어진 데이터표의 분석에도 적용이 가능하므로, 선택지의 분류나 회답자의 분류에 활용할 수 있다. 더욱이 대응분석을 확장한 다중대응분석은 질문항목과 회답결과를 회답자마다 일람한 표의 분석에 적용할 수 있다. 이러한 사실로부터 대응분석은 앙케트 조사의 데이터 분석에서 매우 유효한 수법이라고 생각할 수 있다. 덧붙여서 말하면 대응분석은 대응일치분석 혹은 응답분석이라고 하는 명칭으로도 불리고 있다.

9.2 분할표에 관한 분석

먼저 분할표에 대응분석을 적용해 보기로 한다.

● **예제 9-1**

알콜 음료의 기호에 관한 다음과 같은 앙케트 조사를 실시했다.

(설문 1) 귀하가 가장 좋아하는 알콜 음료를 다음 중에서 하나만 선택해 주십시오.
1. 청주 2. 맥주 3. 포도주 4. 소주

(설문 2) 귀하에 해당하는 연령을 다음 중에서 선택해 주십시오.
1. 20~29 2. 30~39 3. 40~49 4. 50~59 5. 60 이상

이 앙케트 조사의 결과를 크로스 집계한 결과, 다음의 <표 9.1>과 같은 분할표가 얻어졌다. 분할표 안의 숫자는 사람 수를 나타내고, 총회답자 수는 n = 500(명)이다.

표 9.1 연령별 선호하는 알콜 음료의 종류

		알콜 음료의 종류				
		청주	맥주	포도주	소주	합계
연령	20~29	12	48	27	23	110
	30~39	17	30	48	25	120
	40~49	20	10	26	44	100
	50~59	36	10	20	24	90
	60 이상	40	5	8	27	80
	합계	125	103	129	143	500

여기에서 다음 사항에 답하라.

[1] 분할표의 결과를 그래프로 표현하라.

[2] 분할표에 카이제곱(χ^2)검정을 실시하라.

가. 분할표의 그래프화

[예제 9-1]의 분할표를 크로스 집계표라고도 부른다. 분할표의 그래프화에는 다음과 같은 그래프를 이용하면 된다.

① 띠그래프
② 스테레오그램(3차원 막대그래프)
③ 막대그래프

● **띠그래프에 의한 시각화**

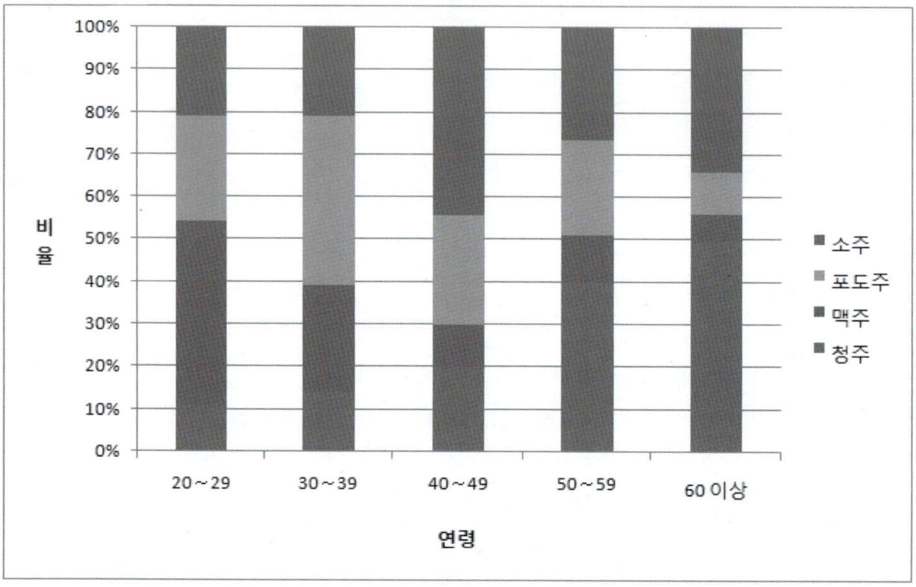

띠 그래프 작성은 [막대도표] 대화상자에서 다음과 지정하여 이루어진다.

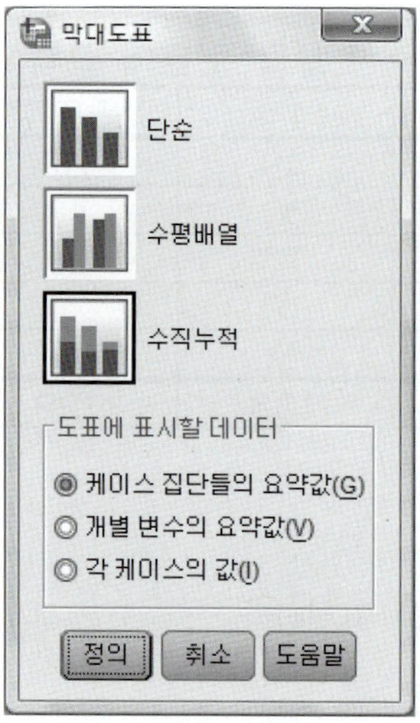

● 스테레오그램에 의한 시각화

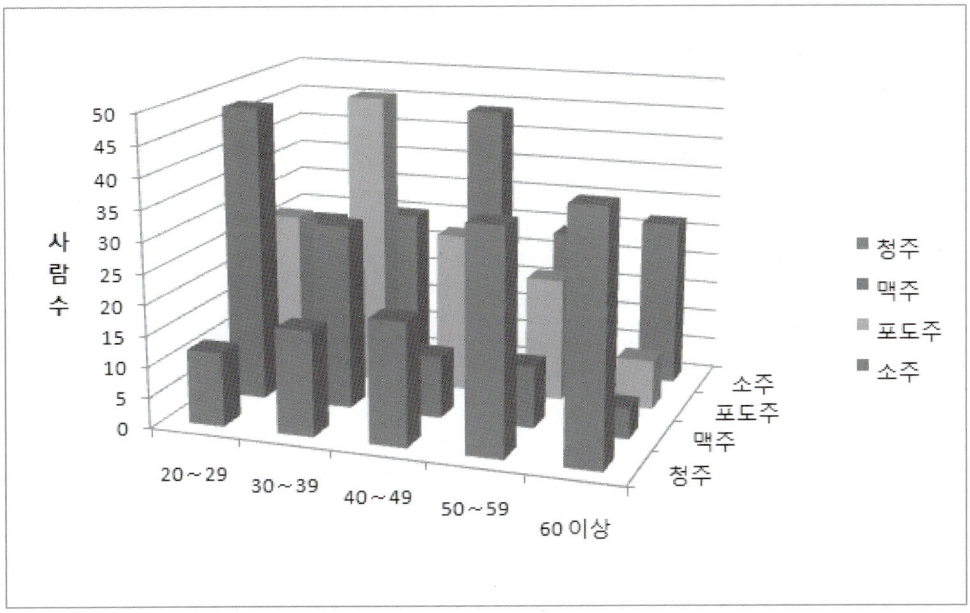

● 막대그래프에 의한 시각화

(1) 각 연령별 분포를 하나의 그래프로 표현하는 방법

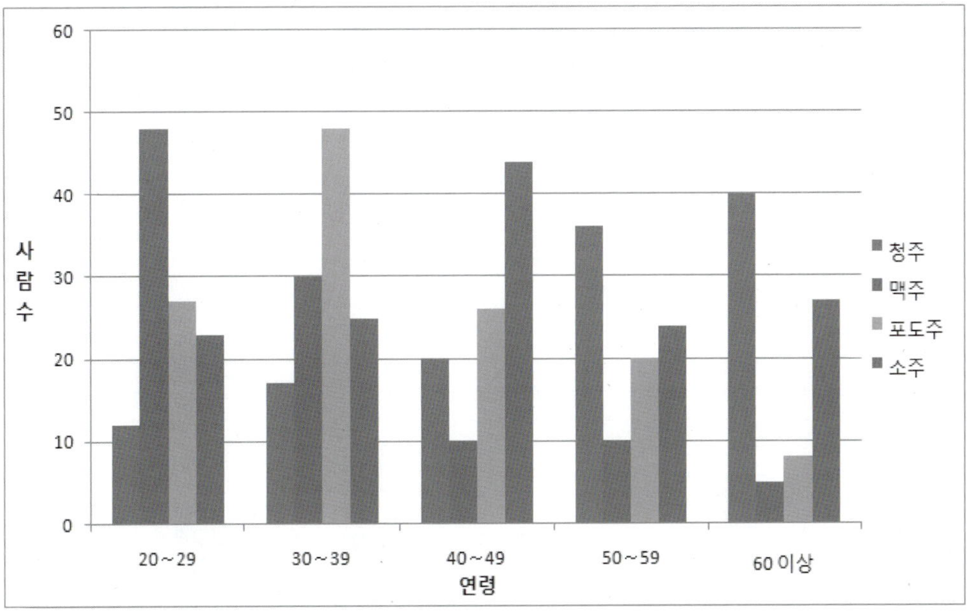

(2) 각 연령별 분포를 별도의 그래프로 표현하는 방법

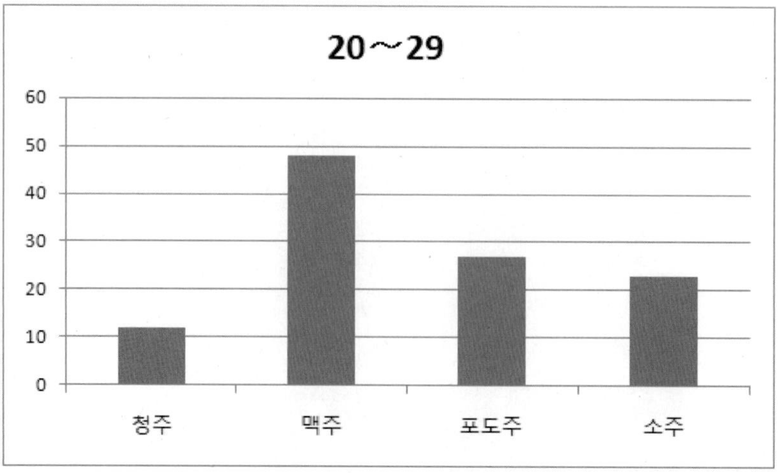

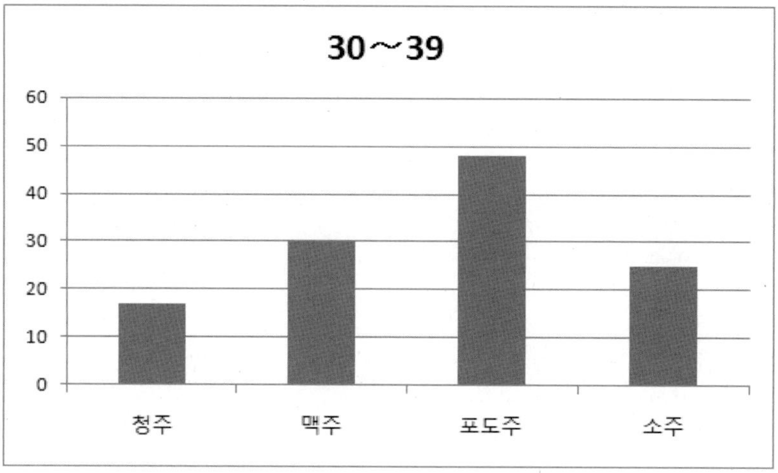

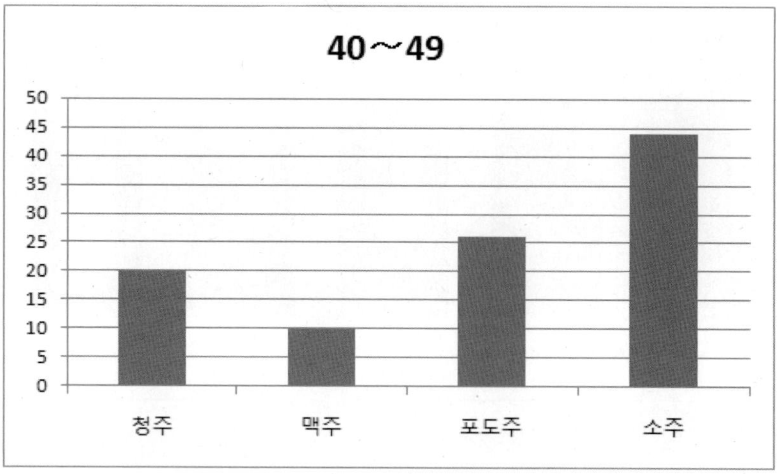

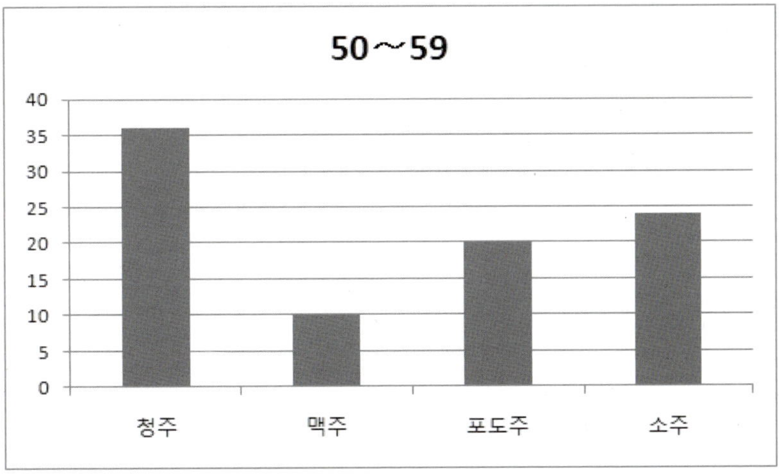

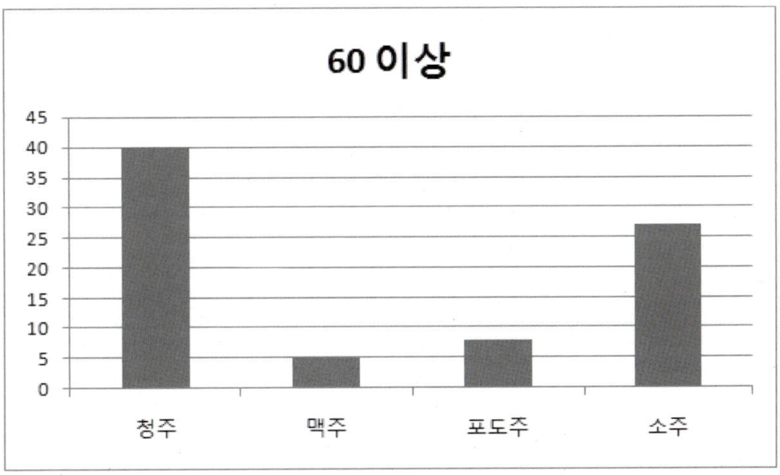

이들 그래프로부터 20대는 맥주, 30대는 포도주, 40대는 소주, 50대 이상은 청주를 좋아하고 있다는 것을 간파할 수 있다.

나. χ^2(카이제곱)검정

<예제 9-1>의 분할표에 χ^2검정을 적용해 보자. 이 검정을 통하여 연령과 알콜 음료의 관련성을 통계학적으로 검토할 수 있다.

● SPSS에 의한 해법

<순서 1> 데이터의 입력

[형식 1] 분할표 데이터(집계 후의 데이터)의 경우

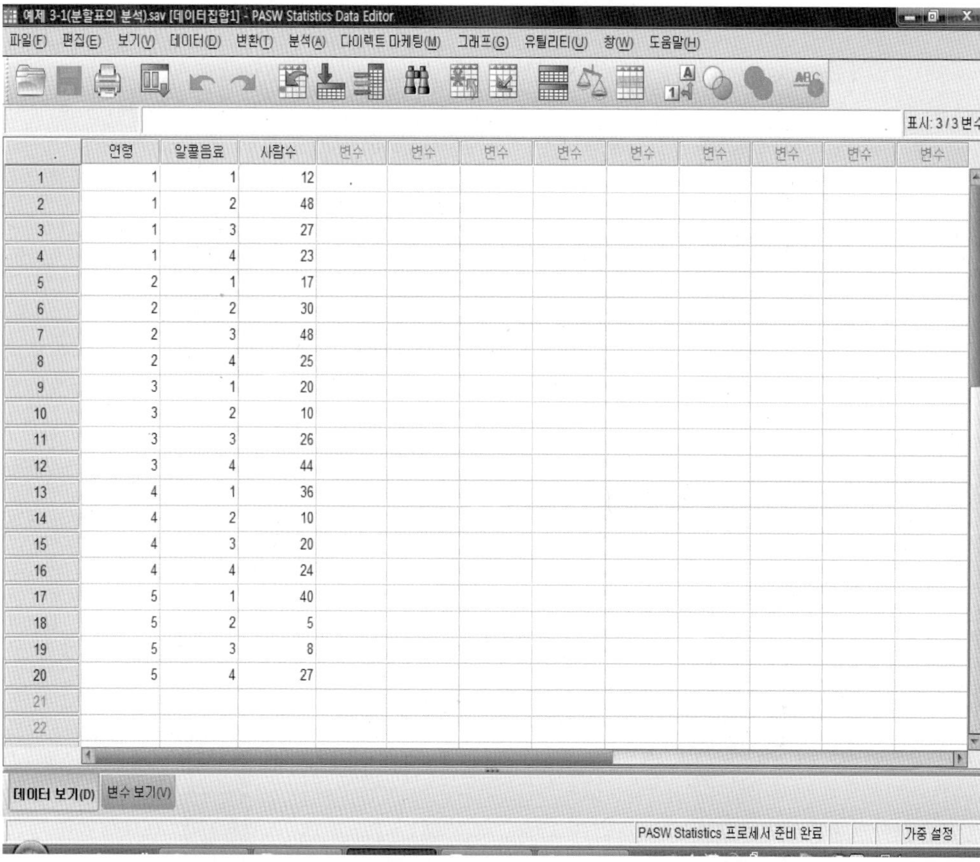

	연령	알콜음료	사람수
1	1	1	12
2	1	2	48
3	1	3	27
4	1	4	23
5	2	1	17
6	2	2	30
7	2	3	48
8	2	4	25
9	3	1	20
10	3	2	10
11	3	3	26
12	3	4	44
13	4	1	36
14	4	2	10
15	4	3	20
16	4	4	24
17	5	1	40
18	5	2	5
19	5	3	8
20	5	4	27

(주 1) 분할표의 형태 그대로 입력하는 것이 아니라는 사실에 주의를 요한다.

(주 2) '연령'이라고 하는 변수에는 1 = '20~29', 2 = '30~39', 3 = '40~49', 4 = '50~59', 5 = '60 이상'이라고 하는 변수값 설명을 해놓는다.

(주 3) '알콜 음료'라고 하는 변수에는 1 = '청주', 2 = '맥주', 3 = '포도주', 4 = '소주'라고 하는 변수값 설명을 해놓는다.

(주 4) '사람 수'라고 하는 변수는 빈도를 나타내는 변수이므로, 빈도변수 지정을 한다. 빈도변수 지정은 메뉴의 [데이터(D)]－[가중 케이스(W)]를 선택한 다음에 [가중 케이스] 대화상 자에서 다음과 같이 선택·입력하고 [확인] 버튼을 클릭하면 된다.

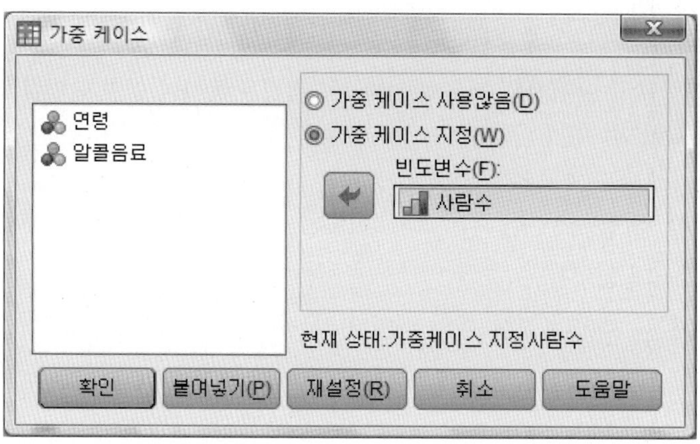

[형식 2] 원시자료(집계 전의 생 데이터)의 경우

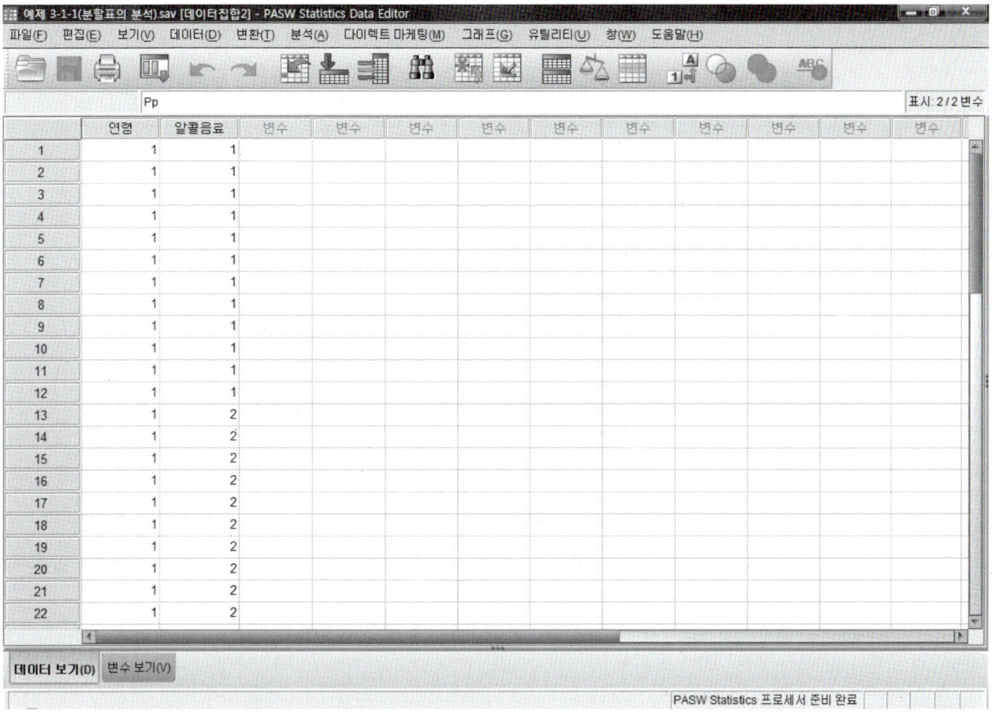

<순서 2> 분석의 실행

(1) 메뉴에서 [분석(A)]−[기술통계량(E)]−[교차분석(C)]을 선택한다.

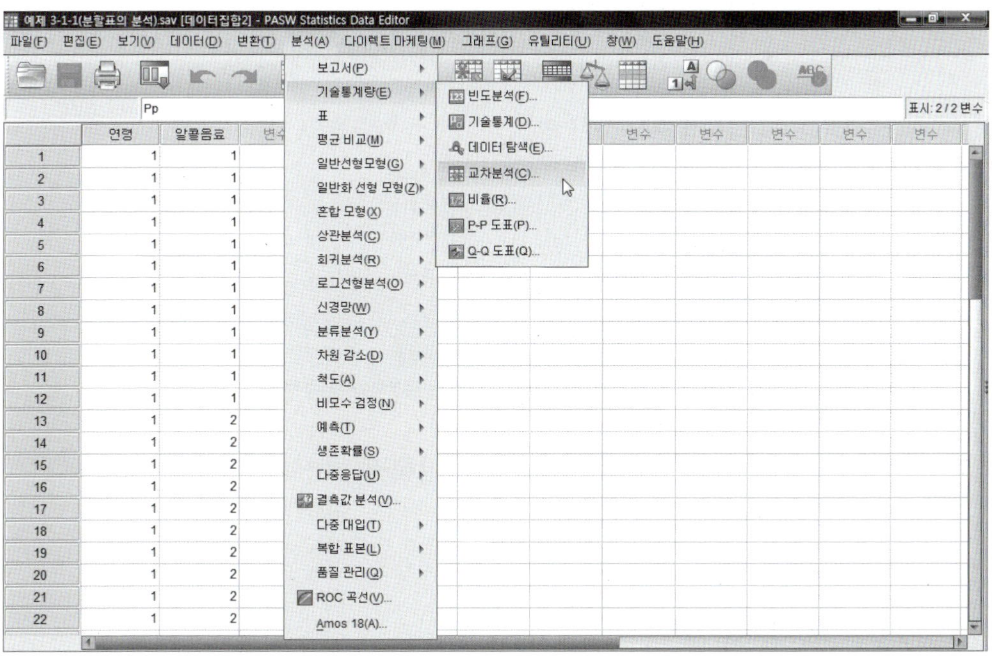

(2) [교차분석] 대화상자에서 변수 '연령'을 [행(W)] 난에, 변수 '알콜 음료'를 [열(C)] 난에 이동한다.

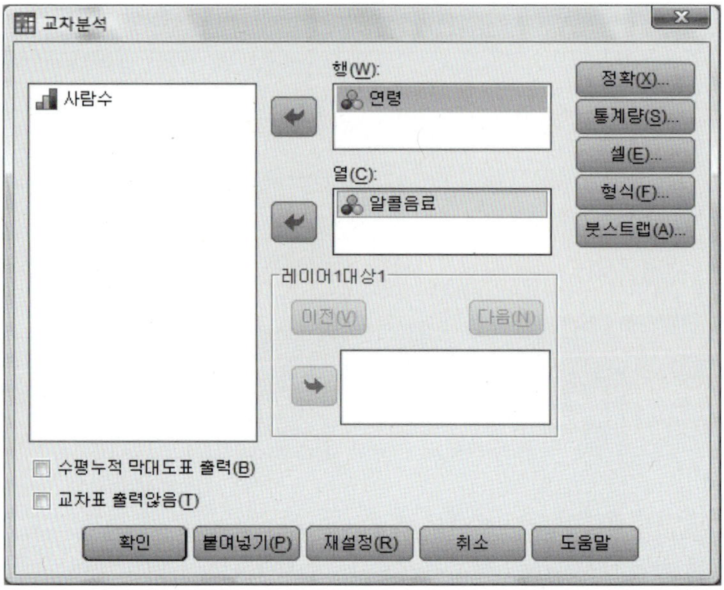

(3) [통계량(S)] 버튼을 클릭하고, [카이제곱(H)]을 체크한다. [계속] 버튼을 클릭한다.

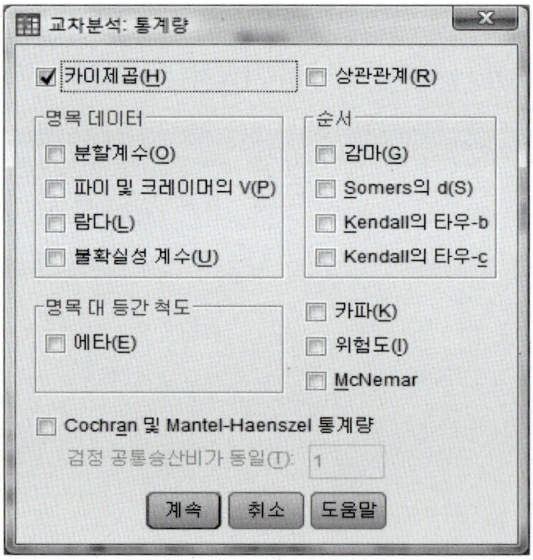

(4) [셀(E)] 버튼을 클릭하고, [수정된 표준화(A)]를 체크한다. [계속] 버튼을 클릭한다.

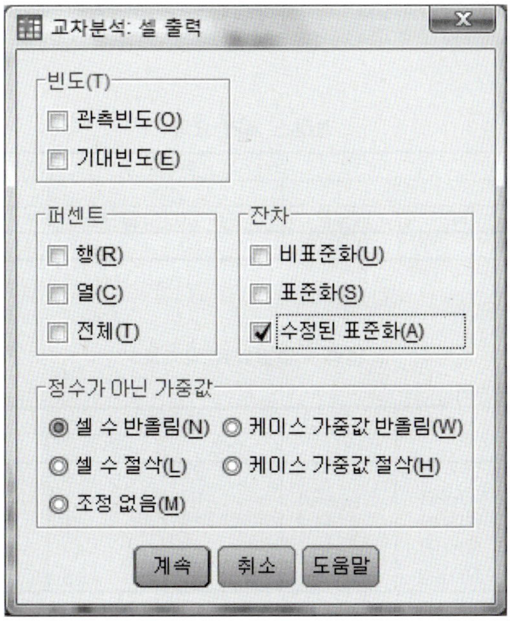

(5) 다음의 화면이 되면 [확인] 버튼을 클릭한다.

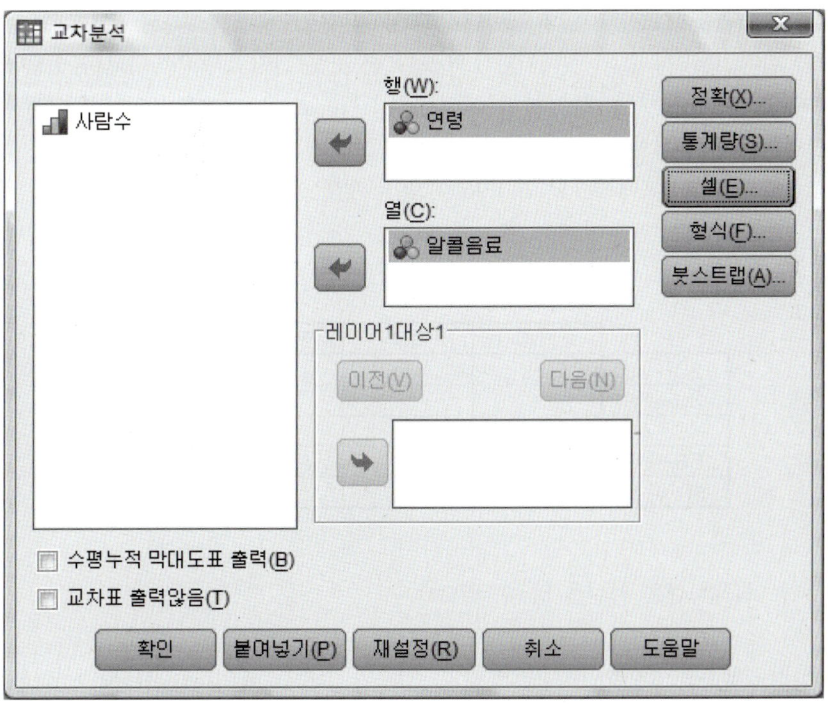

● 분석결과 및 결과의 해석방법

(1) 분석결과-1

케이스 처리 요약

	케이스					
	유효		결측		전체	
	N	퍼센트	N	퍼센트	N	퍼센트
연령 * 알콜음료	500	100.0%	0	.0%	500	100.0%

연령 * 알콜음료 교차표

수정된 잔차

		알콜음료			
		청주	맥주	포도주	소주
연령	20~29	-3.9	6.8	-.3	-2.0
	30~39	-3.1	1.4	4.1	-2.2
	40~49	-1.3	-2.9	.1	3.8
	50~59	3.6	-2.5	-.9	-.4
	60 이상	5.6	-3.5	-3.5	1.1

χ^2검정의 결과만으로는 연령에 따라서 어떠한 차이가 있는지 알 수 없다. 그래서 수정된 잔차를 검토한다.

i행과 j열의 수정된 잔차를 d_{ij}로 나타내기로 하면, d_{ij}는 평균 0, 표준편차 1로서 근사적으로 정규분포를 한다. 따라서 d_{ij}의 절대치가 1.96보다 큰 곳은 잔차가 유의하다고 판정된다. 부호가 플러스라면 많다고 하는 특징이 있고, 마이너스라면 적다고 하는 특징이 있다고 이해하면 된다. 그래서 앞의 수정된 잔차의 '연령*알콜음료 교차표'를 특징을 파악하기 쉽도록 다음과 같은 표로 바꾸어 작성해 본다. 이 표에서는 d_{ij}가 1.96 이상인 곳은 '+', −1.96 이하인 곳은 '−'로 표시하고 있다.

	청주	맥주	포도주	소주
20~29	−	+		−
30~39	−		+	−
40~49		−		+
50~59	+	−		
60 이상	+	−	−	

이 표로부터 다음과 같은 사실을 알 수 있다.

- 20대는 맥주를 좋아하는 사람이 많고, 청주와 소주를 좋아하는 사람은 적다.
- 30대는 포도주를 좋아하는 사람이 많고, 청주와 소주를 좋아하는 사람은 적다.
- 40대는 소주를 좋아하는 사람이 많고, 맥주를 좋아하는 사람은 적다.
- 50대는 청주를 좋아하는 사람이 많고, 맥주를 좋아하는 사람은 적다.

• 60 이상은 청주를 좋아하는 사람이 많고, 맥주와 포도주를 좋아하는 사람은 적다.

(2) 분석결과-2

카이제곱 검정

	값	자유도	점근 유의확률 (양측검정)
Pearson 카이제곱	121.912[a]	12	.000
우도비	118.006	12	.000
선형 대 선형결합	4.450	1	.035
유효 케이스 수	500		

a. 0 셀 (.0%)은(는) 5보다 작은 기대 빈도를 가지는 셀입니다. 최소 기대빈도는 16.48입니다.

[Pearson 카이제곱] 난의 [점근 유의확률(양측검정)]의 값에 주의하면, 0.000이라고 하는 수치를 간파할 수 있다. 이 사실로부터 유의확률 $p = 0.000$을 얻는다.

$$\text{유의확률 } p = 0.000 < \text{유의수준 } 0.05$$

이므로,

$$\text{귀무가설 } H_0 : \text{각 연령대의 알콜 음료에 대한 기호는 같다}$$

를 기각한다. 즉, 연령에 따라서 알콜 음료의 기호에 차이가 있다고 말할 수 있다.

● 수정된 잔차에 대한 고찰

χ^2검정은 처음에 기대빈도 t_{ij}를 계산하는 것으로부터 시작된다. 기대빈도란 [예제 9-1]의 경우에 연령과 알콜 음료의 기호는 독립(무관)이다, 즉 연령에 따라서 알콜 음료의 기호에 차이는 없다고 가정했을 때의 기대되는 사람 수를 말한다.

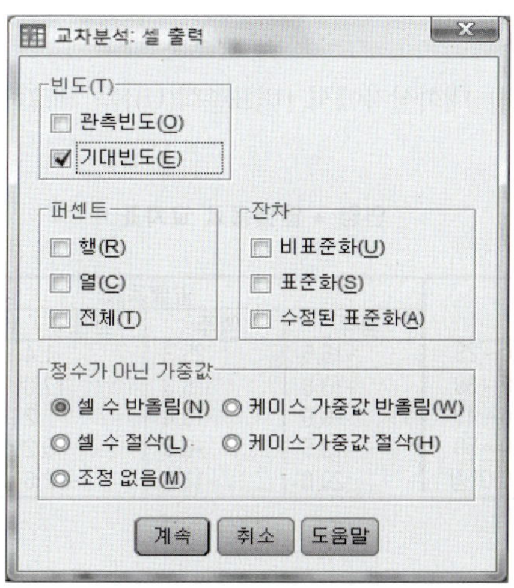

기대도수는 앞의 [셀 출력] 대화상자에서 [기대빈도(E)]를 체크해서 구할 수 있다.

연령 * 알콜음료 교차표

기대빈도

		알콜음료				전체
		청주	맥주	포도주	소주	
연령	20~29	27.5	22.7	28.4	31.5	110.0
	30~39	30.0	24.7	31.0	34.3	120.0
	40~49	25.0	20.6	25.8	28.6	100.0
	50~59	22.5	18.5	23.2	25.7	90.0
	60 이상	20.0	16.5	20.6	22.9	80.0
전체		125.0	103.0	129.0	143.0	500.0

이 기대빈도와 관측빈도(실제로 얻은 빈도)의 차를 잔차라고 한다.

$$\text{잔차 } e_{ij} = \text{관측빈도 } n_{ij} - \text{기대빈도 } t_{ij}$$

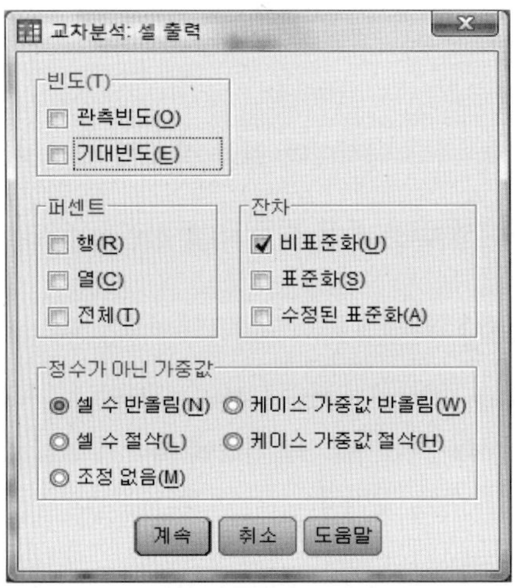

잔차 e_{ij}는 앞의 [셀 출력] 대화상자에서 [비표준화(U)]를 체크해서 구할 수 있다.

연령 * 알콜음료 교차표

잔차

		알콜음료			
		청주	맥주	포도주	소주
연령	20~29	-15.5	25.3	-1.4	-8.5
	30~39	-13.0	5.3	17.0	-9.3
	40~49	-5.0	-10.6	.2	15.4
	50~59	13.5	-8.5	-3.2	-1.7
	60 이상	20.0	-11.5	-12.6	4.1

잔차 e_{ij}를 기대빈도의 제곱근으로 나눈 것을 표준화 잔차라고 한다.

$$\text{표준화 잔차 } m_{ij} = \text{잔차 } e_{ij} \;/\; \sqrt{t_{ij}}$$

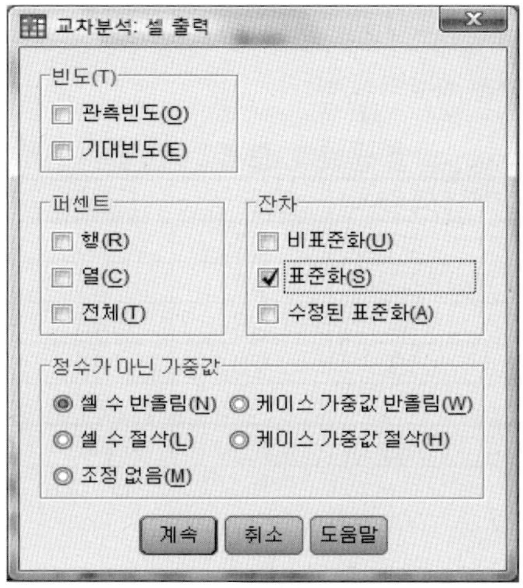

표준화 잔차 m_{ij}는 앞의 [셀 출력] 대화상자에서 [표준화(S)]를 체크해서 구할 수 있다.

연령 * 알콜음료 교차표

표준화 잔차

		알콜음료			
		청주	맥주	포도주	소주
연령	20~29	-3.0	5.3	-.3	-1.5
	30~39	-2.4	1.1	3.1	-1.6
	40~49	-1.0	-2.3	.0	2.9
	50~59	2.8	-2.0	-.7	-.3
	60 이상	4.5	-2.8	-2.8	.9

표준화 잔차 m_{ij}의 값을 제곱해서 합계한 것이 χ^2값이 된다.
더욱이 m_{ij}의 값을, m_{ij}의 분산 v_{ij}의 제곱근으로 나눈 값이 수정된 잔차 d_{ij}이다.

$$\text{수정된 잔차 } d_{ij} = \text{표준화 잔차 } m_{ij} \;/\; \sqrt{t_{ij}}$$

$$\text{여기에서, } v_{ij} = \left(1 - \frac{n_{i.}}{n}\right)\left(1 - \frac{n_{j.}}{n}\right)$$

$n_{i.}$: i행째 빈도의 합계

$n_{j.}$: j열째 빈도의 합계

n : 빈도의 총합계

9.3 대응분석의 실제

● **예제 9-2**

다음의 표는 [예제 9-1]의 분할표이다. 이 분할표에 대해서 대응분석을 적용하라.

표 9.2 연령별 선호하는 알콜 음료의 종류

		알콜 음료의 종류				
		청주	맥주	포도주	소주	합계
연령	20~29	12	48	27	23	110
	30~39	17	30	48	25	120
	40~49	20	10	26	44	100
	50~59	36	10	20	24	90
	60 이상	40	5	8	27	80
	합계	125	103	129	143	500

1. 분할표의 대응분석

대응분석(correspondence analysis)은 다음의 데이터표에 대해서 적용되는 분석기법이다.

① 분할표
② (0, 1)형 데이터표
③ 아이템·카테고리형 데이터표

본서에서는 ③에 적용하는 대응분석을 다중대응분석이라고 부르고, ①과 ②에 적용하는 대응분석과 구별하기로 한다. [예제 9-2]에서는 대응분석을 분할표에 적용하는 예를 채택하기로 한다.

> 대응분석(correspondence analysis), 수량화이론 Ⅲ류, 쌍대척도법(dual scaling), 최적화 척도법(optimal scaling), 동질성분석(homogeneity analysis) 등은 이름은 다르더라도 같은 내용의 기법이라고 알려져 있다. 요컨대, 범주형 데이터(categorical data)에 의한 주성분분석의 일종이다.

● **SPSS에 의한 해법**

<순서 1> 데이터의 입력

[형식 1] 분할표 데이터(집계 후의 데이터)의 경우

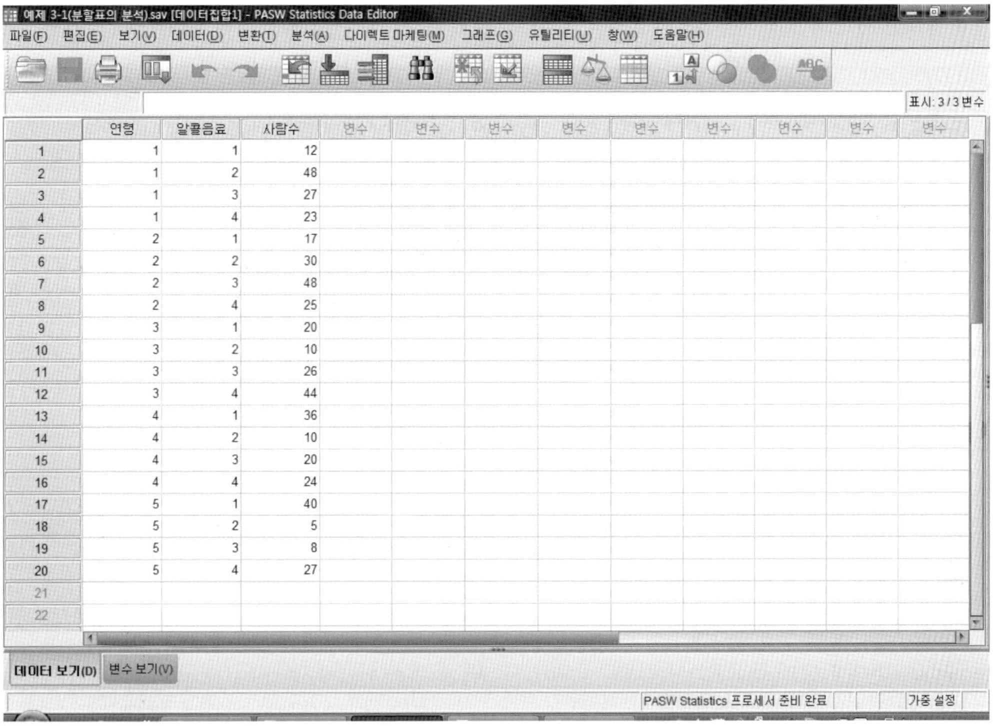

	연령	알콜음료	사람수
1	1	1	12
2	1	2	48
3	1	3	27
4	1	4	23
5	2	1	17
6	2	2	30
7	2	3	48
8	2	4	25
9	3	1	20
10	3	2	10
11	3	3	26
12	3	4	44
13	4	1	36
14	4	2	10
15	4	3	20
16	4	4	24
17	5	1	40
18	5	2	5
19	5	3	8
20	5	4	27

(주 1) 분할표의 형태 그대로 입력하는 것이 아니라는 사실에 주의를 요한다.

(주 2) '연령'이라고 하는 변수에는 1 = '20～29', 2 = '30～39', 3 = '40～49', 4 = '50～59', 5 = '60 이상'이라고 하는 변수값 설명을 해놓는다.

(주 3) '알콜 음료'라고 하는 변수에는 1 = '청주', 2 = '맥주', 3 = '포도주', 4 = '소주'라고 하는 변수값 설명을 해놓는다.

(주 4) '사람 수'라고 하는 변수는 빈도를 나타내는 변수이므로, 빈도변수 지정을 한다. 빈도변수 지정은 메뉴의 [데이터(D)]－[가중 케이스(W)]를 선택한 다음에 [가중 케이스] 대화상 자에서 다음과 같이 선택·입력하고 [확인] 버튼을 클릭하면 된다.

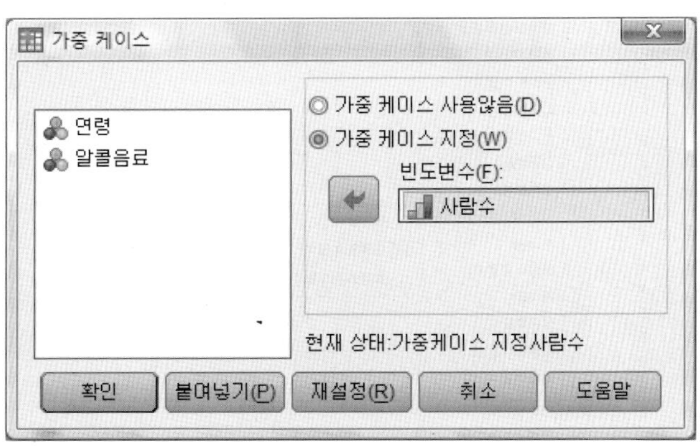

[형식 2] 원시자료(집계 전의 생 데이터)의 경우

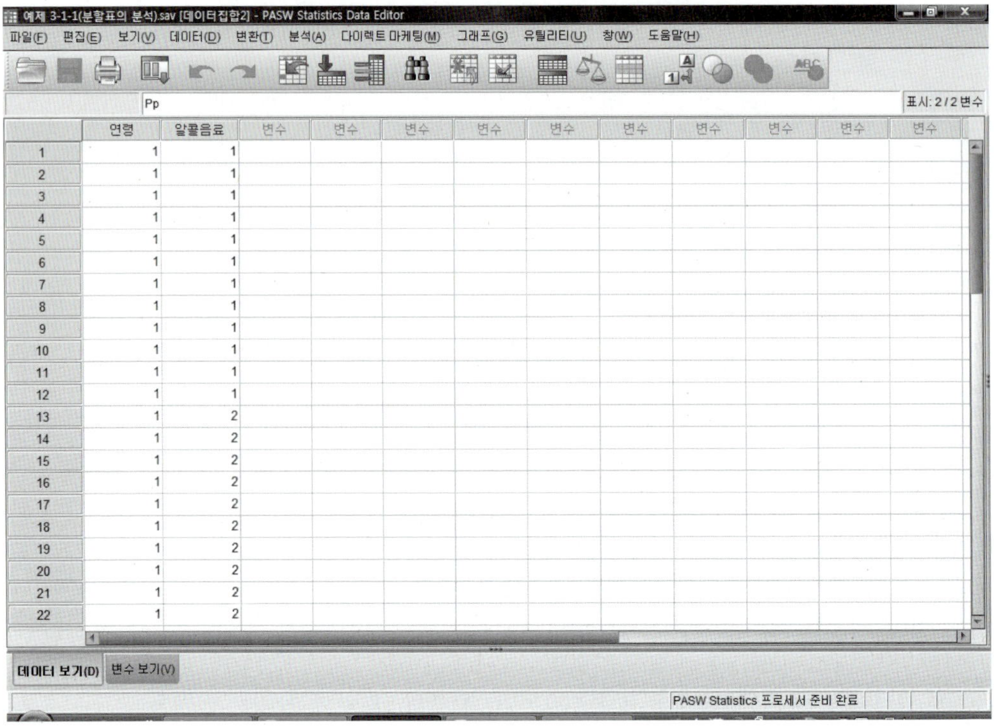

<순서 2> 분석의 실행

(1) 메뉴에서 [분석(A)]－[차원감소(D)]－[대응일치분석(C)]을 선택한다.

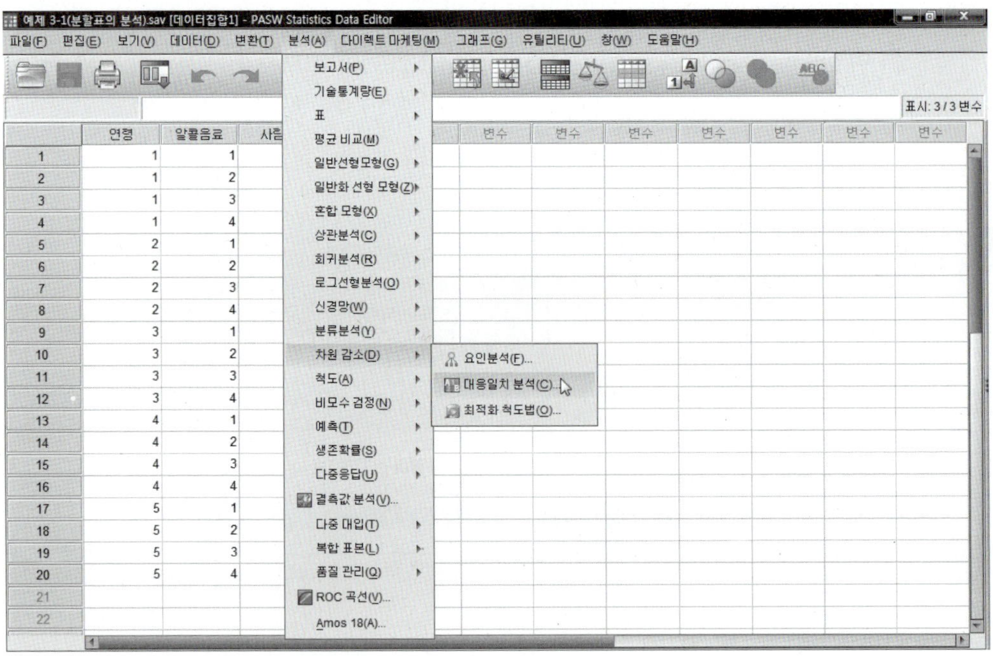

(2) 다음의 대화상자에서 [행(R)]에 '연령', [열(C)]에 '알콜음료'를 지정한다.

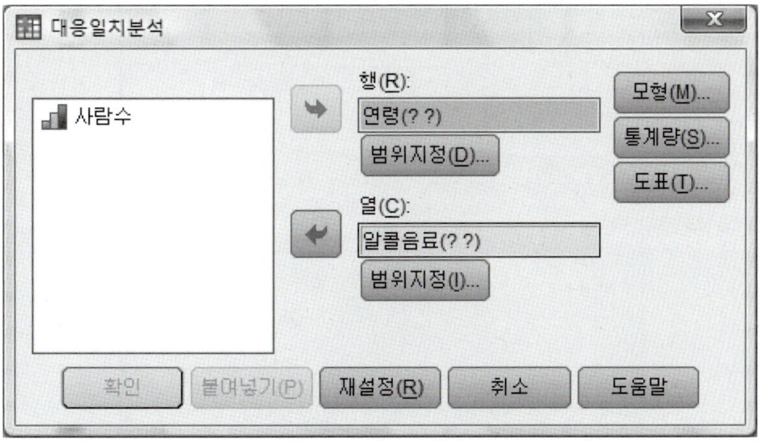

(3) [연령(? ?)]을 클릭해서, [범위지정(D)] 버튼을 클릭한다.

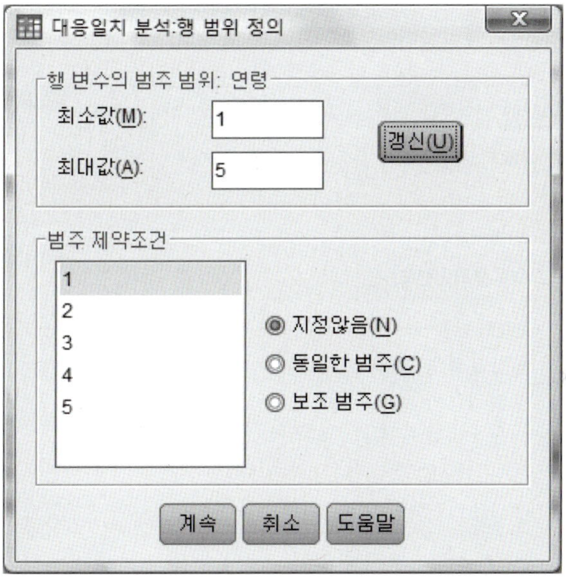

행의 변수 '연령'의 범주 수는 5이므로 [최소값]에 '1', [최대값]에 '5'라고 입력하고 [갱신(U)] 버튼을 클릭한다. 이어서 [계속] 버튼을 클릭한다.

(4) [알콜음료(? ?)]를 클릭해서, [범위지정(I)] 버튼을 클릭한다.
열의 변수 '알콜음료'의 범주 수는 4이므로 [최소값]에 '1', [최대값]에 '4'라고 입력하고 [갱신(U)] 버튼을 클릭한다.

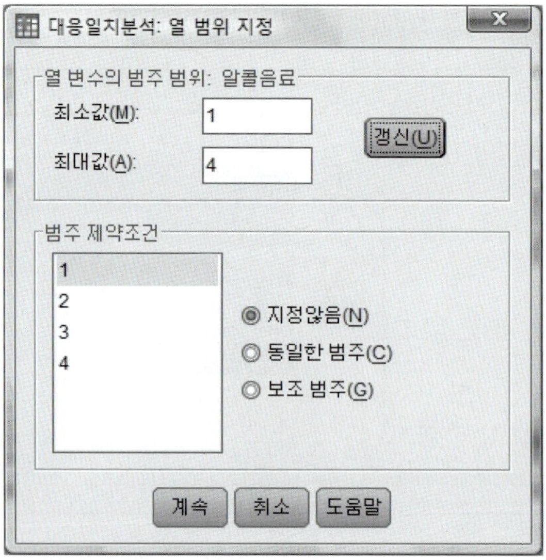

이어서 [계속] 버튼을 클릭한다.

(5) [모형(M)] 버튼을 클릭한다.

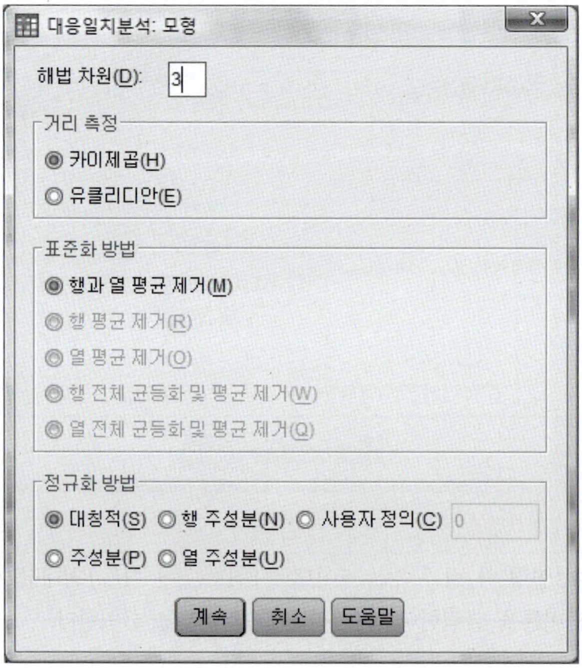

여기에서는 [해법 차원(D)]은 '3'(통상은 '2'로 하는 경우가 많다)으로 하고, [정규화 방법]은 [대칭적(S)]을 선택한다. 이어서 [계속] 버튼을 클릭한다.

(6) [통계량(S)] 버튼을 클릭한다.

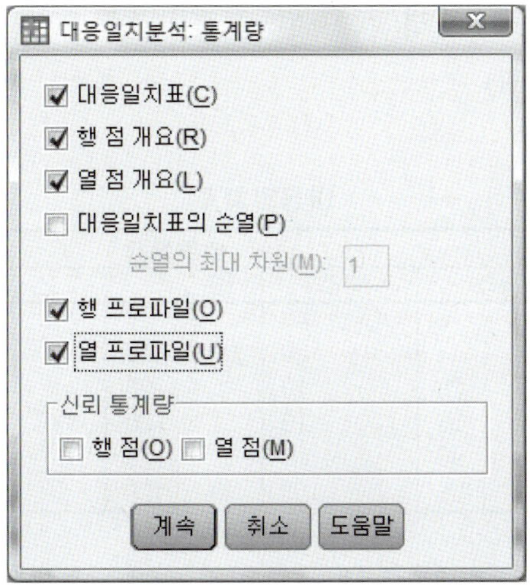

여기에서는 [대응일치표], [행 점 개요], [열 점 개요], [행 프로파일], [열 프로파일] 등을 체크해 둔다. 이어서 [계속] 버튼을 클릭한다.

(7) [도표(T)] 버튼을 클릭한다.

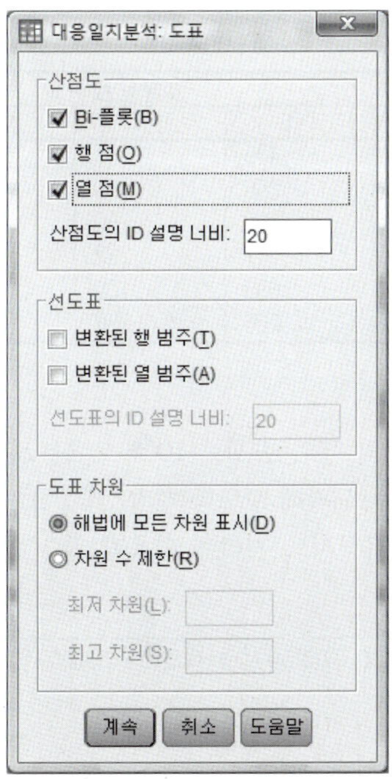

여기에서는 [Bi-플롯] (행 범주와 열 범주의 동시배치도), [행 점] (행 범주의 배치도), [열점] (열 범주의 배치도) 등을 체크해 둔다. 이어서 [계속] 버튼을 클릭한다.
[확인] 버튼을 클릭하면 분석결과가 출력된다.

● 분석결과 및 결과의 해석방법

(1) 분석결과-1(대응일치표)

대응일치표

연령	알콜음료				
	청주	맥주	포도주	소주	액티브 주변
20~29	12	48	27	23	110
30~39	17	30	48	25	120
40~49	20	10	26	44	100
50~59	36	10	20	24	90
60 이상	40	5	8	27	80
액티브 주변	125	103	129	143	500

대응일치표란 대응분석의 대상이 되는 2원표를 말한다. <표 9.2>를 그대로 재현하고 있다.

(2) 분석결과-2(프로파일과 거리)

행 프로파일

연령	알콜음료				
	청주	맥주	포도주	소주	액티브 주변
20~29	.109	.436	.245	.209	1.000
30~39	.142	.250	.400	.208	1.000
40~49	.200	.100	.260	.440	1.000
50~59	.400	.111	.222	.267	1.000
60 이상	.500	.063	.100	.338	1.000
매스	.250	.206	.258	.286	

행 프로파일은 분할표에 있어서의 행의 합계를 100%로 한 2원표를 나타내고 있다.

여기에서 행의 범주 간 거리를 생각해 보도록 하자. 예를 들면, 연령이 '20~29'와 '30~39'의 거리를 생각한다. 먼저 통상의 유클리드 거리는 다음과 같이 계산된다.

$$\sqrt{(0.109-0.142)^2+(0.436-0.250)^2+(0.245-0.400)^2+(0.209-0.208)^2} = 0.244$$

힌트

유클리드 거리

유클리드 거리(Euclidean distance)란 두 점 사이의 거리를 계산할 때 흔히 쓰는 방법이다. 이 거리를 사용하여 유클리드 공간을 정의할 수 있다.

대응분석에서는 유클리드 거리를 평균 프로파일(매스)로 수정한 가중치를 부여한 거리를 생각한다.

$$\sqrt{\frac{(0.109-0.142)^2}{0.250}+\frac{(0.436-0.250)^2}{0.206}+\frac{(0.245-0.400)^2}{0.258}+\frac{(0.209-0.208)^2}{0.286}} = 0.515$$

이 거리를 χ^2거리라고 부르고 있다.

열 프로파일

연령	알콜음료				
	청주	맥주	포도주	소주	매스
20~29	.096	.466	.209	.161	.220
30~39	.136	.291	.372	.175	.240
40~49	.160	.097	.202	.308	.200
50~59	.288	.097	.155	.168	.180
60 이상	.320	.049	.062	.189	.160
액티브 주변	1.000	1.000	1.000	1.000	

열 프로파일은 열의 합계를 100%로 한 2원표를 나타내고 있다.

열의 범주 간 χ^2거리, 예를 들면, '청주'와 '맥주'의 χ^2거리는 다음과 같이 계산된다.

$$\sqrt{\frac{(0.096-0.466)^2}{0.220}+\frac{(0.136-0.291)^2}{0.240}+\frac{(0.160-0.097)^2}{0.200}+\frac{(0.288-0.097)^2}{0.180}+\frac{(0.320-0.049)^2}{0.160}}$$

$$= 1.185$$

(3) 분석결과-3(관성과 차원)

요약

차원	비정칙값	요약 관성	카이제곱	유의확률	관성비율		신뢰 비정칙값		
								상관계수	
					설명됨	누적	표준편차	2	3
1	.428	.184			.753	.753	.039	.220	.058
2	.201	.040			.165	.918	.043		.178
3	.141	.020			.082	1.000	.045		
전체		.244	121.912	.000a	1.000	1.000			

a. 자유도 12

① 비정칙값 → 행 점수와 열 점수의 상관계수 = 고유치의 제곱근

② 요약관성 → 각 점수의 원점으로부터의 분산 정도 = 고유치

※(비정칙값)^2 = 요약관성

③ 관성비율 → 각 차원(각 주축)이 원래 정보의 몇 퍼센트를 설명하고 있는가를 보임

상기의 결과로부터, 1차원에서, 원래의 분할표가 갖고 있는 정보의 75.3%를 설명할 수 있다는 것을 알 수 있다. 일반적으로 100%가 되는 최대 차원 수는

(분할표에 있어서의 행수와 열수 중 적은 쪽의 수) − 1

이 된다.

요약관성의 합계치와 χ^2값 사이에는 다음의 관계가 성립한다.

요약관성의 합계치 × 총빈도 n = χ^2값

그런데 요약관성의 합계치는 행 프로파일과 열 프로파일의 수치를 사용해서 구할 수 있다는 것을 다음에 보인다.

행 프로파일로부터 각 행과 매스(평균)의 χ^2거리의 제곱을 구한다.

'20~29'와 매스의 χ^2거리의 제곱은

$$\frac{(0.109-0.250)^2}{0.250}+\frac{(0.436-0.206)^2}{0.206}+\frac{(0.245-0.258)^2}{0.258}+\frac{(0.209-0.286)^2}{0.286}= 0.358$$

'30~39'와 매스의 χ^2거리의 제곱은

$$\frac{(0.142-0.250)^2}{0.250}+\frac{(0.250-0.206)^2}{0.206}+\frac{(0.400-0.258)^2}{0.258}+\frac{(0.208-0.286)^2}{0.286}= 0.155$$

'40~49'와 매스의 χ^2거리의 제곱은

$$\frac{(0.200-0.250)^2}{0.250}+\frac{(0.100-0.206)^2}{0.206}+\frac{(0.260-0.258)^2}{0.258}+\frac{(0.440-0.286)^2}{0.286}= 0.147$$

'50~59'와 매스의 χ^2거리의 제곱은

$$\frac{(0.400-0.250)^2}{0.250}+\frac{(0.111-0.206)^2}{0.206}+\frac{(0.222-0.258)^2}{0.258}+\frac{(0.267-0.286)^2}{0.286}= 0.140$$

'60 이상'과 매스의 χ^2거리의 제곱은

$$\frac{(0.500-0.250)^2}{0.250}+\frac{(0.063-0.206)^2}{0.206}+\frac{(0.100-0.258)^2}{0.258}+\frac{(0.338-0.286)^2}{0.286}= 0.455$$

이상의 χ^2거리의 제곱에 열 프로파일에 대한 각 행의 매스 값을 곱해서 합계한다.

$$0.358\times 0.220+0.155\times 0.240+0.147\times 0.200+0.140\times 0.180+0.455\times 0160= 0.244$$

이 되어 요약관성의 합계값이 얻어진다. 이 사실로부터도 관성(inertia)은 χ^2거리와 밀접하게 관련되어 있다는 것을 알 수 있다.

(4) 분석결과-4(행 점수와 열 점수)

행 포인트 개요[a]

		차원의 점수				기여도						
						차원의 관성에 대한 포인트			포인트의 관성에 대한 차원			
연령	매스	1	2	3	요약 관성	1	2	3	1	2	3	전체
20-29	.220	-.832	-.485	.319	.079	.356	.258	.159	.828	.132	.040	1.000
30-39	.240	-.493	.309	-.477	.037	.136	.114	.386	.670	.123	.207	1.000
40-49	.200	.245	.672	.468	.029	.028	.450	.310	.175	.615	.210	1.000
50-59	.180	.524	-.185	-.333	.025	.115	.031	.141	.839	.049	.112	1.000
60 이상	.160	.988	-.429	.066	.073	.365	.147	.005	.918	.081	.001	1.000
액티브 전체	1.000				.244	1.000	1.000	1.000				

a. 대칭 정규화

열 포인트 개요[a]

		차원의 점수				기여도						
						차원의 관성에 대한 포인트			포인트의 관성에 대한 차원			
알콜음료	매스	1	2	3	요약 관성	1	2	3	1	2	3	전체
청주	.250	.839	-.436	-.241	.087	.411	.236	.103	.867	.110	.024	1.000
맥주	.206	-.954	-.546	.185	.094	.438	.306	.050	.858	.132	.011	1.000
포도주	.258	-.387	.467	-.451	.035	.090	.280	.372	.469	.320	.211	1.000
소주	.286	.303	.353	.485	.028	.061	.178	.475	.404	.256	.340	1.000
액티브 전체	1.000				.244	1.000	1.000	1.000				

a. 대칭 정규화

행과 열의 배치도는 행 점수와 열 점수를 기초로 작성되고 있다. 행 점수와 열 점수의 값은 점수의 정규화 방식에서 달라진다. 정규화의 방법에는 다음 네 가지의 방법이 있다.

① 대칭적 정규화
② 행 주성분 정규화
③ 열 주성분 정규화
④ 주성분 정규화

여기에서는 대칭적 정규화에 의해 점수를 계산하고 있다. 정규화의 방법에 대해서는 뒤에서 기술하기로 한다.

(5) 분석결과-5(기여도)

행 포인트 개요[a]

		차원의 점수				기여도						
						차원의 관성에 대한 포인트			포인트의 관성에 대한 차원			
연령	매스	1	2	3	요약 관성	1	2	3	1	2	3	전체
20-29	.220	-.832	-.485	.319	.079	.356	.258	.159	.828	.132	.040	1.000
30-39	.240	-.493	.309	-.477	.037	.136	.114	.386	.670	.123	.207	1.000
40-49	.200	.245	.672	.468	.029	.028	.450	.310	.175	.615	.210	1.000
50-59	.180	.524	-.185	-.333	.025	.115	.031	.141	.839	.049	.112	1.000
60 이상	.160	.988	-.429	.066	.073	.365	.147	.005	.918	.081	.001	1.000
액티브 전체	1.000				.244	1.000	1.000	1.000				

a. 대칭 정규화

'행 포인트 개요' 오른쪽에 기여도가 출력되고 있다.

① 요약관성 → 관성을 행마다 분해한 값

② 차원의 관성에 대한 포인트 → 절대기여도
= 하나의 차원이 각 행에 의해서 설명되는 비율

③ 포인트의 관성에 대한 차원 → 상대기여도
= 하나의 행이 각 차원에 의해서 설명되는 비율

열 포인트 개요[a]

		차원의 점수				기여도						
						차원의 관성에 대한 포인트			포인트의 관성에 대한 차원			
알콜음료	매스	1	2	3	요약 관성	1	2	3	1	2	3	전체
청주	.250	.839	-.436	-.241	.087	.411	.236	.103	.867	.110	.024	1.000
맥주	.206	-.954	-.546	.185	.094	.438	.306	.050	.858	.132	.011	1.000
포도주	.258	-.387	.467	-.451	.035	.090	.280	.372	.469	.320	.211	1.000
소주	.286	.303	.353	.485	.028	.061	.178	.475	.404	.256	.340	1.000
액티브 전체	1.000				.244	1.000	1.000	1.000				

a. 대칭 정규화

④ 요약관성 → 관성을 열마다 분해한 값

⑤ 차원의 관성에 대한 포인트 → 절대기여도
= 하나의 차원이 각 열에 의해서 설명되는 비율

⑥ 포인트의 관성에 대한 차원 → 상대기여도
= 하나의 열이 각 차원에 의해서 설명되는 비율

(6) 분석결과-6(배치도)

① 연령에 대한 행 점(차원 1 : 차원 2)

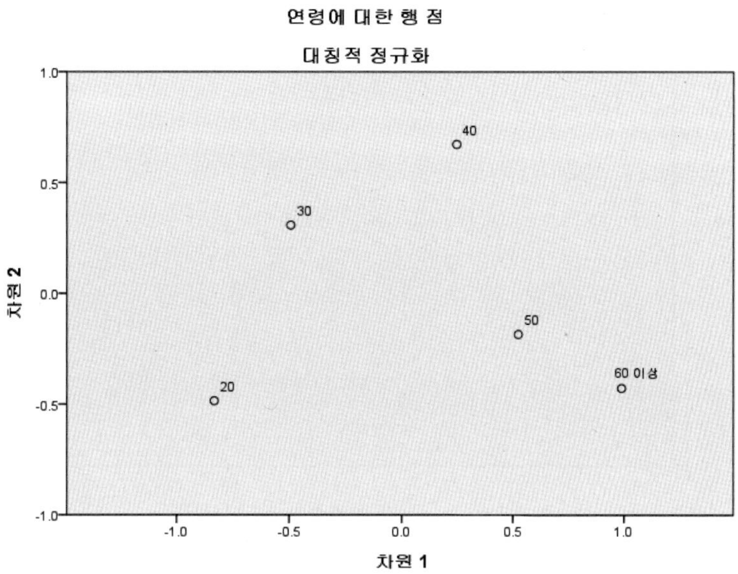

② 연령에 대한 행 점(차원 1 : 차원 3)

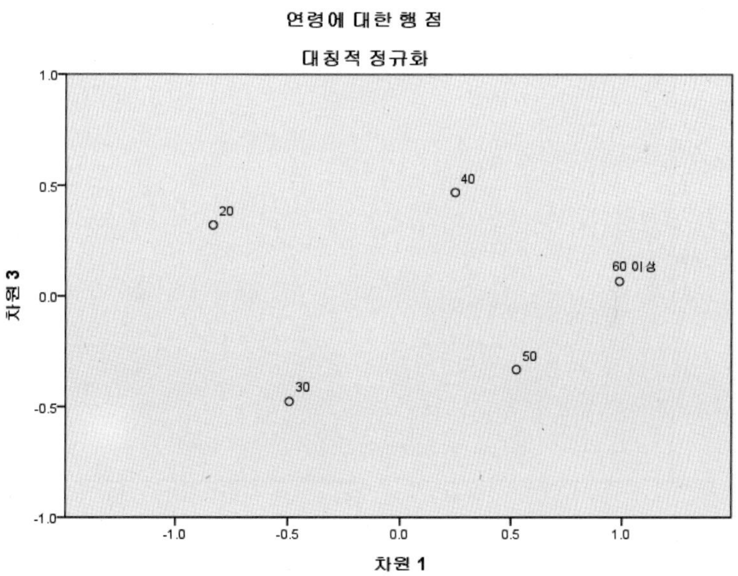

가까이 위치하는 행의 범주끼리는 열의 분포가 비슷하다.

③ 알콜 음료에 대한 열 점(차원 1 : 차원 2)

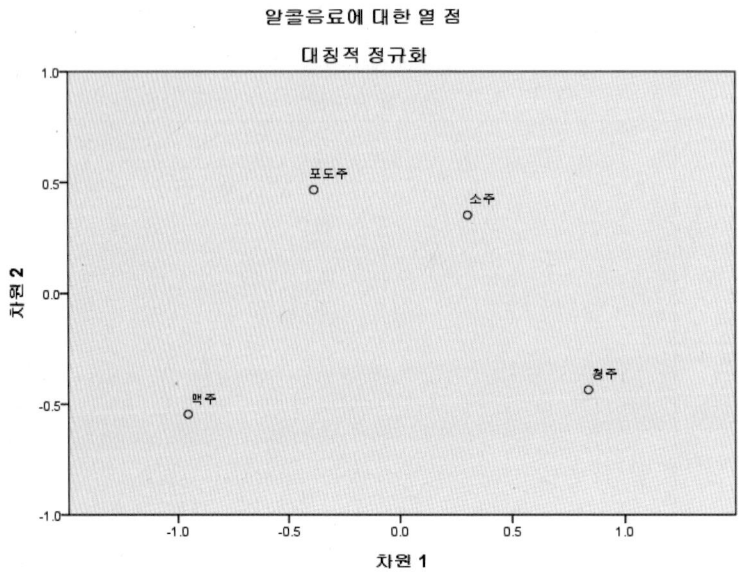

④ 알콜 음료에 대한 열 점(차원 1 : 차원 3)

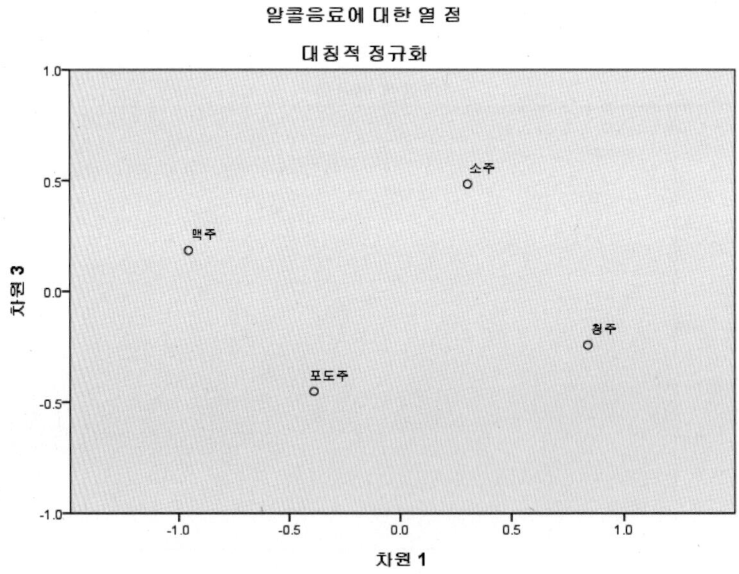

가까이 위치하는 열의 범주끼리는 행의 분포가 비슷하다.

⑤ 행 점 및 열 점의 동시 플롯(차원 1 : 차원 2)

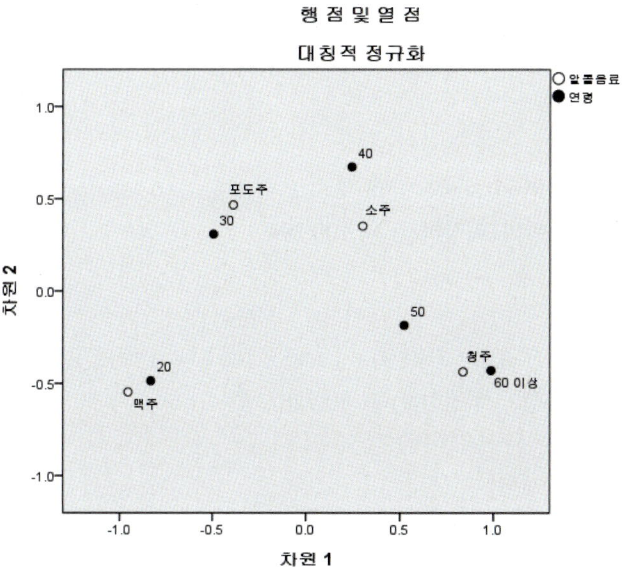

어떤 하나의 열의 범주에 주목했을 경우에 그 범주에 가까운 행의 범주에서 높은 비율로 되어 있다. 또한 먼 행의 범주에서 낮은 비율로 되어 있다.

2. 정규화의 방법

대응분석에 있어서의 행 점수와 열 점수의 값은 점수의 정규화 방법에 따라서 다른 값이 된다. 여기에서는 정규화의 방법에 대해서 각각의 특징을 설명하기로 한다.

● 대칭적 정규화

행 및 열의 범주간의 차(差) 또는 유사성을 조사하고 싶다고 하는 상황에서 사용한다. 또한 행과 열의 관계에 가장 흥미가 있다.

행 및 열의 점수에 대한 제곱합이 n × (비정칙값)이 되도록 정규화하고 있다.

행 포인트 개요[a]

연령	차원의 점수		
	1	2	3
20-29	-.832	-.485	.319
30-39	-.493	.309	-.477
40-49	.245	.672	.468
50-59	.524	-.185	-.333
60 이상	.988	-.429	.066

a. 대칭 정규화

열 포인트 개요[a]

알콜음료	차원의 점수		
	1	2	3
청주	.839	-.436	-.241
맥주	-.954	-.546	.185
포도주	-.387	.467	-.451
소주	.303	.353	.485

a. 대칭 정규화

[행 점수의 제곱합의 계산]

1차원

$$(-0.832)^2 \times 110 + (-0.493)^2 \times 120 + 0.245^2 \times 100 + 0.524^2 \times 90 + 0.988^2 \times 80$$

= 500 × (1차원의 비정칙값) = 214.116

2차원

$$(-0.485)^2 \times 110 + 0.309^2 \times 120 + 0.672^2 \times 100 + (-0.185)^2 \times 90 + (-0.429)^2 \times 80$$

= 500 × (2차원의 비정칙값) = 100.294

3차원

$$0.319^2 \times 110 + (-0.477)^2 \times 120 + 0.468^2 \times 100 + (-0.333)^2 \times 90 + 0.066^2 \times 80$$

= 500 × (3차원의 비정칙값) = 70.728

[열 점수의 제곱합의 계산]

1차원

$$0.839^2 \times 125 + (-0.954)^2 \times 103 + (-0.387)^2 \times 129 + 0.303^2 \times 143$$

= 500 × (1차원의 비정칙값) = 214.116

2차원

$$(-0.436)^2 \times 125 + (-0.546)^2 \times 103 + 0.467^2 \times 129 + 0.353^2 \times 143$$

= 500 × (1차원의 비정칙값) = 100.294

3차원

$$(-0.241)^2 \times 125 + 0.185^2 \times 103 + (-0.451)^2 \times 129 + 0.485^2 \times 143$$

= 500 × (1차원의 비정칙값) = 70.728

● 행 주성분 정규화

행의 범주 간 차 또는 유사성만을 조사하고 싶다고 하는 상황에서 사용한다. 행의 점수에 대한 제곱합이 n × (관성), 열의 점수에 대한 제곱합이 n이 되도록 정규화되고 있다.

행 주성분 정규화의 방법에 의한 분석결과를 얻으려면 [모형] 대화상자에서 [정규화 방법]으로서 '행 주성분(N)'을 선택하여 실행한다.

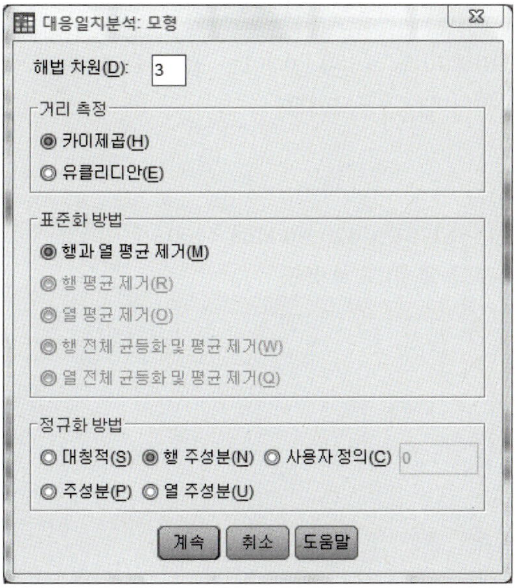

요약

차원	비정칙값	요약 관성	카이제곱	유의확률	관성비율		신뢰 비정칙값		
								상관계수	
					설명됨	누적	표준편차	2	3
1	.428	.184			.753	.753	.039	.220	.058
2	.201	.040			.165	.918	.043		.178
3	.141	.020			.082	1.000	.045		
전체		.244	121.912	.000[a]	1.000	1.000			

a. 자유도 12

행 포인트 개요[a]

연령	차원의 점수		
	1	2	3
20-29	-.545	-.217	.120
30-39	-.323	.138	-.179
40-49	.161	.301	.176
50-59	.343	-.083	-.125
60 이상	.647	-.192	.025

a. 행 주성분 정규화

열 포인트 개요[a]

알콜음료	차원의 점수		
	1	2	3
청주	1.282	-.972	-.642
맥주	-1.458	-1.219	.493
포도주	-.591	1.042	-1.200
소주	.463	.788	1.289

a. 행 주성분 정규화

[행 점수의 제곱합의 계산]

1차원

$$(-0.545)^2 \times 110 + (-0.323)^2 \times 120 + 0.161^2 \times 100 + 0.343^2 \times 90 + 0.647^2 \times 80$$

$= 500 \times$ (1차원의 관성) $= 91.861$

2차원

$(-0.217)^2 \times 110 + 0.138^2 \times 120 + 0.301^2 \times 100 + (-0.083)^2 \times 90 + (-0.192)^2 \times 80$

= 500 × (2차원의 관성) = 20.094

3차원

$0.120^2 \times 110 + (-0.179)^2 \times 120 + 0.176^2 \times 100 + (-0.125)^2 \times 90 + 0.025^2 \times 80$

= 500 × (3차원의 관성) = 9.983

[열 점수의 제곱합의 계산]

1차원

$1.282^2 \times 125 + (-1.458)^2 \times 103 + (-0.591)^2 \times 129 + 0.463^2 \times 143 = 500 = n$

2차원

$(-0.972)^2 \times 125 + (-1.219)^2 \times 103 + 1.042^2 \times 129 + 0.788^2 \times 143 = 500 = n$

3차원

$(-0.642)^2 \times 125 + 0.493^2 \times 103 + (-1.200)^2 \times 129 + 1.289^2 \times 143 = 500 = n$

● 열 주성분 정규화

열의 범주 간 차 또는 유사성만을 조사하고 싶다고 하는 상황에서 사용한다. 행의 점수에 대한 제곱합이 n, 열의 점수에 대한 제곱합이 n × (관성)이 되도록 정규화되고 있다.

열 주성분 정규화의 방법에 의한 분석결과를 얻으려면 [모형] 대화상자에서 [정규화 방법]으로서 '열 주성분(U)'을 선택하여 실행한다.

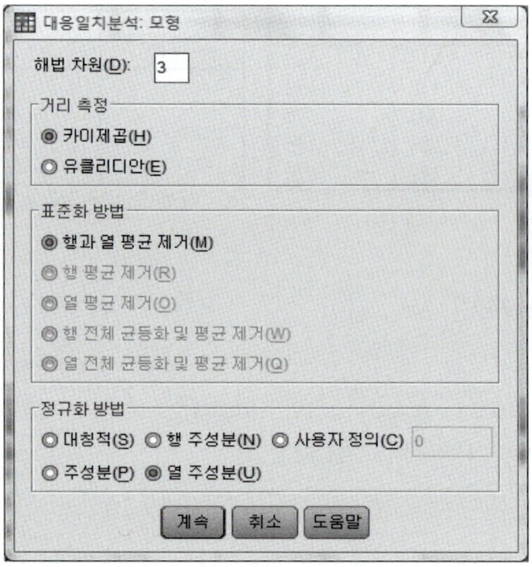

요약

차원	비정칙값	요약 관성	카이제곱	유의확률	관성비율		신뢰 비정칙값		
					설명됨	누적	표준편차	상관계수	
								2	3
1	.428	.184			.753	.753	.039	.220	.058
2	.201	.040			.165	.918	.043		.178
3	.141	.020			.082	1.000	.045		
전체		.244	121.912	.000[a]	1.000	1.000			

a. 자유도 12

행 포인트 개요[a]

연령	차원의 점수		
	1	2	3
20-29	-1.271	-1.083	.849
30-39	-.754	.690	-1.268
40-49	.375	1.501	1.244
50-59	.800	-.412	-.885
60 이상	1.510	-.958	.175

a. 열 주성분 정규화

열 포인트 개요[a]

알콜음료	차원의 점수		
	1	2	3
청주	.549	-.195	-.091
맥주	-.625	-.245	.070
포도주	-.253	.209	-.170
소주	.198	.158	.182

a. 열 주성분 정규화

[행 점수의 제곱합의 계산]

1차원

$$(-1.271)^2 \times 110 + (-0.754)^2 \times 120 + 0.375^2 \times 100 + 0.800^2 \times 90 + 1.510^2 \times 80$$
$$= 500 = n$$

2차원

$$(-1.083)^2 \times 110 + 0.690^2 \times 120 + 1.501^2 \times 100 + (-0.412)^2 \times 90 + (-0.958)^2 \times 80$$
$$= 500 = n$$

3차원

$$0.849^2 \times 110 + (-1.268)^2 \times 120 + 1.244^2 \times 100 + (-0.885)^2 \times 90 + 0.175^2 \times 80$$
$$= 500 = n$$

[열 점수의 제곱합의 계산]

1차원

$$0.549^2 \times 125 + (-0.625)^2 \times 103 + (-0.253)^2 \times 129 + 0.198^2 \times 143$$

= 500 × (1차원의 관성)

2차원

$$(-0.195)^2 \times 125 + (-0.245)^2 \times 103 + 0.209^2 \times 129 + 0.158^2 \times 143$$

= 500 × (2차원의 관성)

3차원

$$(-0.091)^2 \times 125 + 0.070^2 \times 103 + (-0.170)^2 \times 129 + 0.182^2 \times 143$$

= 500 × (3차원의 관성)

● **주성분 정규화**

행 및 열의 범주 간 차 또는 유사성을 조사하고 싶다고 하는 상황에서 사용한다. 행 및 열의 점수에 대한 제곱합이 n × (관성)이 되도록 정규화되고 있다.

주성분 정규화의 방법에 의한 분석결과를 얻으려면 [모형] 대화상자에서 [정규화 방법]으로서 '주성분(P)'을 선택하여 실행한다.

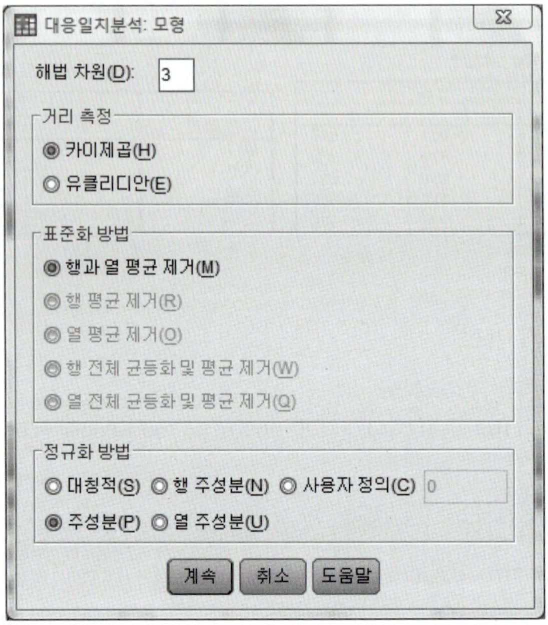

행 포인트 개요[a]

연령	차원의 점수		
	1	2	3
20-29	-.545	-.217	.120
30-39	-.323	.138	-.179
40-49	.161	.301	.176
50-59	.343	-.083	-.125
60 이상	.647	-.192	.025

a. 주성분 정규화

열 포인트 개요[a]

알콜음료	차원의 점수		
	1	2	3
청주	.549	-.195	-.091
맥주	-.625	-.245	.070
포도주	-.253	.209	-.170
소주	.198	.158	.182

a. 주성분 정규화

[행 점수의 제곱합의 계산]

1차원

$$(-0.545)^2 \times 110 + (-0.323)^2 \times 120 + 0.161^2 \times 100 + 0.343^2 \times 90 + 0.647^2 \times 80$$

= 500 × (1차원의 관성)

2차원

$(-0.217)^2 \times 110 + 0.138^2 \times 120 + 0.301^2 \times 100 + (-0.038)^2 \times 90 + (-0.192)^2 \times 80$

= 500 × (2차원의 관성)

3차원

$0.120^2 \times 110 + (-0.179)^2 \times 120 + 0.176^2 \times 100 + (-0.125)^2 \times 90 + 0.025^2 \times 80$

= 500 × (3차원의 관성)

[열 점수의 제곱합의 계산]

1차원

$0.549^2 \times 125 + (-0.625)^2 \times 103 + (-0.253)^2 \times 129 + 0.198^2 \times 143$

= 500 × (1차원의 관성)

2차원

$(-0.195)^2 \times 125 + (-0.245)^2 \times 103 + 0.209^2 \times 129 + 0.158^2 \times 143$

= 500 × (2차원의 관성)

3차원

$(-0.091)^2 \times 125 + 0.070^2 \times 103 + (-0.170)^2 \times 129 + 0.182^2 \times 143$

= 500 × (3차원의 관성)

이상으로 해설한 네 가지 정규화의 방법은 다음과 같이 정리된다.

표 9.3 네 가지 정규화와 점수의 제곱합·분산

	대칭적	행 주성분	열 주성분	주성분
행 점수의 제곱합	n x 비정칙값	n x 관성	n	n x 관성
열 점수의 제곱합	n x 비정칙값	n	n x 관성	n x 관성
행 점수의 분산	비정칙값	관성	1	관성
열 점수의 분산	비정칙값	1	관성	관성

(주) SPSS 이외의 통계 소프트웨어는 주성분 정규화를 이용하고 있는 것이 많다. 그리고 행 점수와 열 점수의 분산이 모두 1이 되도록 하고 있는 것도 있다.

3. 행 주성분 정규화의 배치도와 점수

● 행 주성분 정규화에 대한 배치도

행 주성분 정규화에 의한 점수를 이용한 배치도는 다음과 같이 된다.

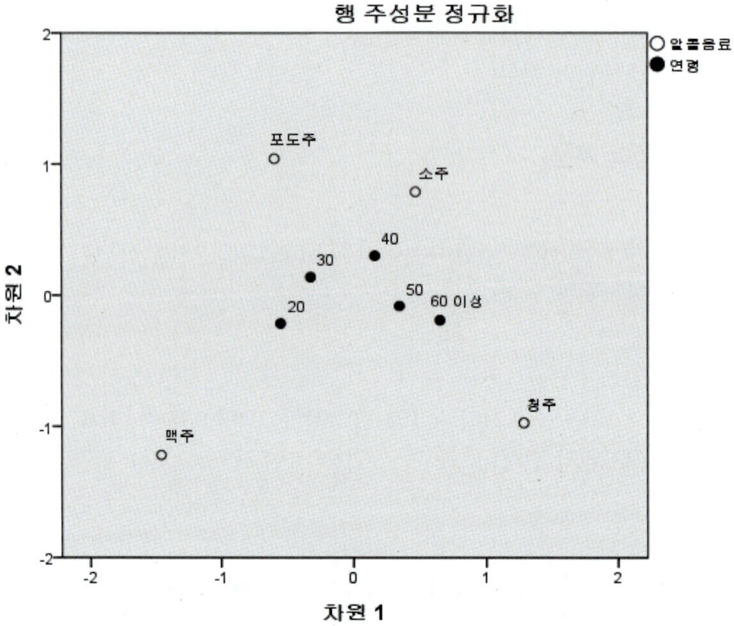

행 주성분 정규화에 의한 점수는 행의 범주 간 유클리드 거리와 비슷한 χ^2거리이다. 예를 들면, 연령 '20~29'과 원점(매스)의 χ^2거리에 대한 제곱은 다음과 같이 계산된다.

$$\frac{(0.109-0.250)^2}{0.250}+\frac{(0.436-0.206)^2}{0.206}+\frac{(0.245-0.258)^2}{0.258}+\frac{(0.209-0.286)^2}{0.286}=0.358$$

한편, 행 점수에 의거하여 연령 '20~29'과 원점(매스)의 유클리드 거리에 대한 제곱은 다음과 같이 계산된다.

$$(-0.545)^2+(-0.217)^2+0.120^2=0.358$$

● 행 점수와 열 점수의 관계

행 주성분 정규화에 의한 행 점수는 행 프로파일과 열 점수에 의해 계산할 수 있다.

행 프로파일

연령	알콜음료				
	청주	맥주	포도주	소주	액티브 주변
20-29	.109	.436	.245	.209	1.000
30-39	.142	.250	.400	.208	1.000
40-49	.200	.100	.260	.440	1.000
50-59	.400	.111	.222	.267	1.000
60 이상	.500	.063	.100	.338	1.000
매스	.250	.206	.258	.286	

열 포인트 개요[a]

알콜음료	차원의 점수		
	1	2	3
청주	1.282	-.972	-.642
맥주	-1.458	-1.219	.493
포도주	-.591	1.042	-1.200
소주	.463	.788	1.289

a. 행 주성분 정규화

행 포인트 개요[a]

연령	차원의 점수		
	1	2	3
20-29	-.545	-.217	.120
30-39	-.323	.138	-.179
40-49	.161	.301	.176
50-59	.343	-.083	-.125
60 이상	.647	-.192	.025

a. 행 주성분 정규화

1차원의 행 점수 계산은 다음과 같이 된다.

연령 '20~29' :

$$1.282 \times 0.109 + (-1.458) \times 0.436 + (-0.591) \times 0.245 + 0.463 \times 0.209 = -0.545$$

연령 '30~39' :

$$1.282 \times 0.142 + (-1.458) \times 0.250 + (-0.591) \times 0.400 + 0.463 \times 0.208 = -0.323$$

연령 '40~49' :

$$1.282 \times 0.200 + (-1.458) \times 0.100 + (-0.591) \times 0.260 + 0.463 \times 0.440 = 0.161$$

연령 '50~59' :

$$1.282 \times 0.400 + (-1.458) \times 0.111 + (-0.591) \times 0.222 + 0.463 \times 0.267 = 0.343$$

연령 '60 이상' :

$$1.282 \times 0.500 + (-1.458) \times 0.063 + (-0.591) \times 0.100 + 0.463 \times 0.338 = 0.647$$

2차원, 3차원의 행 점수도 같은 방법으로 계산할 수 있다.

4. 열 주성분 정규화의 배치도와 점수

● 열 주성분 정규화에 대한 배치도

열 주성분 정규화에 의한 점수를 이용한 배치도는 다음과 같이 된다.

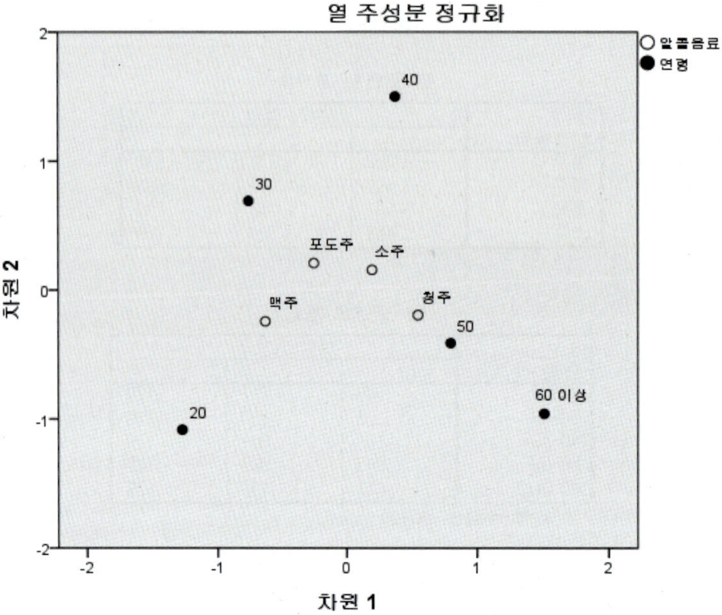

열 주성분 정규화에 의한 점수는 열의 범주 간 유클리드 거리와 비슷한 χ^2거리이다. 예를 들면, '청주'와 원점(매스)의 χ^2거리에 대한 제곱은 다음과 같이 계산된다.

$$\frac{(0.096-0.220)^2}{0.220}+\frac{(0.136-0.240)^2}{0.240}+\frac{(0.160-0.200)^2}{0.200}+\frac{(0.288-0.180)^2}{0.180}=0.348$$

한편, 열 점수에 의거하여 '청주'와 원점(매스)의 유클리드 거리에 대한 제곱은 다음과 같이 계산된다.

$$0.549^2+(-0.195)^2+(-0.091)^2=0.348$$

● 열 점수와 행 점수의 관계

열 주성분 정규화에 의한 열 점수는 열 프로파일과 행 점수에 의해 계산할 수 있다.

열 프로파일

연령	알콜음료				
	청주	맥주	포도주	소주	매스
20-29	.096	.466	.209	.161	.220
30-39	.136	.291	.372	.175	.240
40-49	.160	.097	.202	.308	.200
50-59	.288	.097	.155	.168	.180
60 이상	.320	.049	.062	.189	.160
액티브 주변	1.000	1.000	1.000	1.000	

행 포인트 개요[a]

연령	차원의 점수		
	1	2	3
20-29	-1.271	-1.083	.849
30-39	-.754	.690	-1.268
40-49	.375	1.501	1.244
50-59	.800	-.412	-.885
60 이상	1.510	-.958	.175

a. 열 주성분 정규화

열 포인트 개요[a]

알콜음료	차원의 점수		
	1	2	3
청주	.549	-.195	-.091
맥주	-.625	-.245	.070
포도주	-.253	.209	-.170
소주	.198	.158	.182

a. 열 주성분 정규화

1차원의 열 점수 계산은 다음과 같이 된다.

'청주' :

$$(-1.271)\times 0.096+(-0.754)\times 0.136+0.375\times 0.160+0.800\times 0.288+1.510\times 0.320$$
$$= 0.549$$

'맥주' :

$$(-1.271)\times 0.466+(-0.754)\times 0.291+0.375\times 0.097+0.800\times 0.097+1.510\times 0.049$$
$$= -0.625$$

'포도주' :

$$(-1.271)\times 0.209+(-0.754)\times 0.372+0.375\times 0.202+0.800\times 0.155+1.510\times 0.062$$
$$= -0.253$$

'청주' :

$$(-1.271)\times 0.161+(-0.754)\times 0.175+0.375\times 0.308+0.800\times 0.168+1.510\times 0.189$$
$$= 0.198$$

2차원, 3차원의 열 점수도 같은 방법으로 계산할 수 있다.

힌트

대응분석(correspondence analysis)

대응분석은 Hirshfield(1935)에 의해서 제안되었으며 프랑스의 Benzécri(1973)와 그 제자들에 의해서 발전된 기법으로서 다변량 이산 데이터의 분석에 이용된다. 수학적으로는 정준상관분석(canonical correlation analysis)의 특수한 경우, 더 나아가서는 척도에 의존하지 않는 주성분분석으로 간주할 수 있다.

CHAPTER

10

다중대응분석

CHAPTER 10 **다중대응분석**

10.1 아이템·카테고리형 데이터표의 분석

● **예제 10-1**

음식의 기호에 관한 다음과 같은 앙케트 조사를 실시했다. 여섯 개의 질문을 하고 있다.

Q1. 어느 알콜 음료를 가장 좋아하십니까?
  1. 청주 2. 맥주 3. 포도주

Q2. 어느 식사를 가장 좋아하십니까?
  1. 한식 2. 중화 3. 양식

Q3. 알콜류를 마실 때의 안주로서 어느 것을 가장 좋아하십니까?
  1. 채소 2. 초콜릿 3. 치즈

Q4. 어느 차를 가장 좋아하십니까?
  1. 녹차 2. 커피 3. 홍차

Q5. 맛의 기호는 어느 쪽이십니까?
  1. 연한 맛 2. 진한 맛

Q6. 저녁식사는 어디에서 드시는 일이 많습니까?
  1. 자택 2. 외출처

이 앙케트 조사를 25명에게 실시한 회답결과를 일람표로 한 것이 <표 10.1>이다. 이 데이터표에 대해서 다중대응분석을 적용해 보자.

1. 아이템·카테고리형 데이터표에 대한 대응분석

본 예제와 같이 복수의 질문이 있고, 각 질문은 단일 회답형식(복수의 선택지 중에서 하나의 선택지만을 고르게 한다)으로 되어 있는 앙케트 조사에 있어서, 회답자를 행, 질문항목을 열로 배치해서 회답결과를 데이터표로 정리했을 때, 이 데이터표를 **아이템·카테고리형 데이터표**라고 부른다. 아이템·카테고리형 데이터표에 대한 대응분석에는 다중대응분석이 적용된다.

표 10.1 아이템·카테고리형 데이터표

회답자	Q1	Q2	Q3	Q4	Q5	Q6
1	1	1	1	1	1	2
2	2	3	3	2	2	2
3	2	1	1	3	1	1
4	1	2	1	2	1	2
5	3	3	2	1	2	1
6	3	2	2	2	2	2
7	3	3	3	2	2	2
8	3	2	1	2	2	1
9	3	3	3	3	2	2
10	1	1	1	2	1	1
11	3	3	2	1	2	1
12	1	1	1	2	1	2
13	2	2	2	2	1	1
14	2	2	3	3	2	2
15	1	1	2	2	1	2
16	3	2	1	2	2	1
17	2	2	1	1	1	1
18	1	1	2	2	1	1
19	1	1	3	3	1	2
20	3	3	3	3	2	3
21	1	2	1	1	1	1
22	2	2	1	1	1	1
23	3	3	3	3	2	2
24	1	1	3	3	1	2
25	2	3	2	2	2	1

● SPSS에 의한 다중대응분석

<순서 1> 데이터의 입력

<표 10.1>의 데이터표를 SPSS 데이터 편집기에 입력한다. 각 아이템의 각 카테고리별로 변수값 설명을 해 놓는다.

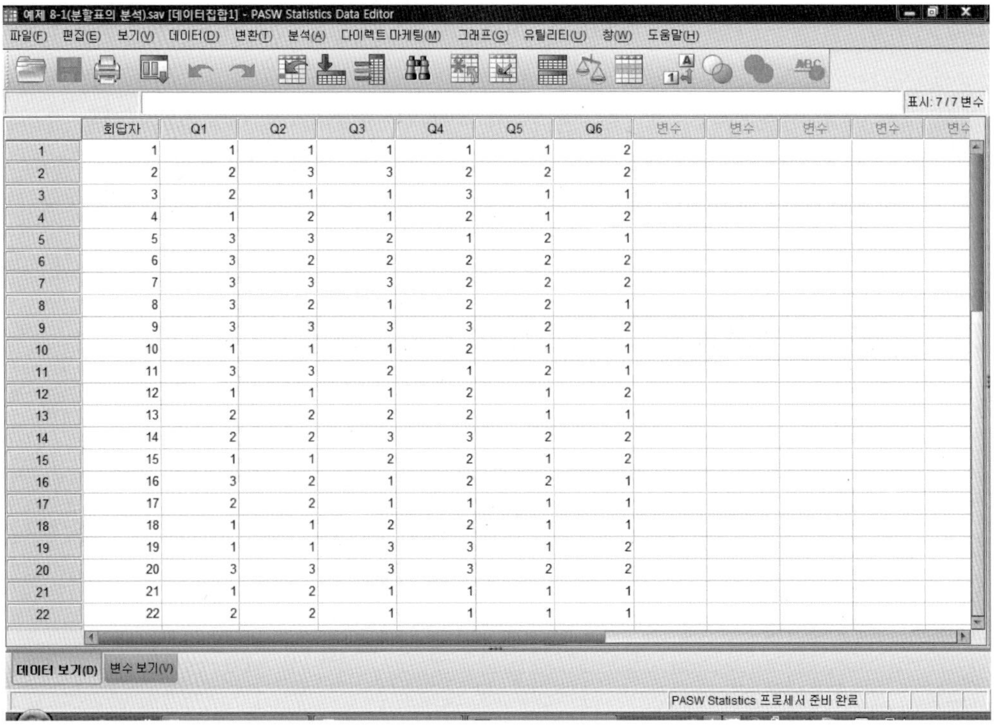
예제 8-1(분할표의 분석).sav [데이터집합1] - PASW Statistics Data Editor
파일(F) 편집(E) 보기(V) 데이터(D) 변환(T) 분석(A) 다이렉트 마케팅(M) 그래프(G) 유틸리티(U) 창(W) 도움말(H)
표시: 7 / 7 변수
회답자 Q1 Q2 Q3 Q4 Q5 Q6 변수 변수 변수 변수 변수
1 1 1 1 1 1 1 2
2 2 2 3 3 2 2 2
3 3 2 1 1 3 1 1
4 4 1 2 1 2 1 2
5 5 3 3 2 1 2 1
6 6 3 2 2 2 2 2
7 7 3 3 3 2 2 2
8 8 3 2 1 2 2 1
9 9 3 3 3 3 2 2
10 10 1 1 1 2 1 1
11 11 3 3 2 1 2 1
12 12 1 1 1 2 1 2
13 13 2 2 2 2 1 1
14 14 2 2 3 3 2 2
15 15 1 1 2 2 1 2
16 16 3 2 1 2 2 1
17 17 2 2 1 1 1 1
18 18 1 1 2 2 1 1
19 19 1 1 3 3 1 2
20 20 3 3 3 3 2 2
21 21 1 2 1 1 1 1
22 22 2 2 1 1 1 1
데이터 보기(D) 변수 보기(V)
PASW Statistics 프로세서 준비 완료

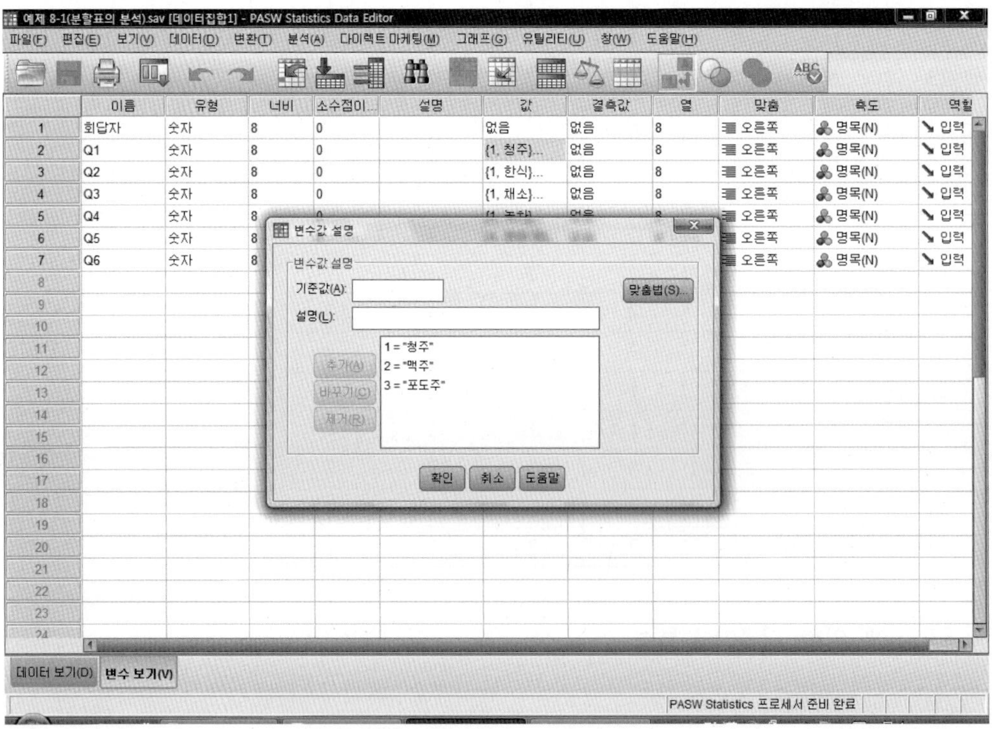
예제 8-1(분할표의 분석).sav [데이터집합1] - PASW Statistics Data Editor
파일(F) 편집(E) 보기(V) 데이터(D) 변환(T) 분석(A) 다이렉트 마케팅(M) 그래프(G) 유틸리티(U) 창(W) 도움말(H)
이름 유형 너비 소수점이... 설명 값 결측값 열 맞춤 측도 역할
1 회답자 숫자 8 0 없음 없음 8 오른쪽 명목(N) 입력
2 Q1 숫자 8 0 {1, 청주}... 없음 8 오른쪽 명목(N) 입력
3 Q2 숫자 8 0 {1, 한식}... 없음 8 오른쪽 명목(N) 입력
4 Q3 숫자 8 0 {1, 채소}... 없음 8 오른쪽 명목(N) 입력
5 Q4 숫자 8 오른쪽 명목(N) 입력
6 Q5 숫자 8 오른쪽 명목(N) 입력
7 Q6 숫자 8 오른쪽 명목(N) 입력
변수값 설명
변수값 설명
기준값(A):
설명(L):
맞춤법(S)...
추가(A)
바꾸기(C)
제거(R)
1 = "청주"
2 = "맥주"
3 = "포도주"
확인 취소 도움말
데이터 보기(D) 변수 보기(V)
PASW Statistics 프로세서 준비 완료

<순서 2> 최적화 척도법의 선택

메뉴에서 [분석(A)]－[차원감소(D)]－[최적화 척도법(O)]을 선택한다.

<순서 3> 다중대응분석의 선택

[최적화 척도법] 대화상자에서 다음과 같이 선택하면 다중대응분석(다중 대응일치분석)이 된다. 그리고 [정의] 버튼을 클릭한다.

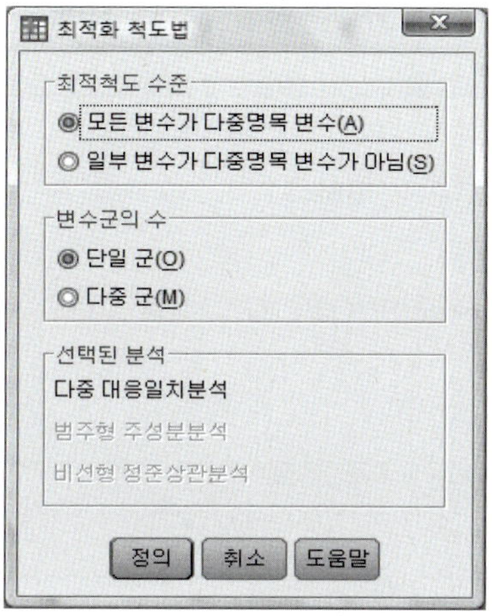

<순서 4> 변수의 선택

(1) 다음의 화면이 되면 ‘Q1’을 [분석변수(A)] 난에 이동하고, 그 밑에 있는 [변수 가중값 정의(D)] 버튼을 클릭한다.

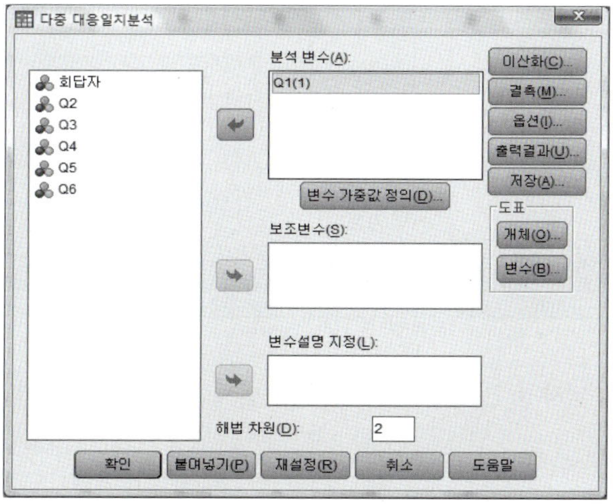

(2) 변수 가중값을 정의하고 싶을 때는 다음의 화면에서 [변수 가중값(V)]의 난에 가중값을 입력한다. 여기에서는 '1'을 그대로 유지한다.

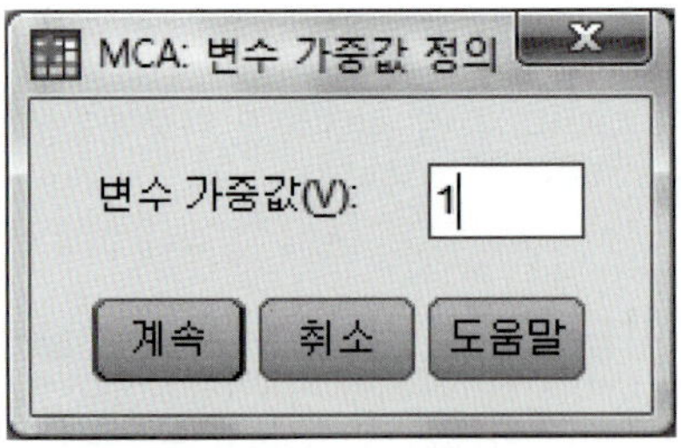

여기에서 [계속] 버튼을 클릭한다.

(3) 다음의 화면으로 되돌아오면 'Q2', 'Q3', 'Q4', 'Q5', 'Q6',을 각각 클릭해서 [분석변수(A)] 난에 이동한다.

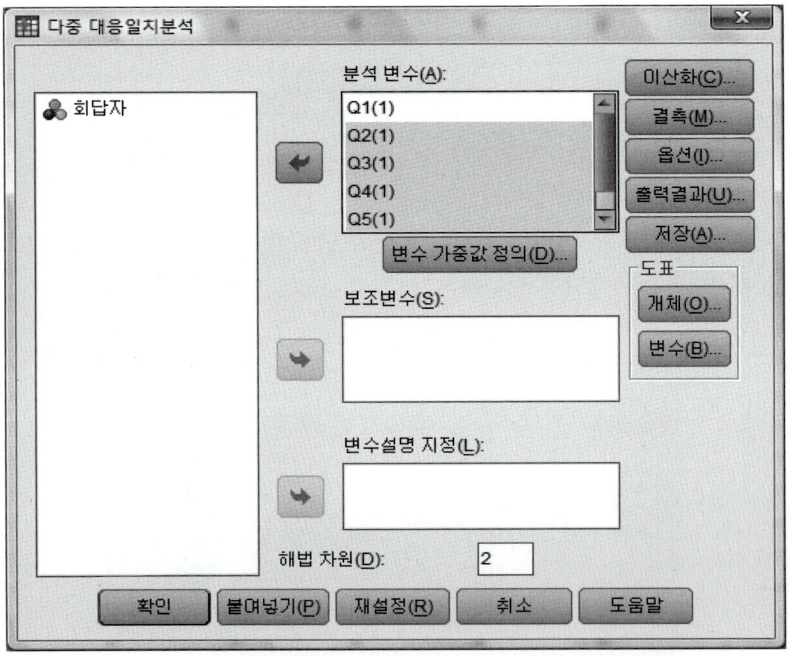

(4) 계속해서 '회답자'를 [변수설명 지정(L)]의 난으로 이동하고, [출력결과(U)] 버튼을 클릭한다.

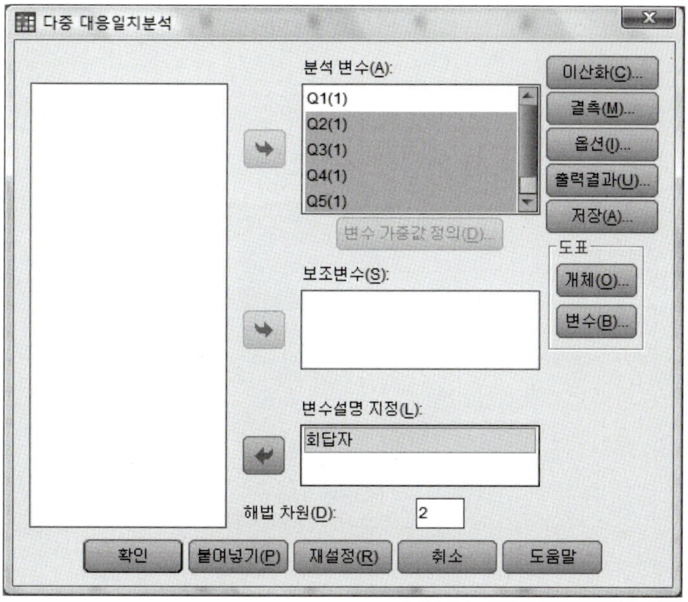

<순서 5> 출력결과 설계

[출력결과] 화면이 되면 [개체점수(O)], [판별측도(S)], [변환된 변수간의 상관관계(E)]를 선택한다. 이어서 'Q1'~'Q6'을 [범주 수량화 및 기여도(T)] 난과 [다음 범주 포함(N)] 난으로 이동하고, '회답자'를 [개체점수 설명기준(B)]의 난으로 이동하고 [계속] 버튼을 클릭한다.

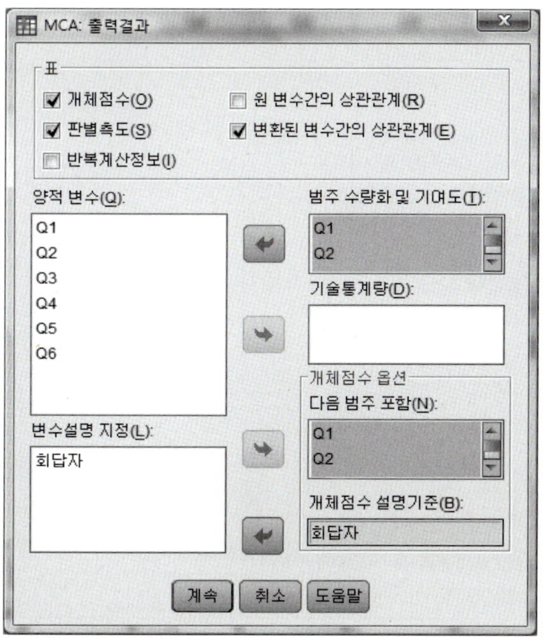

<순서 6> 다음의 화면이 되면 [도표] 중의 [개체(O)]를 클릭한다.

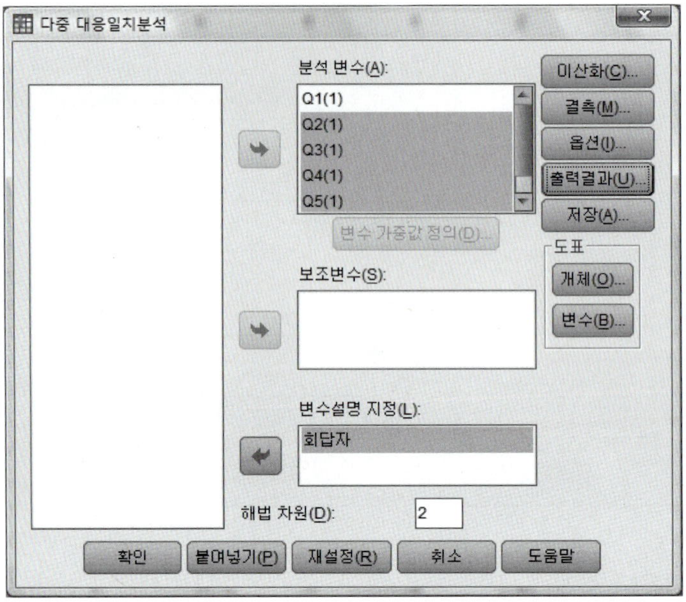

<순서 7> 개체도표 설계

[개체도표] 화면이 되면 다음과 같이 선택하고, '회답자'를 [선택(E)]의 난으로 이동하고 [계속] 버튼을 클릭한다.

<순서 8> 변수도표 설계

<순서 6>의 화면으로 되돌아오면 [도표] 중의 [변수(B)]를 클릭한다. 다음의 [변수도표] 화면이 되면 'Q1'~'Q6'을 [결합범주도표(J)]의 난으로 이동하고 [계속] 버튼을 클릭한다.

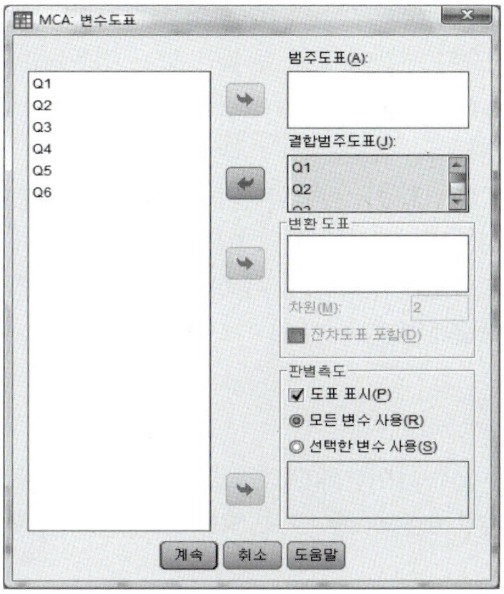

<순서 9> 옵션의 선택

<순서 6>의 화면으로 되돌아오면 [옵션(I)]을 클릭한다. 다음의 [옵션] 화면이 되면 그대로 유지하고 [계속] 버튼을 클릭한다.

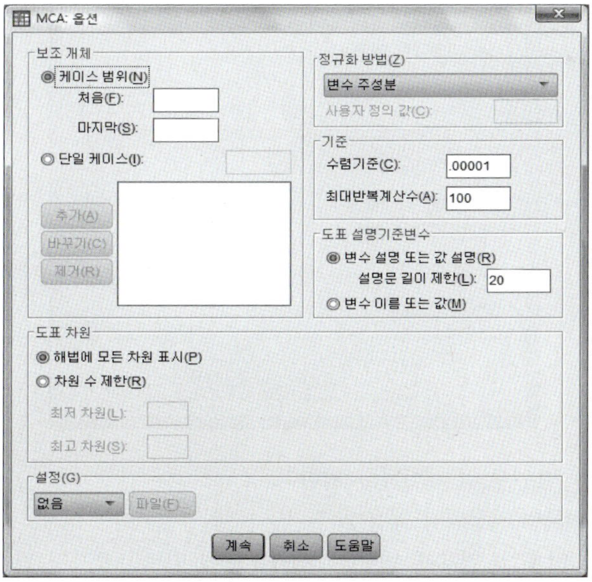

[정규화 방법(Z)]에서는 개체점수나 변수의 정규화를 실시하는 5가지의 옵션을 지정한다.

- 변수 주성분 : 이 옵션을 사용하면 변수 간의 관련이 최적화된다. 변수 간의 상관에 주로 관심이 있는 경우에 도움이 된다.
- 개체 주성분 : 이 옵션을 사용하면 개체 간의 거리가 최적화된다. 개체 간의 상위 또는 유사성에 주로 관심이 있는 경우에 도움이 된다.
- 대칭적 : 개체와 변수의 관계에 주로 관심이 있는 경우는 이 정규화 옵션을 사용한다.
- 독립적 : 개체 간의 거리 및 변수 간의 상관을 따로따로 조사하는 경우는 이 정규화 옵션을 사용한다.
- 사용자 정의 : 폐구간 [−1, 1] 내의 임의의 실수치(實數值)를 지정할 수 있다. 1은 '개체 주성분' 방법에 상당하고, 0은 '대칭적' 방법에 상당하며, −1은 '변수 주성분' 방법에 상당한다. 이 방법은 목적에 따른 바이 플롯 또는 트리 플롯의 작성에 도움이 된다.

<순서 10> 이산화

<순서 6>의 화면으로 되돌아오면 [이산화(C)]를 클릭한다. 여기에서는 '지정되지 않음'인채 [취소] 버튼을 클릭한다. <<순서 6>>의 화면으로 되돌아오면 [확인] 버튼을 클릭한다.

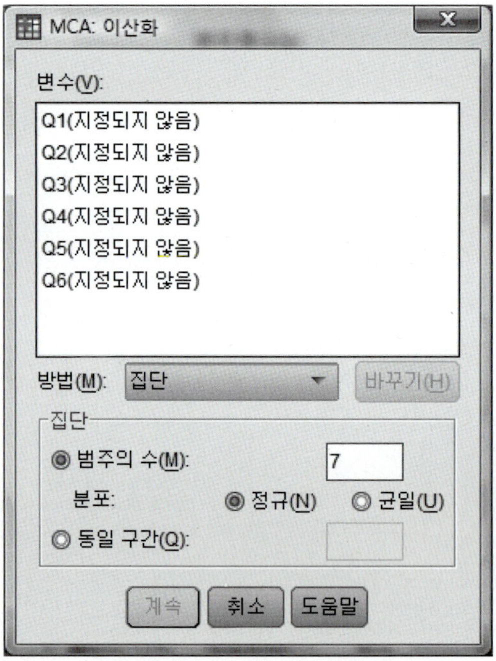

[이산화]란 변수 값의 재할당을 말한다.

[방법(M)]에는 '지정되지 않음', '집단', '순위', '곱하기'가 있다.

'지정되지 않음'의 경우에 변수는 '정규분포에 따르는 7가지 범주'에 할당된다.

문자형 변수는 문자의 오름차순에 따르고, 플러스의 정수(整數)에 범주를 할당한다.

● 분석결과와 결과의 해석방법

다중대응분석을 적용하면 다음과 같은 결과가 얻어진다.

(1) 관성

모형 요약

차원	Cronbach의 알파	설명된 분산		
		전체(고유값)	요약 관성	% 분산
1	.803	3.026	.504	50.436
2	.675	2.287	.381	38.119
전체		5.313	.886	
평균	.748[a]	2.657	.443	44.278

a. 평균 Cronbach의 알파는 평균 고유값에 기준합니다.

여기에서 차원의 수는 2로 되어 있지만, 다중대응분석에 있어서의 최대 차원 수는

카테고리의 총수 − 아이템의 수(질문 수)

가 된다. 따라서 본 예제에 있어서의 최대 차원 수는 $(3+3+3+3+2+2)-6=10$이 된다. 최대 차원 수까지 구하기 위해서는 다음의 화면에서 [해법 차원(D)] 난에 '10'을 입력한다.

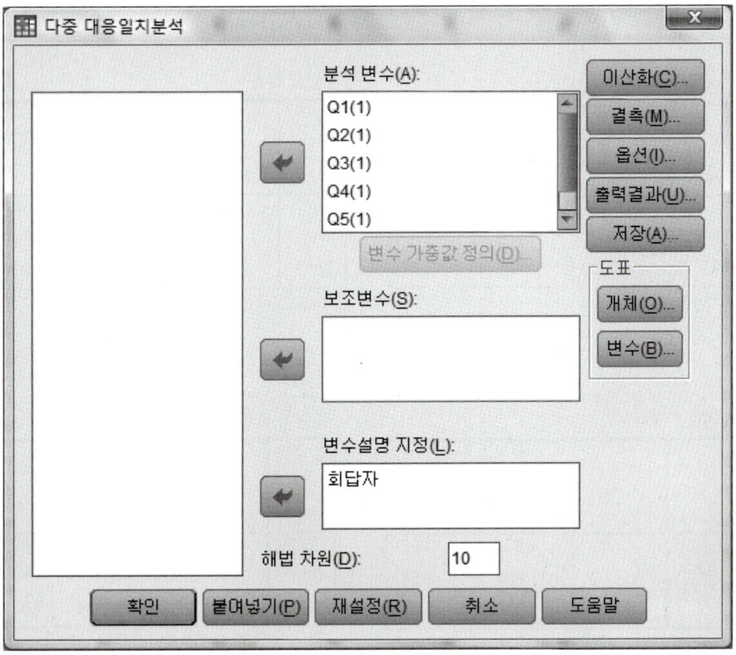

최대 차원 수까지 구했을 때의 관성의 값은 다음과 같이 된다.

모형 요약

차원	Cronbach의 알파	설명된 분산		
		전체(고유값)	요약 관성	% 분산
1	.803	3.026	.504	50.436
2	.675	2.287	.381	38.119
3	.295	1.326	.221	22.107
4	.011	1.010	.168	16.828
5	-.057	.955	.159	15.913
6	-1.063	.530	.088	8.838
7	-1.374	.466	.078	7.770
8	-4.809	.200	.033	3.328
9	-9.927	.108	.018	1.797
10	-11.878	.092	.015	1.529
전체		10.000	1.667	
평균	.000[a]	1.000	.167	16.667

a. 평균 Cronbach의 알파는 평균 고유값에 기준합니다.

요약관성의 총계

카테고리의 총수 / 아이템 수 − 1

이 된다. 따라서 본 예제에 있어서의 총계는 $(3+3+3+3+2+2)/6-1=1.667$로 되어 있다.

(2) 범주의 수량화(열 점수 = 변수 점수)

Q1

포인트:좌표

범주	빈도	중심점 좌표 차원 1	중심점 좌표 차원 2
청주	9	-.819	-.829
맥주	7	-.169	.519
포도주	9	.951	.425

변수 주성분 정규화

Q2

포인트:좌표

범주	빈도	중심점 좌표 차원 1	중심점 좌표 차원 2
한식	8	-.750	-.998
중화	9	-.384	.664
양식	8	1.182	.251

변수 주성분 정규화

Q3

포인트:좌표

범주	빈도	중심점 좌표 차원 1	중심점 좌표 차원 2
채소	10	-.832	.185
초콜릿	7	.004	.656
치즈	8	1.036	-.805

변수 주성분 정규화

Q4

포인트:좌표

범주	빈도	중심점 좌표 차원 1	중심점 좌표 차원 2
녹차	6	-.512	.801
커피	12	-.165	.149
홍차	7	.722	-.942

변수 주성분 정규화

Q5

포인트:좌표

범주	빈도	중심점 좌표 차원 1	중심점 좌표 차원 2
연한 맛	13	-.837	-.349
진한 맛	12	.906	.378

변수 주성분 정규화

Q6

포인트:좌표

범주	빈도	중심점 좌표 차원 1	중심점 좌표 차원 2
자택	12	-.430	.747
외출처	13	.397	-.689

변수 주성분 정규화

(3) 범주의 배치도

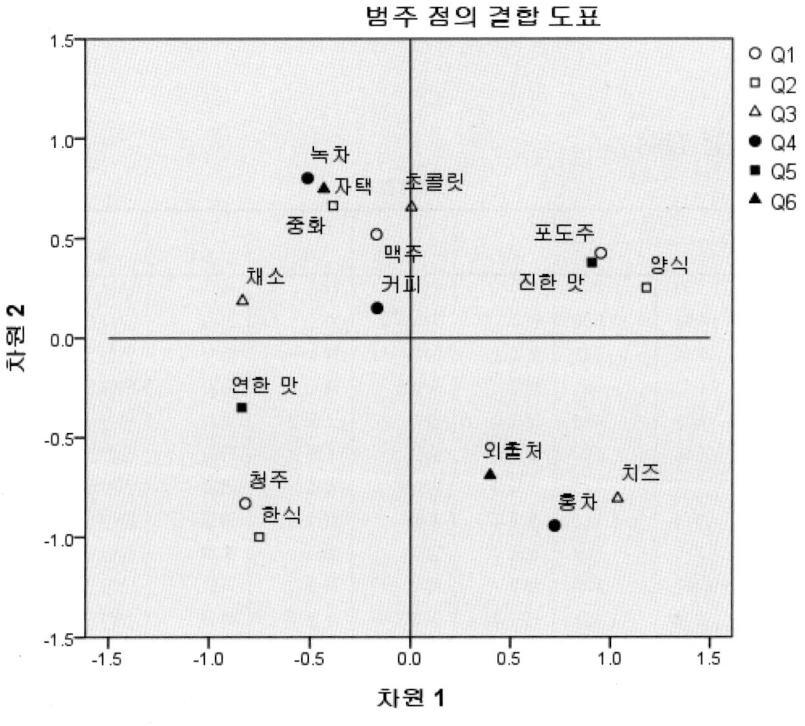

변수 주성분 정규화

예를들면,

- 청주를 좋아하는 사람은 한식을 좋아한다
- 포도주를 좋아하는 사람은 양식을 좋아한다
- 맥주를 좋아하는 사람은 중화를 좋아한다

라고 하는 경향을 간파할 수 있다.

(4) 변환된 변수 간의 상관계수

변환된 변수간의 상관관계

차원: 1

	Q1	Q2	Q3	Q4	Q5	Q6
Q1	1,000	,676	,278	,090	,850	-,053
Q2	,676	1,000	,529	,067	,769	,098
Q3	,278	,529	1,000	,639	,465	,590
Q4	,090	,067	,639	1,000	,148	,481
Q5	,850	,769	,465	,148	1,000	,122
Q6	-,053	,098	,590	,481	,122	1,000
차원	1	2	3	4	5	6
고유값	3,026	1,771	,551	,389	,149	,114

점수를 적용한 변수 간(열 간)의 상관계수를 봄으로써 어느 변수와 어느 변수의 관계가 강한지를 파악할 수 있다.

(5) 개체 점수(행 점수)

개체점수

회답자	차원 1	차원 2	Q1	Q2	Q3	Q4	Q5	Q6
1	-1.108	-.822	청주	한식	채소	녹차	연한 맛	외출처
2	1.053	-.086	맥주	양식	치즈	커피	진한 맛	외출처
3	-.759	-.366	맥주	한식	채소	홍차	연한 맛	자택
4	-.872	-.381	청주	중화	채소	커피	연한 맛	외출처
5	.694	1.425	포도주	양식	초콜릿	녹차	진한 맛	자택
6	.565	.692	포도주	중화	초콜릿	커피	진한 맛	외출처
7	1.423	-.128	포도주	양식	치즈	커피	진한 맛	외출처
8	.015	1.113	포도주	중화	채소	커피	진한 맛	자택
9	1.716	-.604	포도주	양식	치즈	홍차	진한 맛	외출처
10	-1.267	-.479	청주	한식	채소	커피	연한 맛	자택
11	.694	1.425	포도주	양식	초콜릿	녹차	진한 맛	자택
12	-.993	-1.107	청주	한식	채소	커피	연한 맛	외출처
13	-.654	1.043	맥주	중화	초콜릿	커피	연한 맛	자택
14	.829	-.383	맥주	중화	치즈	홍차	진한 맛	외출처
15	-.717	-.901	청주	한식	초콜릿	커피	연한 맛	외출처
16	.015	1.113	포도주	중화	채소	커피	진한 맛	자택
17	-1.045	1.122	맥주	중화	채소	녹차	연한 맛	자택
18	-.990	-.273	청주	한식	초콜릿	커피	연한 맛	자택
19	-.083	-2.016	청주	한식	치즈	홍차	연한 맛	외출처
20	1.716	-.604	포도주	양식	치즈	홍차	진한 맛	외출처
21	-1.260	.532	청주	중화	채소	녹차	연한 맛	자택
22	-1.045	1.122	맥주	중화	채소	녹차	연한 맛	자택
23	1.716	-.604	포도주	양식	치즈	홍차	진한 맛	외출처
24	-.083	-2.016	청주	한식	치즈	홍차	연한 맛	외출처
25	.439	1.181	맥주	양식	초콜릿	커피	진한 맛	자택

변수 주성분 정규화

(6) 대상의 배치도

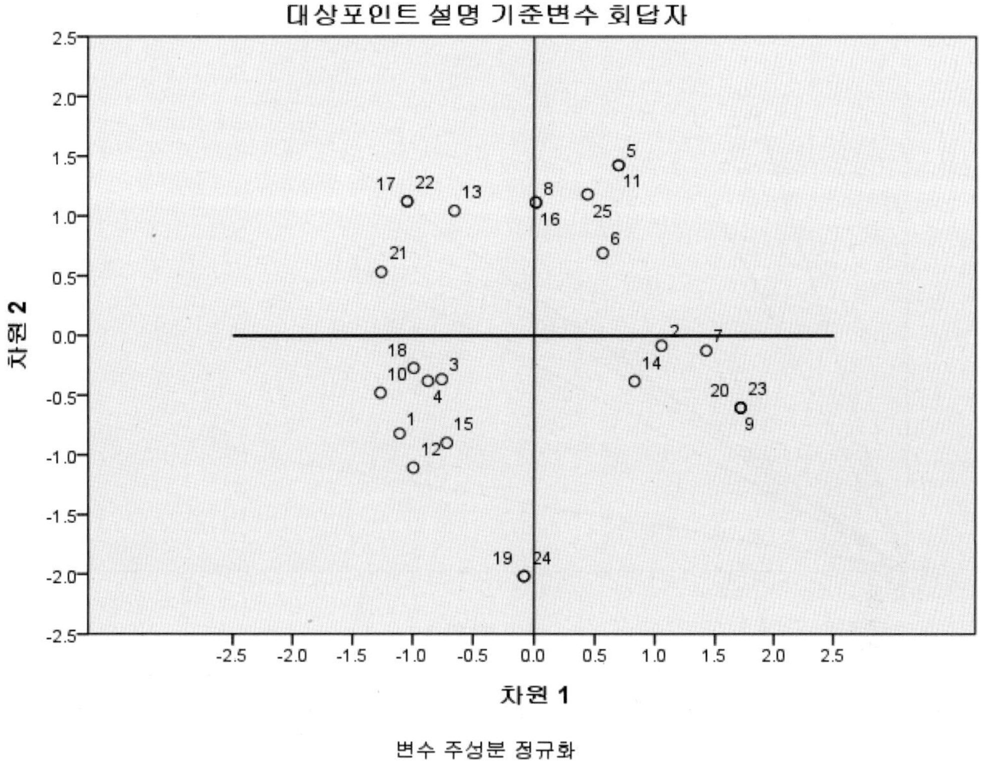

회답의 방식이 비슷한 사람끼리 가까이 위치한다.

(7) 판별 측도

판별측도

	차원		평균
	1	2	
Q1	.575	.388	.482
Q2	.680	.497	.588
Q3	.620	.342	.481
Q4	.222	.413	.317
Q5	.758	.132	.445
Q6	.171	.515	.343
액티브 전체	3.026	2.287	2.657
% 분산	50.436	38.119	44.278

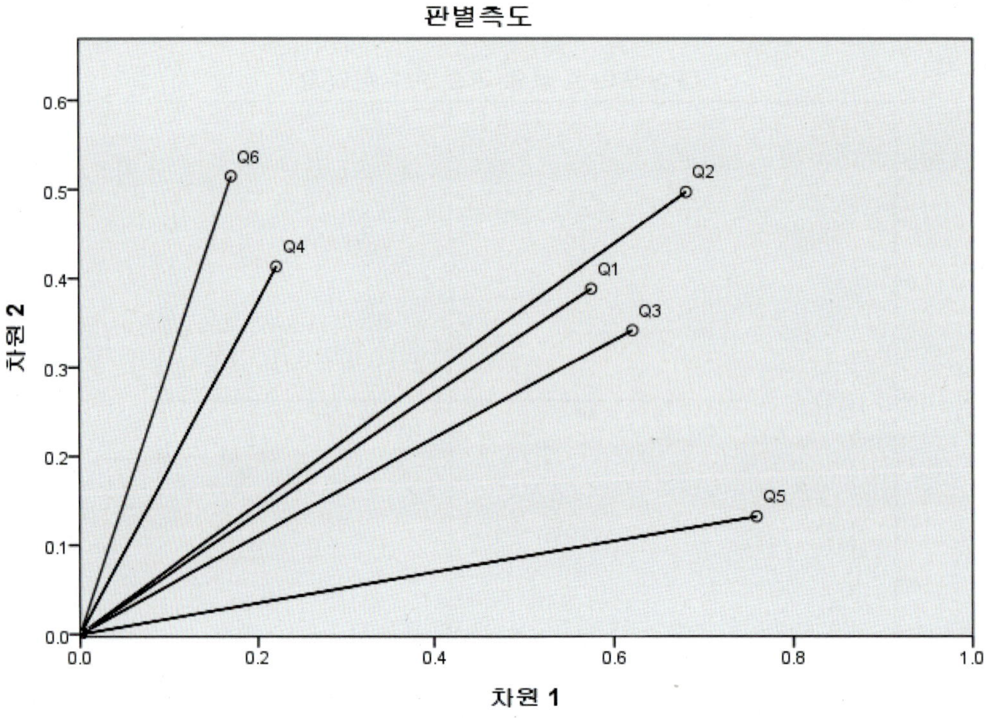

변수 주성분 정규화

이 그래프로부터는 원래의 정보가 각 차원에서 설명되는 정도를 볼 수 있다. Q4와 Q6의 정보는 차원 2로 설명되는 비율이 많고, Q5의 정보는 차원 1로 설명되는 비율이 많다는 것을 알 수 있다. 한편, Q1, Q2의 정보는 차원 1과 차원 2로는 충분히 설명할 수 없다는 것을 알 수 있다.

2. 식별 방법에 대한 다른 관점에서의 검증

식별 방법의 결과를 다른 관점에서 검증해 본다. 그러기 위해서 대상 점수의 배치도를 각 질문의 회답결과로 표시하게 한다. 배치도상에서 범주의 구별이 가능한지 어떤지를 봄으로써 어느 차원이 원래의 정보를 잘 설명하고 있는지를 검증할 수 있다.

각 설명 기준변수의 대상 점수에 대한 배치도를 그리기 위해서는 다음과 같이 진행한다.

[개체도표] 대화상자에서 [사용가능(A)] 난에 있던 'Q1'~'Q6'를 [선택(E)] 난으로 이동한 다음에 [계속] 버튼을 누른다.

수 있다.

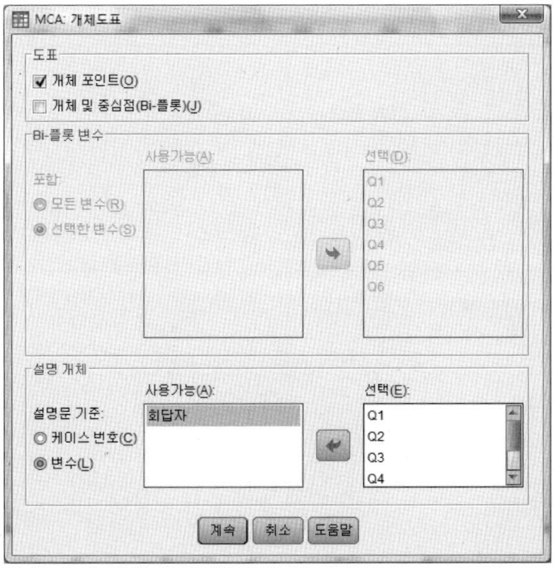

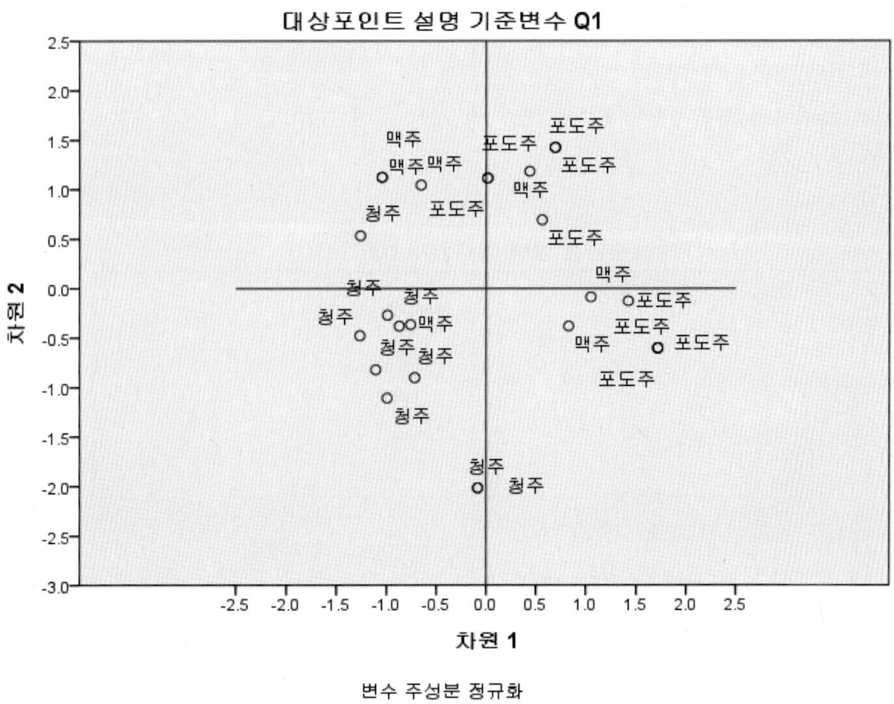

차원 1과 차원 2로는 Q1에 대한 세 개의 카테고리(범주)의 구별(판별)이 충분하지 않음을 알 수 있다.

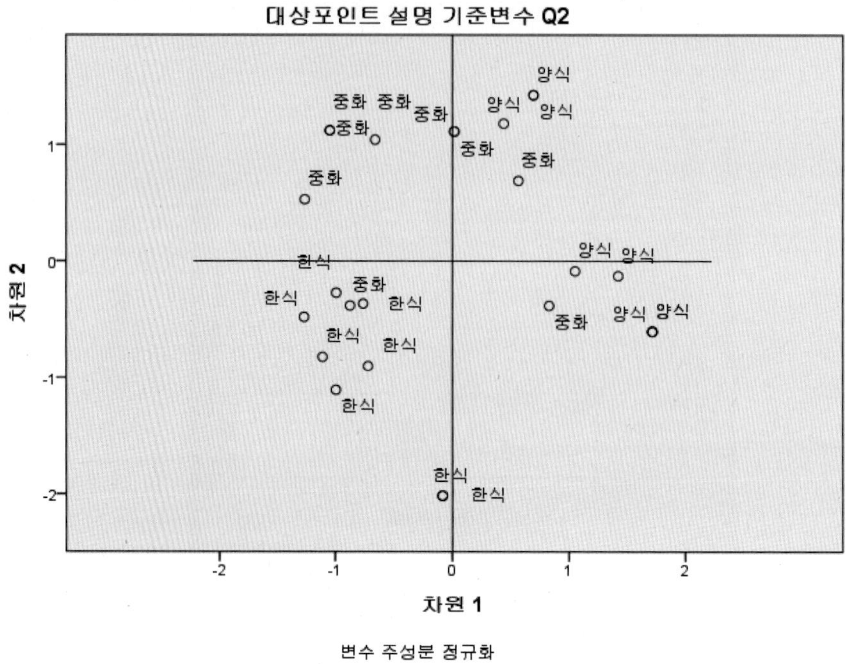

마찬가지로 차원 1과 차원 2로는 Q2에 대한 세 개의 카테고리(범주)의 구별(판별)이 충분하지 않음을 알 수 있다.

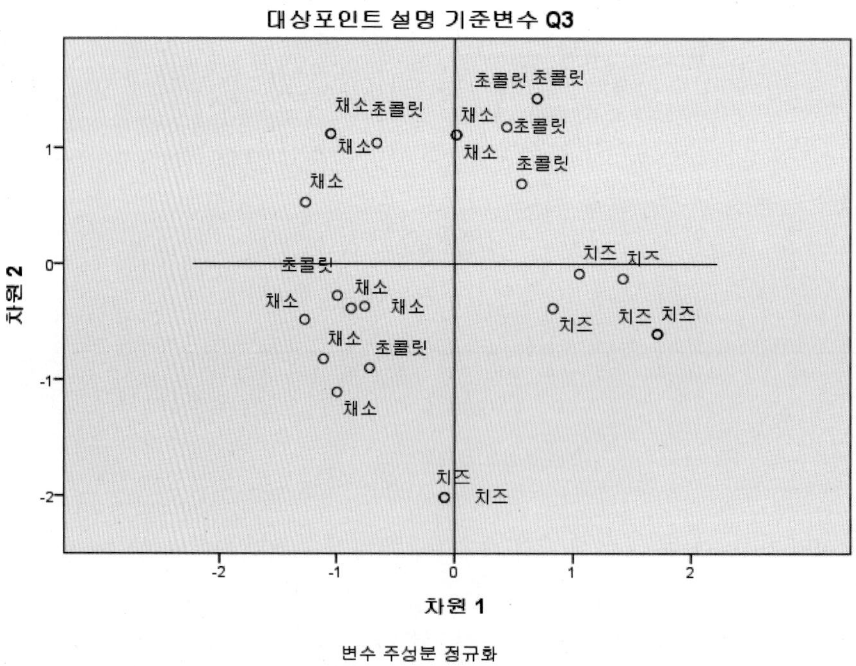

마찬가지로 차원 1과 차원 2로는 Q3에 대한 세 개의 카테고리(범주)의 구별(판별)이 충분하지 않다.

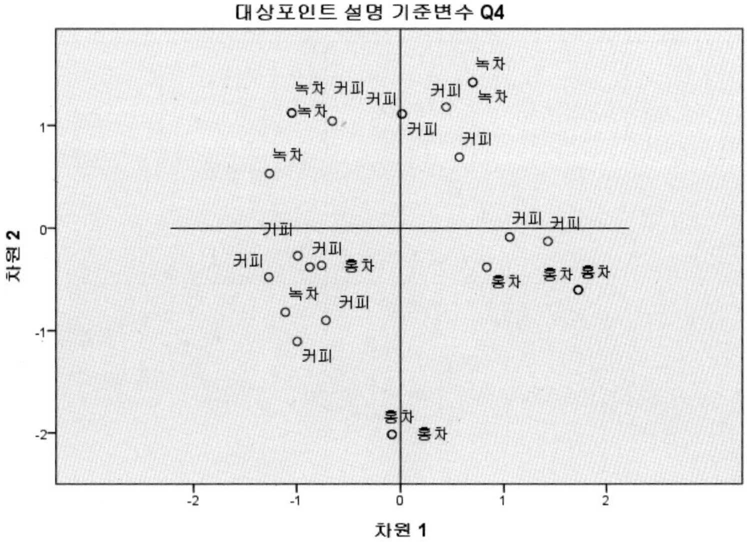

변수 주성분 정규화

차원 1로는 세 개의 카테고리를 충분히 구별(판별)할 수 없지만, 차원 2로는 홍차가 아래측에 위치하고 있어, 홍차와 다른 차를 구별할 수 있다는 것을 알 수 있다.

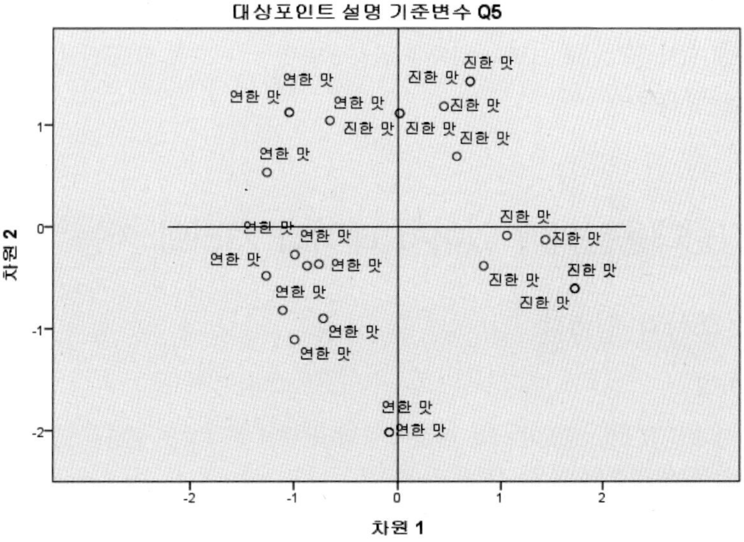

변수 주성분 정규화

차원 1로는 연한 맛이 왼쪽에 위치하고, 진한 맛이 오른쪽에 위치하고 있어서 잘 구별되고 있지만, 차원 2로는 두 개의 카테고리를 충분히 구별할 수 없다.

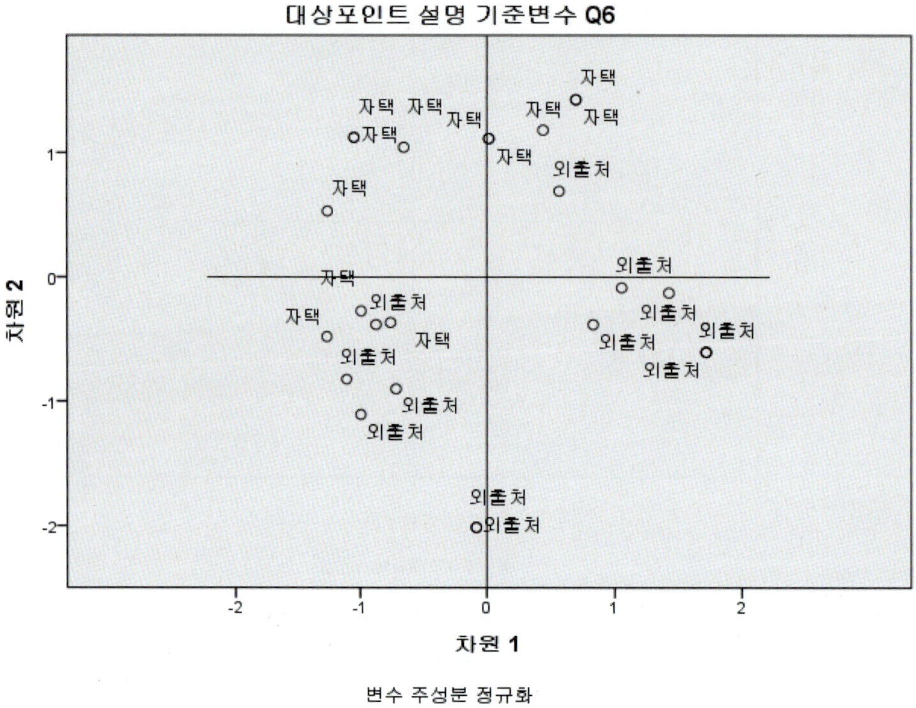

차원 1로는 두 개의 카테고리를 충분히 구별(판별)할 수 없지만, 차원 2로는 대체적으로 외출처가 아래쪽에 위치하고 있고 자택이 위쪽에 위치하고 있어, 비교적 잘 구별되고 있다는 것을 알 수 있다.

10.2 다중대응분석에 있어서 데이터 처리의 기능

1. 앙케트 조사와 결측값

● 예제 10-2

앙케트의 조사에서 회답자 전원이 모든 질문에 응답해 주면 결측값은 생기지 않는다. 그러나 어떤 질문에는 응답을 하고 어떤 질문에는 응답하지 않는다고 하는 회답자가 존재하면, 결측값이 생기게 된다.

표 10.2 결측값이 있는 데이터표(1)

회답자	Q1	Q2	Q3	Q4	Q5	Q6
1	3	2	2	2	2	2
2	3	3	3	2	2	2
3	3	2	1	2	2	1
4	3	3	3	3	2	2
5	1	1	1	2	1	1
6	3	3	2	1	2	1
7	1	1	1	2	1	2
8	2	2	2	2	1	1
9	2	2	3	3	2	2
10	1	1	2	2	1	2
11	3	2	1	2	2	1
12	2	2	1	1	1	1
13	1	1	2	2	1	1
14	1	1	3	3	1	2
15	3	3	3	3	2	2
16	1	2	1	1	1	1
17	2	2	1	1	1	1
18	3	3	3	3	2	2
19		1	3	3	1	2
20	2		2	2	2	1

예를 들면, 6개의 질문을 20명에게 했을 때 19번의 회답자는 질문 1에 회답하고 있지 않고, 20번의 회답자는 질문 2에 회답하고 있지 않다고 하는 상황이 생겼다. 이 경우에 <표 10.2>와 같은 데이터표가 된다.

결측값이 있는 경우의 처리방법으로서는 다음의 세 가지를 생각할 수 있다.

① 결측값이 있는 회답자(대상)를 삭제한다.
② 결측값이 있는 질문(변수)을 삭제한다.
③ 결측값을 보충한다.

결측치의 처리로서는 ①이 무난한 태도일 것이다. 그러나 다음의 예와 같은 경우에는 곤란하게 된다.

표 10.3 결측값이 있는 데이터표(2)

회답자	Q1	Q2	Q3	Q4	Q5	Q6
1	3	2	2	2	2	2
2	3	3		2	2	2
3	3	2	1	2	2	1
4	3	3	3	3		2
5	1	1	1	2	1	
6	3	3	2	1	2	
7	1	1	1	2		2
8	2	2	2	2	1	1
9	2	2		3	2	2
10	1		2	2	1	2
11		2	1	2	2	1
12		2	1	1	1	1
13	1		2	2	1	1
14	1	1		3	1	2
15	3	3	3		2	2
16	1	2	1	1		1
17	2	2	1	1	1	
18	3	3	3	3	2	
19		1	3	3	1	2
20	2		2	2	2	1

결측값이 있는 회답자는 제거한다고 하는 방법으로 처리하면, 유효한 회답자는 1, 3, 8번의 세 사람밖에 남지 않게 된나. 이와 같은 상황일 때에는 결측값을 보충한다고 하는 방법을 취하게 될 것이다.

결측값을 보충할 때에는 최빈값(mode)을 이용해서 결측값을 추정하는 방법과 '무회답'이라고 하는 범주가 있다고 생각해서 새로 범주를 추가하는 방법이 있다.

최빈값을 이용해서 추정하는 방법에 대해서 설명하기로 한다. 예를 들면, <표 10.2>에 있어서 Q1의 경우에 다음과 같은 집계결과로 되어 있다.

범주	회답자
1	6
2	5
3	8
무회답	1
합계	20

따라서 최빈수는 3이 된다. 이때, 결측값의 추정치로서 3을 사용하는 것이 최빈값을 이용하는 추정방법이다. 추정 후는 다음과 같은 집계결과가 된다.

범주	회답자
1	6
2	5
3	9
합계	20

최빈값이 2개 이상 있을 때는 최빈값으로부터 랜덤하게 고르면 된다. 그리고 이 방법은 결측값이 많은 질문에 대해서는 피하는 것이 좋다.

한편, 무회답이라고 하는 범주를 추가하는 방법은 Q1의 경우에 무회답의 사람을 4번째의 범주에 회답했다고 간주하는 것이다. 이 경우에는 다음과 같은 집계결과가 된다.

범주	회답자
1	6
2	5
3	8
4	1
합계	20

그런데 다음의 <표 10.4>에 보이는 바와 같은 경우도 상정할 수 있다. 이것은 어떤 특정의 질문에 결측값이 집중한다고 하는 상황이다.

이 경우에 결측값이 있는 회답자는 제거하는 방법으로 처리하면, Q5의 결측값이 많기 때문에 유효한 회답자는 5명밖에 남지 않게 된다. 이와 같은 상황일 때에는 Q5를 삭제하는 방법이 좋을 것이다.

이상으로 지금까지 보아온 바와 같이 결측값에 대한 대처는 결측값의 수나 어떠한 상황에서 결측값이 발생하고 있는가에 따라서 다른 방법을 취해야 하는 것으로, 어떠한 대처방법이 좋은가는 일괄적으로 말할 수 없다.

결측값 그 자체의 분석이란 결측값분석(missing value analysis)이라고 불리며, 다음과 같은 두 개의 테마를 갖고 있다.

① 결측값에는 어떠한 경향이 있는가를 발견한다.
② 결측값을 추정한다.

예를 들면, 여성은 연령의 무회답이 많다든가, 질문 1에서 무회답인 사람은 질문 3에서도 무회답이라든가 하는 경향을 분석하는 것이 ①의 경우이다. 이 회답자는 연령이 무회답이지만, 반드시 몇 살 정도일 것이라고 추정하는 것이 ②의 경우이다.

표 10.4 결측값이 있는 데이터표(3)

회답자	Q1	Q2	Q3	Q4	Q5	Q6
1	3	2	2	2	2	2
2	3	3	3	2		2
3	3	2	1	2	2	1
4	3	3	3	3		2
5	1	1	1	2		1
6	3	3	2	1	2	1
7	1	1	1	2	1	2
8	2	2	2	2		1
9	2	2	3	3		2
10	1	1	2	2		2
11	3	2	1	2		1
12	2	2	1	1		1
13	1	1	2	2		1
14	1	1	3	3		2
15	3	3	3	3		2
16	1	2	1	1		1
17	2	2	1	1		1
18	3	3	3	3	2	2
19	1	1	3	3		2
20	2	3	2	2	2	1

SPSS의 다중대응분석에는 이와 같은 결측값을 처리하는 방법이 마련되어 있으므로, <표 10.2>의 예로 소개하기로 한다.

● SPSS에 의한 해법

<순서 1> 데이터의 입력

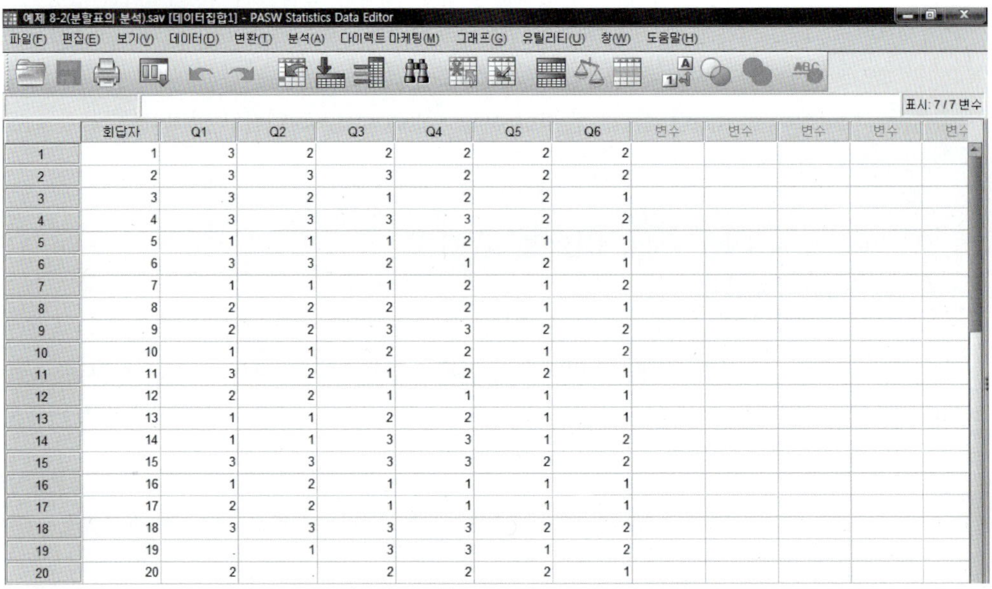

	회답자	Q1	Q2	Q3	Q4	Q5	Q6
1	1	3	2	2	2	2	2
2	2	3	3	3	2	2	2
3	3	3	2	1	2	2	1
4	4	3	3	3	3	2	2
5	5	1	1	1	2	1	1
6	6	3	3	2	1	2	1
7	7	1	1	1	2	1	2
8	8	2	2	2	2	1	1
9	9	2	2	3	3	2	2
10	10	1	1	2	2	1	2
11	11	3	2	1	2	2	1
12	12	2	2	1	1	1	1
13	13	1	1	2	2	1	1
14	14	1	1	3	3	1	2
15	15	3	3	3	3	2	2
16	16	1	2	1	1	1	1
17	17	2	2	1	1	1	1
18	18	3	3	3	3	2	2
19	19	.	1	3	3	1	2
20	20	2	.	2	2	2	1

<표 10.2>의 데이터를 위와 같이 입력한다. 결측값은 공난으로 둔다. Q1의 19번째와 Q2의 20번째에 공난이 있다.

[변수값 설명]

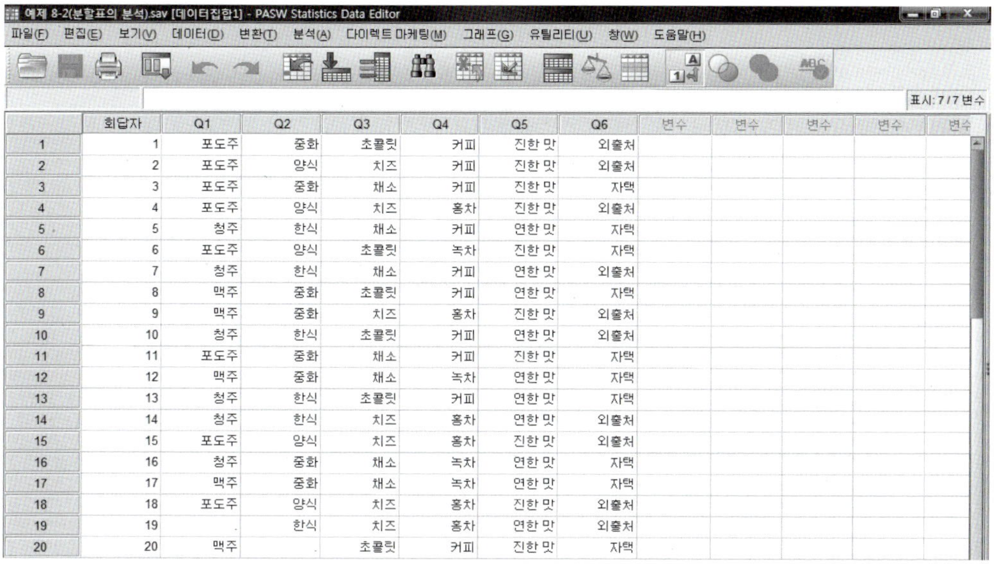

	회답자	Q1	Q2	Q3	Q4	Q5	Q6
1	1	포도주	중화	초콜릿	커피	진한 맛	외출처
2	2	포도주	양식	치즈	커피	진한 맛	외출처
3	3	포도주	중화	채소	커피	진한 맛	자택
4	4	포도주	양식	치즈	홍차	진한 맛	외출처
5	5	청주	한식	채소	커피	연한 맛	자택
6	6	포도주	양식	초콜릿	녹차	진한 맛	자택
7	7	청주	한식	채소	커피	연한 맛	외출처
8	8	맥주	중화	초콜릿	커피	연한 맛	자택
9	9	맥주	중화	치즈	홍차	진한 맛	외출처
10	10	청주	한식	초콜릿	커피	연한 맛	외출처
11	11	포도주	중화	채소	커피	진한 맛	자택
12	12	맥주	중화	채소	녹차	연한 맛	자택
13	13	청주	한식	초콜릿	커피	연한 맛	자택
14	14	청주	한식	치즈	홍차	연한 맛	외출처
15	15	포도주	양식	치즈	홍차	진한 맛	외출처
16	16	청주	중화	채소	녹차	연한 맛	자택
17	17	맥주	중화	채소	녹차	연한 맛	자택
18	18	포도주	양식	치즈	홍차	진한 맛	외출처
19	19		한식	치즈	홍차	연한 맛	외출처
20	20	맥주		초콜릿	커피	진한 맛	자택

<순서 2> 다중대응분석의 선택

(1) 메뉴에서 [분석(A)]−[차원감소(D)]−[최적화 척도법(O)]을 선택한다.

(2) 다음과 같이 다중대응분석(다중 대응일치분석)을 선택하고 [정의]를 클릭한다.

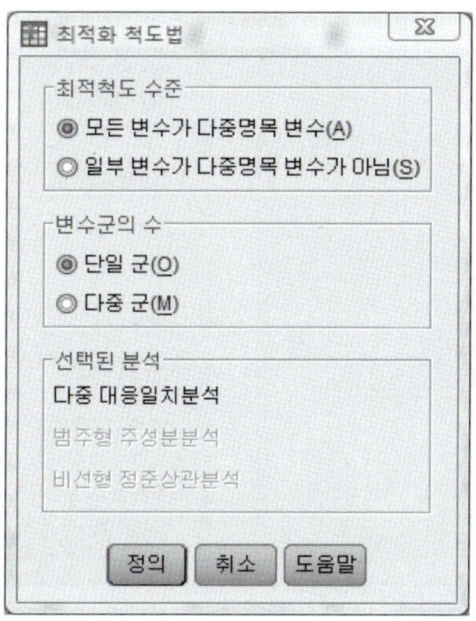

<순서 3> 변수의 선택

다음 화면에서 변수 Q1, Q2, Q3, Q4, Q5, Q6를 [분석변수(A)] 난으로 이동한다.

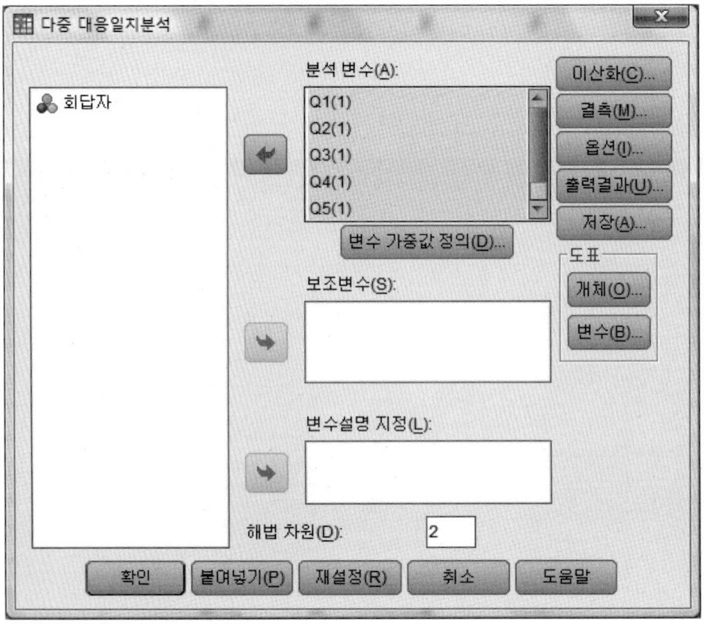

[결측(M)] 버튼을 클릭한다.
그러면 다음과 같은 [결측값] 대화상자가 나타난다.

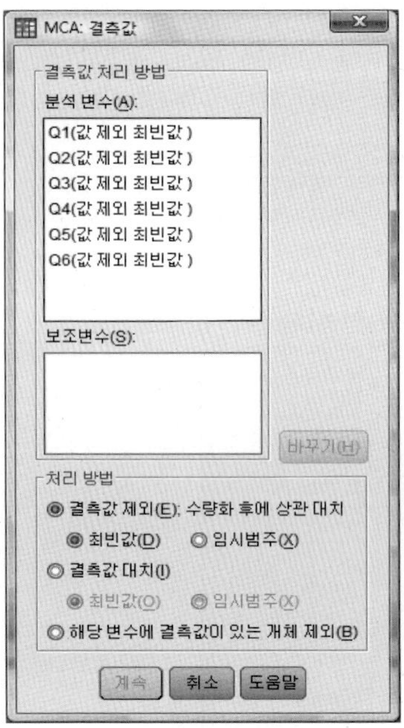

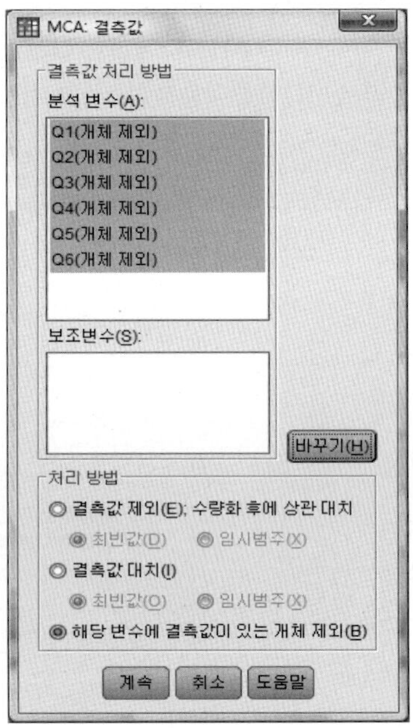

여기서부터는 결측값에 대해서 어떠한 처리를 하는가에 따라서 절차가 다르다.

[1] 결측값이 있는 대상을 삭제하고 싶을 때

결측값이 있는 회답자를 분석의 대상에서 삭제할 때에는, [분석변수(A)] 난에 있는 Q1, Q2, Q3, Q4, Q5, Q6를 선택하고 [해당 변수에 결측값이 있는 개체 제외(B)]에 체크한다. 그리고 [바꾸기(H)] 버튼을 클릭한다.

이와 같은 설정을 해서 다중대응분석을 실행하면, 다음과 같은 출력결과를 얻을 수 있다. 어느 질문에 있어서도 결측값이 있는 2행이 제거되어 있으므로, 도수의 합계는 20이 아니라 18로 되어 있는 것을 확인할 수 있다.

Q1

포인트:좌표

범주	빈도	중심점 좌표 차원 1	중심점 좌표 차원 2
청주	6	.689	1.111
맥주	4	.577	-.994
포도주	8	-.805	-.336

변수 주성분 정규화

Q2

포인트:좌표

범주	빈도	중심점 좌표 차원 1	중심점 좌표 차원 2
한식	5	.598	1.440
중화	8	.434	-.795
양식	5	-1.292	-.168

변수 주성분 정규화

Q3

포인트:좌표

범주	빈도	중심점 좌표 차원 1	중심점 좌표 차원 2
채소	7	.782	-.374
초콜릿	5	.354	.296
치즈	6	-1.207	.190

변수 주성분 정규화

Q4

포인트:좌표

범주	빈도	중심점 좌표 차원 1	중심점 좌표 차원 2
녹차	4	.769	-1.084
커피	9	.326	.363
홍차	5	-1.203	.215

변수 주성분 정규화

Q5

포인트:좌표

범주	빈도	중심점 좌표 차원 1	중심점 좌표 차원 2
연한 맛	9	.804	.361
진한 맛	9	-.804	-.361

변수 주성분 정규화

Q6

포인트:좌표

범주	빈도	중심점 좌표 차원 1	중심점 좌표 차원 2
자택	9	.702	-.463
외출처	9	-.702	.463

변수 주성분 정규화

범주 점의 결합 도표를 그리면 다음과 같다.

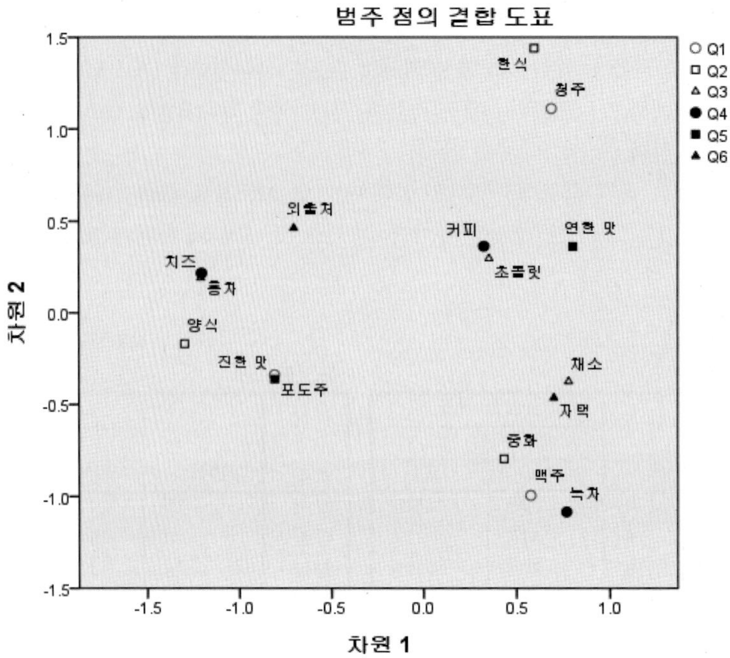

변수 주성분 정규화

한편, 개체점수와 배치도는 다음과 같다.

개체점수

회답자	차원		Q1	Q2	Q3	Q4	Q5	Q6
	1	2						
1	-.328	-.157	포도주	중화	초콜릿	커피	진한 맛	외출처
2	-1.228	.066	포도주	양식	치즈	커피	진한 맛	위출처
3	.174	-.846	포도주	중화	채소	커피	진한 맛	자택
4	-1.647	.001	포도주	양식	치즈	홍차	진한 맛	외출처
5	1.068	1.050	청주	한식	채소	커피	연한 맛	자택
6	-.295	-.910	포도주	양식	초콜릿	녹차	진한 맛	자택
7	.684	1.449	청주	한식	채소	커피	연한 맛	외출처
8	.876	-.531	맥주	중화	초콜릿	커피	연한 맛	자택
9	-.795	-.554	맥주	중화	치즈	홍차	진한 맛	외출처
10	.567	1.738	청주	한식	초콜릿	커피	연한 맛	외출처
11	.174	-.846	포도주	중화	채소	커피	진한 맛	자택
12	1.114	-1.445	맥주	중화	채소	녹차	연한 맛	자택
13	.951	1.339	청주	한식	초콜릿	커피	연한 맛	자택
14	-.280	1.626	청주	한식	치즈	홍차	연한 맛	외출처
15	-1.647	.001	포도주	양식	치즈	홍차	진한 맛	외출처
16	1.145	-.537	청주	중화	채소	녹차	연한 맛	자택
17	1.114	-1.445	맥주	중화	채소	녹차	연한 맛	자택
18	-1.647	.001	포도주	양식	치즈	홍차	진한 맛	외출처
19[a]	.	.	.	.	.	.	.	.
20[a]	.	.	.	.	.	.	.	.

변수 주성분 정규화

a. Excluded case (case number).

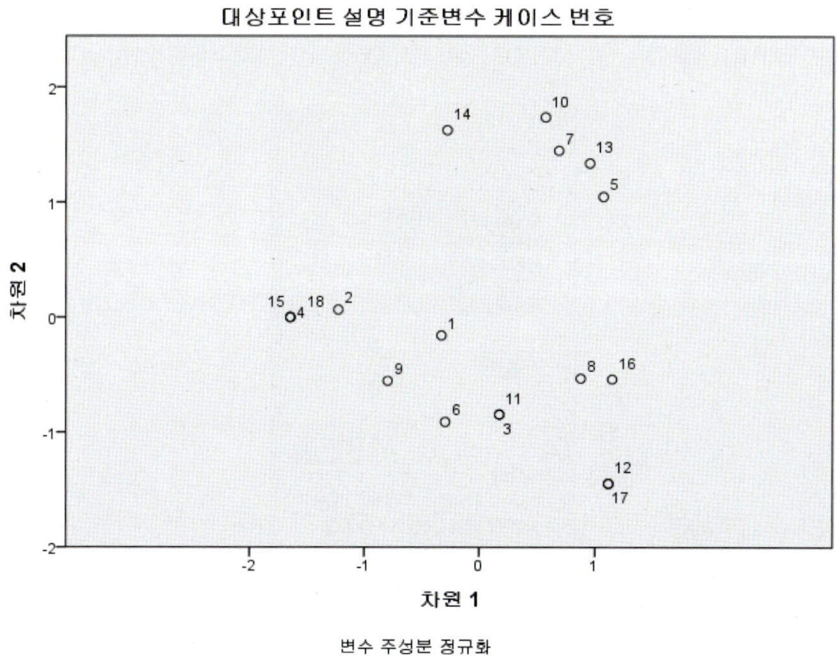

19번과 20번째의 대상점수가 공란으로 되어 있어, 제외되어 있는 것을 알 수 있다. 배치도상에 19번과 20번은 플롯되어 있지 않다.

[2] 결측값을 최빈값으로 추정하고 싶을 때

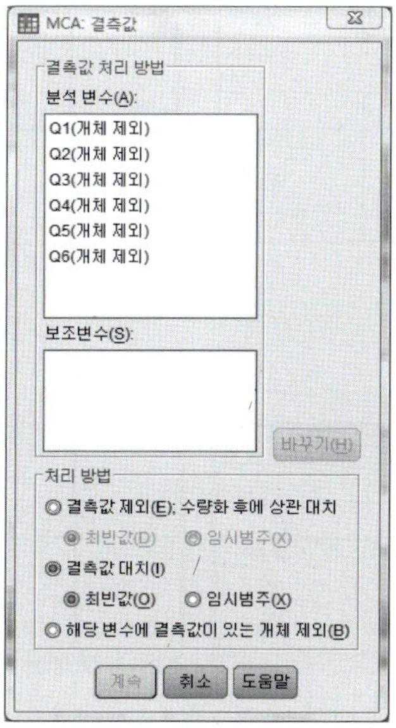

결측값을 최빈값으로 보충할 때에는 [결측값] 대화상자에서 [결측값 대치], [최빈값]을 선택한다. [분석변수(A)] 난에 있는 Q1, Q2, Q3, Q4, Q5, Q6를 선택하고 [바꾸기(H)] 버튼을 클릭한다.

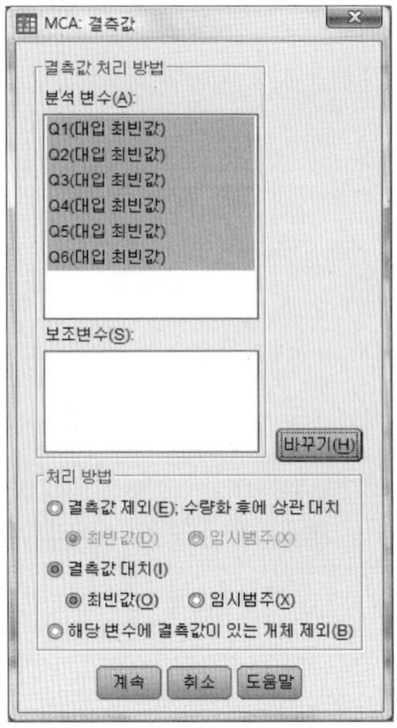

그리고 다중대응분석을 실행하면 다음과 같은 출력결과를 얻게 된다. 결측값이 있는 2행은 제거되어 있지 않으므로, 도수의 합계는 20으로 되어 있다.

Q1

포인트:좌표

		중심점 좌표	
		차원	
범주	빈도	1	2
청주	6	.588	-1.249
맥주	5	.675	.821
포도주	9	-.767	.376

변수 주성분 정규화

Q2

포인트:좌표

		중심점 좌표	
		차원	
범주	빈도	1	2
한식	6	.235	-1.446
중화	9	.559	.723
양식	5	-1.288	.433

변수 주성분 정규화

Q3

포인트:좌표

		중심점 좌표	
		차원	
범주	빈도	1	2
채소	7	.846	.144
초콜릿	6	.410	.049
치즈	7	-1.197	-.185

변수 주성분 정규화

Q4

포인트:좌표

		중심점 좌표	
		차원	
범주	빈도	1	2
녹차	4	.891	.804
커피	10	.359	-.163
홍차	6	-1.192	-.264

변수 주성분 정규화

Q5

포인트:좌표

범주	빈도	중심점 좌표 차원 1	2
연한 맛	10	.612	-.608
진한 맛	10	-.612	.608

변수 주성분 정규화

Q6

포인트:좌표

범주	빈도	중심점 좌표 차원 1	2
자택	10	.766	.403
외출처	10	-.766	-.403

변수 주성분 정규화

범주 점의 결합 도표를 그리면 다음과 같다.

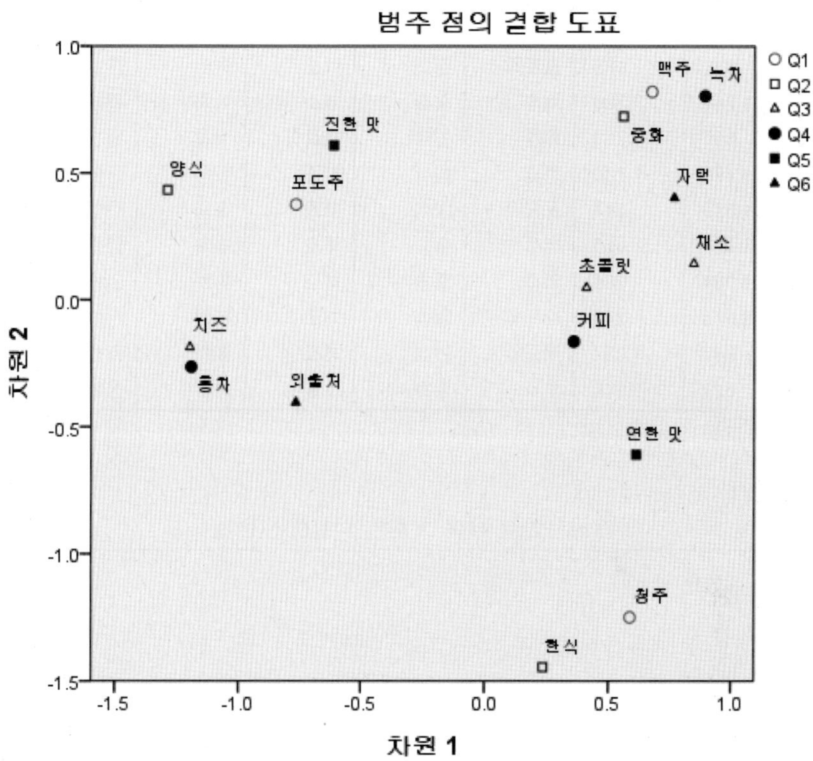

변수 주성분 정규화

한편, 개체점수와 배치도는 다음과 같다. 19번과 20번째의 대상점수가 계산되어 있는 것을 알 수 있다. 배치도상에 19번과 20번은 플롯되어 있다.

개체점수

회답자	차원 1	차원 2	Q1	Q2	Q3	Q4	Q5	Q6
1	-.236	.510	포도주	중화	초콜릿	커피	진한 맛	외출처
2	-1.232	.286	포도주	양식	치즈	커피	진한 맛	외출처
3	.332	.899	포도주	중화	채소	커피	진한 맛	자택
4	-1.679	.244	포도주	양식	치즈	홍차	진한 맛	외출처
5	.982	-1.255	청주	한식	채소	커피	연한 맛	자택
6	-.173	1.149	포도주	양식	초콜릿	녹차	진한 맛	자택
7	.540	-1.602	청주	한식	채소	커피	연한 맛	외출처
8	.975	.526	맥주	중화	초콜릿	커피	연한 맛	자택
9	-.731	.560	맥주	중화	치즈	홍차	진한 맛	외출처
10	.414	-1.644	청주	한식	초콜릿	커피	연한 맛	외출처
11	.332	.899	포도주	중화	채소	커피	진한 맛	자택
12	1.254	.985	맥주	중화	채소	녹차	연한 맛	자택
13	.856	-1.298	청주	한식	초콜릿	커피	연한 맛	자택
14	-.496	-1.786	청주	한식	치즈	홍차	연한 맛	외출처
15	-1.679	.244	포도주	양식	치즈	홍차	진한 맛	외출처
16	1.229	.095	청주	중화	채소	녹차	연한 맛	자택
17	1.254	.985	맥주	중화	채소	녹차	연한 맛	자택
18	-1.679	.244	포도주	양식	치즈	홍차	진한 맛	외출처
19	-.887	-1.087	포도주	한식	치즈	홍차	연한 맛	외출처
20	.622	1.049	맥주	중화	초콜릿	커피	진한 맛	자택

변수 주성분 정규화

대상포인트 설명 기준변수 케이스 번호

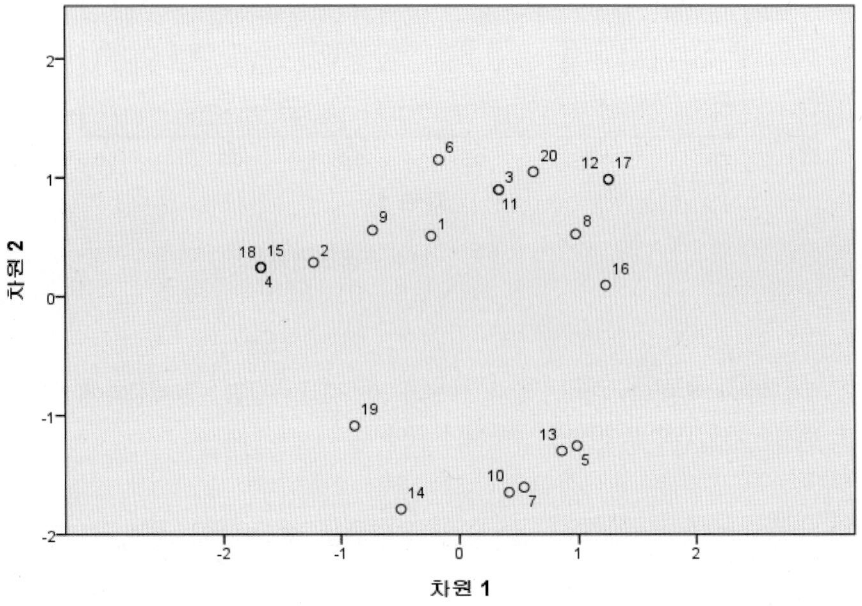

[3] 결측값을 임시범주로 추정하고 싶을 때

결측값을 무회답이라고 하는 범주를 추가해서 보충할 때에는 [결측값] 대화상자에서 [결측값 대치], [임시범주]를 선택한다. [분석변수(A)] 난에 있는 Q1, Q2, Q3, Q4, Q5, Q6를 선택하고 [바꾸기(H)] 버튼을 클릭한다.

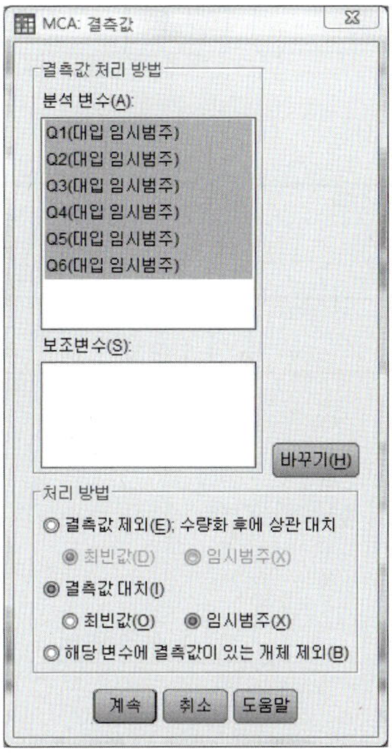

그리고 다중대응분석을 실행하면 다음과 같은 출력결과를 얻게 된다.

Q1

포인트:좌표

범주	빈도	중심점 좌표 차원 1	중심점 좌표 차원 2
청주	6	.574	1.102
맥주	5	.684	-.657
포도주	8	-.738	-.670
임시 범주	1	-.961	2.038

변수 주성분 정규화

Q2

포인트:좌표

범주	빈도	중심점 좌표 차원 1	중심점 좌표 차원 2
한식	6	.210	1.430
중화	8	.556	-.566
양식	5	-1.275	-.561
임시 범주	1	.666	-1.253

변수 주성분 정규화

Q1과 Q2에는 결측값이 있기 때문에 무회답이라고 하는 범주가 '임시범주'로 추가되어 있는 것을 알 수 있다. 한편, 다음에 보이는 바와 같이 Q3, Q4, Q5, Q6에는 결측값이 없으므로 임시범주는 나타나고 있지 않다.

Q3

포인트:좌표

범주	빈도	중심점 좌표 차원 1	중심점 좌표 차원 2
채소	7	.845	-.081
초콜릿	6	.420	-.201
치즈	7	-1.205	.253

변수 주성분 정규화

Q4

포인트:좌표

범주	빈도	중심점 좌표 차원 1	중심점 좌표 차원 2
녹차	4	.895	-.601
커피	10	.364	.013
홍차	6	-1.203	.379

변수 주성분 정규화

Q5

포인트:좌표

범주	빈도	중심점 좌표 차원 1	중심점 좌표 차원 2
연한 맛	10	.597	.697
진한 맛	10	-.597	-.697

변수 주성분 정규화

Q6

포인트:좌표

범주	빈도	중심점 좌표 차원 1	중심점 좌표 차원 2
자택	10	.773	-.383
외출처	10	-.773	.383

변수 주성분 정규화

범주 점의 결합 도표를 그리면 다음과 같다.

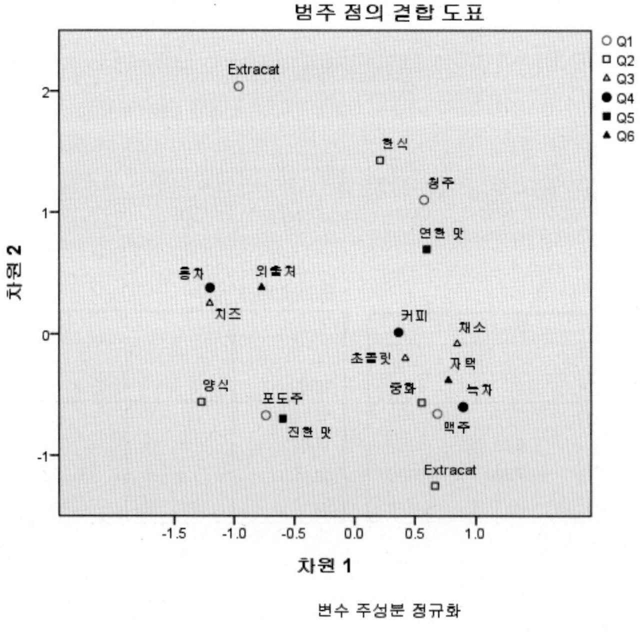

'Extracat'로 표시되어 있는 것이 임시범주이다. 이 예에서는 ○는 Q1, □는 Q2의 임시범주를 나타내고 있다.

한편, 개체점수와 배치도는 다음과 같다. 19번과 20번째의 대상점수가 계산되어 있는 것을 알 수 있다. 배치도상에 19번과 20번은 플롯되어 있다.

개체점수

회답자	차원 1	차원 2	Q1	Q2	Q3	Q4	Q5	Q6
1	-.221	-.685	포도주	중화	초콜릿	커피	진한 맛	외출처
2	-1.217	-.504	포도주	양식	치즈	커피	진한 맛	외출처
3	.347	-.937	포도주	중화	채소	커피	진한 맛	자택
4	-1.669	-.359	포도주	양식	치즈	홍차	진한 맛	외출처
5	.969	1.092	청주	한식	채소	커피	연한 맛	자택
6	-.150	-1.224	포도주	양식	초콜릿	녹차	진한 맛	자택
7	.523	1.393	청주	한식	채소	커피	연한 맛	외출처
8	.978	-.432	맥주	중화	초콜릿	커피	연한 맛	자택
9	-.731	-.355	맥주	중화	치즈	홍차	진한 맛	외출처
10	.401	1.345	청주	한식	초콜릿	커피	연한 맛	외출처
11	.347	-.937	포도주	중화	채소	커피	진한 맛	자택
12	1.253	-.624	맥주	중화	채소	녹차	연한 맛	자택
13	.847	1.044	청주	한식	초콜릿	커피	연한 맛	자택
14	-.519	1.669	청주	한식	치즈	홍차	연한 맛	외출처
15	-1.669	-.359	포도주	양식	치즈	홍차	진한 맛	외출처
16	1.222	.068	청주	중화	채소	녹차	연한 맛	자택
17	1.253	-.624	맥주	중화	채소	녹차	연한 맛	자택
18	-1.669	-.359	포도주	양식	치즈	홍차	진한 맛	외출처
19	-.961	2.038	임시 범주	한식	치즈	홍차	연한 맛	외출처
20	.666	-1.253	맥주	임시 범주	초콜릿	커피	진한 맛	자택

변수 주성분 정규화

대상포인트 설명 기준변수 케이스 번호

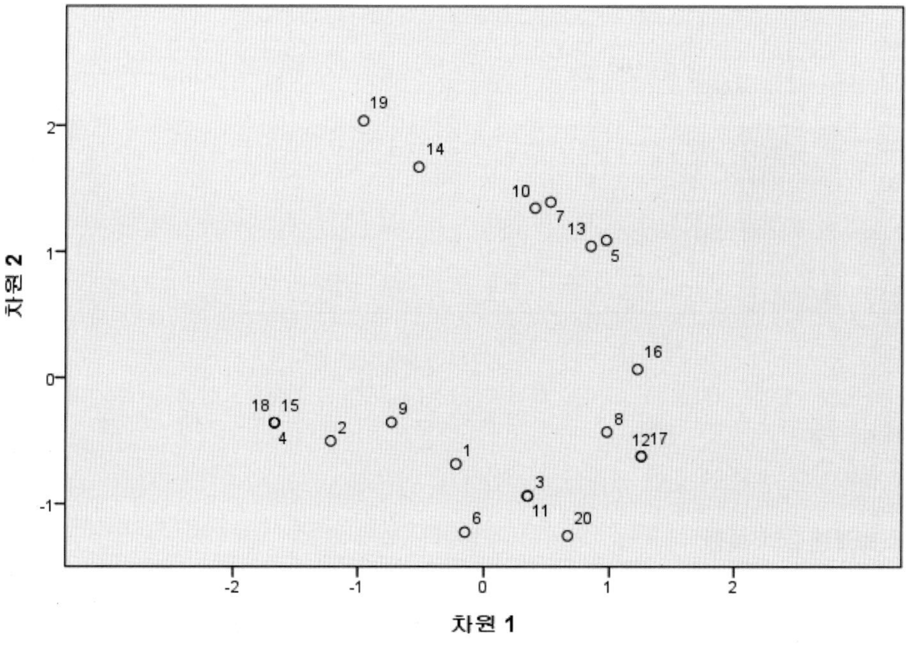

2. 추가처리 기능

● 예제 10-3

[예제 10-2]의 20명에 대한 데이터표에 새로 다섯 명분의 회답결과를 추가하게 되었다. 단, 이 다섯 명은 미성년이기 때문에 Q1(알코올 음료의 기호)의 질문에는 회답하고 있지 않다. 그 결과가 <표 10.5>와 같다.

표 10.5 데이터표

회답자	Q1	Q2	Q3	Q4	Q5	Q6
1	3	2	2	2	2	2
2	3	3	3	2	2	2
3	3	2	1	2	2	1
4	3	3	3	3	2	2
5	1	1	1	2	1	1
6	3	3	2	1	2	1
7	1	1	1	2	1	2
8	2	2	2	2	1	1
9	2	2	3	3	2	2
10	1	1	2	2	1	2
11	3	2	1	2	2	1
12	2	2	1	1	1	1
13	1	1	2	2	1	1
14	1	1	3	3	1	2
15	3	3	3	3	2	3
16	1	2	1	1	1	1
17	2	2	1	1	1	1
18	3	3	3	3	2	2
19	1	1	3	3	1	2
20	2	3	2	2	2	1
21		2	1	3	1	2
22		1	1	3	1	2
23		2	1	3	1	2
24		1	2	2	2	1
25		1	1	2	1	2

이와 같은 때에는 Q1을 보조변수, 회답자 21부터 25를 보조대상으로 하는 추가처리 기능을 사용하면 된다.

구체적으로는 다음과 같은 조작을 실시한다.

① **보조변수의 설정**

다중대응분석 대화상자에서 [분석변수]에 Q2, Q3, Q4, Q5, Q6, [보조변수]에 Q1을 투입한다.

② 보조대상의 설정

[옵션]을 클릭한다. [처음(F)]에 21, [마지막(S)]에 25를 입력하고 [추가] 버튼을 클릭한다.

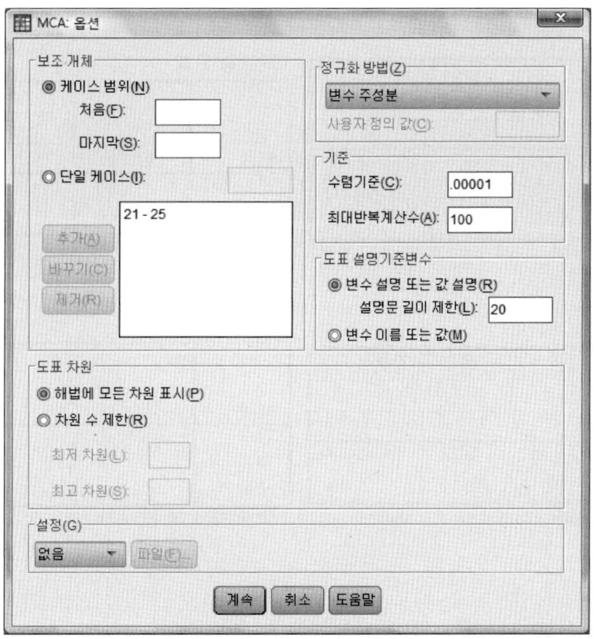

그 다음에 [계속] 버튼을 클릭한다. 설정한 후에 다중대응분석을 실시하면 다음과 같은 결과가 출력된다.

① 관성

모형 요약

차원	Cronbach의 알파	설명된 분산		
		전체(고유값)	요약 관성	% 분산
1	.836	3.016	.603	60.318
2	.517	1.706	.341	34.113
전체		4.722	.944	
평균	.721[a]	2.361	.472	47.215

a. 평균 Cronbach의 알파는 평균 고유값에 기준합니다.

② 범주의 수량화

Q2

포인트:좌표

범주	빈도	중심점 좌표	
		차원	
		1	2
한식	6	.021	1.457
중화	8	.668	-.483
양식	6	-.912	-.814

변수 주성분 정규화

Q3

포인트:좌표

범주	빈도	중심점 좌표	
		차원	
		1	2
채소	7	.959	-.058
초콜릿	6	.327	.023
치즈	7	-1.240	.039

변수 주성분 정규화

Q4

포인트:좌표

범주	빈도	중심점 좌표	
		차원	
		1	2
녹차	4	1.065	-.778
커피	10	.338	.227
홍차	6	-1.273	.140

변수 주성분 정규화

Q5

포인트:좌표

범주	빈도	중심점 좌표	
		차원	
		1	2
연한 맛	10	.500	.727
진한 맛	10	-.500	-.727

변수 주성분 정규화

Q6

포인트:좌표

범주	빈도	중심점 좌표	
		차원	
		1	2
자택	10	.822	-.306
외출처	10	-.822	.306

변수 주성분 정규화

Q1[a]

포인트:좌표

범주	빈도	중심점 좌표	
		차원	
		1	2
청주	7	.208	1.174
맥주	5	.503	-.461
포도주	8	-.497	-.739

변수 주성분 정규화

a. 보조변수

여기에서 보조변수로서 설정한 Q1은 위와 같이 출력된다.

③ 범주 점의 결합 도표

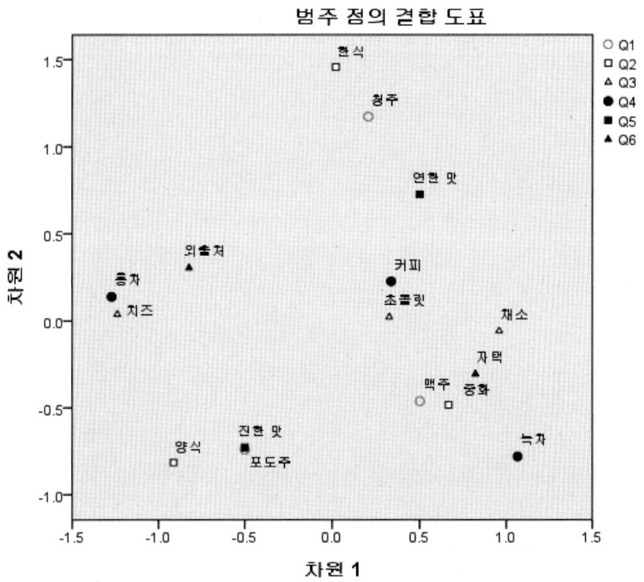

변수 주성분 정규화

④ 개체점수 배치도

개체점수

회답자	차원 1	차원 2	Q2	Q3	Q4	Q5	Q6	Q1
1	.003	-.380	중화	초콜릿	커피	진한 맛	외출처	포도주
2	-1.040	-.567	양식	치즈	커피	진한 맛	외출처	포도주
3	.758	-.789	중화	채소	커피	진한 맛	자택	포도주
4	-1.574	-.620	양식	치즈	홍차	진한 맛	외출처	포도주
5	.876	1.201	한식	채소	커피	연한 맛	자택	청주
6	.266	-1.524	양식	초콜릿	녹차	진한 맛	자택	포도주
7	.330	1.559	한식	채소	커피	연한 맛	외출처	청주
8	.880	.113	중화	초콜릿	커피	연한 맛	자택	맥주
9	-1.050	-.427	중화	치즈	홍차	진한 맛	외출처	맥주
10	.120	1.609	한식	초콜릿	커피	연한 맛	외출처	청주
11	.758	-.789	중화	채소	커피	진한 맛	자택	포도주
12	1.331	-.529	중화	채소	녹차	연한 맛	자택	맥주
13	.666	1.251	한식	초콜릿	커피	연한 맛	자택	청주
14	-.933	1.563	한식	치즈	홍차	연한 맛	외출처	청주
15	-1.574	-.620	양식	치즈	홍차	진한 맛	외출처	포도주
16	1.331	-.529	중화	채소	녹차	연한 맛	자택	청주
17	1.331	-.529	중화	채소	녹차	연한 맛	자택	맥주
18	-1.574	-.620	양식	치즈	홍차	진한 맛	외출처	포도주
19	-.933	1.563	한식	치즈	홍차	연한 맛	외출처	청주
20	.025	-.932	양식	초콜릿	커피	진한 맛	자택	맥주
21[a]	.011	.367	중화	채소	홍차	연한 맛	외출처	.
22[a]	-.204	1.506	한식	채소	홍차	연한 맛	외출처	.
23[a]	-.199	.417	중화	초콜릿	홍차	연한 맛	외출처	.
24[a]	.334	.399	한식	초콜릿	커피	진한 맛	자택	.
25[a]	.330	1.559	한식	채소	커피	연한 맛	외출처	.

변수 주성분 정규화

a. 보조대상

회답자 21부터 25가 보조대상이 되어 있는 것을 알 수 있다. 배치도는 다음과 같다.

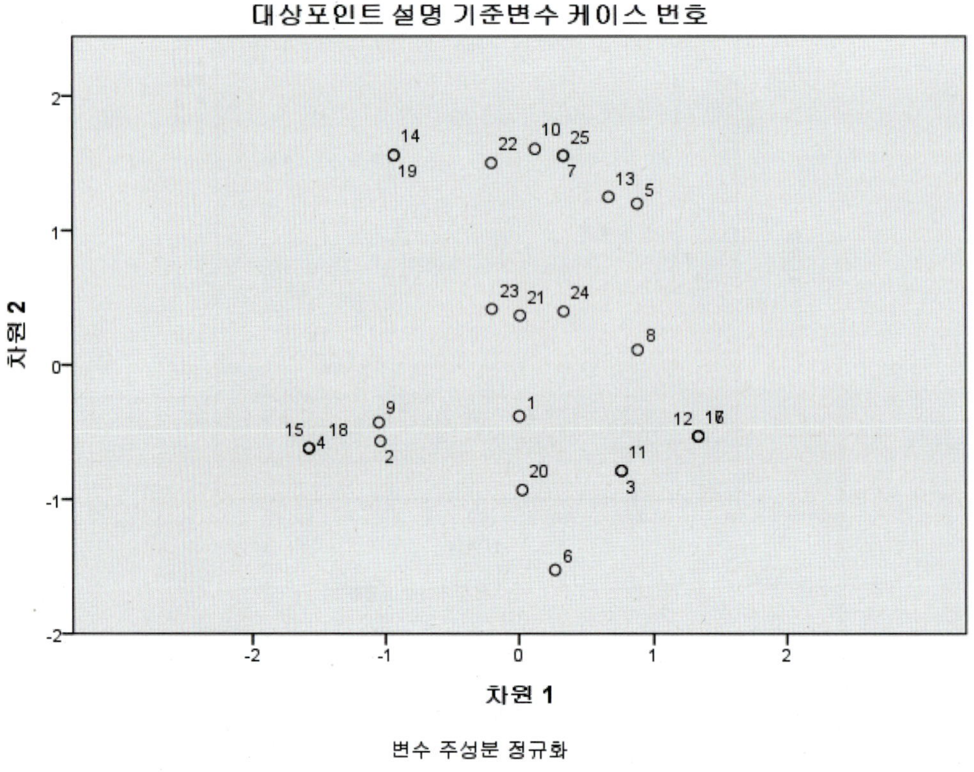

회답자 21부터 25도 배치도상에 플롯되어 있는 것을 알 수 있다.

● 추가처리 기능의 활용

추가처리 기능은 데이터 중에 이질적인 대상이나 이질적인 변수가 혼재하고 있을 때에 유효한 데이터 처리의 기능이다. 어떠한 경우에 활용할 수 있는지를 소개하기로 한다.

[활용 장면 1]

동일한 앙케트 조사를 연도를 바꾸어서 실시하는 경우에는 다음과 같은 데이터표가 된다.

이와 같은 때에는 금년의 회답자인 16번부터 30번을 보조대상으로서 설정하는 방법을 생각할 수 있다. 이와 같이 하면 작년과 금년의 회답자 사이의 차이를 시각적으로 파악할 수가 있게 된다.

	회답자	Q1	Q2	Q3	Q4
작년	1				
	2	작년의 앙케트 조사의 회답결과			
	3				
	4	15명			
	5				
	6				
	7				
	8				
	9				
	10				
	11				
	12				
	13				
	14				
	15				
금년	16				
	17				
	18	금년의 앙케트 조사의 회답결과			
	19				
	20	15명			
	21				
	22				
	23				
	24				
	25				
	26				
	27				
	28				
	29				
	30				

[활용 장면 2]

동일한 인물이 연도를 바꾸어서 회답하는 앙케트 조사의 경우에는 다음과 같은 데이터표가 된다.

	작년				금년			
회답자	Q1	Q2	Q3	Q4	Q5	Q6	Q7	Q8
1								
2	작년의 앙케트 조사의 회답결과				금년의 앙케트 조사의 회답결과			
3								
4								
5								
6								
7								
8								
9								
10								
11								
12								
13								
14								
15								

[활용 장면 3]

동일한 인물이 동일한 앙케트 조사에 연도를 바꾸어서 회답하는 경우에는 활용장면 1의 분석방법(16번부터 30번은 1번부터 15번과 동일한 인물)과 활용장면 2의 분석방법(Q5부터 Q8은 Q1부터 Q4와 같은 질문)이 가능하게 된다. 금년과 작년에 회답이 크게 변화한 회답자나 질문을 시각적으로 파악할 수 있다.

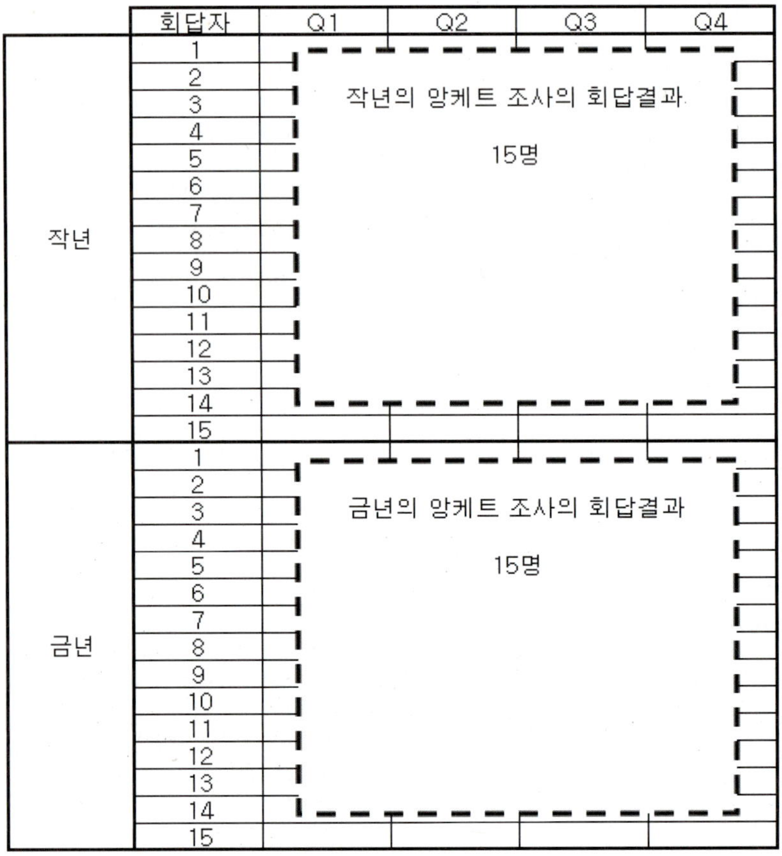

CHAPTER

11

다중대응분석의 응용

CHAPTER 11 **다중대응분석의 응용**

11.1 (0, 1)형과 아이템·카테고리형

1. 표현 방법의 차이

아이템·카테고리형 데이터표를 (0, 1)형 데이터표로 표현하는 것을 생각하기로 한다. 이제 다음과 같은 아이템·카테고리형 데이터표가 있다고 한다.

번호	성별	혈액형
1	남	A
2	남	B
3	여	AB
4	여	A
5	여	O
6	남	A
7	여	AB
8	남	B
9	남	O
10	여	B

이 표는 다음과 같은 (0, 1)형 데이터표로 바꾸어 쓸 수 있다.

번호	성별	혈액형
1	남	A
2	남	B
3	여	AB
4	여	A
5	여	O
6	남	A
7	여	AB
8	남	B
9	남	O
10	여	B

➡

번호	남	여	A	B	AB	0
1	1	0	1	0	0	0
2	1	0	0	1	0	0
3	0	1	0	0	1	0
4	0	1	1	0	0	0
5	0	1	0	0	0	1
6	1	0	1	0	0	0
7	0	1	0	0	1	0
8	1	0	0	1	0	0
9	1	0	0	0	0	1
10	0	1	0	1	0	0

이 두 개의 데이터표는 같은 정보로서 (0, 1)형 데이터표에 대응분석을 적용한 결과와 아이템·카테고리형 데이터표에 다중대응분석을 적용한 결과는 같은 것이 된다.

그래서 앞의 예제 6-1을 (0, 1)형 데이터표로 바꾸어 써서 대응분석을 적용한 결과를, 아이템·카테고리형 데이터표에 다중대응분석을 적용한 결과와 비교해 보기로 한다.

예제 10-1을 (0, 1)형 데이터표로 바꾸어 쓰면 다음과 같이 된다.

표 11.1 (0, 1)형 데이터표

Q1			Q2			Q3			Q4			Q5		Q6	
1	2	3	1	2	3	1	2	3	1	2	3	1	2	1	2
1	0	0	1	0	0	1	0	0	1	0	0	1	0	0	1
0	1	0	0	0	1	0	0	1	0	1	0	0	1	0	1
0	1	0	1	0	0	1	0	0	0	0	1	1	0	1	0
1	0	0	0	1	0	1	0	0	0	1	0	1	0	0	1
0	0	1	0	0	1	0	1	0	1	0	0	0	1	1	0
0	0	1	0	1	0	0	1	0	0	1	0	0	1	0	1
0	0	1	0	0	1	0	0	1	0	1	0	0	1	0	1
0	0	1	0	1	0	1	0	0	0	1	0	0	1	1	0
0	0	1	0	0	1	0	0	1	0	0	1	0	1	0	1
1	0	0	1	0	0	1	0	0	0	1	0	1	0	1	0
0	0	1	0	0	1	0	1	0	1	0	0	0	1	1	0
1	0	0	1	0	0	1	0	0	0	1	0	1	0	0	1
0	1	0	0	1	0	0	1	0	0	1	0	1	0	1	0
0	1	0	0	1	0	0	0	1	0	0	1	0	1	0	1
1	0	0	1	0	0	0	1	0	0	1	0	1	0	0	1
0	0	1	0	1	0	1	0	0	0	1	0	0	1	1	0
0	1	0	0	1	0	1	0	0	1	0	0	1	0	1	0
1	0	0	1	0	0	0	1	0	0	1	0	1	0	1	0
1	0	0	1	0	0	0	0	1	0	0	1	1	0	0	1
0	0	1	0	0	1	0	0	1	0	0	1	0	1	0	1
1	0	0	0	1	0	1	0	0	1	0	0	1	0	1	0
0	1	0	0	1	0	1	0	0	1	0	0	1	0	1	0
0	0	1	0	0	1	0	0	1	0	0	1	0	1	0	1
1	0	0	1	0	0	0	0	1	0	0	1	1	0	0	1
0	1	0	0	0	1	0	1	0	0	1	0	0	1	1	0

(1) 관성

[(0, 1)형 대응분석의 결과]

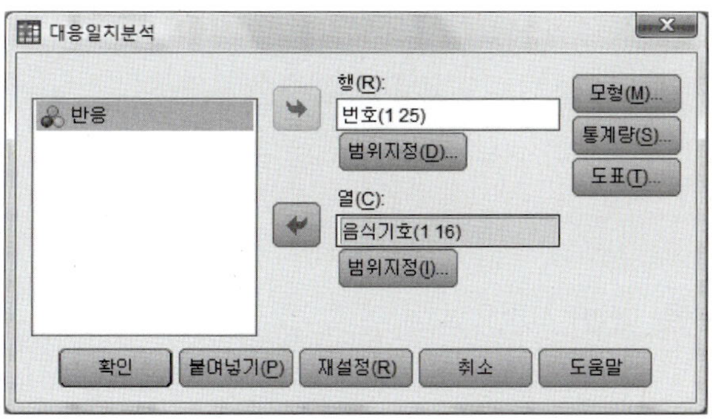

요약

차원	비정칙값	요약 관성	카이제곱	유의확률	관성비율		신뢰 비정칙값	
					설명됨	누적	표준편차	상관계수 2
1	.710	.504			.303	.303	.036	-.354
2	.617	.381			.229	.531	.043	
3	.470	.221			.133	.664		
4	.410	.168			.101	.765		
5	.399	.159			.095	.860		
6	.297	.088			.053	.913		
7	.279	.078			.047	.960		
8	.182	.033			.020	.980		
9	.134	.018			.011	.991		
10	.124	.015			.009	1.000		
전체		1.667	250.000	1.000[a]	1.000	1.000		

a. 자유도 360

[다중대응분석의 결과]

모형 요약

차원	Cronbach의 알파	설명된 분산		
		전체(고유값)	요약 관성	% 분산
1	.803	3.026	.504	50.436
2	.675	2.287	.381	38.119
3	.295	1.326	.221	22.107
4	.011	1.010	.168	16.828
5	-.057	.955	.159	15.913
6	-1.063	.530	.088	8.838
7	-1.374	.466	.078	7.770
8	-4.809	.200	.033	3.328
9	-9.927	.108	.018	1.797
10	-11.878	.092	.015	1.529
전체		10.000	1.667	
평균	.000[a]	1.000	.167	16.667

a. 평균 Cronbach의 알파는 평균 고유값에 기준합니다.

(0, 1)형 대응분석의 결과에 대한 요약 관성과 다중대응분석의 결과에 대한 설명된 분산의 관성이 일치하고 있음을 확인할 수 있다.

(2) 열 점수

[(0, 1)형 대응분석의 결과]

열 포인트 개요[a]

음식기호	매스	차원의 점수		요약 관성	기여도				
					차원의 관성에 대한 포인트		포인트의 관성에 대한 차원		
		1	2		1	2	1	2	전체
Q1-1	.060	-.972	1.055	.107	.080	.108	.378	.387	.764
Q1-2	.047	-.200	-.660	.120	.003	.033	.011	.105	.116
Q1-3	.060	1.128	-.542	.107	.108	.029	.508	.102	.610
Q2-1	.053	-.890	1.270	.113	.059	.139	.265	.469	.733
Q2-2	.060	-.455	-.845	.107	.018	.069	.083	.248	.331
Q2-3	.053	1.402	-.319	.113	.148	.009	.657	.030	.686
Q3-1	.067	-.987	-.236	.100	.091	.006	.461	.023	.484
Q3-2	.047	.005	-.835	.120	.000	.053	.000	.167	.167
Q3-3	.053	1.229	1.025	.113	.114	.091	.505	.305	.810
Q4-1	.040	-.607	-1.019	.127	.021	.067	.083	.202	.285
Q4-2	.080	-.196	-.190	.087	.004	.005	.025	.021	.046
Q4-3	.047	.857	1.199	.120	.048	.109	.203	.345	.548
Q5-1	.087	-.993	.445	.080	.120	.028	.758	.132	.891
Q5-2	.080	1.076	-.482	.087	.130	.030	.758	.132	.891
Q6-1	.080	-.511	-.950	.087	.029	.117	.171	.514	.685
Q6-2	.087	.471	.877	.080	.027	.108	.171	.514	.685
액티브 전체	1.000			1.667	1.000	1.000			

a. 대칭 정규화

[다중대응분석의 결과](예제 10-1 참조)

Q1

포인트:좌표

범주	빈도	중심점 좌표	
		차원	
		1	2
청주	9	-.819	-.829
맥주	7	-.169	.519
포도주	9	.951	.425

변수 주성분 정규화

Q2

포인트:좌표

범주	빈도	중심점 좌표	
		차원	
		1	2
한식	8	-.750	-.998
중화	9	-.384	.664
양식	8	1.182	.251

변수 주성분 정규화

Q3

포인트:좌표

범주	빈도	중심점 좌표	
		차원	
		1	2
채소	10	-.832	.185
초콜릿	7	.004	.656
치즈	8	1.036	-.805

변수 주성분 정규화

Q4

포인트:좌표

범주	빈도	중심점 좌표	
		차원	
		1	2
녹차	6	-.512	.801
커피	12	-.165	.149
홍차	7	.722	-.942

변수 주성분 정규화

Q5

포인트:좌표

범주	빈도	중심점 좌표	
		차원	
		1	2
연한 맛	13	-.837	-.349
진한 맛	12	.906	.378

변수 주성분 정규화

Q6

포인트:좌표

범주	빈도	중심점 좌표	
		차원	
		1	2
자택	12	-.430	.747
외출처	13	.397	-.689

변수 주성분 정규화

열 점수에 있어서 (0, 1)형 대응분석의 결과에 대한 차원의 점수와 다중대응분석의 결과에 대한 각 차원의 중심점 좌표를 비교해 보면 1차원의 수치는 일치하고 있음을 알 수 있다. 2차원에 관해서도 부호가 역전하고 있는 곳은 있으나 수치는 거의 일치하고 있다. 부호의 역전은 본질적으로는 일치하고 있다고 생각해도 무방하다. 수치의 미묘한 차이는, SPSS에서는 다중대응분석에 있어서 특수한 계산방법을 채택하고 있기 때문에 생기는 오차라고 생각할 수 있다.

(3) 행 점수

행 점수에 있어서도 (0, 1)형 대응분석의 결과에 대한 차원의 점수와 다중대응분석의 결과에 대한 차원의 점수가 2차원의 부호를 제외하고는 일치하고 있음을 알 수 있다.

[(0, 1)형 대응분석의 결과]

행 포인트 개요[a]

번호	매스	차원의 점수		개요 관성	기여도				
					차원의 관성에 대한 포인트		포인트의 관성에 대한 차원		
		1	2		1	2	1	2	개요 전체
1	,040	-1,108	,822	,069	,049	,027	,357	,148	,505
2	,040	1,053	,086	,066	,044	,000	,339	,002	,340
3	,040	-,759	,367	,072	,023	,005	,162	,029	,190
4	,040	-,872	,380	,053	,030	,006	,288	,041	,330
5	,040	,694	-1,424	,079	,019	,081	,124	,393	,516
6	,040	,565	-,693	,061	,013	,019	,105	,119	,224
7	,040	1,423	,127	,061	,081	,001	,672	,004	,676
8	,040	,015	-1,115	,055	,000	,050	,000	,342	,342
9	,040	1,716	,604	,071	,118	,015	,841	,079	,919
10	,040	-1,267	,479	,057	,064	,009	,572	,062	,634
11	,040	,694	-1,424	,079	,019	,081	,124	,393	,516
12	,040	-,993	1,107	,056	,039	,049	,358	,336	,695
13	,040	-,654	-1,043	,067	,017	,044	,129	,249	,378
14	,040	,829	,383	,074	,027	,006	,188	,030	,219
15	,040	-,717	,901	,063	,021	,032	,165	,197	,363
16	,040	,015	-1,115	,055	,000	,050	,000	,342	,342
17	,040	-1,045	-1,122	,073	,044	,050	,300	,261	,561
18	,040	-,990	,273	,064	,039	,003	,310	,018	,328
19	,040	-,083	2,017	,070	,000	,163	,002	,891	,893
20	,040	1,716	,604	,071	,118	,015	,841	,079	,919
21	,040	-1,260	-,532	,068	,064	,011	,470	,063	,533
22	,040	-1,045	-1,122	,073	,044	,050	,300	,261	,561
23	,040	1,716	,604	,071	,118	,015	,841	,079	,919
24	,040	-,083	2,017	,070	,000	,163	,002	,891	,893
25	,040	,439	-1,180	,070	,008	,056	,055	,303	,358
액티브 전체	1,000			1,667	1,000	1,000			

a. 열 주성분 정규화

[다중대응분석의 결과]

개체점수

회답자	차원 1	차원 2	Q1	Q2	Q3	Q4	Q5	Q6
1	-1.108	-.822	청주	한식	채소	녹차	연한 맛	외출처
2	1.053	-.086	맥주	양식	치즈	커피	진한 맛	외출처
3	-.759	-.366	맥주	한식	채소	홍차	연한 맛	자택
4	-.872	-.381	청주	중화	채소	커피	연한 맛	외출처
5	.694	1.425	포도주	양식	초콜릿	녹차	진한 맛	자택
6	.565	.692	포도주	중화	초콜릿	커피	진한 맛	외출처
7	1.423	-.128	포도주	양식	치즈	커피	진한 맛	외출처
8	.015	1.113	포도주	중화	채소	커피	진한 맛	자택
9	1.716	-.604	포도주	양식	치즈	홍차	진한 맛	외출처
10	-1.267	-.479	청주	한식	채소	커피	연한 맛	자택
11	.694	1.425	포도주	양식	초콜릿	녹차	진한 맛	자택
12	-.993	-1.107	청주	한식	채소	커피	연한 맛	외출처
13	-.654	1.043	맥주	중화	초콜릿	커피	연한 맛	자택
14	.829	-.383	맥주	중화	치즈	홍차	진한 맛	외출처
15	-.717	-.901	청주	한식	초콜릿	커피	연한 맛	외출처
16	.015	1.113	포도주	중화	채소	커피	진한 맛	자택
17	-1.045	1.122	맥주	중화	채소	녹차	연한 맛	자택
18	-.990	-.273	청주	한식	초콜릿	커피	연한 맛	자택
19	-.083	-2.016	청주	한식	치즈	홍차	연한 맛	외출처
20	1.716	-.604	포도주	양식	치즈	홍차	진한 맛	외출처
21	-1.260	.532	청주	중화	채소	녹차	연한 맛	자택
22	-1.045	1.122	맥주	중화	채소	녹차	연한 맛	자택
23	1.716	-.604	포도주	양식	치즈	홍차	진한 맛	외출처
24	-.083	-2.016	청주	한식	치즈	홍차	연한 맛	외출처
25	.439	1.181	맥주	양식	초콜릿	커피	진한 맛	자택

변수 주성분 정규화

● SPSS에 의한 (0, 1)형 데이터의 입력 방식

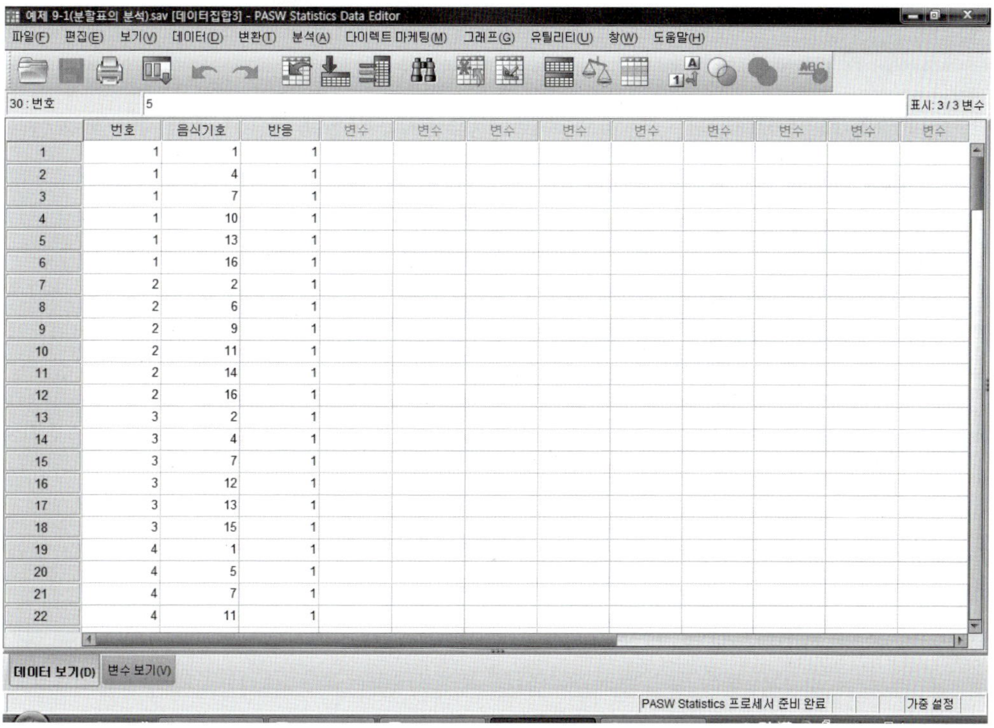

[변수값 설명]

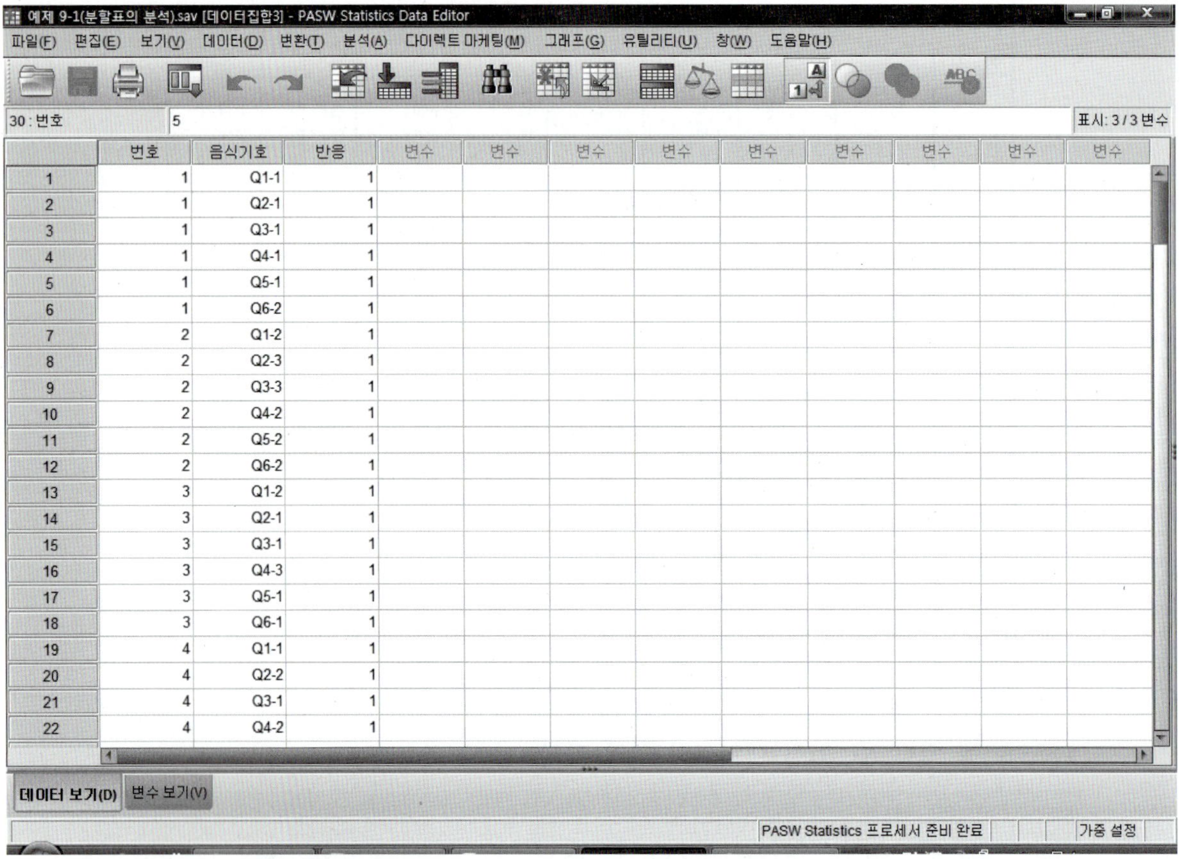

	번호	음식기호	반응
1	1	Q1-1	1
2	1	Q2-1	1
3	1	Q3-1	1
4	1	Q4-1	1
5	1	Q5-1	1
6	1	Q6-2	1
7	2	Q1-2	1
8	2	Q2-3	1
9	2	Q3-3	1
10	2	Q4-2	1
11	2	Q5-2	1
12	2	Q6-2	1
13	3	Q1-2	1
14	3	Q2-1	1
15	3	Q3-1	1
16	3	Q4-3	1
17	3	Q5-1	1
18	3	Q6-1	1
19	4	Q1-1	1
20	4	Q2-2	1
21	4	Q3-1	1
22	4	Q4-2	1

전술한 (0, 1)형 데이터표를 분할표로 보고 입력하는데, 다음과 같은 사항에 주의를 요한다.

《 주의사항 》

① 0에 대응하는 데이터는 입력하지 않아도 무방하다.

② 대응분석을 실시하려면, 행과 열을 나타내는 변수는 수치로 입력한다.

③ 분석결과를 알기 쉽게 하기 위해서, 열을 나타내는 변수에는 다음과 같은 변수값 설명을 해 놓는다.

1 = Q1-1, 2 = Q1-2, 3 = Q1-3, 4 = Q2-1, ⋯, 14 = Q5-2, 15 = Q6-1, 16 = Q6-2

④ 반응은 전부 '1'로 하여 빈도변수 지정을 해 놓는다.

2. 모두가 이항 선택의 데이터

여섯 개의 상품(A, B, C, D, E, F)을 제시하고, 좋아하는 것은 모두 선택하게 하는 복수회답 형식의 앙케트 조사를 25명에게 실시했다. 이 회답결과는 다음과 같은 (0, 1)형 데이터표로 정리할 수 있다.

표 11.2 (0, 1)형 데이터표

회답자	A	B	C	D	E	F
1	1	1	0	0	0	0
2	1	0	0	1	1	0
3	0	1	1	1	0	1
4	0	0	1	0	1	0
5	0	1	0	1	0	0
6	1	0	1	1	0	1
7	1	1	1	0	1	1
8	1	1	1	0	0	1
9	1	1	1	1	1	1
10	0	1	0	1	0	0
11	0	0	0	1	0	0
12	0	0	1	0	0	0
13	1	1	1	1	1	1
14	1	1	1	1	1	1
15	1	1	1	1	1	1
16	0	0	0	0	0	0
17	0	1	1	1	0	0
18	1	1	1	1	1	1
19	0	0	0	0	0	0
20	0	0	0	0	1	1
21	1	1	1	1	0	0
22	0	0	1	1	0	0
23	0	0	0	0	0	0
24	1	0	1	1	1	1
25	0	0	0	1	1	0

한편 이 데이터표는 그 상품을 선택하면 1, 선택하지 않으면 2라고 표현함으로써 다음과 같은 아이템·카테고리형 데이터표로 정리할 수도 있다.

표 11.3 아이템·카테고리형 데이터표

회답자	A	B	C	D	E	F
1	1	1	2	2	2	2
2	1	2	2	1	1	2
3	2	1	1	1	2	1
4	2	2	1	2	1	2
5	2	1	2	1	2	2
6	1	2	1	1	2	1
7	1	1	1	2	1	1
8	1	1	1	2	2	1
9	1	1	1	1	1	1
10	2	1	2	1	2	2
11	2	2	2	1	2	2
12	2	2	1	2	2	2
13	1	1	1	1	1	1
14	1	1	1	1	1	1
15	1	1	1	1	1	1
16	2	2	2	2	2	2
17	2	1	1	1	2	2
18	1	1	1	1	1	1
19	2	2	2	2	2	2
20	2	2	2	2	1	1
21	1	1	1	1	2	2
22	2	2	1	1	2	2
23	2	2	2	2	2	2
24	1	2	1	1	1	1
25	2	2	2	1	1	2

(0, 1)형 데이터표라면 대응분석으로, 아이템·카테고리형 데이터표라면 다중대응분석으로 분석하게 된다.

두 가지 방법으로 분석한 결과는 다른 것이 되지만, 어느 쪽 방법이 좋은지는 질문의 목적에 따라 일률적으로는 말할 수 없다. 단, SPSS에 있어서의 데이터 입력이라고 하는 관점에서는 아이템·카테고리형 쪽의 입력작업이 용이하다. 또한 (0, 1)형 데이터표의 경우, 선택하지 않는다고 하는 정보를 간파하는 것이 곤란하다.

다음에 배치도를 출력해 보인다. 그런데 대응분석은 열 주성분 정규화에 의해서 점수를 계산하고, 다중대응분석은 변수 주성분에 의해서 점수를 계산하고 있다.

[(0, 1)형 데이터표에 대한 대응분석의 배치도]

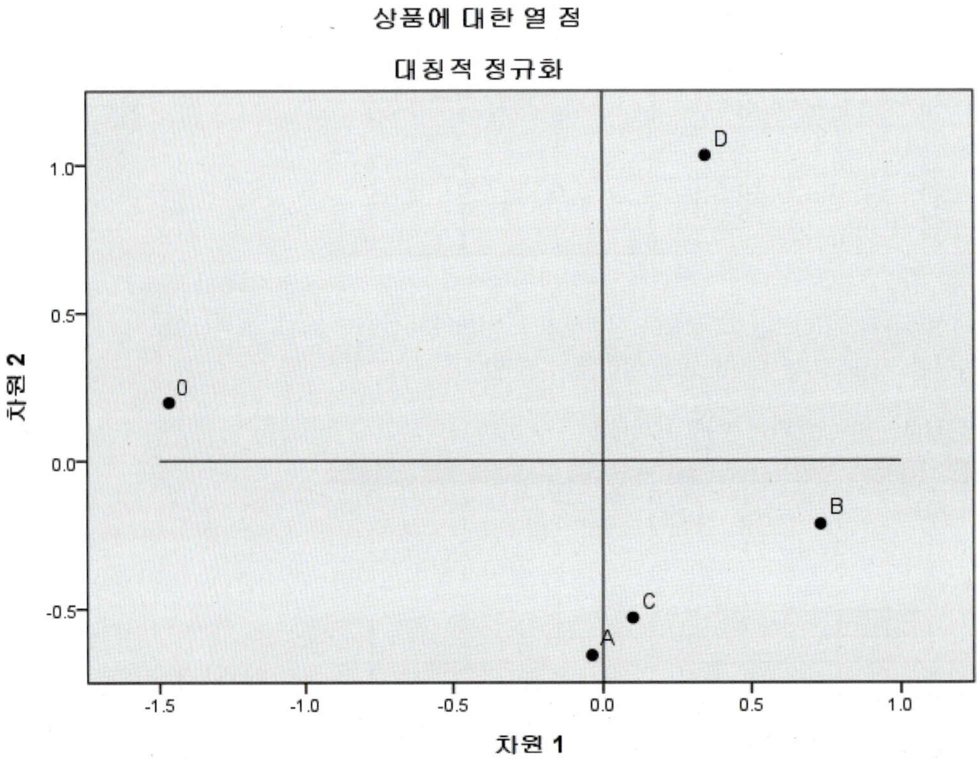

힌트

복수의 질문이 있고, 각 질문은 단일 회답형식으로 되어 있는 앙케트 조사에 있어서, 회답자를 행, 질문항목을 열로 배치해서 회답결과를 데이터표를 정리했을 때, 이 데이터표를 아이템·카테고리형 데이터표라고 부른다. 아이템·카테고리형 데이터표에 대한 대응분석에는 다중대응분석이 적용된다.

[아이템 · 카테고리형 데이터표에 대한 다중대응분석의 배치도]

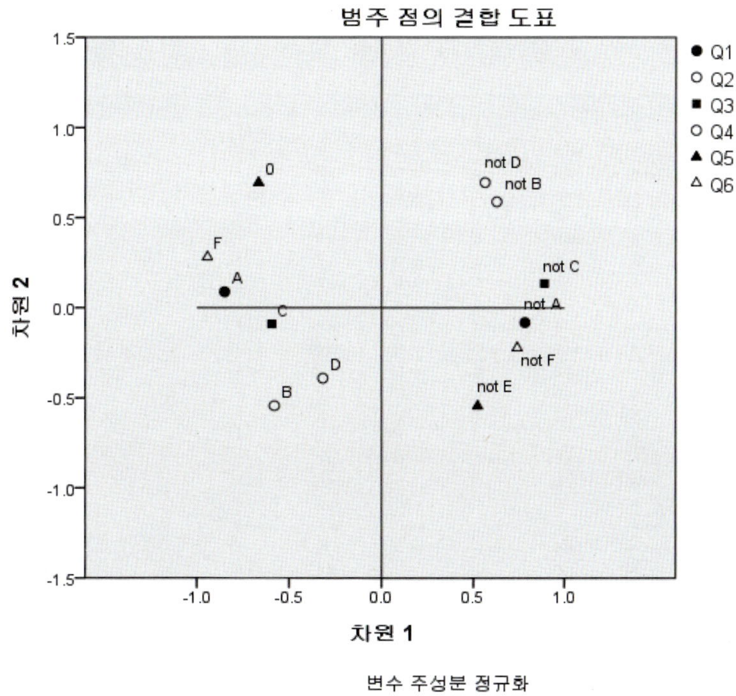

● SPSS에 의한 아이템 · 카테고리형 데이터의 입력 방식

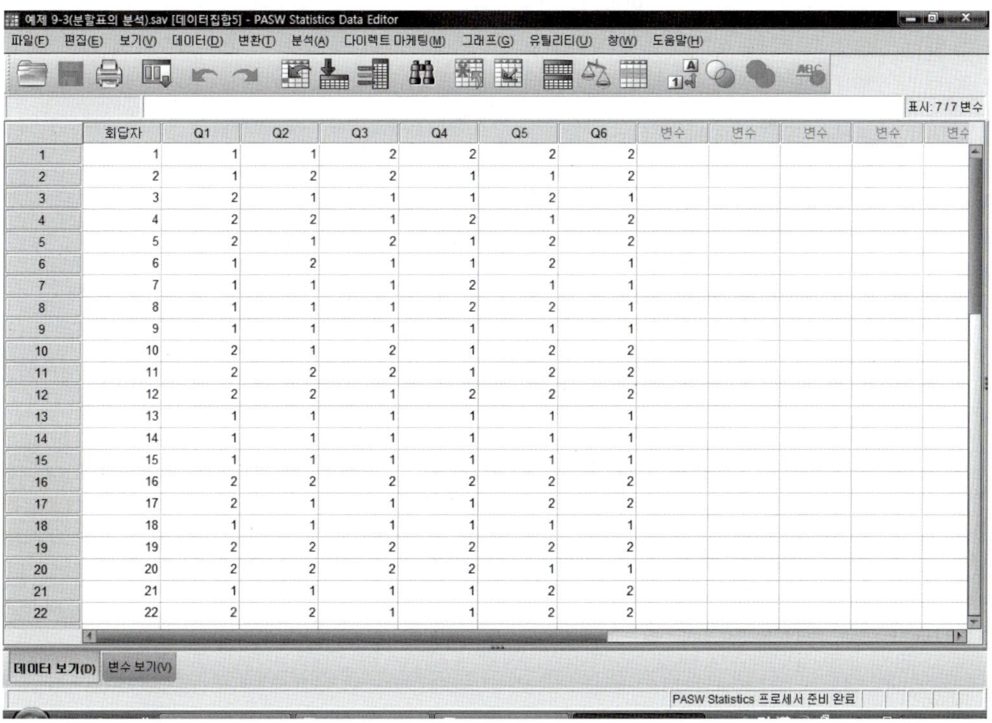

	회답자	Q1	Q2	Q3	Q4	Q5	Q6
1	1	1	1	2	2	2	2
2	2	1	2	2	1	1	2
3	3	2	1	1	1	2	1
4	4	2	2	1	2	1	2
5	5	2	1	2	1	2	2
6	6	1	2	1	1	2	1
7	7	1	1	1	2	1	1
8	8	1	1	1	2	2	1
9	9	1	1	1	1	1	1
10	10	2	1	2	1	2	2
11	11	2	2	2	1	2	2
12	12	2	2	1	2	2	2
13	13	1	1	1	1	1	1
14	14	1	1	1	1	1	1
15	15	1	1	1	1	1	1
16	16	2	2	2	2	2	2
17	17	2	1	1	1	2	2
18	18	1	1	1	1	1	1
19	19	2	2	2	2	2	2
20	20	2	2	2	2	1	1
21	21	1	1	1	1	2	2
22	22	2	2	1	1	2	2

[변수값 설명]

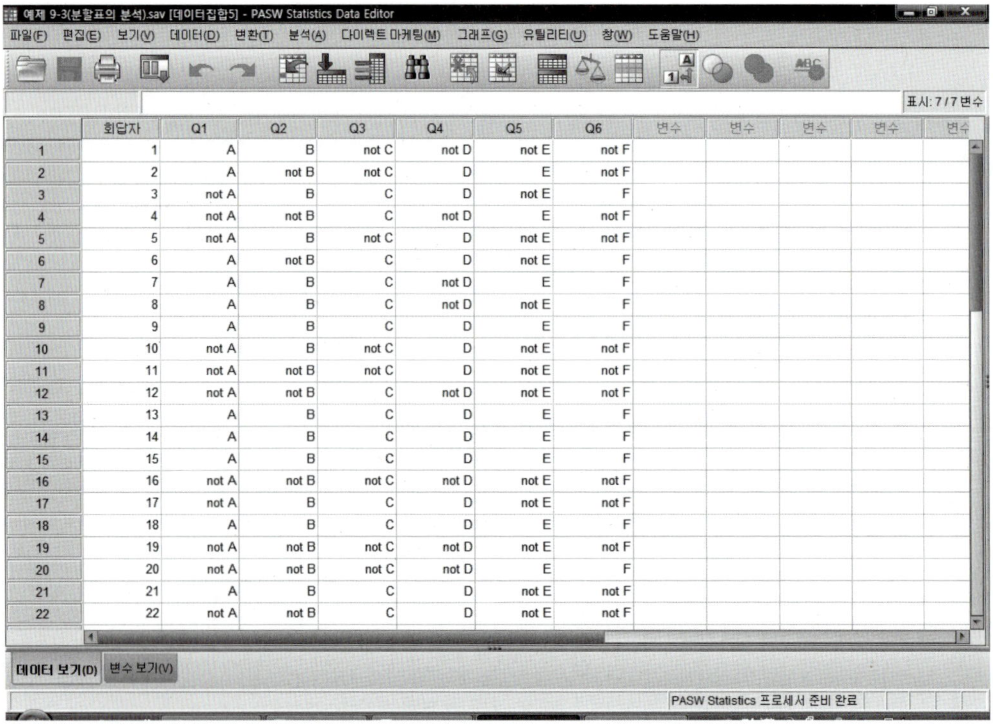

● **다중대응분석에서 변수 주성분에 의한 점수 계산을 위한 설정 방법**

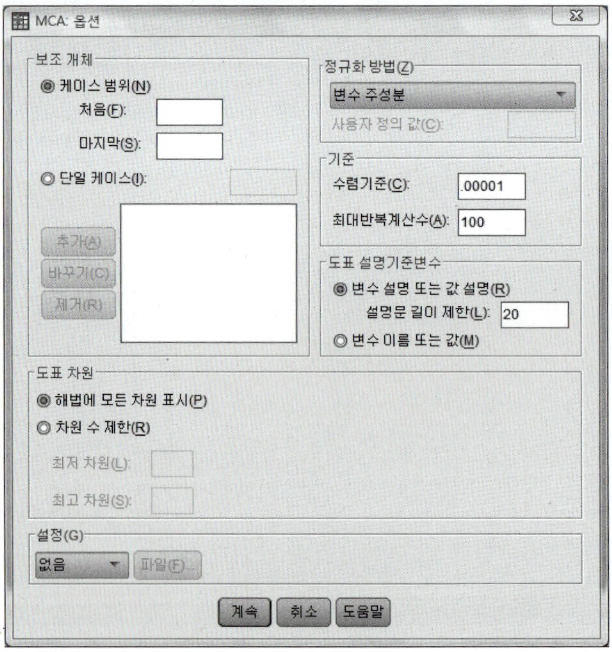

11.2 응용예

1. 복수회답과 단일회답의 혼재

복수회답 형식의 질문과 단일회답 형식의 질문이 하나의 앙케트 조사 안에서 실시되는 것은 드문 일이 아니고, 이것들을 동시에 분석하고 싶은 상황이 생기는 경우가 있다. 이때에는 (0, 1)형 데이터와 아이템·카테고리형 데이터가 혼재한 데이터표를 분석하게 된다.

이와 같은 때에는 두 가지의 방법을 생각할 수 있다.

① 아이템·카테고리형 데이터의 부분을 (0, 1)형 데이터로 치환해서 분석한다.
② (0, 1)형 데이터의 부분을 아이템·카테고리형 데이터로 치환해서 분석한다.

표 11.4 (0, 1)형과 아이템·카테고리형이 혼재한 데이터표

회답자	메밀	우동	카레	식사	주류
1	1	1	0	한식	청주
2	1	0	1	중화	청주
3	0	0	1	중화	청주
4	1	1	1	한식	포도주
5	0	0	1	양식	포도주
6	0	1	1	양식	포도주
7	1	1	1	한식	맥주
8	0	0	1	중화	맥주
9	0	1	0	한식	청주
10	1	1	1	중화	맥주
11	0	1	1	한식	맥주
12	0	1	0	중화	포도주
13	0	0	1	한식	포도주
14	0	1	1	중화	맥주
15	1	1	0	한식	포도주
16	0	1	1	한식	청주
17	1	1	1	양식	맥주
18	1	1	1	양식	맥주
19	0	1	0	양식	맥주
20	0	0	1	양식	포도주

①의 경우는 다음과 같은 (0, 1)형 데이터표를 작성하게 된다.

표 11.5 (0, 1)형 데이터표

회답자	메밀	우동	카레	한식	중화	양식	청주	포도주	맥주
1	1	1	0	1	0	0	1	0	0
2	1	0	1	0	1	0	1	0	0
3	0	0	1	0	1	0	1	0	0
4	1	1	1	1	0	0	0	1	0
5	0	0	1	0	0	1	0	1	0
6	0	1	1	0	0	1	0	1	0
7	1	1	1	1	0	0	0	0	1
8	0	0	1	0	1	0	0	0	1
9	0	1	0	1	0	0	1	0	
10	1	1	1	0	1	0	0	0	1
11	0	1	1	1	0	0	0	0	1
12	0	1	0	0	1	0	0	1	0
13	0	0	1	0	1	0	0	1	0
14	0	1	1	1	0	0	0	0	1
15	1	1	0	1	0	0	0	1	0
16	0	1	1	1	0	0	1	0	0
17	1	1	1	0	0	1	0	0	1
18	1	1	1	0	0	1	0	0	1
19	0	1	0	0	0	1	0	1	1
20	0	0	1	0	0	1	0	1	0

이 데이터표에 대해서 대응분석을 적용하면 된다. 한편, ②의 경우에는 다음과 같은 아이템·카테고리형 데이터표를 작성해서 다중대응분석을 적용하게 된다.

표 11.6 아이템·카테고리형 데이터표

회답자	메밀	우동	카레	식사	주류
1	1	1	2	1	1
2	1	2	1	2	1
3	2	2	1	2	1
4	1	1	1	1	2
5	2	2	1	3	2
6	2	1	1	3	2
7	1	1	1	1	3
8	2	2	1	2	3
9	2	1	2	1	1
10	1	1	1	2	3
11	2	1	1	1	3
12	2	1	2	2	2
13	2	2	1	2	2
14	2	1	1	1	3
15	1	1	2	1	2
16	2	1	1	1	1
17	1	1	1	3	3
18	1	1	1	3	3
19	2	1	2	3	3
20	2	2	1	3	2

여기에서,

메밀 → 1 = 선택　　2 = 비선택

우동 → 1 = 선택　　2 = 비선택

카레 → 1 = 선택　　2 = 비선택

식사 → 1 = 한식　　2 = 중화　　3 = 양식
주류 → 1 = 청주　　2 = 포도주　　3 = 맥주

2. 예비적 분석에 있어서의 활용

다중대응분석은 수량화이론 Ⅰ류나 수량화이론 Ⅱ류의 예비적인 분석에 이용할 수도 있다. 예비적 분석이란 수량화이론 Ⅰ류나 수량화이론 Ⅱ류를 실시하기 전에 이상치(outlier) 등의 체크를 목적으로 해서 분석하는 것이다.

수량화이론 Ⅰ류란 카테고리 데이터로 구성되는 질적 변수를 사용해서, 수량 데이터의 값을 예측하기 위한 식을 작성하는 것을 목적으로 한 분석 기법이다. 이것은 설명변수가 모두 질적 변수일 때의 회귀분석에 상당한다. 다음에 보이는 것은 수량화이론 Ⅰ류를 적용하기 위한 데이터표의 예이다.

표 11.7　수량화이론 Ⅰ류를 적용하기 위한 데이터표

회답자	Q1	Q2	Q3	Q4	Q5	Y
1	1	1	1	1	3	155
2	2	2	1	2	3	234
3	1	3	2	2	2	111
4	2	3	2	2	2	134
5	2	2	3	1	1	135
6	2	3	2	1	2	155
7	1	3	1	2	3	234
8	2	3	3	2	3	123
9	1	2	4	2	3	332
10	2	2	3	1	2	212
11	2	3	2	1	1	222
12	2	3	1	1	2	123
13	2	2	2	2	3	124
14	1	2	3	1	3	176
15	1	1	4	2	2	187
16	1	2	3	1	1	183
17	2	3	2	2	1	211
18	2	2	4	2	2	200
19	2	1	2	1	3	211
20	1	2	1	1	3	227

수량화이론 Ⅰ류에서는 Q1, Q2, Q3, Q4, Q5의 회답결과로부터 Y의 값을 예측하기 위한 식을 작성하게 된다. Q1, Q2, Q3, Q4, Q5를 설명변수, Y를 목적변수라고 부른다. 설명변수만에 주목하면, 아이템·카테고리형 데이터가 되므로, 다중대응분석을 적용해서 이상치의 유무나 변수끼리(질문끼리)의 관계를 볼 수 있다.

표 11.8 수량화이론 Ⅱ류를 적용하기 위한 데이터표

회답자	Q1	Q2	Q3	Q4	Q5	Y
1	1	1	1	1	3	1
2	2	2	1	2	3	2
3	1	3	2	2	2	1
4	2	3	2	2	2	1
5	2	2	3	1	1	1
6	2	3	2	1	2	1
7	1	3	1	2	3	2
8	2	3	3	2	3	1
9	1	2	4	2	3	2
10	2	2	3	1	2	2
11	2	3	2	1	1	2
12	2	3	1	1	2	1
13	2	2	2	2	3	1
14	1	2	3	1	3	1
15	1	1	4	2	2	1
16	1	2	3	1	1	2
17	2	3	2	2	1	2
18	2	2	4	2	2	2
19	2	1	2	1	3	2
20	1	2	1	1	3	2

한편, 수량화이론 Ⅱ류란 수량화이론 Ⅰ류에 있어서 목적변수 Y가 카테고리 데이터의 경우에 이용하는 분석 기법이다. 위에 보이는 것은 수량화이론 Ⅱ류를 적용하기 위한 데이터표의 예이다.

수량화이론 Ⅱ류에서는 Q1, Q2, Q3, Q4, Q5의 회답결과로부터 Y의 카테고리를 예측(판별)하기 위한 식을 작성하게 된다.

수량화이론 Ⅱ류의 예비적 분석에 다중대응분석을 이용하는 경우에는, 수량화이론 Ⅰ류의 경우와 마찬가지로 설명변수에 대해서 적용할 뿐만 아니라 목적변수 Y를 보조변수로서 다중대응분석을 적용한다고 하는 방법도 생각할 수 있다.

11.3 수량적 배경과 유의점

1. 데이터표의 형식

두 개의 변수 Q1과 Q2로 이루어진 아이템·카테고리형의 데이터표를 상정한다. 구체적인 수치예는 다음과 같다.

표 11.9 아이템·카테고리형의 데이터표

번호	Q1	Q2
1	1	1
2	1	1
3	1	1
4	1	1
5	1	2
6	1	3
7	2	1
8	2	2
9	2	2
10	2	2
11	2	3
12	2	1
13	3	1
14	3	1
15	3	2
16	3	3
17	3	3
18	3	3
19	4	1
20	4	1
21	4	2
22	4	3
23	4	3
24	4	3

이 데이터표는

① Q1과 Q2의 분할표(크로스 집계표)에 대한 대응분석

② 다중대응분석

③ Q1과 Q2의 분할표 행렬(다원 크로스 집계표)에 대한 대응분석

의 세 가지 방법에 의한 분석이 가능하다. 분할표 행렬은 다음과 같이 된다.

표 11.10 분할표 행렬

		Q1				Q2		
		1	2	3	4	1	2	3
Q1	1	6	0	0	0	4	1	1
	2	0	6	0	0	2	3	1
	3	0	0	6	0	2	1	3
	4	0	0	0	6	2	1	3
Q2	1	4	2	2	2	10	0	0
	2	1	3	1	1	0	6	0
	3	1	1	3	3	0	0	8

그런데 ①, ②, ③의 분석결과(관성 = 고유값)에 어떠한 관계가 있는지를 알아보자.

차원	대응분석	다중대응분석	분할표 행렬의 대응분석
1	0.133	0.683	0.466
2	0.083	0.644	0.415
3	-	0.500	0.250
4	-	0.356	0.126
5	-	0.317	0.101

분할표에 대한 대응분석 ①에 의해서 얻어지는 고유값을 λ, 다중대응분석 ②에 의해서 얻어지는 고유값을 μ, 분할표 행렬에 대한 대응분석 ③에 의해서 얻어지는 고유값을 π라고 하면, 다음과 같은 관계가 성립한다.

$$\mu = (1 + \sqrt{\lambda})/2$$
$$\pi = \mu^2$$

이것을 수치로 확인해 보자.

$$(1 + \sqrt{0.133})/2 = 0.683$$
$$(1 + \sqrt{0.083})/2 = 0.644$$

가 되어, $\mu = (1 + \sqrt{\lambda})/2$가 성립하고 있음을 알 수 있다.

또한,

$$0.683^2 = 0.466$$
$$0.644^2 = 0.415$$
$$0.500^2 = 0.250$$
$$0.356^2 = 0.126$$
$$0.317^2 = 0.101$$

이 되어, $\pi = \mu^2$이 성립하고 있음을 알 수 있다.

2. 데이터표의 성질

(1) 명목척도와 순서척도

다음의 아이템·카테고리형 데이터표를 살펴보자.

표 11.11 아이템·카테고리형 데이터표

회답자	Q1	Q2	Q3
1	저	한식	청주
2	저	중화	청주
3	저	중화	청주
4	저	한식	포도주
5	저	양식	포도주
6	저	양식	포도주
7	저	한식	맥주
8	저	중화	맥주
9	중	한식	청주
10	중	중화	맥주
11	중	한식	맥주
12	중	중화	포도주
13	중	중화	포도주
14	중	한식	맥주
15	중	한식	포도주
16	고	한식	청주
17	고	양식	맥주
18	고	양식	맥주
19	고	양식	맥주
20	고	양식	포도주

Q1은 혈압, Q2는 좋아하는 식사, Q3는 좋아하는 주류를 묻고 있다고 하자.

카테고리에 순서가 있는 경우를 순서척도, 순서가 없는 경우를 명목척도라고 부르고 있다.

Q1은 저 < 중 < 고라고 하는 순서가 있으므로 이것은 순서척도의 데이터이다. 한편, Q2와 Q3는 명목척도의 데이터이다. 대응분석이나 다중대응분석 모두 순서척도에 대한 순서정보는 살리지 못한다. 따라서 순서척도의 경우, 얻어진 카테고리 점수(스코어)의 순서가 원래의 순서와 일치한다고는 할 수 없으므로, 그 점도 음미할 필요가 있다.

(2) 데이터의 수집방법

다음의 분할표를 살펴보자. 살고 있는 지역을 묻는 질문과 연령을 묻는 질문을 조사해서 집계한 분할표이다.

표 11.12 분할표

	서울	안양	수원	평택	합계
20~29세	45	27	23	25	120
30~39세	30	48	35	17	130
40세 이상	15	35	42	18	110
합계	90	110	100	60	360

대응분석은 이와 같은 표에 대해서 적용되는 것이 일반적이다. 그런데 데이터를 어떻게 취급하는

냐에 따라서 같은 2원표이더라도 다음과 같은 세 가지를 생각할 수 있다.

① 360명을 무작위로 선택해서 12가지의 편성으로 나누어서 집계한다.

	서울	안양	수원	평택	합계
20~29세					
30~39세					
40세 이상					
합계					360

이때 데이터의 수집 전에 정해져 있는 것은 총합계의 사람 수 360이라고 하는 숫자뿐이다.

② 각 연령층으로부터 사전에 정한 사람 수를 무작위로 선택하여, 층마다 지역을 집계한다.

	서울	안양	수원	평택	합계
20~29세					120
30~39세					130
40세 이상					110
합계					

이 경우는 데이터의 수집 전에 각 행의 합계가 정해져 있게 된다.

③ 각 지역으로부터 사전에 정해진 사람 수를 무작위로 선택하여, 연령을 집계한다.

	서울	안양	수원	평택	합계
20~29세					
30~39세					
40세 이상					
합계	90	110	100	60	

이 경우는 데이터의 수집 전에 각 열의 합계가 정해져 있게 된다.
이상과 같이 같은 분할표이더라도 데이터의 수집방법이 같다고는 할 수 없으므로, 대응분석의 결과를 고찰할 때에는 이러한 데이터의 수집방법도 고려해서 해석하는 것이 필요하다.

(3) 회답형식

다음의 분할표를 살펴보자. 이것은 세 개의 층(초등학생, 중학생, 고등학생)과 좋아하는 스포츠의 분할표이다.

표 11.13 분할표

	축구	야구	테니스	탁구
초등학생	7	8	3	5
중학생	4	3	5	2
고등학생	3	7	5	1

좋아하는 스포츠를 하나만 선택하도록 하는 단일 회답형식이든, 좋아하는 스포츠를 몇 가지 선택해도 좋다고 하는 복수 회답형식이든 같은 분할표가 된다. 어느 쪽의 경우이더라도 대응분석의 적용은 가능하다.

그러나 한 쪽이 복수 회답형식일 때에는 다음에 보이는 바와 같이 집계 전의 생 데이터(raw data)를 아이템·카테고리형 데이터(초등학생, 중학생, 고등학생)와 (0, 1)형 데이터(축구, 야구, 테니스, 탁구)가 혼재한 데이터표로 보고 분석하는 쪽이 좋을 것이다.

이와 같이 대응분석과 다중대응분석을 적절히 가려 쓰는 것은 데이터표의 형식만으로 판단하는 것이 아니라, 어떠한 회답형식의 데이터인가라고 하는 것도 고려해서 정할 필요가 있다.

표 11.14 집계 전의 생 데이터

회답자	소속	축구	야구	테니스	탁구
1	초등학생	1	0	0	1
2	초등학생	0	1	1	0
3	초등학생	0	1	0	1
4	초등학생	1	1	0	1
5	초등학생	0	1	0	0
6	초등학생	1	1	0	0
7	초등학생	1	1	1	1
8	초등학생	1	1	0	1
9	초등학생	1	1	1	0
10	초등학생	1	0	0	0
11	중학생	0	1	0	0
12	중학생	1	0	0	0
13	중학생	1	0	0	0
14	중학생	0	1	1	0
15	중학생	0	0	1	0
16	중학생	0	0	1	1
17	중학생	0	0	1	0
18	중학생	0	0	1	0
19	중학생	1	1	0	0
20	중학생	1	0	0	1
21	고등학생	1	1	1	0
22	고등학생	0	1	1	0
23	고등학생	0	1	1	0
24	고등학생	0	1	0	0
25	고등학생	0	1	0	0
26	고등학생	1	0	0	0
27	고등학생	1	1	0	0
28	고등학생	0	1	1	0
29	고등학생	0	0	1	0
30	고등학생	0	0	0	1

다중대응분석에 있어서 점수(스코어)의 계산방법은 다음과 같다.

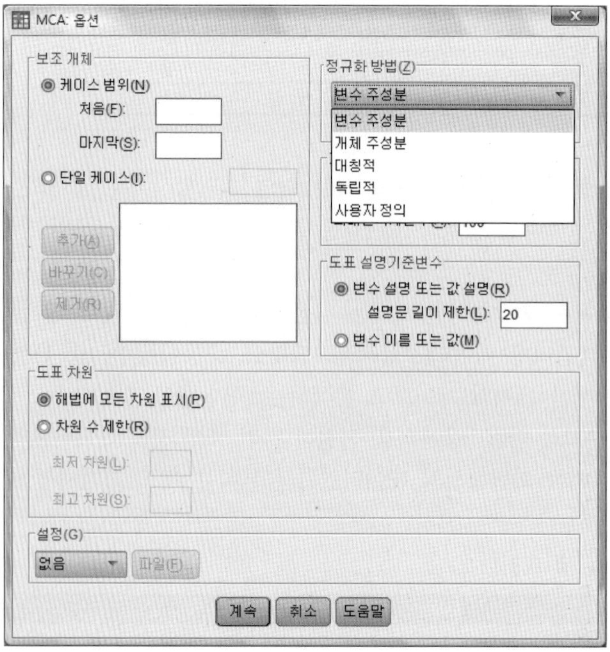

다중대응분석에 있어서의 개체 점수와 변수 점수의 계산방법에는 다음의 네 가지 옵션이 있다.

① 변수 주성분 → 변수 간의 상관에 주된 관심이 있는 경우(가장 자주 쓰이는 방법)
② 개체 주성분 → 개체 간의 유사성에 주된 관심이 있는 경우
③ 대칭적 → 개체와 변수의 관계에 주된 관심이 있는 경우
④ 독립적 → 개체 간의 유사성과 변수 간의 상관을 따로따로 조사하고 싶은 경우

참고문헌

[국내문헌]

1. 강병서. 「인과분석을 위한 연구방법론」. 무역경영사, 1999.
2. 강병서·김계수. 「사회과학 통계분석」. 고려정보산업, 1998.
3. 김성호. 「비모수통계학 : SAS를 활용한」. 자유아카데미, 2014.
4. 김현철. 「비모수 통계분석」. 교육과학사, 2008.
5. 노형진. 「EXCEL을 활용한 유형별 데이터의 통계분석」. 학현사, 2010.
6. 노형진. 「SPSS를 활용한 정성적 데이터의 통계분석」. 학현사, 2010.
7. 노형진. 「SPSS를 활용한 조사방법 및 통계분석」(제2판). 학현사, 2014.
8. 노형진 외 2인. 「SPSS를 활용한 일반선형모형 및 일반화선형혼합모형」. 학현사, 2013.
9. 노형진. 「SPSS를 활용한 분할표의 분석 및 대응분석」. 학현사, 2011.
10. 노형진·정한열. 「SPSS에 의한 통계분석 입문」. 한올출판사, 2008.
11. 노형진. 「SPSS를 활용한 주성분분석과 요인분석」. 한올출판사, 2014.
12. 노형진. 「SPSS를 활용한 회귀분석과 일반선형모형」. 한올출판사, 2014.
13. 노형진. 「다변량해석－질적 데이터의 수량화－」. 석정, 1990.
14. 송문섭·박창순. 「비모수통계학개론」. 자유아카데미, 1994.
15. 송문섭·박창순·김홍기. 「비모수통계학 : R과 함께」. 자유아카데미, 2015.
16. 송일성. 「JMP를 이용한 비모수통계」. 교우사, 2007.
17. 양병화. 「다변량 데이터 분석법의 이해」. 커뮤니케이션북스, 2006.
18. 엄명용. 「사회복지사를 위한 실용 비모수통계」. 집문당, 2007.
19. 이재창·송일성. 「SAS 비모수 통계학분석」. 자유아카데미, 1995.
20. 이주일 옮김. Nicola Brace, Richard Kemp & Rosemary Snelgar. 「SPSS를 활용한 심리연구분석」(제2판). 시그마프레스, 2005.

[일본문헌]

1. 石村貞夫. 「SPSSによる統計處理の手順」. 東京圖書, 1995.
2. 石村貞夫. 「SPSSによる多變量データ解析の手順」. 東京圖書, 1998.
3. 石村貞夫. 「SPSSによる分散分析と多重比較の手順」. 東京圖書, 1997.
4. 石村貞夫. 「SPSSによる時系列分析の手順」. 東京圖書, 1999.
5. 石村貞夫. 「SPSSによるカテゴリカルデータ分析の手順」. 東京圖書, 2001.
6. 內田治. 「SPSSによるアンケートのコレスポンデンス分析」. 東京圖書, 2006.
7. 內田治. 「SPSSによるノンパラメトリック檢定」. Ohmsha, 2014.
8. 奧野・芳賀・久米・吉澤. 「多變量解析法」. 日科技連出版, 1971.
8. 小林龍一. 「數量化入門」. 日科技連出版, 1981.
9. 芳賀・橋本. 「回歸分析と主成分分析」. 日科技連出版, 1980.
10. 林知己夫, 「數量化の方法」. 東洋經濟新報社, 1974.
11. 柳井・高木 編者. 「多變量解析ハンドブック」. 現代數學社, 1986.

[서양문헌]

1. Akaike, H. (1973). Information theory and an extension of the maximum likelihood principle. In Petrov, B. N. and Csaki, F.[Eds.], *Proceedings of the 2nd International Symposium Theory.* Budapest: Akademiai Kiado, 267~281.
2. Akaike, H. (1987). Factor analysis and AIC. *Psychometrika*, 52, 317~332.
3. Anderson, T. W. (1957). Maximun likelihood estimates for a multivariate normal distribution when some observations are missing. *Journal of the American Statistical Association*, 52. 200 ~203.
4. Anderson, T. W. (1984). *An introduction to multivariate statistical analysis.* New York: Wiley.
5. Beale, E. M. L. and Little, R. J. A. (1975). Missing values in multivariate analysis. *Journal of the Royal Statistical Society Series B*, 37, 129~145.
6. Bentler, P. M. (1980). Multivariate analysis with latent variables: Causal modeling. *Annual Review of Psychology*, 31, 419~456.
7. Diaconis, P. and Efron, B. (1993). Computer-intensive methods in statistics. *Scientific American*, 248(5), 116~130.
8. Kendall, M. G. and Stuart, A. (1973). *The advanced theory of statistics.* (vol. 2nd, 3rd edition). New York: Hafner.
9. Little, R. J. A. and Rubin, D. B. (1987). *Statistical analysis with missing data.* New York: Wiley.

10. Little, R. J. A. and Rubin, D. B. (1989). The analysis of social science data with missing values. *Sociological Methods and Research*, 18, 292~326.
11. Little, R. J. A. and Schenker, N. (1995). Missing data. In G. Arminger, C.C. Clogg and M.E. Sobel [Eds.] *Handbook of statistical modeling for the social and behavioral sciences*. New York: Plenum.
12. Mardia, K. V. (1970). Measures of multivariate skewness and kurtosis with applications. *Biometrika*, 57, 519~530.
13. Mardia, K. V. (1974). Applications of some measures of multivariate skewness and kurtosis in testing normality and robustness studies. *Sankhya*, Series B, 36, 115~128.
14. McDonald, R. P. and Marsh, H. W. (1990). Choosing a multivariate model: Noncentrality and goodness of fit. *Psychological Bulletin*, 107, 247~255.
15. Rubin, D. E. (1976). Inference and missing data. *Biometrika*, 63, 581~592.
16. Rubin, D. E. (1987). *Multiple imputation for nonresponse in surveys*. New York: Wiley
17. Schafer, J. L. (1997). *Analysis of incomplete multivariate data*. London, UK: Chapman and Hall.
18. Wothke, W. (1993). Nonpositive definite matrices in structural modeling. In Bollen, K.A. and Long, J.S. [Eds.], *Testing structural equation models* (pp. 256~293). Newbury Park, California: Sage.
19. Wothke, W. (1999). Longitudinal and multi-group modeling with missing data. In T.D. Little, K.U. Schnabel and J. Baumert [Eds.] *Modeling longitudinal and multiple group data: Practical issues, applied approaches and specific examples*. Mahwah, New Jersey: Lawrence Erlbaum Associates.

찾아보기

M

N

O

P

R

S

U

V

W

SPSS를 활용한
비모수통계분석 및 대응분석

발 행 일 2015년 9월 21일 초판 인쇄
저　　자 노형진
발 행 인 김성남
발 행 처 (주)지필미디어
주　　소 서울시 서대문구 미근동 72-3호 미근빌딩 101호
전　　화 (02) 362-4504
팩　　스 (02) 393-4509
이 메 일 book@jiphil.co.kr
홈페이지 www.jiphil.co.kr
등록번호 제 312-1997-000043호 (1997년 07월 16일)
I S B N 979-11-86674-21-5 93310
편　　집 디자인 콤마
가　　격 25,000원

본 교재의 예제 데이터 파일은 지필미디어 홈페이지(www.jiphil.co.kr) 〈자료실〉에서 다운받을 수 있습니다.